高等教育公共基础课精品系列教材
※国家社会科学基金"十三五"规划 2017 年度教育学一般课题——当代大学生中华传统文化认同现状及教育对策研究（批准号：BEA170103）阶段性成果

中国传统文化概论

主　编　张　宏
副主编　史利平　徐肇俊　吴仁英

北京理工大学出版社
BEIJING INSTITUTE OF TECHNOLOGY PRESS

内容提要

本书作为高校公共基础课教材,致力于给大学生提供一个掌握浩如烟海、博大精深中华传统文化的系统而简明的文本,助力他们更好地理解传统文化的特征和精神,以此来提升其人文素养,增强文化自信和民族自豪感。本书由引言、上篇、下篇和结语四个部分组成。引言明确了文化、中国传统文化的概念以及学习传统文化的目的和意义;上篇从宏观层面对中国传统文化的生境、发展演变、类型、特征及基本精神进行了概述;下篇从微观层面对中国传统文化的诸要素——哲学、伦理道德、文学、史学、教育、汉字、艺术和科技等进行了具体论述;结语对现代化进程中国传统文化面临的认同与传承、继承与发展等问题进行了理性审视和未来展望。

本书的编写本着既能较系统、全面地概述中国传统文化的知识体系,又能给学习者留下一定思维空间的原则,采用了"概论+知识卡片(案例、图片)+拓展阅读"的体例,注重了知识性、思想性、理论性和实践性的有机融合。书中的"知识卡片""案例"和"插图"有助于学习者更好地理解传统文化知识,把握传统文化精髓。每章后面的"拓展阅读"为学习者提供了继续深入学习传统文化的路径。本书适合作为高校的公共基础课教材,也适合用作各类干部培训的教材,还可作为中国传统文化爱好者的普及读物。

版权专有　侵权必究

图书在版编目(CIP)数据

中国传统文化概论/张宏主编. -- 北京:北京理工大学出版社,2019.12(2024.8 重印)
ISBN 978-7-5682-8071-6

Ⅰ. ①中… Ⅱ. ①张… Ⅲ. ①中华文化-高等学校-教材　Ⅳ. ①K203

中国版本图书馆 CIP 数据核字(2019)第 300511 号

责任编辑:徐艳君　　**文案编辑**:徐艳君
责任校对:刘亚男　　**责任印制**:李志强

出版发行 /	北京理工大学出版社有限责任公司
社　　址 /	北京市丰台区四合庄路 6 号
邮　　编 /	100070
电　　话 /	(010)68914026(教材售后服务热线)
	(010)68944437(课件资源服务热线)
网　　址 /	http://www.bitpress.com.cn
版 印 次 /	2024 年 8 月第 1 版第 5 次印刷
印　　刷 /	廊坊市印艺阁数字科技有限公司
开　　本 /	787 mm×1092 mm　1/16
印　　张 /	21
字　　数 /	494 千字
定　　价 /	53.20 元

图书出现印装质量问题,请拨打售后服务热线,负责调换

序

在中华民族迈向伟大复兴、阔步走向世界的当下，文化自信、文化复兴愈发显得重要与紧迫。弘扬中华优秀传统文化无疑是坚定文化自信，高昂地走向文化复兴之应有之义。2014年教育部印发了《完善中华优秀传统文化教育指导纲要》，2017年中共中央国务院办公厅印发了《关于实施中华优秀传统文化传承发展工程的意见》，2018年教育部、国家语委印发了《中华经典诵读工程实施方案》。透视国家文化发展与繁荣的战略设计，一种加强中华优秀传统文化教育的责任感、紧迫感、使命感油然而生。在此历史际遇下，对大学生加强传统文化教育成为高等院校无法回避的责任。

面对浩如烟海、博大精深的中国传统文化，为更好地增强大学生对传统文化的认知与理解，提升其人文素养和文化自信，树立民族自尊心和自豪感，需要一本具有时代特点的教材。与传统教材不同，这本教材不仅体现了中国传统文化知识的丰富性、思想的深刻性、发展的连续性、传承的多样性，还意图引导大学生面对博大精深的传统文化，能够寻得一个入门的途径，可顺利登堂入室，以窥殿堂之美。曲阜师范大学张宏主编的《中国传统文化概论》对此作了有益的探索。在我看来，本教材体现了如下两个比较明显的特征。

其一，教材结构具有逻辑性和整体性。中国传统文化内涵丰富、外延广阔，面对富庶广阔的文本如何做出抉择进行取舍，并形成具有逻辑性和整体性的结构，是编写此类教材遇到的一大难题。本教材由引言、上篇、下篇和结语四个部分组成：引言部分，对文化、中国传统文化的概念进行了界定，明确了本教材中国传统文化的内涵，为下面各部分从各个层面阐释传统文化划定了范围；上篇部分，从宏观上对中国传统文化的生境、发展演变、类型、特征及基本精神进行了概述，让学习者对传统文化有了一个总体印象；下篇部分，从微观上对中国传统文化的诸要素——哲学、伦理道德、文学、史学、教育、汉字、艺术和科技等进行了具体论述；结语部分，回归现实对现代化进程中中国传统文化面临的认同与传承、继承与发展等问题进行了理性审视和未来展望。因此，从结构上来看，本教材既兼顾了传统文化的各个重要组成部分，又照顾到了各部分之间的逻辑衔接，首尾呼应，浑然一体。如此编排，能使学习者对复杂的中国传统文化得到精简的认识，形成清晰的轮廓，避免了中国传统文化内容由互不相干或关系不大的一个个模块拼凑而成之缺弊。

其二，教材体例具有融合性和开放性。本教材主要采用了"概论+知识卡片（案例、图片）+拓展阅读"的体例，既注重了知识性、思想性、理论性和实践性的有机融合，又在具有开放性的空间中给学习者提供了尽可能多的知识信息和全方位的思想启示。例如，在"中国传统科学技术"一章中，编者在论述中国传统科学技术发展历程和伟大成就的过程，共呈现了39张科学技术成果的图片，具体阐述与图片相融合，不仅拉近了学习者与传统文化的距离，也让行文更加形象生动、通俗易懂。在"中国传统文化基本精神"一章中，编者通过"都江堰——中国古人实践'天人合一'思想的伟大工程"和"长城的文化内涵和精神价值"两个案例，让中国传统文化"天人合一"和"以和为贵"的基本精神具体可感。此外，每章中的"知识卡片"以及章后的"思考与探究"和"拓展阅读"不仅扩大了学习者的视野，也拓展了学习者思考的深度，让传统文化的学习具有了开放性。

我们生活在一个多元文化的星球上，文化只有是民族的才能成为世界的，因为人类文化的百花园中只有汇入各民族的奇花异草才能春色满园。让我们共同守护、传承和弘扬中华民族传统文化的根性，让它在绚丽多彩又充满挑战的人类文化百花园中优雅地绽放，灿烂地生长。

聊发感慨，以为弁言。

唐爱民
2019年10月于曲阜师大教育学院

前 言

本着深入落实党的二十大报告"传承中华优秀传统文化""不断提升国家文化软实力和中华文化影响力"精神,结合中共中央、国务院办公厅《关于实施中华优秀传统文化传承发展工程的意见》等相关政策要求,本书编写组成员在对近年来海内外学者已编著相关教材进行梳理和反思的基础上,吸收、借鉴文化学、人类学、教育学、社会学等多学科知识精华,一再核实并考证其中的内容,终于将此书编写完成。

全书内容既反映了中国传统文化的全貌,又凸显了传统文化的诸多亮点。由引言、上篇、下篇和结语四个部分组成:引言明确了文化、中国传统文化的概念以及学习传统文化的目的和意义;上篇对中国传统文化的生境、发展演变、类型、特征及基本精神进行了概述;下篇对中国传统文化的诸要素——哲学、伦理道德、文学、史学、教育、汉字、艺术和科技等进行了论述;结语对现代化进程中国传统文化面临的认同与传承、继承与发展等问题进行了理性审视和未来展望。致力于给大学生提供一个掌握浩如烟海、博大精深中国传统文化的系统而简明的文本,助力他们更好地理解中国传统文化的特征和精神,进而思考传统文化的传承和发展问题,以此来提升其人文素质,增强文化自信心和民族自豪感。

在编写过程中,本书编写组成员本着既能较系统、全面地概述中国传统文化的知识体系,又能给学习者留下一定思维空间的原则,采用了"概论+知识卡片(案例、图片)+拓展阅读"的体例,注重了知识性、思想性、理论性和实践性的有机融合。在编写和统稿时,着力于全书在内容、框架上的整体性,力求让各章内容既能各自成章、相对独立,又尽可能的互相呼应、相映成趣,使整本书前后衔接,首尾完备,浑然一体。

对于本书编写组成员而言,编写本书的过程也是一次难得的亲近、学习中国传统文化的过程。通过对本书的编写,我们不仅对传统文化的丰富性、系统性有了更深刻的认识,还主动加强了自己对于传承、发展优秀传统文化的责任感。

本书由张宏拟定编写提纲和体例,并进行统稿。各章的编写任务具体分工如下:

引言　中国传统文化及其现代意义　　张宏(曲阜师范大学)

第一章　中国传统文化的生境　　张宏

第二章　中国传统文化的历史演变　　张宏

第三章　中国传统文化的类型与特征　　张宏

第四章　中国传统文化的基本精神　　张宏

第五章　中国传统哲学　　史利平（天津市教育科学研究院）

第六章　中国传统伦理道德　　史利平

第七章　中国传统文学　　史利平

第八章　中国传统史学　　徐肇俊（曲阜师范大学）

第九章　中国传统教育　　张宏

第十章　中国汉字文化　　张宏

第十一章　中国传统艺术　　徐肇俊

第十二章　中国传统科学技术　　吴仁英（临沂大学）

第十三章　中国传统生活日常　　徐肇俊

结语　中国传统文化的传承与发展　　张宏

在本书付梓之际，我们内心充满感激之情。感谢曲阜师范大学教务处给予的资助；感谢北京理工大学出版社为本书所付出的辛勤劳动。

值得一提的是，在编写过程中，我们参考、借鉴和引用了与中国传统文化研究相关的论文和著作，特此向这些论作的作者致以深深的谢意！

由于编写组成员的学识所限，书中难免存在这样或那样的不足。诚望广大学习者、同仁以及研究中国文化的前辈们能够对此书提出中肯的修改意见或建议，并将这些意见或建议发送至电子邮箱 zhanghong76125@sina.com，以便我们对本书做进一步的修订，特此致谢！

张宏

目 录

引言　中国传统文化及其现代意义 ……………………………………（1）
　第一节　什么是文化 …………………………………………………（1）
　　一、文化的概念 ………………………………………………………（1）
　　二、文化的特征 ………………………………………………………（3）
　　三、文化的结构和功能 ………………………………………………（5）
　第二节　什么是中国传统文化 …………………………………………（8）
　　一、中国文化 …………………………………………………………（8）
　　二、中国传统文化 ……………………………………………………（9）
　第三节　学习中国传统文化的目的、意义和方法 ……………………（10）
　　一、学习中国传统文化的目的 ………………………………………（10）
　　二、学习中国传统文化的意义 ………………………………………（11）
　　三、学习中国传统文化的方法 ………………………………………（12）

上篇　中国传统文化概述

第一章　中国传统文化的生境 ……………………………………（17）
　第一节　中国传统文化发生的地理条件 ………………………………（18）
　　一、中国传统文化赖以生存的地理环境的特点 ……………………（18）
　　二、地理环境对中国传统文化的作用和影响 ………………………（21）
　第二节　中国传统文化植根的经济基础 ………………………………（23）
　　一、农耕经济是中国传统社会经济的主体 …………………………（23）
　　二、农耕经济对中国传统文化的影响 ………………………………（25）
　第三节　中国传统文化依托的社会环境 ………………………………（29）
　　一、中国传统社会政治结构的特点 …………………………………（29）

二、中国传统社会政治结构对中国传统文化的影响 ……………………（35）

第二章 中国传统文化的历史演变 ……………………………………（37）
第一节 先秦：中国传统文化的萌发与争鸣 ………………………（38）
一、上古——中国传统文化的发生与起源 ……………………（38）
二、上古文化的多地域分布 ……………………………………（39）
三、上古文化对中国文化的贡献 ………………………………（40）
四、殷商西周——从神本文化到人本文化 ……………………（41）
五、春秋战国——中国文化的"轴心时代" …………………（44）
第二节 秦代至六朝时期：中国传统文化的统一与多元 …………（48）
一、秦汉——宏阔包容的大一统文化 …………………………（48）
二、魏晋南北朝——多元文化的冲突与融合 …………………（50）
第三节 隋代至元代：中国传统文化的成熟与辉煌 ………………（53）
一、隋唐——文化的隆盛期 ……………………………………（53）
二、两宋——雅俗文化共生 ……………………………………（55）
三、辽夏金元——文化的冲突与融合 …………………………（58）
第四节 明清：中国文化的继往与开来 ……………………………（60）
一、文化专制 ……………………………………………………（60）
二、早期启蒙思潮 ………………………………………………（61）
三、集大成文化 …………………………………………………（61）
四、文化的蜕变与新生 …………………………………………（62）

第三章 中国传统文化的类型与特征 …………………………………（64）
第一节 中国传统文化的类型 ………………………………………（65）
一、文化类型说 …………………………………………………（65）
二、中国传统文化的伦理类型 …………………………………（66）
第二节 中国传统文化的特征 ………………………………………（70）
一、包容性 ………………………………………………………（70）
二、宗法性 ………………………………………………………（71）
三、和谐性 ………………………………………………………（72）
四、务实性 ………………………………………………………（73）

第四章 中国传统文化的基本精神 ……………………………………（75）
第一节 中国传统文化基本精神解读 ………………………………（76）
一、中国传统文化基本精神的内涵 ……………………………（76）
二、中国传统文化精神的特点 …………………………………（76）
三、中国传统文化精神和中华民族精神的关系 ………………（77）
四、中国传统文化精神与文化传统的关系 ……………………（77）
第二节 中国传统文化基本精神的内容 ……………………………（78）
一、天人合一与以人为本 ………………………………………（78）
二、刚健有为与自强不息 ………………………………………（81）

三、厚德载物与中庸尚和 …………………………………………………………（83）
　第三节　中国传统文化基本精神的功能 ……………………………………………（86）
　　一、维系民族团结、国家统一的凝聚功能 …………………………………………（86）
　　二、培养中华民族健康人格，推动社会进步的激励功能 …………………………（87）
　　三、整合不同价值，开拓创新的功能 ………………………………………………（88）

下篇　中国传统文化诸要素

第五章　中国传统哲学 …………………………………………………………………（93）
　第一节　中国传统哲学的发展和流变 ………………………………………………（93）
　　一、先秦哲学 …………………………………………………………………………（94）
　　二、两汉经学 …………………………………………………………………………（97）
　　三、魏晋玄学 …………………………………………………………………………（99）
　　四、隋唐佛学 ………………………………………………………………………（100）
　　五、宋明理学 ………………………………………………………………………（101）
　第二节　中国传统哲学的宇宙观和人生观 …………………………………………（101）
　　一、中国传统哲学的宇宙观 ………………………………………………………（101）
　　二、中国传统哲学的人生观 ………………………………………………………（105）
　第三节　中国传统思维方式 …………………………………………………………（106）
　　一、整体思维 ………………………………………………………………………（107）
　　二、直觉体悟 ………………………………………………………………………（107）
　　三、知行统合 ………………………………………………………………………（109）

第六章　中国传统伦理道德 …………………………………………………………（112）
　第一节　中国传统伦理道德的发展历程 ……………………………………………（112）
　　一、中国传统伦理道德的孕育展开阶段 …………………………………………（112）
　　二、中国传统伦理道德的发展阶段 ………………………………………………（114）
　　三、中国传统伦理道德的辩证综合阶段 …………………………………………（115）
　第二节　中国传统伦理道德的主要内容 ……………………………………………（117）
　　一、人性善恶之争 …………………………………………………………………（117）
　　二、"成人"之道的探寻 ……………………………………………………………（120）
　　三、义利、欲理（道）、人我、志功、生死之辩 ……………………………………（124）
　第三节　中国传统伦理道德的现代意义 ……………………………………………（129）
　　一、中国传统伦理道德对公民道德建设的意义 …………………………………（129）
　　二、中国传统伦理道德对职业伦理道德建设的意义 ……………………………（130）
　　三、中国传统伦理道德对家庭伦理道德建设的意义 ……………………………（130）

第七章　中国传统文学 ………………………………………………………………（132）
　第一节　中国传统文学的发展历程 …………………………………………………（132）

一、先秦时期 ……………………………………………………………（132）
　　二、两汉魏晋南北朝时期 ………………………………………………（134）
　　三、唐宋时期 ……………………………………………………………（136）
　　四、元明清时期 …………………………………………………………（139）
　第二节　中国传统文学的文化性格与基本特色 …………………………（141）
　　一、中国传统文学的文化性格 …………………………………………（141）
　　二、中国传统文学的基本特色 …………………………………………（144）
　第三节　中国传统文学的现代意义 ………………………………………（145）
　　一、爱国主义教育功能 …………………………………………………（145）
　　二、民族凝聚功能 ………………………………………………………（146）
　　三、审美教育功能 ………………………………………………………（148）

第八章　中国传统史学 …………………………………………………（150）

　第一节　中国传统史学的发展历程 ………………………………………（151）
　　一、历史的一般概念 ……………………………………………………（151）
　　二、中国传统史学的发展 ………………………………………………（151）
　　三、中国传统史学的地位 ………………………………………………（155）
　第二节　中国传统史学的伟大成就 ………………………………………（155）
　　一、卷帙浩繁 ……………………………………………………………（155）
　　二、累世不断 ……………………………………………………………（156）
　　三、体裁多样 ……………………………………………………………（157）
　　四、内容丰富 ……………………………………………………………（159）
　　五、有述有评，态度分明 ………………………………………………（159）
　第三节　中国传统史学的优良传统 ………………………………………（160）
　　一、以史鉴今，经世治用 ………………………………………………（160）
　　二、秉笔直书，书法不隐 ………………………………………………（161）
　　三、天人合一，德才兼备 ………………………………………………（163）

第九章　中国传统教育 …………………………………………………（166）

　第一节　中国传统教育的发展历程 ………………………………………（167）
　　一、中国传统教育的起源和奠基 ………………………………………（167）
　　二、中国传统教育的全面繁荣 …………………………………………（169）
　　三、中国传统教育的延续与转型 ………………………………………（170）
　第二节　中国古代的官学和私学 …………………………………………（171）
　　一、中国古代的官学 ……………………………………………………（171）
　　二、中国古代的私学 ……………………………………………………（176）
　第三节　中国古代的书院 …………………………………………………（179）
　　一、书院制度的起源 ……………………………………………………（179）
　　二、书院的发展历程 ……………………………………………………（180）
　　三、书院的特点及影响 …………………………………………………（182）

　　第四节　中国封建社会的科举制度 ……………………………………………… (184)
　　　一、科举制度的发展历程 …………………………………………………… (184)
　　　二、科举制的利弊 …………………………………………………………… (192)

第十章　中国汉字文化 ……………………………………………………………… (194)
　　第一节　汉字的起源和形体演变 ………………………………………………… (195)
　　　一、汉字的起源 ……………………………………………………………… (195)
　　　二、汉字的形体演变 ………………………………………………………… (200)
　　第二节　汉字的构造与特点 ……………………………………………………… (208)
　　　一、汉字的构造 ……………………………………………………………… (208)
　　　二、汉字的特点 ……………………………………………………………… (213)
　　第三节　汉字的文化功能 ………………………………………………………… (216)
　　　一、传承与传播功能 ………………………………………………………… (216)
　　　二、教化功能 ………………………………………………………………… (217)
　　　三、反映功能 ………………………………………………………………… (217)
　　　四、确证功能 ………………………………………………………………… (218)
　　第四节　汉字的艺术价值 ………………………………………………………… (219)
　　　一、音乐美 …………………………………………………………………… (219)
　　　二、形体美 …………………………………………………………………… (220)
　　　三、意境美 …………………………………………………………………… (222)

第十一章　中国传统艺术 …………………………………………………………… (224)
　　第一节　中国传统艺术概说 ……………………………………………………… (224)
　　　一、中国传统艺术与中国人的智慧 ………………………………………… (224)
　　　二、中国传统艺术发展的一般历程 ………………………………………… (226)
　　第二节　中国古代建筑雕刻 ……………………………………………………… (230)
　　　一、中国传统建筑艺术成就 ………………………………………………… (230)
　　　二、中国传统雕塑艺术成就 ………………………………………………… (232)
　　第三节　中国传统书法绘画艺术 ………………………………………………… (233)
　　　一、中国传统书法的艺术成就 ……………………………………………… (233)
　　　二、中国传统绘画艺术成就 ………………………………………………… (236)
　　第四节　中国传统音乐戏曲 ……………………………………………………… (238)
　　　一、中国传统音乐的发展与艺术成就 ……………………………………… (238)
　　　二、中国传统戏曲的发展与艺术成就 ……………………………………… (240)
　　第五节　中国传统艺术的民族特色与世界意义 ………………………………… (243)
　　　一、中国传统艺术的民族特色 ……………………………………………… (243)
　　　二、中国传统艺术的世界意义 ……………………………………………… (246)

第十二章　中国传统科学技术 ……………………………………………………… (249)
　　第一节　中国传统科学技术的发展历程 ………………………………………… (249)
　　　一、中国传统科学技术的孕育与萌芽时期 ………………………………… (250)

二、中国传统科学技术的发展与完善时期 ……………………………………… (250)
　　三、中国传统科学技术的停滞与转型时期 ……………………………………… (252)
　第二节　中国传统科学技术的伟大成就 ………………………………………… (253)
　　一、中国传统科学"四大学科"方面取得的伟大成就 ………………………… (254)
　　二、中国传统科学"四大发明"方面取得的重要成就 ………………………… (263)
　　三、中国传统科学"四大技术"方面取得的重要成就 ………………………… (265)
　第三节　中国传统科学技术的民族特色 ………………………………………… (277)
　　一、注重实际应用，轻视理论构建 ……………………………………………… (277)
　　二、重视直观经验，缺乏理性探讨 ……………………………………………… (278)
　　三、强调整体研究，弱化个体分析 ……………………………………………… (278)
　　四、官方推动科技发展，突显权力取向 ………………………………………… (280)

第十三章　中国传统生活日常 …………………………………………………… (282)
　第一节　中国传统岁时节令 ……………………………………………………… (282)
　　一、中国传统岁时节令概说 ……………………………………………………… (282)
　　二、中国传统节日 ………………………………………………………………… (283)
　　三、二十四节气 …………………………………………………………………… (285)
　第二节　中国传统衣饰文化 ……………………………………………………… (287)
　　一、中国传统衣饰文化的演变 …………………………………………………… (287)
　　二、中国传统衣饰主要组成部分 ………………………………………………… (291)
　　三、中国衣饰与传统礼制文化 …………………………………………………… (294)
　第三节　中国传统饮食文化 ……………………………………………………… (296)
　　一、中国传统饮食文化概说 ……………………………………………………… (296)
　　二、中国传统饮食文化的特征 …………………………………………………… (297)
　　三、中国传统饮食结构 …………………………………………………………… (300)
　　四、中国传统日常饮食习俗 ……………………………………………………… (302)
　第四节　中国传统医药武术 ……………………………………………………… (304)
　　一、中国传统医药武术的基础理论 ……………………………………………… (304)
　　二、中医诊病方法、治疗及特点 ………………………………………………… (306)
　　三、中国传统武术的特征、分类及作用 ………………………………………… (307)

结语　中国传统文化的传承与发展 ……………………………………………… (309)
　第一节　中国传统文化的认同与传承 …………………………………………… (310)
　　一、正确评价中国传统文化的历史地位，是认同与传承的前提 ……………… (310)
　　二、传统文化的现代化助力中国现代化的实现，是认同与传承的动力 ……… (311)
　第二节　中国传统文化的继承与发展 …………………………………………… (312)
　　一、中国传统文化的世界影响和现代价值，是继承和发展的前提 …………… (312)
　　二、中国传统文化的创造性转化，是继承和发展的实现 ……………………… (314)

参考文献 …………………………………………………………………………… (318)

引 言

中国传统文化及其现代意义

学习目标

1. 了解文化的概念、结构和功能。
2. 理解中国文化和中国传统文化的概念。
3. 认识学习中国传统文化的目的、意义和方法。

中华民族在有文字可考的四千多年的漫长岁月里,以其非凡的智慧创造了具有强大生命力的中华传统文化,为我们留下了丰厚的文化遗产。中华传统文化不仅博大精深,而且蕴含着崇高的民族精神,对中华民族的历史发展产生了深刻的影响,也助力了世界文化的发展。党的二十大报告中指出:"中华优秀传统文化源远流长、博大精深,是中华文明的智慧结晶。"因此,我们要继承这笔珍贵的遗产,就要学习、研究中国传统文化,对其有一个比较宏观系统的理解和把握。本章首先对文化、中国传统文化进行界说,明确了学习中国传统文化的目的和意义。

第一节 什么是文化

什么是文化?这是学习、研究中国传统文化首先必须明确的一个问题,但这又是一个见仁见智难以说清的问题,迄今为止,学者们仍然没有停止对"文化"这一概念的探讨。国内外诸多的哲学家、历史学家、社会学家、文化学家、民族学家和人类学家等都基于各自的学科视角对文化的概念进行了界定,虽然各有各的道理,但都有待进一步完善。即使是同一个文化的概念,人们使用时在不同的语境中又常常有不同的含义。本书基于中外词源分析,从对文化的释义入手,对文化这一概念进行界定。

一、文化的概念

文化,作为一个内涵丰富、外延广阔的多维概念是由近代欧洲开创的。汉语中的"文化"一词,既是中国语言系统中的传统词汇,又是近代以来学者们宣传外来文化时赋予了新的内涵的翻译词汇,我们当初借用了日文的译词。

汉语中的"文化",在古代中国语言系统中是早已有之的词汇,"文"与"化"两个词(字)是不并用的。"文"的本义,指各色交错的纹理。《易·系辞》载,"物相杂,故曰文。"《礼记·乐记》称,"五色成文而不乱。"《说文解字》称,"文,错画也,象交文。"均指此义。在此基础上,又有若干层引申义。其一,为包括语言文字在内的各种象征符号,进而具体化为文物典籍、礼乐制度。《尚书·序》载,"古者伏牺氏之王天下也,始画八卦,造书契,以代结绳之政,由是文籍生焉。"《论语·子罕》中孔子说"文王既没,文不在兹乎"是其实例。其二,由伦理之说导出彩画、装饰、人为修养之义,与"质""实"对称。《尚书·舜典》疏曰"经纬天地曰文"。《论语·雍也》称"质胜文则野,文胜质则史,文质彬彬,然后君子",即为此义。其三,在前两层意义之上,更导出美、善、德行之义。这便是《礼记·乐记》所谓的"礼减而进,以进为文",汉儒郑玄《礼记注》所谓的"文犹美也,善也",《尚书·大禹谟》所谓的"文命敷于四海,祗承于帝"。可见,"文"在远古便已与今天的"文化"一词有了不解之缘。

"化",本义为改易、生成、造化,指事物动态的变化过程。如《庄子·逍遥游》称,"化而为鸟,其名曰鹏";《易·系辞下》载,"男女构精,万物化生";《黄帝内经·素问》载,"化不可代,时不可违";《礼记·中庸》载,"可以赞天地之化育"等。以上诸说的"化"不仅指事物形态或性质的改变,同时又衍生出造化、大化等义,可引申为教行迁善之义,有了对伦理道德、社会文明的化成等教育与塑造过程的表达。

"文"与"化"复合使用,较早见于战国末年儒生编辑的《易·贲卦·象传》,"刚柔交错,天文也。文明以止,人文也。观乎天文,以察时变;观乎人文,以化成天下。"这里的"文",即从纹理之义演化而来。日月往来交错文饰于天,即"天文",亦即天道自然规律。同样,"人文",指人伦社会规律,即社会生活中人与人之间纵横交织的关系,如君臣、父子、夫妇、兄弟、朋友,构成复杂网络,具有纹理表象。上面那段话是说,治国者须观察天文,以明了时序之变化;又须观察人文,使天下之人均能遵从文明礼仪,行为止其所当止。"人文"与"化成天下"紧密联系,"以文教化"的思想已十分明确。

西汉的刘向在《说苑》中将"文""化"二字联为一词,例如,《说苑·指武》中指出,"圣人之治天下也,先文德而后武力,凡武之兴,为不服也,文化不改,然后加诛。"晋人束皙在《补亡诗·由仪》中提出"文化内辑,武功外悠",是"以文化辑和于内,用武德加于外远"的政治策略的精辟表述。南北朝的王融在《三月三日曲水诗序》中写道:"设神理以景俗,敷文化以柔远。"由以上可知,在古汉语中"文化"的本义与"武功""武力"相对,指以文德教化天下。

在西方拉丁语系中,"文化"的英文、法文写作 Culture(含有栽培、种植之意),德文写作 Kultur,其词的原型是拉丁文 Cultura,含有耕种、居住、练习、注意等多重含义,并由此引申为对人的性情的陶冶,品德的教养,这就与中国古代"文化"一词的"文治教化"

含义比较接近。不同之处在于：Culture 的本义强调人与自然的关系，是从人类的物质生产活动出发，引申到精神活动领域，有神明崇拜、性情陶冶、品德教化等含义的；而汉语的"文化"一开始就专注于精神领域。由以上可知，东西方"文化"的概念有相近之处，也存在差异。

19 世纪下半叶，以文化为主要研究内容的社会学、文化学、人类学等学科渐次兴起。学者们给"文化"下过多种定义，虽至今仍然没有统一的界定，但中外对文化的研究已达成基本共识，即文化是自然的人化，是人类对自然、社会及其自身的认识和改造的结晶。

人类从"茹毛饮血，茫然于人道"①的"植立之兽"②演化而来，逐渐形成与"天道"既相联系又相区别的"人道"，这便是文化的创造过程。在文化的创造与发展中，人是主体，自然是客体。这里的"自然"，不仅指存在于人自身之外的自然界，也指人的本能及各种生物属性等的自然性。文化创造过程中不仅改造了自然、社会，也改造了实践主体——人自身。换言之，人创造了文化，文化也创造了人。

例如，自然界中的一块石头或一根木棍，在没有经过人为加工成为工具之前仅仅具有自然属性，一旦经过人的加工变成工具就具有了文化意蕴，因为在加工制作过程中，注入了人的思想观念和劳动技能。所以，人类为了生存繁衍，在与自然的相互作用中，不仅形成了工具等物质文化，还结成了相互关系等制度文化，以及显现的审美价值取向和体现的劳动技能艺术等，这些均属于文化范畴。

概括地说，文化是指人类在与自然、社会互动过程中为了改造人类自身所进行的一切活动，以及由此所创造的一切物质文明和精神文明的成果。

【知识卡片】0-1
"文化的定义"集萃

二、文化的特征

由以上对"文化"这一概念的界定可知，文化是人创造的，是非天然、非本能的。文化是人类特有的现象，动物没有文化，其行为只是本能。因此，文化作为人类活动的结晶和生活的写照，必然具有相当的普遍性。然而，人类的活动是在不同的时间、不同的地域、不同的社会环境下发生的，这使得形成的文化又具有了种种差异性。对文化的共性和个性进行概括、研究可知，文化具有以下显著特征：

（一）共同性

文化是人类共同创造的社会性产物，不仅要被创造它的社会群体的全体成员接受和遵循，还要被人类社会成员共同接受，共同享有，所以，就有了"中国文化""印度文化""英国文化"，以及"东方文化""西方文化"之说；还有具有永恒生命力的文学艺术作品，如西方莎士比亚的作品，我国曹雪芹的《红楼梦》等，受到东、西方人们普遍的欢迎；还有科学技术发明及其物化的产品与设备、管理方式等。这些都是全人类共有的文化。相反，

---

① 王夫之《读通鉴论》卷二十。
② 王夫之《思问录·外篇》。

纯属个人私有的东西，如个人癖好、习惯等，不为社会成员所理解和接受的都不属于文化。文化为人类所创造，又为全人类享有、继承，因此，文化具有人类共同性。有了文化的共同性，才会有各民族文化的相互吸收、交融，才会有人类共同的文明。

（二）时代性

文化是一种社会历史现象，每一个时代都有与其社会政治、经济等发展相适应的文化。任何文化都是在特定的社会历史条件下产生的，并随着社会历史的演变而发展。按时代可将文化划分为原始文化、奴隶制文化、封建主义文化、资本主义文化和社会主义文化等，这是一个文化不断发展演进的过程。

文化的发展演进是一个不断"扬弃"的过程，是对既有文化进行批判、继承和改造的过程。在先前的历史时期看来是先进的文化，然而在后来的历史时期就失去了它的先进性，从而被更为先进的文化所取代。

文化发展的基本趋势是随着时代的前进而进步的，但也不排除在某个历史阶段会出现"倒退"现象。例如，我国秦朝的"焚书坑儒"和明清时期的"文字狱"对文化的禁锢，欧洲黑暗的中世纪对文化的专制等就是明证。但这只是文化发展过程中的暂时现象，不会改变文化随着时代的不断发展而进步的历史趋势。

（三）民族性

社会性是人与动物的根本区别之一。人的社会性决定了人类的活动总是带有社会集团性质，以实现社会集团的利益为活动的目的。当社会集团发展为民族的时候，反映该集团利益的活动便自然地被烙上民族文化的特征。斯大林指出，一个民族要具有共同的地域、共同的经济、共同的语言和共同的文化，这里强调的"四个共同"都是重要的文化元质。

民族作为一种社会共同体，恪守着共同的语言、共同的利益、共同的风俗习惯和民族性格，这也是民族文化的突出表现。每个民族都有着体现本民族特色的文化，例如，新疆维吾尔族能歌善舞，蒙古族善骑马射箭等。中华民族是以汉民族为主体的多民族共同体，共同拥有的中华文化使五十多个民族统一为一个民族。虽然文化的共同性决定了其要为全社会、全人类所有，但是文化只有是民族的才是全社会、全人类的。

（四）地域性

人类社会实践活动的发生离不开特定的时间和空间，因此，文化很自然地也就具有了地域性。不同地域的文化具有不同的特色，诸如历史传统、风土人情等均不同。就世界范围而言，有东方文化、西方文化之分；就某个地域而言，有大陆文化、海洋文化、草原文化、山地文化的区别；就中国文化而言，可分为中原文化、辽海文化、关中文化、三晋文化、齐鲁文化、荆楚文化、吴越文化、巴蜀文化、岭南文化等。地域文化具有相当程度上的兼容性、渗透性和互补性。

文化的地域性和民族性是紧密相关的。民族一般都是带有地域性的社会共同体，在某种程度上民族文化也反映了地域文化的特点和内容。所不同的是，文化的地域性较之文化的民族性有着更大的包容性和更灵活的机动性。换个视角来看，地域文化与民族文化又具有同一性，地域文化是民族文化整体中的若干部分。

三、文化的结构和功能

文化内涵的丰富性决定了其外延的广泛性。正如美国文化人类学家洛威尔(A. Lawrence Lowel)形象的表述:"在这个世界上,没有别的东西比文化更难捉摸。我们不能分析它,因为它的成分无穷无尽;我们不能叙述它,因为它没有固定形状。我们想用文字范围它的意义,这正像要把空气抓在手里似的。当我们去寻找文化时,除了不在我们手里,它无所不在。"① 正是因为文化有如此特点而更加扑朔迷离,也越发具有魅力。因此,为了便于更好地把握和阐释文化,研究文化的学者们往往十分注意区分文化的基本结构(或分类)和功能。从文化人类学的学科视角看,文化的内在结构决定文化的外在功能。

(一)文化的结构

由以上对"文化"这一概念所下的定义可知,我们所谈的文化是广义的文化,即人类创造的一切物质文明和精神文明成果。广义的文化包罗万象,因此,我们要对文化自身的内在逻辑结构进行分析。国内外学者在进行文化研究时,对文化内在的逻辑结构层次进行了多种形式的划分:两层次结构说——物质文化和精神文化;三层次结构说——物质文化、制度文化和精神文化;四层次结构说——物质文化、行为文化、制度文化和精神文化。本书采用三层次结构说,即文化的内在逻辑结构包括物质生产文化、制度行为文化和精神心理文化。②

1. 物质生产文化

物质生产文化,简称物质文化,是人类从事的物质生产创造活动及其劳动产品的总和,体现了人与自然的关系。物质文化以满足人类生存发展所必需的衣、食、住、行为目标,反映了人类对自然界认识、把握、改造和利用的程度和结果,反映了社会生产发展水平。物质文化是文化的表层,最容易被感知、觉察,变化也最快。

2. 制度行为文化

制度行为文化,是人类建立的社会制度和人的行为规范活动及其成果,体现了人与社会的关系。人类在社会实践中建立的各种规章制度、组织形式,以及在人际交往的过程中形成的风俗习惯,构成了制度行为文化。也就是说,制度行为文化包含两个层面:上层为制度文化,下层为民俗文化(也可称行为文化)。即所谓的"在上为礼,在下为俗"。

制度文化,是人类在社会实践活动过程中所建立的社会规范、准则的总和。正如马克思所说,"人的本质并不是单个人所固有的抽象物,在其现实性上它是一切社会关系的总和。"③ 人类在维持、发展社会关系过程中,创造了一系列处理人与人之间(包括个人与个人、个人与群体、群体与群体之间)相互关系的准则,并通过一定形式规范成各种制度——政治制度、经济制度、婚姻制度等,以及国家、民族、家族、宗教、教育、科技、艺术等组织,从而形成服务于人类活动而又约束人类活动的制度文化。

行为文化,是人类在长期的社会实践和人际交往中约定俗成的习惯性定式,以民风、民

---

① 殷海光. 中国的文化展望 [M]. 北京:中国和平出版,1998:26.
② 金元浦. 中国文化概论 [M]. 3版. 北京:中国人民大学出版社,2015:5.
③ 中共中央马克思恩格斯列宁斯大林著作编译局. 马克思恩格斯选集(第1卷)[M]. 北京:人民出版社,2012:18.

俗的形态出现，见之于日常生活的具有民族性和地域性的行为模式。行为文化是精神文化在人们社会实践中的反映。例如，中国传统节日有春节、元宵节、端午节、重阳节等；人生礼仪民俗有过满月、成年礼、婚礼、丧礼、交际礼仪等；民间文学有神话传说、民歌、对联、灯谜等；民间艺术有剪纸、秧歌、年画、刺绣、皮影、风筝等。《礼记·王制篇》说"中国夷狄五方之民皆有性也，不可推移"，《汉书·王吉传》载"是以百里不同风，千里不同俗"，都是对于人类行为文化的明确指认。

3. 精神心理文化

精神心理文化，简称精神文化，是人类主体意识的创造活动过程及其成果，体现了人与自我的关系。人类在长期的社会实践活动和意识形态活动中提炼的价值观念、知识体系、审美情趣和思维方式等，都是精神文化的范畴。精神文化是文化的核心，指引着文化发展的趋势和方向。

精神文化又可细分为社会心理和社会意识形态两个方面。

社会心理，是人们的日常精神状态和思想面貌，是尚未经过理论加工和艺术升华的大众心态，包括情绪、愿望和要求等。

社会意识形态，是指经过系统加工的社会意识，是对社会心理进行的逻辑整理、理论归纳、艺术升华，并以著作或作品等物化形态固定下来，流行传播，垂于后世。

依社会意识形态与社会存在关系的疏密程度，可将其划分为基层意识形态（政治理论、法权观念等）和高层意识形态（哲学、文学、艺术、宗教等）。基层意识形态的政治思想和法权观念等与社会有较密切的联系，是经济基础的集中表现，其产生、发展要经过社会心理这一中间环节。高层意识形态的哲学、文学、艺术、宗教等，是远离经济基础的意识形态，具有较强的独立性。社会存在要通过一系列中介才能作用于高层意识形态，而社会心理和基层意识形态便是其中介。[①]

在文化结构的诸层次中，位于外层的物质生产文化最为活跃，往往随着生产力的发展而变革，其外在的物质实体也较容易发生变化。位于中层的制度行为文化会随着社会革命和变革发生或快或慢的变化，并因统治阶级文化的改变而影响人们的社会行为方式。精神心理文化位于文化的深层，内化于民族群体的心理，形成民族独特的心理结构，最难发生变化，其核心是对生活意义的体认、思维方式和价值观念等。

例如，对于异文化，人们最容易理解和接受的是物质文化，即外显的物质实体性文化，对中层的制度行为文化已有很大的选择性，而对于深层的精神心理文化则很难认同和接受。西方人也是如此，他们欣然接受了中国发明的火药和鞭炮，却无法认同中国人的鞭炮驱鬼辟邪的传统信念。文化差异的关键在于深层文化的不同，是由思维方式和价值观的不同所致。

（二）文化的功能

文化的地域性决定了，生活在不同区域的人按照各自的方式创造着自己的文化。文化一旦被创造，就成了人们生活环境的有机组成部分，这种不同于自然的人造环境，被称之为文化环境。文化一旦产生，不仅能适应和满足个人和社会的多种需要，还能影响、塑造生活在

[①] 白全贵，师全民. 中国传统文化概论［M］. 郑州：郑州大学出版社，2003：6.

该文化环境中的人，具有了特定的功能。文化的功能是强大的，具体体现在以下方面：

1. 记录与认知功能

文化一经被创造出来，就有了记录功能，记录着人类的活动历程，镌刻着各民族的历史记忆。世界各民族的文学几乎都是在口头文学的基础上发展起来的，直至目前，一些没有文字的民族依然如此。

文字作为文化的载体，是人类天才的创造，极大地扩大了文化的记录功能。中国的甲骨文、巴比伦的楔形文字等，都为我们记录了早期的人类社会实践，让我们得以领略远古先民的智慧和能力。随着造纸术、印刷术的出现，以及科学技术的不断发展，史书典籍、科学著作、报纸杂志、音像媒体等无不发挥着文化的记录功能。凭借文化的记录功能，人类不断积累知识经验，持续开拓新的认知领域，创造出了更加灿烂的文化。

物质文化也具有记录功能。每一件镌刻着历史记忆的器物，无不诉说着彼时彼地的风土人情和历史沧桑，我们也能感知到彼时彼地人们的精神岁月和实践活动，解读出创造者的审美观念和文化价值取向。例如，一幅《清明上河图》就让宋代都市繁华喧闹的生活图画历历呈现在眼前。

文化有了记录功能，也就有了认知功能。从认识论的角度看，人类的文化史记录了人类的认识史。从某种意义上说，令人神往的故宫、家喻户晓的《红楼梦》等等都是历史的一面面镜子。人类正是通过文化来积累经验、改进思维方式、提高认知能力，从而认识自然、认识社会、认识自身、认识世界的。

人类还能通过文化不断改进物质认识工具，创造出新的物质认识工具，从而使认识能力不断加强。从望远镜到射电望远镜，从显微镜到CT机，从算盘到电子计算机，等等，都是很好的明证。

人类通过文化认识了不同国家、民族、阶级、阶层的昨天和今天，进而去探索它们的明天。摩尔根的一部《古代社会》就让我们认识了印第安人的原始社会。由此看来，一部人类文化史既记录了人类成长发展的心路历程和伟大创造，又是一部内容丰富的人类认识史。

2. 传播与传承功能

文化的记录与认知功能决定了它还具有传播与传承的功能。任何一种文化现象都是社会现象，在社会交往中产生和发展，在社会交往中得到传播与传承。传播指文化向外的横向扩散，发生在社会群体之间；传承指文化向下一代的纵向传递，发生在社会群体之内。文化的传播和传承有时同时发生。

风靡一时的歌曲、款式新颖的时装、科学知识和技能的普及与推广，靠的就是文化的传播功能。文字和语言既是文化现象又是文化的载体，其传播、传承功能巨大。语言能传播、传承，于是一个国家乃至不同国家的人都能说同一种语言，婴儿才会牙牙学语，各种信息才得以交流。文字有了传承功能，二十四史才能为我们承载中国古代社会早已消逝的诸多信息。

实物也可以传播。古代的丝绸之路、郑和下西洋、昭君出塞、文成公主入藏，促进了中国和邻国、汉族和少数民族之间的文化交流。随着科技不断进步，文化传播功能更臻完美。电话、电报、电台、电传、电脑，使天涯若比邻，四海成一家。世界上每个角落发生的事情，通过现代化的文化传播媒体——电台、网络等，我们可以同步知道。1977年，美国发射的宇宙飞船，载着莫扎特乐曲和中国的《二泉映月》，以及许多数学符号飞向茫茫的太空，这是一次人类向宇宙传播人类文化的尝试。文化的传播、传承还可以跨越时空，上下几千年，纵横几万里。

3. 教化与凝聚功能

人的社会性决定了人的生存、发展对社会的依赖性。正是因为人对社会的依赖性，使得文化的教化功能得以通过文化模式濡化和社会价值观的灌输来实现。人所生活的文化（社会）环境，奉行什么样的文化模式，推广什么样的价值观，人就会自觉不自觉地内化为自己的观念，最终表现在行为方式上。

文化对人的教化是通过耳濡目染、潜移默化的方式实现的，以期人按照社会的理想和价值标准行事，最大限度地削弱其动物性而成为社会的人，成功地社会化。人从呱呱坠地起就生活在特定的文化环境中，父母教他学说话、识别器物、与人相处……入学后，学习科学文化知识、道德规范等等。社会上的种种规章制度、风土人情、风俗习惯等都引导他适应社会。

因此，在人类社会发展过程中，随着文化环境的变化，人们的行为习惯、思维方式、审美趣味和价值观念等都会受影响而发生变化。遵循此规律，历代统治者都把教化百姓当成政治的第一要务。

文化有教化功能，也就有了凝聚功能。文化的教化功能，使得生活在同一文化类型或模式中的社会群体，形成相同的思维方式、价值观念和行为习惯，从而紧紧团结在一起，产生巨大的认同或抗异力量。

文化的凝聚功能，在民族群体中表现得尤为明显。苏联战胜德国法西斯，中国赶走日本侵略者，近现代此起彼伏的民族冲突和战争，就是认同或抗异的文化凝聚力量的表现。

中华民族历尽劫难，仍生生不息，中华传统文化的凝聚功能发挥了巨大作用。中华传统文化的凝聚功能，主要表现为忠君与爱国。发展到今天，忠君思想已经有了时代局限性，爱国主义仍然是我们高扬的旗帜。爱国主义是价值观念的具体体现之一，属于精神文化范畴中的内层文化，凝聚范围大，程度深，最稳固持久。

第二节　什么是中国传统文化

【知识卡片】0-2 文化遗产

中国传统文化这一内涵丰富、外延广阔的大概念，是由中国、传统和文化三个不能再切割的小概念组合而成的。因此，要明确"什么是中国传统文化"，在前面已明确"什么是文化"的基础上，还必须明确"什么是中国""什么是中华民族""什么是传统"等相关概念。下面将对"中国文化"和"中国传统文化"两个相似概念进行界定，在界定的过程中对涉及的相关概念也进行了界定和澄清，以期更好地理解和把握"什么是中国传统文化"。

一、中国文化

"中国文化"是与"埃及文化""印度文化""巴比伦文化"等其他地域文化相对的概念。文化具有民族性和地域性（国度性），不同的民族、国家，在其历史发展过程中都创造了独具特色的文化。中国文化是指中华民族及其祖先在自己的领土上创造出来的让世人瞩目的文化总和。

中国，作为中华民族文化的摇篮，是一个地理概念，其内涵经历了一个逐步扩展演变的过程。上古时，华夏民族（即古代汉族）定居于黄河流域，自认为居天下之中央（相对于定居于周边的夷族——戎、狄、羌、苗、蛮等部族而言），故称中国，而将周边地区称为四方。先秦史籍中有所记载，如《诗经·大雅·生民之什》说："民亦劳止，汔可小康。惠此中国，以绥四方"，《诗·小雅·六月序》载，"《小雅》尽废，则四夷交侵，中国微矣"，《庄子·田子方》载，"吾闻中国之君子，明乎礼义而陋于知人心"，均为此义。在夏、商、周等奴隶制国家建国的基础上，秦之后以汉族为主体形成的大一统中央政权，历朝版图时有损益，但基本趋势是不断拓展的。清代疆域"东极三姓所属库页岛，西极新疆疏勒，至于葱岭，北极外兴安岭，南极广东琼州之崖山"①，包括今蒙古人民共和国全境和俄罗斯的部分领土。19世纪中叶以来，"中国"始专指我国全部领土。中华人民共和国成立后，政府相继与邻国缅甸、尼泊尔、蒙古、巴基斯坦、阿富汗、印度等签订边界条约，中国的疆域最终定位。中国文化则是指在此地域范围内所创造的文化。

中华民族，是创造中国文化的主体，是现今中国境内由华夏族演衍而来的汉族及55个少数民族的总称。"中华"之名，由来已久。"中"，意为居四方之中；"华"，本义为光辉、文采、精粹，用于族名，蕴含文化发达之意。元人王元亮说："中华者，中国也。亲被王教，自属中国，衣冠威仪，习俗孝悌，居身礼义，故谓之中华。"②

在漫长的历史进程中，中国疆域不断扩大，民族共同体的要素——共同语言、共同地域、共同经济和共同文化等逐渐完备，中国境内各族间的联系纽带愈益强化。到了近代，中国境内各族在共同抵御西方资本主义殖民势力侵略的过程中，更增强了政治、经济和文化上的整体意识，形成了自觉的民族观念，有了异乎寻常的凝聚力，"中华民族"就成为中国境内各民族的共同称谓。在全世界范围内，"凡遇他族而立刻有'我中国人'之观念浮于脑际者，此人即中华民族之一员也"③。

任何文化都发生发展于特定的时空，有其特定的创造主体。中国文化的空间、主体特征如上所述。从时间特征看，中国文化包括源远流长的传统文化、近代文化以及"五四"以后的新文化。

二、中国传统文化

由于研究者们对"文化"和"传统"的内涵理解的不同，研究的角度和方法的不同，以及价值观的不同等，造成了对传统文化内涵理解的见仁见智。本书从对"传统"和"传统文化"内涵的理解开始，探讨中国传统文化的内涵。

所谓传统，是"由历史沿传而来的思想道德、风俗、艺术、制度等"④，这实际上就是指狭义的传统文化。

---

① 《清史稿·地理志》。
② 《唐律名例疏议释义》。
③ 梁启超. 中国历史上民族之研究 [C]. 梁启超. 饮冰室合集·专集. 北京：中华书局，1989：423.
④ 辞海编辑委员会. 辞海（缩印本）[M]. 上海：上海辞书出版社，1974：215.

"传统文化"是相对于"现代文化"而言的。所谓传统文化，是指国家、民族或其他类型的共同体，在长期的社会历史发展中形成并发展起来的，留存于该国家、民族或其他类型的共同体中具有稳定形态的文化。传统文化是国家、民族或其他类型共同体的历史遗产在现实生活中的再现，有着特定的内涵和外延，以及占主导地位的基本精神。传统文化负载着该国家、民族或其他类型共同体的价值取向，影响着该共同体成员的生活方式，聚拢着该共同体成员对国家、民族认同的凝聚力。

中国传统文化，是指中华民族在长期的历史发展过程中形成并发展起来的，具有独特民族特色的稳定形态的文化。从时间上讲，指的是1840年鸦片战争以前的中国文化，大体上历经上古原始文化、殷商西周文化、春秋战国文化、秦汉文化、魏晋南北朝文化、隋唐文化、两宋文化、辽夏金元文化、明清文化等发展阶段。从内容上讲，是以汉族为主体的中华民族共同创造的文化，包括价值取向、思想观念、思维方式、宗教信仰、道德情操、文学艺术、教育科技、礼仪制度、风俗习惯、生活方式等诸多层面。

中国传统文化，一方面以其蕴含的精神风貌、价值观念、思维方式、行为准则等无时无刻地影响着子孙后代；另一方面，又为民族成员开创新文化提供了历史依据和坚实的基础。我们要重视传统文化律动的脉搏和活的灵魂，在继承传统文化的同时开创有时代特征的新文化。

对传统文化的观照，需要有现代的眼光。本书对中国传统文化的讲述，在真实再现中国传统文化源远流长和博大精深的基础上，力求用现代眼光分析传统文化的复杂构成，并基于此探索中国传统文化的现代化发展之路。

第三节 学习中国传统文化的目的、意义和方法

作为高校人文素质教育公共课教材，本书旨在提供一个中国传统文化系统而简明的文本，让大学生对传统文化形成理性而科学的认知，进而启发他们思考、探索传统文化的现代化，即传承和创新的问题。2017年，中共中央办公厅、国务院办公厅印发了《关于实施中华优秀传统文化传承发展工程的意见》，明确提出要"推动高校开设中华优秀传统文化必修课，在哲学社会科学及相关学科专业和课程中增加中华优秀传统文化的内容"。

为此，要不要学习中国传统文化？为什么要学习中国传统文化？怎样学习中国传统文化？就成了我们必须明确的问题。

一、学习中国传统文化的目的

学习和研究中国传统文化，是为了加强对中华民族在漫长的历史过程中所形成的民族智慧、民族精神的系统了解，并批判地继承，以便清楚地认识我们所处的时代，更加热爱我们的祖国，更好地建设社会主义现代化。2014年3月，教育部出台的《完善中华优秀传统文化教育指导纲要》明确指出："加强中华优秀传统文化教育，是深化中国特色社会主义教育和中国梦宣传教育的重要组成部分；是构建中华优秀传统文化传承体系，推动文化传承创新的重要途径；是培育和践行社会主义核心价值观，落实立德树人根本任务的重要基础。"这就是学习中国传统文化的目的，具体表现在以下两个方面：

一方面,深刻地认识和把握中华民族精神。随着科技的发展,人类社会进入信息化、全球化时代。在此时代大背景下,世界是开放的,各民族国家之间文化交流的深度、广度在不断加强。中华民族应以怎样的姿态加入世界的合作与竞争,是我们首先应该思考的问题。真切地认识和把握一个民族的文化特征是一件很复杂的事情,它深藏着表现于共同文化上的共同心理素质,这就是所谓民族精神。学习中国传统文化是我们更好地认识和把握中华民族精神的最好途径之一。只有深刻地认识和把握了中华民族精神,才能理性地正视我们的历史和传统,对其进行更好的传承和创新。

另一方面,深刻地认识当下的国情。要完成中国人面临的建设中国特色社会主义的历史使命,就必须认清中国的国情。国情的实质就是文化的历史与现状。要发展中国特色社会主义,除具备先进的科学技术和生产力大发展之外,还必须具备先进的文化。建设中国特色新文化体系,必须走"古为今用、洋为中用"的道路,必须立足于中国的现实。任何一个民族的文化,都有其产生、发展以及与时俱进的运动历程。为了使中国文化更好地创造性转化和创新性发展,我们必须研究它的过去和当下,不能再对传统文化作出全盘否定的判断和文化实践。

二、学习中国传统文化的意义

学习中国传统文化对于中华民族审视历史、解剖自身、创造未来,具有积极的现实意义。具体到大学生学习中国传统文化的意义,可概括为以下几个方面:

(一) 有助于提高大学生的文化素养,完善自我

高等教育的重要任务之一是加强大学生的素质教育,包括人文社会科学素质教育在内。素质教育强调将知识内化为做人做事的基本心理品格。具有了健全的心理品格,才能抵御物质财富极大满足的社会中精神空虚、人格堕落、社会责任感缺乏等消极现象带来的负面影响。中国传统文化既具有博大精深的知识体系,也兼具崇尚自然、热爱生命,弘扬人的道德理性等基本文化精神,有许多关于品格修养的内容。因此,大学生学习中国传统文化可以提高其人文素养和精神境界,树立正确的世界观、人生观、价值观和审美观,不断地完善自我。

(二) 有助于增强大学生的民族自信心和自豪感

随着世界经济、文化全球化的到来,中国传统文化作为发展中国家的民族文化,既面临着前所未有的发展机遇,也面临着来自西方强势文化的挑战。在此背景下,如何维护和保持中国传统文化的主体性,不断促进中国文化与时俱进的发展,是我们当下必须直面的重大问题。当代大学生也责无旁贷地承担着传承、发展中国传统文化的崇高使命。

中国传统文化是中华民族智慧的结晶,有着独特的价值体系和思维方式,有着完备而深刻的道德伦理,是人类发展史上的瑰宝。大学生学习中国传统文化,不仅可以深刻地认识和了解我们中华民族自身,也会增强他们的民族自信心、自尊心和自豪感,为国家的文明昌盛贡献自己的力量。

(三) 有助于大学生继承优良传统,开拓创新

传统,既是社会的生存机制也是其创造机制。正是借助于传统,社会的精神成就和物质

成就才得以保存和发展，历史才得以延续和前进。正如马克思所说，"人们创造自己的历史，但是他们并不是随心所欲地创造，并不是在他们自己选定的条件下创造，而是在自己直接碰到的、既定的、从过去承继下来的条件下创造。"① 中国传统文化，就是我们"直接碰到的、既定的、从过去承继下来的条件"，是影响中国人过去、现在和将来的传统。每一个有志于为民族、国家的未来贡献心智和汗水的中国人，都应该努力继承传统、分析传统、变革传统。大学生在学习中国传统文化的过程中，必须吸取精华，剔除糟粕。与此同时，还要吸收外来文化中的精华，在此基础上创造社会主义的新文化，为建设具有中国特色的社会主义作出应有的贡献。

三、学习中国传统文化的方法

中国传统文化博大精深，源远流长。面对如此浩瀚鸿富的学习领域和内容，掌握正确的学习方法尤为重要。我们认为，学习过程中应该努力做到：

（一）历史梳理与理性分析相结合

中国传统文化的浩瀚鸿富性决定了我们必须将历史梳理的方法与理性分析的方法有机地结合起来，才能取得事半功倍的学习效果。中国传统文化经过了数千年的发生、发展及演变历程，只有通过宏观的历史梳理概括，我们才能了解它的"全貌"。同时，对中国传统文化的内在特征、结构功能和精神风貌等进行多角度、深层次地理性分析，才能具体细微地认识、洞察全貌之"一斑"。唯有将历史梳理与理性分析方法结合起来，才能实现系统、全面、深入地学习中国传统文化的目的。

（二）典籍研习与社会考察相结合

中国传统文化传承的途径有多种形式，将传统文化的要义蕴含在汗牛充栋的古籍之中，是重要的传承途径之一。研读这些古籍，尤其是其中的经典文献——《诗经》《周易》《论语》《史记》等，对我们领会中国传统文化的精髓，是非常重要的。除此之外，中国传统文化的诸多要素是通过非文本的途径，在活态社会生活中传承的，例如，民俗生活、人生礼仪、道德规范等等。由此可知，我们要想对中国传统文化有一个全面的、动态的了解和把握，必须将典籍研习与社会考察结合起来，相互补充、印证。

（三）批判继承与开拓创新相结合

中华民族在几千年的历史发展过程中创造了一笔世界公认的宝贵精神遗产。面对如此珍贵的文化宝库，我们必须明确传统文化不是一个纯粹的真理体系，是糟粕与精华并存的文化系统。因此，对待中国传统文化我们要克服两种错误倾向：其一，否定中国传统文化，主张全盘西化的民族虚无主义；其二，对待传统文化毫无批判地兼收并蓄，颂古非今的复古主义。大学生学习中国传统文化的正确方法是，以科学、辩证的方法审视、选择文化遗产，批判糟粕，继承精华。而批判、继承传统文化的目的，是更好地开拓、创新、发展我们的民族文化。

---

① 中共中央马克思恩格斯列宁斯大林著作编译局. 马克思恩格斯全集（第2卷）[M]. 北京：人民出版社，1972：603.

思考与探究

1. 什么是文化？如何理解文化的结构与功能？
2. 简述中国文化和中国传统文化之间的关系。
3. 怎样看待中国传统文化与建设中国特色社会主义新文化之间的关系？

拓展阅读

1. 《中国文化要义》，梁漱溟著，上海人民出版社2005年出版。
2. 《文化的解释》，格尔茨著，韩莉译，译林出版社2008年出版。
3. 《文化模式》，本尼迪克特著，王炜等译，三联书店1988年出版。

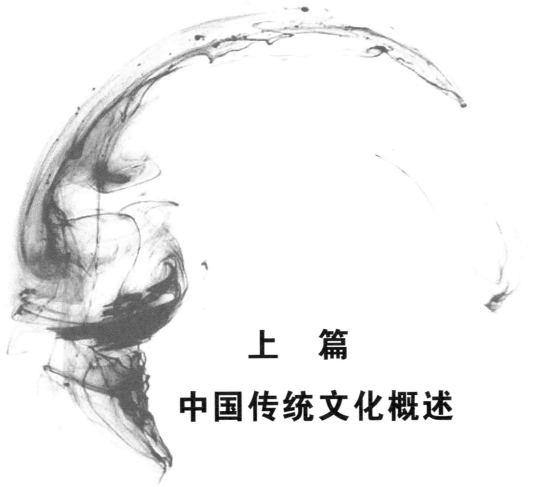

上 篇
中国传统文化概述

　　任何文化的生成与发展都有其特定的生长土壤——发生的地理条件、植根的经济基础和依托的社会环境，中国传统文化也不例外，其独特的生长土壤决定了它与世界上其他文化迥异其趣的内在特质和精神风貌。本篇从宏观上对中国传统文化的生境、发展演变、类型、特征及基本精神进行了描述和阐释，让学习者对传统文化有一个总体印象。本篇内容不仅有助于学习者增强对中国传统文化思想的理解和领悟，也为学习者了解和掌握下篇"中国传统文化诸要素"打下了基础。

第一章

中国传统文化的生境

学习目标

1. 了解中国传统文化发生的地理气候条件。
2. 认识中国传统文化植根的经济基础。
3. 掌握中国传统社会政治结构对中国传统文化的影响。

内容概要

基于文化生态学学科视角思考,地理环境是文化形成、存在的物质条件,经济基础和政治结构是文化发展的社会土壤。党的二十大报告指出,中华优秀传统文化源远流长、博大精深,是中国人民在长期生产生活中积累的宇宙观、天下观、社会观、道德观的重要体现。中国大陆特定的地理环境,对中国文化的形成、发展产生了重要影响。半封闭性的地形地貌,造就了中国传统文化的独特性和封闭性;多样化的地形和气候条件,成就了中国传统文化多样性的文化形态;广袤的疆域,为中国传统文化的交流、融合和延续创造了条件。中国大陆"负陆面海"的自然条件,孕育了华夏民族以农耕为主的经济形态。中国传统文化安土重迁与务实品格、变易观与循环论、兼容并蓄与和谐大同观念的形成,以及对凝重迟滞与崇尚中和的追求,民本主义和集权主义共存等都受农耕经济的影响。人是社会性的动物,人类文化的创造离不开社会环境(即社会结构)所提供的组织舞台。中国传统社会结构的宗法性和专制性特征,形成了中国传统文化的伦理型和政治型范式。

人是自然—社会的双重存在物,文化是人类社会实践活动的产物。从文化生态学学科视角思考,任何一个民族文化的产生、发展都有其特定的生存环境。地理环境是民族文化形成和存在的物质条件,经济基础和政治结构是民族文化发展的社会土壤。中国传统文化也难脱此窠臼。因此,要学习理解中国传统文化的生成机制、发展嬗变,必须从其生存环境(简称生境)——地理条件、经济基础和政治结构等方面入手。

第一节 中国传统文化发生的地理条件

任何文化的形成和发展,都是在特定的地理环境下进行的。地理环境是指环绕人类社会的自然生态,包括地形、气候、河流、土壤、矿产和生物资源等。这是人类生存的自然基础,是社会发展所必需的物质条件,以物质生产为中介,深刻地影响着人类历史的发展进程。

一个民族、国家所处独特的地形地貌、山川河流、气候冷暖等地理环境,对其文化的形成和发展会产生重要的影响。学习中国传统文化,首先必须对其赖以生存的地理环境有一个整体性的了解和把握。

一、中国传统文化赖以生存的地理环境的特点

早在100多万年至几十万年前,我们的祖先(中华民族)就已栖息于北半球的东亚大陆,该区域的总面积大致在500万平方千米。[①] 作为中国文化的摇篮,东亚大陆为中国文化大厦的构建提供了较为宽广的物质基础。这是其他古老文明的发祥地所难以比拟的。

中华民族的栖息地不仅领域广大、腹里纵深、回旋天地广阔,而且地形地貌、气候条件纷繁复杂,形成一种恢宏的地理环境。中国传统文化赖以生存的地理环境的特点,可概括为以下几个方面:

(一)"负陆面海"半封闭性的地形地貌

中国作为一个幅员辽阔的泱泱大国,早在两千多年前,其版图便"东渐于海,西被于流沙。朔南暨,声教讫于四海"[②],大陆的轮廓已基本确立。经秦汉唐宋历代先民的开疆拓土,特别是元明清时代的融合发展,终于奠定了今日中国东西跨越60多个经度、南北达50个纬度、方圆近1000万平方千米的泱泱大国。中国大陆"负陆面海"是指陆地纵深,东西纵横数千千米,南北跨越数千千米,东端和东南沿海有长达2万余千米的海岸线,但海洋不能深入陆地腹里。

中国大陆的北部是广漠无垠的草原。东北部是西伯利亚原始森林和北极冰原,往往被视为难以穿越的畏途。中国大陆的西北部直抵帕米尔高原东麓,从陕西关中出玉门关是纵横数千千米的荒漠和绵延起伏的山地戈壁、雪峰,由砾石层构成的干旱的戈壁和荒漠的地貌加上险恶的气候,让古代中国通向西方的道路充满险阻。从西汉开始,古人历经千难万险打通了从中原腹地通往西域的道路,史称"丝绸之路"。

中国大陆南部与东南亚山水相连。南部在古代开发较迟,地广人稀,加上热带丛林瘴疠盛行,被视为苗蛮之地,在隋唐以前与中原的交通极为不畅。中国西南耸立着号称"世界层脊"的青藏高原,平均海拔在4000米以上,诸多山峰超过7000米,面积广阔达230万平方千米。辽阔高原和直插云霄的冰川雪山,阻隔了中国与南亚的往来。

---

① 冯天瑜. 中华文化史(上)[M]. 上海:上海人民出版社,1990:36.
② 《尚书·禹贡》.

中国大陆东部是浩瀚的太平洋，自北部黑龙江东部沿海至东南沿海有延绵2万多千米的海岸线，从先秦开始沿海交通大多局限于近海，未向海洋纵深发展。

中国大陆地域广大，回旋余地开阔，适合人类生存的地域为500多万平方千米。然而，因为"负陆"，所以有各类自然屏障与外界阻隔，虽然"面海"却又未向海洋纵深发展，故而导致与其他文明中心缺乏交流互动，形成一个半封闭性的状态。

在冯友兰的《中国哲学简史》一书中曾说过，中国是大陆国家。我们的古人认为中国的国土就是世界。汉语中的"天下"和"四海之内"两个词语都可以翻译成"世界"。海洋国家的人（例如，希腊人），也许不能理解这三个词语竟然是同义的。该书中还说，从孔子的时代到19世纪末，中国的思想家没有一个有到过公海冒险的经历。如果用我们现代的标准看，从孔孟之乡到大海的距离并不远，可是《论语》中只有一次提到海——"道不行，乘桴浮于海。"孟子也提到了海——"观于海者难为水，游于圣人之门者难为言。"孟子的话也同样简短，不比孔子强。孔子也仅仅想到"浮于海"。然而，苏格拉底、柏拉图和亚里士多德则生活在海洋国家，曾周游过各岛。① 由以上可知，古代中国人对海关注并不多。

（二）三大阶梯的地势与复杂多样的气候

1. 三大阶梯的地势

聚焦亚洲地图可以看到，中国在东亚是一个多山的国家，高原、山地和丘陵约占全国土地总面积的65%，海拔在3000米以上的地域占25.9%，在500米以下的仅占全国土地面积的25.2%。全球超过8000米的山峰，中国就有7座。

【知识卡片】1-1 丝绸之路

中国地势的特点是西北高东南低，自西而东层层下降，形成落差显著的"三级阶梯"地形。西部主要分布高山、高原以及大型内陆盆地，东部主要是丘陵平原以及较低的山地，在我国大陆东南则是宽阔缓斜的大陆架延伸到海下。中国大陆上的高原、平原、大山、大川，构成许多独立的地理单元，使中华文化具有多样性、包容性和开放性。

第一阶梯，是以"世界屋脊"著称的青藏高原。在"三级阶梯"中最高的一级雪峰林立，许多山峰超过7000米，平均海拔4000米以上，气候以高寒为特点。与南亚往来的交通被高山阻隔，古代交通不发达，只能绕丝绸之路与南亚进行交往。中国内地通往西藏腹地的交通也很艰险，到了唐代，翻越重重雪峰、峡谷的"唐蕃古道"才得以开通。

第二阶梯，是青藏高原以东、以北至大兴安岭、太行山、巫山、雪峰山一线。其间包括内蒙古高原、黄土高原、云贵高原和塔里木盆地、准噶尔盆地、四川盆地等地区，地形相当复杂，海拔一般在1000米至2000米，唯四川盆地较低，海拔在500米以下。长江、黄河、澜沧江等亚洲大河都发源于此。

该阶梯的气候一般为干旱或半干旱性，尤其是西北内陆受山岭阻隔，无论是东部还是南部的暖湿气流都无法到达该地区，是中国最干旱的区域。从关中玉门关，阻隔于纵横数千千米的荒漠戈壁和连绵起伏的山地、雪峰，加上险恶的气候，自古有"风灾鬼域"之称，使古代中国通往西方的道路充满险阻。

第三阶梯，由东北平原、华北平原和长江中下游平原三大平原，以及江南大面积的丘陵

---

① 冯友兰. 中国哲学简史 [M]. 北京：北京大学出版社，1985：22.

低地、河流三角洲等地带构成，是地势最低的一级，平均海拔在500米以下。该区域内受东南季风影响显著，气候湿润多雨。从黑龙江东部沿海至东南沿海有2万多千米的海岸线，海上交通在先秦就已兴起，之后日益发达，只是大多局限于近海，与国外的交往受到浩瀚海洋的阻隔。

2. 复杂多样的气候

我国处于北半球，大部分地区属温带和暖温带，南北两端的少部分区域伸入热带和亚寒带。中国大陆气候有两个重要特征：一是大陆性季风气候显著，二是气候类型复杂。中国背靠世界上最大的陆地——欧亚大陆，面向世界最大的海洋——太平洋，是著名的季风气候区。冬季，大陆气温比海洋气温低，形成高气压，风从大陆吹向沿海，风向偏北。夏季，大陆气温比海洋气温高，形成低气压，风从海洋吹向大陆，风向偏南。受季风周期性变化以及地形等因素的影响，形成了四季分明、雨热同季的特征，寒潮、气旋、梅雨、台风等成为常见的天气现象。

中国大部分地区属于大陆性气候，从东到西，从南向北，大陆性气候特征越来越明显。中国大陆的年降雨量从西北部向东部、南部、东南部逐渐增加。东北地区年降雨量在400毫米至1000毫米之间，黄河流域年降雨量在600毫米至800毫米之间，东南沿海、台湾和海南岛许多地方年降雨量超过2000毫米。

中国大陆作为一个巨大、封闭的地理单元，三个阶梯形如一把躺椅。中华民族在这个躺椅上依山傍水，面朝海洋而内向大陆，闭关锁国，休养生息五千年，形成的中国传统文化是农业文化而不是海洋工商文化。

（三）无天然屏障阻隔的辽阔大陆和广袤疆土

中国大陆辽阔，疆土广袤，河流众多，湖泊星罗棋布。流域面积在1000平方千米以上的河流有1500多条，流域面积大于100平方千米的河流有5万多条，全国径流总量达27115亿立方米，与欧洲的径流总量相当。

中国第一大河——长江，全长6300千米，流域面积180万平方千米，仅次于非洲的尼罗河和南美洲的亚马孙河，位居世界第三。中国的第二大河——黄河，全长5464千米，流域面积75.2万平方千米。长江流域中下游地区是我国重要的农业区，气候温暖湿润，土地肥沃，丰富的水资源像乳汁一样哺育了一代又一代华夏儿女。黄河流域是中华文明的发祥地之一，被称为"母亲河"。

中国疆域广大，气候复杂多样，为众多民族及多元文化的形成创造了条件。中国大陆横跨地球的亚寒带、温带、暖温带、亚热带和热带等五个气候带，加之地形复杂多样，各地降水差异明显，有湿润、半湿润、干旱、半干旱之分。例如，西北内陆地区常年干旱，风沙频仍，昼夜温差较大；东北的黑龙江省夏季不热而短促，冬季严寒且漫长；长江中下游、淮河流域冬冷夏热、四季分明；南部的台湾、海南、广东、广西、云南南部等没有冬天，四季暖热多雨，树木常青；青藏高原是高寒地区，空气稀薄，终年积雪。中国多样化的气候类型为发展农业、林业、牧业和渔业等提供了便利条件。

辽阔丰腴的中国大陆养育了勤劳、勇敢、伟大的中华民族。在中华民族这个大家庭里，生活在东亚农耕区的汉族是其构成主体，还有生活在周边的人数少于汉民族的少数民族，统称"四夷"——东夷、西戎、南蛮和北狄，主要是按他们活动地域的方位命名的。

虽然汉族和少数民族人口多寡有殊，文明程度不同，但他们经历了从对垒、冲突到最终融合的过程，互相影响，互相学习，互相依存，共同缔造了中华民族这个大家庭，共同创造了伟大的中华文明。中国大陆"负陆面海"、疆域辽阔、资源丰富、气候宜人的地理环境和气候条件，助力中国先民创造了独具特色的中国传统文化。

二、地理环境对中国传统文化的作用和影响

文化形成的过程是人化自然的过程。文化生态学指出，在人化自然的过程中人类既是创造活动的主体又是对象世界的客体，整个活动过程受外部自然环境的影响和制约。中国大陆特定的地理环境，对独具特色的中国文化的形成起了非常重要的作用。

（一）半封闭性的地形地貌，造就了中国传统文化的相对封闭性和独特性

中国大陆三面环山、一面临海的地理环境，使其成为一个相对独立的地理单元。中华民族的勤劳和智慧加上相对优越的地理环境，使古代中国长期成为世界东方乃至整个世界最富足、最强大的国度，因而古代中国人产生了"中华帝国，无求于人"的自我陶醉、自我封闭观念。

与古代中国不同，东地中海文明区的埃及、巴比伦、希腊等文明之间的交流却非常频繁，孕育了古埃及文明的尼罗河和孕育了巴比伦文明的两河流域相距很近，不存在难以逾越的地理障碍，它们之间文化交流历来频繁。埃及的象形文字就受美索不达米亚图画文字的启发，二者在农业及手工业技术、数学、天文历法知识等方面也多有交流。

东地中海文明与南亚文明之间的交流也很频繁，虽然隔着伊朗高原，但它们之间的通道纵横，人员、物资和精神产品自古多有往来。在两河流域曾发现古印度哈拉巴文化的印章，表明这两个古老文明早在公元前两千年就已建立起实质性的联系。

与此形成鲜明对比的是，中国大陆北临茫茫戈壁和原始森林，西方是万里黄沙与高山雪峰，西南矗立着有"世界屋脊"之称的青藏高原，东濒浩瀚无际的太平洋，与外部世界相对隔绝。这导致了以中华文化为主体的东亚文明与区外他文明的联系，大体发生在公元纪年以后。与上述几个文明区之间的频繁交流相比，我们整整晚了3000年。

从文化发生学的视角来看，任何一种文化的特性都是由该文化的发生期决定的。中国文化的发生期，大致是在东亚文明区与异文明相隔离的情况下独自完成的，因此，中华民族是一个具有创造性的民族，其文化具有鲜明的独特性。当然，从历史发展的角度看不能否认中国文化广采博纳、兼容并蓄的包容精神，但那是在中国文化的发生期以后，才渐次与他文化相交流。与异文化的交流、碰撞虽然对中国文化的影响相当深刻，但并未使其发生实质性的改变。

由以上可知，中国文化的独特性虽然不能排除其他诸因素的影响，但不难看出中国地形地貌复杂、通行穿越困难等造成的与其他文明区域相对隔绝的状态，无疑是其中至关重要的因素。

（二）多样化的地形和气候条件，成就了中国传统文化多样性的文化形态

中国大陆领域广大，腹里纵深，东西跨经度60度以上，南北跨纬度50度以上，南北温差近50摄氏度，东西年降水量相差几千毫米。地形和气候条件客观上存在的多样化，决定

了各地域生计方式和文化形态的多样性。

中国的地理环境由南到北存在温度和湿度的渐次差异，决定了淮河、秦岭以南的中国南方，以稻作农业为主；淮河、秦岭以北至秦汉长城沿线以南的中原一带，以粟作农业为主；而在秦汉长城沿线以北的北方地区，则以游牧业为主。同时，中国大陆内大河东西横贯，山系纵横，种种地形特点，把中国大陆分割成大大小小的"国中之国"，从而造成了中国文化多样发展，各区域文化间差异极大，正所谓"百里不同风，千里不同俗"①。还需要明确的是，在中国文化史上这种地形多样性导致的文化多元倾向，与文化大一统倾向相辅相成，共同构成中国文化的特点，正所谓"天下同归而殊途，一致而百虑"②，这在思想学术领域表现最为突出。

此外，中国大陆地形、气候条件的区域性差异，客观上也成为多民族共居、多种经济成分并立、多种文化类型共存的物质基础。由于平原地区自然环境相对优越，因此形成了各民族聚集、多文化类型融合的历史趋势，从而出现了中国文化形成发展过程中的多元一体格局。

（三）广袤的疆域，为中国传统文化的交流、融合和延续创造了条件

中华民族繁衍生息的大陆虽"负陆面海"，却是一块极为辽阔的大陆，其面积与整个欧洲大陆相差无几。由于疆土广袤，其内部平原广阔，特别是黄河、长江流域平原毗连，没有明显的天然屏障可以阻隔，因而在政治、经济、文化以及军事上都较海洋民族易于统一。

先秦时的《尚书·禹贡》把当时的版图划分为冀、兖、青、徐、扬、荆、豫、梁、雍九州，这是上古以来中华先民所能着力开发的地区，面积300万平方千米左右，在同期的世界文明古国中，其疆域辽阔是罕见的，为中国文化的传播延续提供了充足的空间和回旋余地。

辽阔的疆土必然带来多地区、多民族的迁徙、交融，从而也带来不同文化的交流、融合。当历史上强悍的游牧民族南侵，中国纵使丧失了首当其冲的黄河流域，仍有广大退路可供回旋，所谓"东方不亮西方亮，黑了南方走北方"。而其他古文明地区一旦沦亡于外族的入侵，即一蹶不振，独中国能对边族潜移默化，始终保持自己文化的独特风格和完整体系，并使之绵延不绝。在古代中国历史上，几乎每一次社会动荡变迁都为不同文化的交流和整合提供了条件。

从古代中国不同朝代古都的迁移中也可窥见一斑。不同时代的王朝有规律地经历了多次迁徙，大体上是沿着自东向西，之后由西北向东南，最后到元明清时的北京，先后形成闻名于世的七大古都——安阳、西安、洛阳、开封、南京、杭州、北京。与古代中国不同，其他古老国家的都城大多较为稳定，甚至单一，如埃及的开罗、古罗马（现意大利）的罗马、印度的新德里、英国的伦敦、法国的巴黎等，即使有过短暂迁都的记录，不久又回到原地。古代中国之所以如此，得益于其所具有的地理位置上的优势，也与经济重心的开拓以及民族、文化的融合有关。

与诸多地域狭小的古代文明在遭到异族入侵或重大的自然灾祸时，因没有回旋余地而遭

---

① 《汉书·王吉传》。
② 《周易·系辞下》。

到毁灭不同，中国大陆因疆域辽阔，民族人口众多，回旋余地大，助力中国传统文化的曲折延续而不至于中断。

第二节　中国传统文化植根的经济基础

物质资料的生产是一切社会活动（包括文化活动）得以开展的前提和基础，其本身也是文化活动的重要组成部分。学习中国传统文化除了要掌握它的内在逻辑，还要把握它得以运行的经济动力，探究依托特定的自然条件和地理环境，中华民族发展了怎样的物质生产方式，为中国文化发展提供了怎样的经济基础。

一、农耕经济是中国传统社会经济的主体

中国大陆"负陆面海"得天独厚的自然条件和地理环境，孕育了华夏民族以农耕为主的经济生产形态。农耕经济是古代中国立国的根本，也是中国传统文化赖以发生和发展的经济基础。

（一）农耕经济

已有研究发现，中国农业起源于第四纪冰川后期。大约在一万三四千年以前，我们的先民就顺应气候转暖的自然变化，开始了农业耕作。考古发现已证实，华夏民族早在六七千年前，已步入以种植业为主的农耕时代，逐渐告别以狩猎和采集为主的生计方式。距今大约6000年的仰韶文化遗址、河姆渡文化遗址已见谷类和稻谷遗痕。距今大约4000年到5000年的龙山文化遗址和屈家岭文化遗址，出土了粳稻等谷物及石锄、石镰等农具。

3000年前的商周时期，进入有文字可考的青铜时代。殷墟甲骨文中出现黍、稷、麦、稻等农作物的名称，并有农事活动记载。铜、石生产农具并用，农耕业达到新的水平。战国时期，辅佐魏文侯的李悝倡导"尽地力之教"，为列国所仿效，农业生产发展成为各国富国强兵的基础。

秦汉以后形成大一统的中央集权制，把"上农除末，黔首是富"定为基本国策，各朝以"帝亲耕，后亲蚕"之类的仪式以及奖励农事的政令鼓励百姓发展农业。耕地的范围随着农业生产的发展，以及统治者移民拓边屯田政策的推行而不断扩大。

中国以农耕为主的生计方式，同时发祥于黄河中下游、长江流域。黄河流域的黄土层细腻、疏松，较适宜于粟、稷等抗旱作物的生长，也便于木、石、铜器等农具的运用。因此，农业生产首先在黄河中下游区域达到了较高发展水平，该地区自然也成了中国古代的政治、经济和文化中心。

随着农业生产力的发展，特别是铁制农具和牛耕的普及，中国农耕重心不断向南转移，逐渐扩展到土肥水美的长江流域。秦汉时期，中国大一统的实现，为农耕重心向南扩展创造了有利的社会条件。接下来的数百年间，北方被战火蹂躏，边患日益严重，黄河流域的农业生态环境迅速恶化。在战乱逼迫下，大批优秀的中原农耕者向南迁徙，足迹遍布长江中下游区域及东南沿海各地。

中国南方自然气候条件优良，发展农耕经济的巨大潜力很快就得到了发挥。隋唐以后，长江中下游地区迅速成为京都及边防粮食、布帛的主要供应地。"苏杭熟、天下足"和"湖

广熟、天下足"的谚语，就反映了唐宋以来农耕经济重心南移的历史事实。"西北甲兵"和"东南财赋"共同构成了唐以后历代社会政治稳定的基本格局。

（二）农耕经济与游牧经济的对垒与融合

除农耕经济外，中国的北方草原自古生活着游牧民族——匈奴、突厥和蒙古族等，都是以游牧为主要生计方式的马背上的民族，他们世代"逐水草迁徙，毋城郭常处耕田之业"①。北方的游牧民族经常南下甚至入主中原，例如，公元5世纪鲜卑拓跋部落统一黄河流域，公元13世纪蒙古人建立元朝，17世纪满族人建立清朝等。农耕经济与游牧经济作为两种不同的经济类型，在中国历史上曾经发生过冲突，但更多的是融合与互补，共同构成了中国传统文化的经济基础。

1. 农耕民族与游牧民族的对垒

农耕民族和游牧民族之间存在生产方式及文明发展水平的差异，必然导致冲突的发生。游牧民族的生产组织和军事组织合二为一，游牧与狩猎活动既是生产实践，又是军事演习，在长期艰苦的自然条件和不安定的生活磨炼之下，形成了游牧民族的强健体魄和剽悍性格，具备所向披靡的巨大威力。以游牧为主的生计方式，决定了他们获取必备生活资料的不稳定性。当自然条件恶化，水乏草枯之际，饥饿的游牧民族就会南下劫掠，"利则进，不利则退"②，给中原农耕民族造成了巨大的威胁。一旦游牧部落出现了具有政治远见和号召力的领袖，短暂的经济劫掠便发展为大规模的征战，甚至入主中原，建立起混合游牧经济和农耕经济的王朝。

农耕民族依附土地，安定是经济发展的前提。面对游牧民族的不定时侵扰，安居乐业的农耕民族终究无法与其在军事上作长期的争锋。在历史上，即便是曾出现汉武帝、唐太宗和明成祖等远征漠北的短暂行为，也改变不了古代中国的军事格局——经济文化先进的农耕民族处于防守地位，而经济文化落后的游牧民族则掌握着军事的主动权，处于攻势。

处于守势的农耕民族为了抵御游牧民族的侵扰，不得不耗费巨大的人力、物力和财力，在长达两千年的时间里历尽艰辛，多次修筑万里长城。长城始建于春秋战国时期，当时所建长城因防范对象的不同，分为"互防"和"防胡"两种。秦统一中国后，"互防"长城不仅失去了本来的意义而且还成为统一的障碍，因此被拆除，"防胡"长城的重要性则更为突出。为驱逐匈奴，秦始皇下令修筑长城。秦长城西起甘肃岷县，经黄河河套以北的阴山山脉，东止于今朝鲜平壤西北清川江入海处，全长0.75万千米。汉代长城东起辽东，经阴山，河西走廊，直达新疆罗布泊以西，全长超过1万千米。

我们今天看到的是明长城遗迹，东起鸭绿江口，经辽东沿燕山山脉巍然耸立屏护北京，然后斜穿黄河河套，直抵甘肃嘉峪关，全长0.73万千米。令人惊奇的是，长城的走向几乎与400毫米等降水线重合。这恰恰说明，长城是湿润的农耕区与干旱的游牧区的边界，是农耕民族护卫发达的农耕经济和中原文化的防线，护卫了先进的农耕文明。正如孙中山所说："长城之有功于后世，实与大禹治水等。"

---

① 《史记·匈奴传》。
② 《史记·匈奴传》。

2. 农耕民族与游牧民族的融合

农耕民族与游牧民族之间的对垒只是问题的一个侧面，另一个侧面则是两者以迁移、聚合、和亲、互市等形式为途径，实行民族融合和经济文化互补。

当草原上水草丰茂，游牧民族日常生活所需能得到满足时，两个民族之间便以和平方式，大体沿长城一线和各关口，向对方更广阔的地域延伸，进行经济、文化等的交流。例如，游牧人以畜产品同农耕人交换粮食、茶叶、布帛和铁器等，来获得日常生活必需品。这种物资交换形式后来被称为"茶马互市"。

从一定意义上讲，农耕民族与游牧民族之间的战争，也促进了文化交流和民族融合。游牧民族从农耕民族那里学到了生产技术、政治制度和文化，促进了本民族的社会发展，也促进了中原农耕文化向周边扩展和多元文化融合。例如，南迁的北魏鲜卑人孝文帝热爱汉文化，积极实行以三长制、均田制为内容的汉化改革，使北魏社会迅速发展。

虽然游牧民族的社会发展水平比农耕民族低，但他们具有的勇武善战、精于骑射、粗犷强劲和富于流动性等优点，很好地完善了稳健儒雅的农耕文化。例如，战国时赵武灵王的"胡服骑射"，汉唐时期开通西域的丝绸之路，都是农耕民族从游牧民族吸纳有益文化养分，发展本民族文化的生动事例。

此外，元朝时，蒙古人入主中原后，元世祖忽必烈将首都迁至农耕区的大都（今北京），表现了对汉文化的归依。之后的女真、满族等游牧民族和半农半牧的民族，在接触农耕文化后无一例外地被同化。这一结果说明农耕文化是具有强大的吸纳性和包容性的文化，对异文化具有巨大的同化作用。农耕经济与游牧经济作为中国大陆的两种经济类型，历经数千年相互融合、互为补充，使农耕文化更具绝对优势，更加气势恢宏。

二、农耕经济对中国传统文化的影响

农耕经济在中国古代社会经济生活中居于主导地位，贯穿于中国传统社会的始终。中国传统文化的特性，深深地植根于农耕经济基础之中。农耕经济对中国传统文化的影响，具体体现在以下几个方面：

（一）中国传统文化民本主义和集权主义共存

中国传统文化中的民本主义和集权主义相反相成，是由以农耕经济为主体的社会所决定的。古代中国是农业社会，集权政体赖以生存的物质资料都要由农民生产出来，所以，只有农民安居乐业，社会生产才能稳定有序，"天下太平，朝野康宁"才有保障。所谓的"民可近，不可下，民惟邦本，本固邦宁"① 体现的不仅仅是对下层百姓遭遇的同情怜悯，而是已经提到了政治高度，将"民"确立为"邦"之根本，认识到"民意"是决定安邦治国的决定力量。孟子提出"民贵君轻""政得其民"的观点，对民本思想作进一步的系统发挥，"民为贵，社稷次之，君为轻。是故得乎丘民而为天子，得乎天子为诸侯，得乎诸侯为大夫。"② 荀子论证了君民关系，"君者舟也，庶人者水也。水则载舟，水则覆

---

① 《尚书·五子之歌》。
② 《孟子·尽天下》。

舟"①。因此,"为君之道必须先存百姓","存百姓"只是手段,"为君之道"才是目的。这是民本主义的实质。

与民本主义相伴相生的,是集权主义。古代中国农耕经济所需求的社会安定,决定了实现国家的大一统,要依靠政治上和思想上的君主集权主义。为了抵御外敌、维护社会安宁和有序运行,需要建立大一统的集权政治,也就是所谓的"东方专制主义"。

中国古代大多数学派和思想家都有不同程度的尊君思想。春秋战国时期的法家,是绝对君权论的始作俑者。从天下"定于一尊"的构想出发,韩非提出"事在四方,要在中央,圣人执要,四方来效"②的中央集权政治设计。他认为君主应拥有无上权威,在君主统辖之下的臣民不具备独立人格,视、听、言、行皆以君之旨意为转移。早在2000年前的秦汉时期,就确立了专制主义的中央集权君主政体,成为中国古代农业社会的一个显著特征。

(二)中国传统文化安土重迁和务实品格的形成

生活在中国大陆的华夏先民,栖息于大江大河灌溉的肥沃原野间,很早就结束了流动的渔猎生活,定居下来以农耕为主要生计方式。农业社会的特点是定著安居,国人的观念中对土地产生了深深的眷恋,土地成为根本。除少数行走的商贩和宦游的士子外,大多数汉族人尤其是农民,日出而作,日落而息,终生固着在土地上。汉民族养成了一种"安土重迁"的习惯,一般不愿离开故土,除非极端严重的战乱和灾荒。而且一个人无论离开故土有多远,死后都要安葬于故乡。

中国传统文化的安土重迁,发挥了巨大的凝聚功能,使国人对故乡、民族、国家产生了强烈的归属感和认同感。诗经、楚辞、汉赋、唐诗、宋词和明清小说等文学作品中,无不洋溢着无数士人对乡土无限眷恋之情,如《诗经》中的"昔我往矣,杨柳依依;今我来思,雨雪霏霏",李白的《静夜思》、崔颢的《黄鹤楼》等。

长期的农耕生产,形成了中华民族群体心理质朴厚重的品格和务实精神。在从事农事劳作中,"一分耕耘,一分收获"的生活经验,让华夏儿女领悟到一条朴实的真理——利无幸至,力不虚掷。说空话无益于事,实心做必有收获。久而久之,中华民族"重实际而黜玄想"的精神,越来越根深蒂固。古代中国基于实用基础之上的农学、天文学、医学等十分发达。

以农耕为主的生计方式,形成的中华民族务实之风也影响了文化领域,"大人不华,君子务实"③是中国圣贤、哲人一向倡导的精神。相反,亚里士多德式的不以实用为目的,由探求自然奥秘的好奇心所驱使的文化人,较少在中国诞生。

农耕经济对中国人务实品格的影响,还有其他的突出表现。例如,中国人在对待各种宗教的态度上,自始至终未陷入迷狂,世俗的、入世的思想始终压倒神异的、出世的思想。总体而言,中国人对生命终极意义的追求,是在"此岸世界"学做圣贤,力求人生"三不朽"——立德、立功、立言,从未去"彼岸世界"寻求解脱。这正是中国传统文化的主流是儒学思想,而不是宗教的原因所在。

---

① 《荀子·王制》。
② 《韩非子·扬权》。
③ 王符《潜夫论·叙录》。

（三）中国传统文化对凝重迟滞与崇尚中和的追求

在农业社会，所采用的是农业劳动力和主要生产资料（土地）高度结合的生产方式。劳动者被固定在土地上，既是生产劳动的需要，也是统治阶级的需要。在农耕生产方式下，满足于自给自足，维持简单再生产，缺乏扩大再生产的动力，社会发展运行缓慢迟滞，大体是相对静态的。

在这样的生活环境中，人们极易滋生永恒意识，认为世间万事万物都是恒久、静定、守常的，在日常生活中表现出蹈常袭故、好常恶变的习性。反映在传统文化中，是求"久"、求"常"、凝重，保守秉性，致使社会普遍安于现状，缺乏远见和开拓精神。例如，《易传》所谓的"可久可大"，《中庸》所谓的"悠久成物"，《老子》所谓的"天长地久""复命日常"，《管子》所谓的"天不变其常，地不易其则"等等，不一而足。反映在民间心态中，是对统治秩序希望稳定守常，对家族祈求延绵永远，对器物追求经久耐用，都是求"久"、求"常"意识的表现。

农耕民族的这种凝重迟滞，与游牧民族以战争掠夺、军事征服为荣耀的心理不同，也不同于以商品交换、对外拓展和海外殖民为意向的民族。古代中国士大夫们留下的各类典籍中，能够发现"礼运大同""兼爱非攻""庄生梦蝶"和"归墟里五座神山"等美好的理想或奇妙的玄想，却从未发现过海外扩张和征服世界的狂想。因此，古代中国人平实、求安的文化心理，中国传统文化的厚实凝重性是农业社会特征的具体体现。

为了让自身的行为适应、顺从恒久的自然规律和社会秩序，我们的先哲们创造性地提出了"中庸"之道，作为立身处世的基准。中庸思想作为中国传统文化的重要内容，蕴含的人生智慧，源自农耕经济的土壤。中庸之道包含两层意思：一是强调中和、和谐，反对过犹不及，任何固执一端都失之"中"；二是"礼"是"执中"的准则，"中庸"就是"中礼"。孔子认为，"知和而和，不以礼节之，亦不可行也。"① 据《礼记》中记载，"敬而不中礼，谓之野；恭而不中礼，谓之给；勇而不中礼，谓之逆……礼乎，夫礼所以制中也。""礼"以"制中"为用，所以又称"礼之用，和为贵"。可以说，"中庸"既是儒家思想的基本精神，也是中国文化的基本特征之一。

中庸之道承认对立面的对立、统一，强调用缓和、适度的方法解决矛盾，成为调节社会矛盾使之达到中和状态的高级哲理。中庸之道用于政治，可抑制兼并，均平田产、权利；用于文化则可在多元文化交汇时，讲究异中求同，求同存异，兼容并包；用于风俗便可不偏颇，不怨尤，入情尽理，内外兼顾；用于人格则可盛行温、良、恭、俭、让的君子之风。这与工商业发达的古希腊社会，人们推崇的自我表现、竞争交易之风形成鲜明的对照。

（四）中国传统文化变易观与循环论的形成

农耕生产的春耕夏耘，秋收冬藏，反复昭示着人们事物的变化发展与生生不息。与农业生产四季反复变化相一致的变易观便应运而生，并且与恒久观念相辅相成，在中国源远流长，影响深远。

《周易》《老子》的哲学思想中有关变易的观点，其鲜明特征是寓"变易"于"保守"

---

① 《论语·学而》。

之中。例如，汉武帝刘彻的"复古更化"，"复古"继承了尧、舜、禹三代道统，"更化"是以儒学哲理改变秦代遗俗。还有王安石变法、张居正改革、康有为"维新"，直至现代"新儒家"呼唤的"返本开新"，都在不同程度上体现了寓变易于保守之中的"托古改制"的变异观。

中国传统文化变易观的思维方式与循环论紧密相连。中国农业文明成熟较早，农业生产随着四季更替循环而周而复始的现象，是中国传统文化循环论产生的基础，并长期影响着中国人的思维方式，所谓"寒往则暑来，暑往则寒来。"[①] 政治生活中朝代的盛衰更迭，治乱分合的往复交替，正所谓"天下大势，分久必合，合久必分"，以及人世间的种种变换离合，更强化了循环观念。金、木、水、火、土"五行相生相克"，循环往复，构成了一个完整的体系，也是循环论的重要表现。

中国传统文化循环论思维方式还体现在伦理修养上。《大学》中认为，"知止而后有定，定而后能静，静而后能安，安而后能虑，虑而后能得。"朱熹在《四书集注》中这样解释，"谓得其所止"，就把"知止→有定→能静→能安→能虑→能得，得即止"构成修养循环，达到"得其所止"的佳境，又回到"止于至善"的起点。这种从伦理观念出发，又归结到伦理观念的循环模式，是盛行于农业社会的一种"推原思维"，其最大特点是出发点与归宿"重合"，而这恰恰是农作物从种子到种子的周而复始的衍化。[②]

（五）中国传统文化兼容并蓄与和谐大同观念的形成

中国疆域辽阔，各区域的地理环境和自然气候条件各异，形成了不同的生计方式和各具特色的区域文化——秦晋文化、吴越文化、齐鲁文化、楚宋文化等，并且长期吸纳周边少数民族的优秀文化，使中国传统文化有了多样性和兼容并蓄的特点。

在古代中国农耕经济发展的同时，始终保留着多样化的经济成分。从横向看，不仅仅是农业生产，还包含手工业、商业等多种经济成分。从纵向看，中国经济在三代时是原始协作式农业自然经济，秦汉至明清则为农业与家庭手工业相结合的经济，到近代始出现农业与工商业并存的经济形态。农耕经济的多元化结构，也造就了中国传统文化兼容并蓄的包容性特征。在古代中国，战争、自然灾害的发生都引起了人口流动，使不同派别、不同类型的思想文化交相渗透、兼容并包、多样统一，表现了中国传统文化"有容乃大"的雄伟气魄。

中国传统文化的和谐观念与中国的农耕经济是息息相关的。受农耕经济的影响，人们形成了固守家园、起居有定、耕作有时、安土重迁、和平相处的观念，由此派生了防守自卫的民族心理。因此，追求和谐成了中国传统文化的重要特点，也是中国传统价值观念。和谐成为农耕民族追求的目标和生活的价值，由此可推衍到社会生活的各个层面，由个人和谐推衍到家庭和谐、社会和谐，推衍到国家乃至世界的层面，便是追求"天下为公"的"大同"理想。和谐大同理想一直延续到近代，维新派思想家康有为撰写了《大同书》，孙中山题写了"天下为公"的横幅，毛泽东写出了"太平世界，环球同此凉热"的豪迈诗句，将"和谐观念、大同理想"升华到崭新的高度。

---

① 《易传》。
② 白全贵，师全民. 中国传统文化概论［M］. 郑州：郑州大学出版社，2003：38.

第三节　中国传统文化依托的社会环境

人是社会性的动物，社会性是人区别于动物的基本特征之一。人的社会性的外化形式是社会结构。人类文化的创造不仅离不开自然环境提供的地理舞台，也离不开社会环境（即社会结构）为人类文化创造提供的组织舞台。

《吕氏春秋·恃君览》就记载了先秦时人对人类"社会"特征的认识，"凡人之性，爪牙不足以自守卫，肌肤不足以捍寒暑，筋骨不足以从利避害，勇敢不足以却猛禁悍。然且犹裁万物，制禽兽，服狡虫，寒暑燥湿弗能害，不唯先有其备，而以群聚邪？群之可聚也，相与利之也。"这里的"群"与"社会"的内涵相近。

我们的先民正是凭借一定的组织形式，进行交流协作、互相帮助，才得以克服恶劣的自然环境，从动物世界中脱颖而出，雄踞食物链的顶端，用万物之灵的大脑和双手，创造出辉煌灿烂的中国文化。

一、中国传统社会政治结构的特点

中国传统社会政治结构的突出特点是"家国同构"。该社会政治结构是由带有某种血缘温情的宗法制度和中国一脉相承的专制制度相结合的产物。中国传统社会政治结构对中国传统文化的影响，包括占主导地位的意识形态、哲学思想、宗教信仰、伦理道德、文学艺术、民风民俗，甚至科学技术等诸多领域。因此，中国传统社会政治结构就成为"透视"中国传统文化的一个非常重要的"窗口"。

（一）宗法型

在历史进程中，中国社会结构发生过种种变迁；然而，以血缘纽带维系的宗法制度长期留存，影响到社会生活的方方面面。宗法制度，是氏族社会成员之间牢固的亲族血缘关系在新的历史条件下演化而成的，是血缘关系与社会政治等关系密切交融、凝结的产物，是一种复杂但井然有序的血缘政治社会构造体系。在中国，宗法制度的产生与确立是一个漫长而复杂的过程。

1. 宗法制度的产生

人类走着大体相同的道路，在阶级产生以前大都是以血缘关系为纽带建立起来的组织形式，由最先的原始群居，发展为氏族，继而又发展为部落。

在阶级、国家产生之后，由于受自然环境及各地居民不同生活方式的影响，血缘关系在社会生活中的表现形态及地位出现了重大差异。例如，地中海沿岸的古希腊，人们长期生活在多岛的海洋型地理环境中，很早就从事海上商业贸易活动。这种流动性很强的生计方式，冲淡了蒙昧时代的血缘关系，形成了以地域和财产关系为基础的城邦社会。

中华民族是在"负陆面海"的一块广袤大陆上独自发展起来的，自然地理环境和生计方式与古希腊有很大差异。中国大陆面积辽阔，地形地貌复杂，气候类型多样，有高山峻岭，有一望无际的平原，还有无数的河流和湖泊，以至于在先民的眼里中国就是天下。中华先民生活在半封闭的广阔区域内，很早就以农耕为主要生计方式，过着"日出而作，日落而息"的定居生活。聚族而居，与世隔绝的生活方式，即使完成了从野蛮到文明的转型后，也没有冲破人类原有的血缘关系,血缘家族的社会组织形式被长期留存下来。需要明确的是,氏族社会的血缘关系与文明时代的血缘关系有着本质的区别,前者是原始民主制的基础,而后者则是阶级专制的基础。

在中国传统文化中,"宗"与"族"相互依存:同"宗"者必是同一血缘,共祭同一祖庙;同"族"者必有共同所亲之祖,所敬之宗。在"宗族"这一概念中,祖先崇拜和血缘关系被有机地结合在一起,血缘关系是祖先崇拜的基础,祖先崇拜又是强化血缘关系的纽带。二者不断地被强化和延续,成为中国传统社会赖以存在的核心,形成了延续数千年的血缘宗法制度。这种以血缘关系为纽带所形成的宗法制度,其渊源可追溯到原始父系氏族公社或家庭公社时期。作为一种制度,它形成于商,完善于周。①

2. 宗法制度的确立

在商代宗族制度的基础上,西周统治者建立了一套体系完整、等级严格的宗法制度。宗法制是周代贵族一项重要的社会政治制度,其核心内容是嫡长子继承制。

(1) 嫡长子继承制

嫡长子继承制规定,"立嫡以长不以贤,立子以贵不以长"的原则在于区别嫡庶和大小宗,目的在于确保财产和权力继承的稳定性。

宗法制度的嫡长子继承制,始祖的嫡长子继承宗统,之后历代继承宗统的都是嫡长子,这个系统被称为大宗。嫡长子称为宗子,为族人所共尊。嫡长子孙以外的众子,相对于大宗而言则叫作小宗。在小宗范围内仍实行宗法制,即第一代的始祖财产、权力由一代一代的嫡长子继承,由此形成这个宗族内的大宗,相对于这个大宗系统而言,其余子系统则为小宗。这个系统内的小宗仍可按宗法制再进行大小宗的划分。

嫡长子继承制是从父权制社会演化而来,用父子血缘亲情来维系王权的稳定。周天子及其继承者,从君统看他是天下的共主,是政治上的最高统治者,从宗统看他又是天下的大宗。

嫡长子占据最高王位。因为嫡长子只有一个,所以就杜绝了兄弟之间为争王位而造成的战乱,对稳定社会和政治秩序起到了一定的作用。图1-1为宗族世系图。

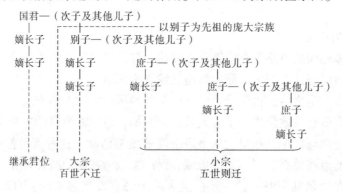

图1-1 宗族世系图②

---

① 金元浦. 中国文化概论 [M]. 北京:首都师范大学出版社,2008:33.
② 龚红月. 智圆行方的世界 中国传统文化概论 [M]. 广州:暨南大学出版社,2008:28.

(2) 分封制

分封制是周代宗法制度的又一个显著特点。分封制，史书上称为"授民""授疆土"，以宗法制为依托，内容是大宗对小宗的层层分封，即从周天子开始，把周族政治势力控制的领土、统治权和被征服的异族人口层层地分给下级宗法贵族。具体做法是：周天子自己的余子以及姻亲贵族和功臣为诸侯，称国；诸侯封自己的小宗为大夫，称家；大夫再封自己的小宗为士。士是周代贵族系统中最末的一等，士以下没有再分封，是否有宗法，不得而知。

由以上可知，在分封系统中，诸侯和大夫具有大宗和小宗的双重身份。按照周代分封制规定，天子和受封的诸侯之间有一定的权利和义务：天子有巡狩解决诸侯争端，统领诸侯进行军事行动的责任；诸侯有定期朝觐天子，进献贡纳，入朝服役之义务。其他的封主和封臣之间也有类似的权利和义务关系。

(3) 宗庙祭祀制度

宗法制度以血缘亲疏来认定同宗子孙的尊卑等级关系，以维护宗族的团结，所以十分强调尊祖敬宗，有严格的宗庙祭祀制度。宗庙祭祀制度是为了维护宗族网络而发展起来的。历代君主十分重视宗庙建设，将其与社稷并重，作为国家权力的象征，王宫前左宗（太庙）右社（社稷坛）的建筑格局一直沿袭到明清时代。北京故宫前左侧的劳动人民文化宫便是明清的太庙，右侧的中山公园是明清的社稷坛。民间建有祠堂和家庙，作为家族祭祖之地。

王国维在谈到殷周制度时认为，"周人制度之大异于商者，一曰立子立嫡之制，由是而生宗法及丧服之制，并由是而有封建子弟之制，君天下臣诸侯之制。二曰庙数之制。三曰同姓不婚之制。此数者皆因之所以纲纪天下，其旨则在纲上下于道德，而合天下诸侯卿大夫士庶民以成一道德之团体。"① 这表明，西周社会是利用宗法的组织形式来管理国家，把血缘关系与政治等级关系结合起来，整个社会制度就是一个金字塔式的等级结构。

3. 宗法制度对中国传统社会结构的影响

"家国同构"是宗法社会最鲜明的结构特征。严格意义上的宗法制，虽然在周代以后就不复存在了，"家国同构"的精神却根植于数千年的中国古代社会中。

所谓"家国同构"，是指家庭、家族和国家在组织结构方面的同一性。"国"与"家"在结构上一致，以血亲—宗法关系来统领，组织系统和权力配置都是严格的父家长制。在家庭、家族内，父家长地位至尊，权力至大；在国内，君王地位至尊，权力至大。在"家国同构"的格局之下，家是"小国"，国是"大家"。父家长因其血统上的宗主地位，统率其族众家人，并且其宗主地位并不因其生命的停止而中止，而是通过血脉遗传代代相传。这导致中国古代社会地缘政治、等级制度等社会结构，始终未能完全独立于血亲—宗法关系而存在。

正如黑格尔所言，"中国纯粹建立在这一种道德的结合上，国家的特征便是客观的'家庭孝敬'。中国人把自己看作属于他们家庭的，而同时又是国家的儿女。"② 我国学者则形象地将这种"人—家—国"的社会组织模式称为"同心圆式"，以区别于西方传统社会个人与社会对立并此起彼落的"跷跷板式"。③

---

① 王国维.王国维学术经典集（下册）[M].南昌：江西人民出版社，1997：129.
② 黑格尔.历史哲学[M].上海：上海书店出版社，1999：127.
③ 岳庆平.中国的家与国[M].长春：吉林文史出版社，1990：4.

在"家国同构"的格局下，家族是家庭的扩大，国家是家族的扩大和延伸。君王自命"天子"，龙种高贵，君王驾崩，君统不辍，由其嫡长子自然承袭，如是者不绝。父家长在家庭内"君临"一切，"家人有严君焉，父母之谓也"①。君王是全国子民的"严父"，"夫君者，民众父母也"。② 不仅国君如父，而且各级地方政权的首脑亦被视为百姓的"父母官"。简而言之，父为"家君"，君为"国父"。君父同伦，家国同构，宗法制度渗透于社会整体，甚至掩盖了阶级和等级关系。

尽管古代中国的奴隶制国家和封建制国家是按地缘原则建立起来的，不同于原始的氏族部落，却始终未能摆脱氏族血亲——宗法关系的纠缠。在某种意义上说，中国的奴隶社会是宗法奴隶制，是家族的政治化。中国"家国同构"的社会结构与印度、欧洲大不相同，这大大影响了中国文化的形态。

中国社会组织的"家国同构"格局，以及由此而来的"忠孝同义""忠孝相通""求忠臣于孝子之门"，都是宗法制度长期遗存的结果。中国学者将其总结为，"吾中国社会之组织，以家族为单位，不以个人为单位，所谓家齐而后图治是也。周代宗法之制，在今日其形式虽废，其精神犹存也。"③ 这一论说是符合实际的。

（二）专制性

在中国大陆，国家产生于夏代，就国体而言，以地主阶级专政时间最长；就政体而言，以君主专制历时最长。从世界范围看，这种地主阶级专政的君主专制国家制度，在中国出现最早，发展最充分。

在战国时期，以君主为最高统治者的中央集权制度就已经建立起来。秦统一后，中央集权达到一个新的高度，至明清时期发展到顶峰。古代中国的君主专制国家制度形成之早，历时之久，是世界上其他任何国家所无法比拟的。

马克思曾大致把君主专制分为两种类型：一种以英、法、德等国为代表的欧洲型，另一种以中国、土耳其等国为代表的东方或亚洲型。④ 由于两种类型的君主专制产生的社会历史条件不同，所以表现形态、集权程度、持续时段、历史作用等，尤其是对各民族、国家文化发展的制约和影响也大不相同。例如，英国的君主专制政体形成于封建社会的晚期，资本主义已经萌芽，新兴资产阶级势力勃然兴起，君主专制制度的阶级基础既有封建贵族势力，又有僧侣、地主和新兴资产阶级。"在那里，君主专制是作为文明中心、社会统一的基础出现的。在那里，君主专制是一个洪炉，在这个洪炉里各种社会成分被掺和在一起，受到开导，这就使得城市认为资产阶级的普遍统治和市民社会的公共政权比自己的中世纪地方自治更好。"⑤ 简言之，英国的君主专制在维护旧的封建贵族利益的同时，也在拉拢资产阶级，鼓励工商业的发展和海外贸易活动。这在客观上保护和推动了资本主义生产方式的成长。

与欧洲相比，中国君主专制政治的阶级基础是地主阶级，还包括数量极大的自耕农，所依赖的主要生计方式是小农经济和家庭手工业相结合的自然经济。这种自然经济抑制了商品

---

① 《周易·家天下》。
② 《新唐书·礼三本》。
③ 何晓明，曹流. 中国文化概论 [M]. 2版. 北京：首都经济贸易大学出版社，2011：56.
④ 中共中央马克思恩格斯列宁斯大林著作编译局. 马克思恩格斯全集（第10卷）[M]. 北京：人民出版社，1998：462.
⑤ 中共中央马克思恩格斯列宁斯大林著作编译局. 马克思恩格斯全集（第10卷）[M]. 北京：人民出版社，1998：462.

经济的形成和发展，阻碍了中国新的资本主义生产关系的萌芽和发展。与欧洲国家相比，中国君主专制制度具有以下几个特点：

1. 产生时间早，持续时间长

中国君主专制出现的年代先于世界诸国，在国家初成的前封建时代——商周时期便已见端倪。春秋战国时期，君主专制便已出现。列国诸侯不仅以争夺中原霸主地位为目标，而且在自己的疆域内实行专制统治，用郡县制取代分封制，用官僚制取代世卿世禄制。公元前206年，秦王嬴政统一全国，建立起高度中央集权的君主专制政体。此后直到明清，专制主义中央集权政治愈演愈烈，持久不衰。从春秋战国直到公元20世纪初辛亥革命推翻清朝统治，专制政权在中国存在了2000多年的时间，在世界上是绝无仅有的。

专制政体的长期延续，是中国文化与异文化的重要区别之一。欧洲从中古到近代也存在一个"神圣罗马帝国"，但在绝大部分时间内不过空有其名，充其量只是一个松散的"军事行政联合体"，不能与中国从秦汉直至明清的大一统中央集权专制帝国相提并论。

2. 经济基础深厚稳固

作为上层建筑的中国君主专制政体延续2000多年，是因为植根于土地国有和自给自足的小农经济的经济基础。在商周时期，全国的土地都是君主的私有财产，所谓"普天之下，莫非王土；率土之滨，莫非王臣"①。春秋以后，虽然出现过土地多极所有的局面，但土地主要集中在贵族和地主阶级的手里。在整个封建时代，国家对土地占有绝对的所有权。加之官僚、地主对农民土地的大量兼并和残酷剥削压迫，农民的生活极度困苦。因此，处于这种小生产状态下的自耕农和佃农抵御天灾人祸的能力十分有限。正如马克思所言，脆弱的经济地位决定了"他们不能代表自己，一定要别人来代表他们。他们的代表一定要同时是他们的主宰，是高高站在他们上面的权威，是不受限制的政府权力，这种权力保护他们不受其他阶级侵犯，并从上面赐给他们雨水和阳光。所以，归根到底，小农的政治影响表现为行政权力支配社会"②。

中国古代君主专制权力，是维护封建统治者和广大农民之间此消彼长关系的调节器。也就是说，地主和农民之间是对立统一的关系。广大农民的存在，是实现封建地主统治的基础。当农民失去土地，流离失所时，统治者就会采取一些措施。例如，释放奴婢为庶民，限制对土地的占有，抑制兼并；进行土地制度和赋税制度的改革，如占田制、均田制、两税法、一条鞭法，甚至严厉打击不法豪强等等。这些都是为了维护君主专制制度赖以存在的经济基础，使得社会各阶级力量保持在一种动态平衡状态，从而维护国家的生存根基。中国君主专制政体延续时间如此之长的奥秘就是，自给自足的小农经济与君主专制政治相互为用。

3. 君主专制集权趋于极端

中国君主专制的集权程度，总趋势是愈益强化。皇帝本人集立法、司法、行政、军事指挥等权力于一身，将中央集权专制推至极端。从秦始皇开始，"天下之事无大小，皆决于上"③，直至清朝，这一传统从未断绝。明太祖朱元璋亲自主持制定《大明律》，但他自己却

---

① 《诗经·小雅·北山》。
② 中共中央马克思恩格斯列宁斯大林著作编译局. 马克思恩格斯选集（第1卷）[M]. 北京：人民出版社，1972：693.
③ 《史记·秦始皇本纪》。

不依此行事。他统治国家30年，全凭个人一时好恶行事。康熙皇帝宣称："今天下大小事务，皆朕一人亲理，无可旁贷。若将要务分任于他人，则断不可行。所以无论巨细，朕必躬自断制。"① 康熙的表白和秦始皇、明太祖如出一辙。所谓的"朕必躬自断制"，就是"口含天宪"，言出法行，一言兴邦，全在帝王意志的须臾闪念之间，使得法律失去原本的严肃意义。正如马克思所言，"君主是国家中个人意志的、没有根据的自我规定的环节，是任性的环节。"② 君主"没有根据的""任性的"个人意志，却以法律的形式表达了出来。

古代中国社会，帝王一人治理一国家内的庞杂政务，必无可能。所以，历代帝王都重视选拔贤能，"掌佐天子，助理万机"③，调度各方机构协调运转。这种"辅弼之臣"，首推丞相。丞相一职是作为绝对君权的工具设置的，与君权不应有冲突，但在实际行使过程中，二者却时常发生矛盾。君权与相权之间关系的基本发展趋势是，君权日益增强，相权日益削弱。到了明代，君主专制走向极端。朱元璋废除丞相职位，规定吏、户、礼、兵、刑、工六部长官直接对皇帝负责，相权消失。自此，明清两朝均不再设立丞相一职，真正达到"朕即国家"的程度。

丞相一职由盛而衰，到最终消亡的过程，有力地证明了君权不断强化趋向极端，这说明中国君主专制集权之烈，确乎世所罕见。

4. 对臣民人身的严密控制

中国君主专制集权的独特之处，还体现在对臣民人身的严密控制上。在专制君王的观念中，"治民"实质上就是"制民"。在他们看来，"夫牧民者，犹畜禽兽也"④。为了实现这一目标，自古以来就有控制人民的严密网络——户籍管理。中国是世界上最早实行人口统计和户籍管理的国家。周代就设有大司徒一职，"掌建邦之土地之图，与其人民之数。"也就是掌管土地和人民数量。

战国时，秦国颁布了关于户籍管理的"傅律"，规定每人都必须著籍官府，否则就要被治罪受罚。古代中国地域广袤，地理环境和气候条件复杂，发生天灾人祸是很正常的事。自然天灾和人祸的发生，导致了人口的大量迁移。所以，历代君主都十分重视对人口数量的核查。例如，周代的"料民"，春秋时楚国的"大户"，东汉的"算民"，隋代的"大索貌阅"，唐代的"团貌"等，都属于此类行动。

古代中国除了有户籍管理制度，还有严密的基层行政系统"里甲制度"。"十家为什，五家为伍，什伍皆有长焉。筑障塞匿，一道路，博出入，审闾闬，慎筦键。筦藏于里尉。置闾有司，以时开闭。闾有司观出入者，以复于里尉。凡出入不时，衣服不中，圈属群徒不顺于常者，闾有司见之，复无时。"⑤ 严密的户籍、里甲制度，将社会成员牢牢控制在专制统治的网络之下。

中国君主专制制度之所以能控制人，关键是因为从控制人的生计入手，"画地为牢"，

---

① 《康熙朝东华录》卷九十一。
② 中共中央马克思恩格斯列宁斯大林著作编译局. 马克思恩格斯选集（第1卷）[M]. 北京：人民出版社，1995：275-276.
③ 《汉书·百官公卿表》。
④ 《淮南子·精神训》。
⑤ 《管子·立政》。

倾全力将人身固定在土地上。国家有严格的土地管理制度,并将人民束缚于田畴之中,劝农重农,"禁民二业"。① 人口按住地立簿,人丁与田亩共为征税依准。也就是说,"有人此有土,有土此有财,有财此有用"②,君主将劳动者和劳动对象一并严加控制,有效地掌控财富和权力,是中国专制政治持久而稳固的奥秘所在。

二、中国传统社会政治结构对中国传统文化的影响

中国传统社会结构的宗法型和专制性特征,对中国传统文化的影响是巨大的,主要表现在以下几个方面:

(一) 形成中国传统文化的伦理型范式

中国传统社会结构的宗法型特征,形成了中国传统文化的伦理型范式。传统文化的伦理型范式给社会发展带来的既有正面影响,也有负面影响。

正面影响表现为:①浓厚的"孝亲"情感。该情感既表现为对长辈的绝对顺从、孝敬,也表现为对死去先者的隆重祭奠。"百善孝为先",孝道被视为道德规范的核心和母体,忠君、敬长、从兄、尊上等都是孝道的延伸。②中华民族凝聚力强劲。凝聚力是中华民族赖以生存和发展的内在动力,伴随着中华民族的形成发展而形成发展。中国传统社会独特的血缘、地缘关系,对中华民族凝聚力的形成发挥了巨大作用。③对传统的极端尊重。对传统的极端尊重,提升了中国文化的延续力,使其成为世界上罕见的不曾中断的文化形态。④宗法伦理观念构成中国文化意识形态的核心。在中国,伦理学成为社会首屈一指的文化门类,反映于学术文化领域,便是道德论、宇宙论和认识论的互摄互涵。

伦理型范式的负面影响有,三纲五常的伦理说教,"存理灭欲"的修身养性,"非我族类,其心必异"的盲目排外心理等,成为中国文化健康发展的障碍。

(二) 形成中国传统文化政治型范式

古代中国社会结构的专制性特征,导致中国文化形成了政治型范式。该范式给社会带来的正向影响有中华民族的整体观念,国家利益至上观念,造就了民族心理上的文化认同,文人学士的经世致用思想等。

中国君主专制政治的长期延续,文化专制也随之更加严密,制约了思想文化的健康发展。马克思指出,"统治阶级将物质的生产归其统治,同时也要求安排精神的生产手段。"③ 对于中国君主专制的君主来说,最适合的"精神生产手段"便是"思想大一统"。中国文化的政治型范式带来的负面影响有,国人存有"奴性"的服从心态,对权威、权力的迷信,个人自信心的缺乏,等等。

宗法与专制的结合,在政治上表现为儒法合流,在文化上的反映则是伦理政治化和政治伦理化,突出地表现为"内圣外王"的心态,即修身、齐家、治国、平天下的人生理想和追求。这一特点,在先秦时期已经形成,以后经过汉代经学、魏晋玄学、隋唐佛学、宋明理学,形式上虽多有变化,但这一传统一直被延续下来。中国文化伦理政治化和政治伦理化的

---

① 《后汉书·刘般传》。
② 《礼记·大学》。
③ 马克思. 德意志意识形态 [M]. 郭沫若, 译. 上海: 上海言行出版社, 1938: 90.

范式，从"内圣外王"的矛盾统一体中获得了坚韧的理论架构，并以小农自然经济和宗法专制社会的政治结构作为坚实基础，组合成一个严密体系。这个严密体系，只有在近代大工业兴起之后才逐渐瓦解，新时代的新文化才有可能形成。

思考与探究

1. 简述中国大陆"负陆面海"的地理环境对中国传统文化的影响。
2. 简述农耕经济对中国传统文化的影响。
3. 通过阐释"家国同构"的特征，论述宗法制度对中国传统社会结构的影响。

拓展阅读

1. 《乡土中国》，费孝通著，人民出版社2008年出版。
2. 《文化社会学》，司马云杰著，山西教育出版社2007年出版。

第二章

中国传统文化的历史演变

学习目标

1. 了解中国传统文化的发展脉络。
2. 认识中国传统文化发展历程中重要的文化现象。
3. 理解中国传统文化各发展阶段的特征。

内容概要

中国传统文化历史漫长,积淀深厚。先秦时期,从夏商立国到战国,是中国传统文化的萌发与争鸣期。中国文化孕育发端于上古时期,殷商西周时期初具形态。到了春秋战国时期,出现了百家争鸣的文化景观,掀开了中国文化史上最光彩夺目的篇章,为之后文化的发展奠定了基石。秦汉"大一统"局面的形成,为中国文化共同体的形成奠定了坚实的基础,在中国文化史上具有划时代的意义。魏晋南北朝时期,儒、玄、佛、道多元文化相互冲突与融合,推出气势恢宏的隋唐文化。隋唐时期的宏伟壮阔造就了该时期史诗般的文化。以安史之乱为转折点,中国传统文化出现了大的流转,由大气的唐文化转向了精致的宋文化。唐文化具有开放、外倾、色调浓艳的特点,宋文化则具有相对封闭、内倾、色调淡雅的特征。自1368年朱元璋建立明朝,到1840年鸦片战争前的清朝,中国传统文化的发展演变,经历了一个由生长到全盛再到衰落的过程。从文化形态上来看,该时期不仅宣告了封建文化的没落,同时又是寻找和建构新的思想文化体系的开始。

博大精深的中国传统文化,从孕育生发到发展完善,经历了一个漫长曲折、波澜壮阔的发展过程。回顾中国传统文化的发展历程,我们可以深刻领悟中国精神文明的基本特点和历史演进逻辑。

第一节　先秦：中国传统文化的萌发与争鸣

先秦时期，从夏商立国到战国，是中国文化的真正开始。中国文化孕育发端于上古时期，殷商西周时期初具形态。到了春秋战国时期，出现了百家争鸣的文化景观，掀开了中国文化史上最光彩夺目的篇章，为中国文化的发展奠定了基石。该时期的文化，体现了"人不断解放自身"，走向文明的进程。

一、上古——中国传统文化的发生与起源

中华民族作为一个古老的民族，经历了若干万年的原始社会，史学家称之为"上古时期"。我国古代文献中保存着该时期的历史传说，中国文化孕育和发端于该历史时期。

要了解中国文化的源头，首先要了解中国人的起源，因为中国文化是中国人创造的。所谓文化是在人与自然的互动中产生的，是和自然相对立的人文化。人和自然之间，是对立统一的关系。人类在适应和改造环境的过程中，既改造了自身，又创造了文化。德国哲学家卡西尔在《人论》一书中，把人与文化联系在一起进行思考。他说："人只有在创造文化的活动中方成为真正意义上的人，也只有在文化活动中，人才能获得真正的自由。"[①] "人的本质是永远处在制作之中的，它只存在于人不断创造文化的辛勤劳动之中。"[②] 换言之，中国文化的起源与中国人的起源是紧密联系在一起的。中国很早就有盘古开天地、女娲抟土造人的神话传说，还有记载了中华民族人文始祖炎帝、黄帝创造赫赫业绩的文献史料，最能说明中国人起源的是，20世纪以来考古发现的早期人类大量的遗址和实物资料。

人类体质的发展，大体分为猿人、古人、新人三个阶段。据考古学家们研究证实，人类起源发展的三个阶段在中国大陆都有据可考。在华夏大地上，至少200万年以前就留下了中华民族祖先的遗迹，他们的足迹遍及全国各地。1998年在安徽繁昌县孙村镇发现了250万年前的人类遗址，1965年在云南元谋发现了170万年前的人类化石，这是中国境内最早的人类活动的历史证据。从孙村人、元谋人，经过蓝田人、北京猿人、丁村人、河套人和山顶洞人等阶段，表明了在人类进化的各个阶段中国都没有缺环，可以建立较为完整的进化序列。

在漫长的历史长河中，人类不仅完成了从猿到人的转变，在该转变过程中也创造了文化。

正如鲁迅先生所言："人类在未有文字之前，就有了创作的，可惜没有人记下，也没有法子记下。我们的祖先原始人，原是连话也不会说的，为了共同劳作，必须发表意见，才渐渐的练出复杂的声音来。假如那时大家抬木头，都觉得吃力了，却想不到发表，其中有一个叫道'杭育杭育'，那么这就是创作。……倘若用什么记号留存下来，这就是文学，他当然就是作家，也就是文学家，是'杭育杭育'派。"[③] 中国文化，就是中华民族先民通过劳动

[①] [德]卡西尔. 人论[M]. 甘阳, 译. 上海: 上海译文出版社, 1985: 5.
[②] [德]卡西尔. 人论[M]. 甘阳, 译. 上海: 上海译文出版社, 1985: 5.
[③] 鲁迅. 鲁迅全集[M]. 兰州: 甘肃民族出版社, 1998: 774.

改造自身的同时悄然开始的。

二、上古文化的多地域分布

文化一经在古代中国大陆上产生，就呈多地域分布状态。大约在公元前7000年，中国文明进入新石器时代。农业是该时期最重要的发明，使人类生活由完全依赖自然赐予，过渡到改造自然进行生产，建立了生产型经济。从此，人类结束了因采集和狩猎而需不断迁徙的生活方式，转变为定居，以种植植物为主。这是人类征服自然、改善自身生活的一个里程碑，是人类文化创造上的巨大进步。

新石器时期的文化遗址遍布全国各地，已经发现了7000多处，它们之间既有内在联系和统一性，又带有区域性特点，可以分为不同的文化群落。这表明，在古代中国大陆，原始文化出现了多地域分布状态。在黄河中下游地区，著名的文化遗址有仰韶文化遗址、大汶口文化遗址、龙山文化遗址（山东、河南）等；在长江中下游地区有良渚文化遗址、马家窑文化遗址、龙山文化遗址（湖北）、屈家岭文化遗址等；在以燕山为中心的燕辽地区有红山文化遗址等。随着氏族部落之间的交往、斗争和融合，各文化之间也出现了融合。

若加上旧石器时代文化遗址在内，中国上古文化遗址分布则更广泛，分布在黄河流域、长江流域、珠江流域，东北、西北、华中等地区。旧石器时期的人类为生存与大自然斗争。该时期，在中国大地上开始了工具的制造和使用，这是由猿到人转变的关键，也是原始物质文化的开端。语言的产生、火的使用都是该时期伟大的文化创造。北京猿人已能使用和保存火。这些早期的人类活动已经包含有意识性的内容，它们不仅标志着人与动物的最后诀别，而且也标志着人类文化的起始。

除考古发现外，通过神话传说和民俗学研究也能发现我国上古文化分布广泛。到国家形成之前，在黄河和长江流域主要有三大文化部落——华夏部落、东夷部落和苗蛮部落。三大部落之间连年征战，最终华夏部落获胜，确立了华夏文化在中华民族多元文化中的主流地位。

华夏部落在黄河中游地区活动，起初在渭河流域，后来沿黄河两岸向东发展至今山西、河南、河北一带。华夏部落分为两支：一支为姬姓，其首领是黄帝，号轩辕氏；一支为姜姓，其首领是炎帝，号神农氏。传说中黄帝是一个既能发明创造，又能带兵打仗的神。

东夷部落在黄河下游和江淮流域地区活动，开始在山东省的南部，后来向四周扩展，北到今山东省北部和河北省南部，西到今河南省东部，南到安徽省中部，东到大海。夷人以制造弓矢出名，从"夷"的字形看，就表示一个背着弓的人。蚩尤是夷人中的首领，神通广大，能呼风唤雨，与黄帝打仗，最终被黄帝打败。

苗蛮部落在江汉流域和长江以南地区活动，在今湖北、湖南、江西一带。伏羲和女娲是部落的首领。相传伏羲制作打猎捕鱼的工具，女娲炼五色石补天。

三大部落在步入文明前夕，发生了一系列的兼并战争。先是炎、黄两部联合打败蚩尤，完成了炎黄诸部与蚩尤部落的融合。之后，黄帝又打败了炎帝，黄、炎两部融合，黄帝成了华夏部落的代表。之后华夏部落又击溃了苗蛮部落，统一了中国，中华民族文化的主流地位得以确立，对后世文化产生了深远的影响。

三、上古文化对中国文化的贡献

【知识卡片】2-1
仰韶文化

【知识卡片】2-2
马家窑文化

四五十万年前的北京猿人已经能够制造和使用工具，制造的工具有木器、骨器，而更多的是石器。北京人开始使用火，是一项具有划时代意义的文化创造。因为火的使用标志着人与动物的最后诀别。正如恩格斯所言："就世界性的解放作用而言，摩擦生火还是超过了蒸汽机。因为摩擦生火第一次使人支配了一种自然力，从而最终把人同动物界分开。"① 火是一种化学反应现象，虽然不同于石器、木器、骨器等一般的工具，但是作为猿人进行物质生活的重要手段，火的使用从本质上讲也属于工具的范围。

北京猿人的主要生计方式是狩猎和采集，在共同劳动的过程中，产生了语言。距今约十万年左右的丁村人，距今约一万八千年的山顶洞人等将原始文化向前推进了一步。原始社会末期的炎黄时代，中国文化的主体和核心——华夏文化形成。一统中国的华夏文化对之后中国文化的发展产生了深远的影响，可以说，炎黄时代是中国文化的开端。

基于炎帝和黄帝时代对中国文化产生所做出的重大贡献，我们以炎黄时代文化为代表，来分析上古文化对中国文化的贡献。

粟和稻是中国史前农耕文化的主要谷物品种。以黄河流域为中心的北方地区，主要谷物是粟，据说是炎帝亲自从野生植物狗尾巴草培育出来的，适于干旱的黄土地带生长。秦岭、淮河以南的长江中下游地区，主要谷物是稻。稻是野生稻培育出来的，适于温暖、湿润、水源充足的南方种植。

渔猎是那时仅次于农业的生计方式，先民们使用的渔猎工具有弓箭、石矛、鱼叉、鱼钩、渔网等。作为副业的家畜饲养在炎黄时代有了很大发展，各地都饲养猪、狗、牛、羊、马和鸡等。猪和狗是中国史前驯养的主要家畜，而猪的驯养最多。

在炎黄时代，与农业生产相关联的农具也有了大的发展。炎帝发明的农具有耒和耜。炎黄时代还出现了陶刀、加工工具石碾。宝鸡北首岭遗址出土农具共7种128件，农具有石、蚌、陶、木多种质料，最多的是石质生产工具，木质农具数量也不少。

炎帝还发明了医药。炎帝遍尝百草，寻找为人治病的药物。相传他尝百草曾"一日而遇七十毒"②，"一日百生百死"③，仍矢志不移，表现了大无畏的牺牲精神。他发现了很多种草药，为人治病。后人将中药学经典取名为《神农百草经》，以纪念炎帝始创医药的功德。

炎帝还是陶器的发明者。炎黄时代的陶器和玉器，不仅满足了生活的需要，而且还有很高的艺术欣赏价值。例如，黄河流域出土的尖底瓶，山东一带出土的像现代高脚杯样的器物等。有些陶器的造型直接取之于动植物，例如，黄河流域的葫芦瓶，山东一带的兽型器等，模仿动物的神态惟妙惟肖。

彩陶的出现更反映了当时制陶技术的提高。彩陶纹饰动物图案的出现反映了原始宗教的图腾崇拜。例如，华山周围一代出现的鸟和鱼结合的纹样，极有可能是仰韶文化的图腾。玉

---

① 中共中央马克思恩格斯列宁斯大林著作编译局. 马克思恩格斯选集（第3卷）[M]. 北京：人民出版社，1972：6154.
② 《淮南子·修务训》。
③ 《通志》。

器主要是礼器，反映了当时的原始宗教观念。玉器中的礼器类主要有璧、琮、璜等，都是举行祭祀仪式的用品。

黄帝部落的发明也很多，除物质文明以外，还延伸到了精神文明和制度文明，遍及社会生活的一切方面。古代文献记载，黄帝之史仓颉发明了文字，"初创书契"①。还有记载上古"好书者众矣，而仓颉独传者，壹也"②。黄帝发明了冠冕，具有文明教化的意义。黄帝还设立了"七辅""六相"③"三公"④"四史"⑤"百官"⑥等官吏，是中国行政制度的滥觞。黄帝还"成命百物，以明民共财"，则具有财产制度的意义。

中国传统文化中的"天人合一"观念，强调人与自然的和谐统一，该观念在炎黄时代就已有了萌芽。后人称炎帝之时"渐革庖牺之朴，辨文物之用"⑦，又说"神农教耕而王天下，师其智也"⑧。"文"乃文明，"智"乃智慧，"文""智"二字准确地说明了中国传统文化的开端。

中国传统文化的人文精神也发端于炎黄时代。在较早的文献中，我们能看到炎黄时代的历史是人的历史。炎帝、黄帝都是有父母子孙的现实社会的人，而不是神，他们的发明、创造和取得的成功、胜利，有赖于人的积极进取。这种相信人的力量，依靠自身的努力，为他人、为社会谋利益的精神是中国传统文化的优良传统。⑨

四、殷商西周——从神本文化到人本文化

原始社会的人们开创了制造简单生产工具和生活用品的文化活动。随着原始思维的发展逐渐形成了原始宗教观念——自然崇拜、图腾崇拜、祖先崇拜等，但是，这些原始宗教观念尚不具备系统化、理论化的特征。正如马克思所言，"这个时代的人们，不管在我们看来多么值得赞叹，他们彼此并没有什么差别，他们还没有脱掉自然发生的共同脐带。"⑩ 直到殷商西周时期，中国文化的基本形态才得以形成。

在夏商西周时期，从文字的发明到青铜器具的使用，从宗法、礼乐制度的创建到人本精神的确立，中国文化迈出了重要的一步，为之后中国文化发展奠定了基础。

（一）"天命神权"的神本文化

公元前21世纪，中国历史上第一个国家政权——夏朝建立，中国文化也迈出了重要一步。商兴起于黄河中下游的一个古老部落，是继夏朝之后的第二个奴隶制国家。初始阶段，商人主要以游耕为生计方式。与此相适应，商人的都城一再迁徙。盘庚迁都于殷（今河南安阳市）后，商也称殷，又称殷商。在殷都传位八代十二王，历时270多年。在长期定都的

---

① 《说文解字·叙》。
② 《荀子·解蔽》。
③ 《管子》。
④ 《帝王世纪》。
⑤ 《拾遗记》。
⑥ 《淮南子》。
⑦ 《拾遗记》。
⑧ 《商君书》。
⑨ 廉永杰. 中国传统文化概论［M］. 2版. 西安：陕西人民出版社，2002：36-38.
⑩ 中共中央马克思恩格斯列宁斯大林著作编译局. 马克思恩格斯选集（第4卷）［M］. 北京：人民出版社，1972：94.

条件下，商朝的文明水平有了显著提高。

殷商出现了甲骨文，其单字约在 3000 以上。后人所谓的"六书"——象形、指事、会意、假借、形声、转注六种构字法，在甲骨文中都已具备，这表明中国文字已进入较成熟的阶段。有了成熟的文字，就有了中国最早的文献。商时甲骨卜辞和铜器铭文长的一般约为四五十字，所以周人说"惟殷先人，有册有典"①。

殷商时期，青铜冶铸业得到了长足发展，标志着生产力水平的提高。安阳殷墟出土的铜器，不仅数量多，品种多，而且制作也很精美。据考古发现，商周时期不仅出现了大规模的冶炼铸造作坊，而且采用了与后世铸铜合金成分相近的配置标准。青铜在该时期作为制造生产工具、生活用具和武器的重要原料，在各个领域取代了石器和陶器，被铸造成各式各样的复杂器物。在各种青铜器中，最重要的是礼器，又称为"彝器"。例如，鼎最为重要，一度成为国家政权的象征物。

殷商时期，人们仍然无法回答长久积聚在心中带有世界观性质的重大问题，例如，命运观念、天命观念等等。因而在以神秘性、笼统性为特征的原始思维支配下，商人尊神重巫，体现出强烈的神本文化特色。

商人观念中的神，地位最高的是"天"或"帝"，将原始人对自然和祖先的崇拜观念在此演化成"天神至上"的观念。将"天"视为宇宙中最高的主宰，并编造"君权神授"的谎言。"帝立子生商"②的意思是，上帝派其儿子建立商王朝，商王按照上帝的命令来统治万民。"天命神权"成为商统治尊奉的宗教世界观。

在"天命神权"的神本文化支配下，商朝在生产、征伐、封邑等重大事宜上都要通过卜辞征求"上帝"的意见。例如，卜辞中有"今二月帝不令雨"，意思是二月不下雨是上帝的命令；"王封邑，帝若"，即殷王给臣下封邑取得了帝的同意。

除了上帝崇拜，商人还有祖先崇拜。相对于"上帝"来说，祖宗神居于第二位。商人认为，商的先公死后可宾于帝，以沟通上帝和人世。商时占术盛行，祭祀活动十分隆重，有的规模盛大，这也体现了"天命神权"的神本文化特征。

殷商文化的"天命神权"特色，是人类思维水平尚处于蒙昧阶段的产物。随着人们社会实践经验的丰富，体力和智力水平不断提升，对神权的崇拜逐渐淡薄，对自身能力的信心则与日俱增。"天命神权"的神本文化逐渐向以人为本的文化过渡，商周之际的社会大变动便是转化的契机。

(二) "以德配天"的文化维新

周是渭水中游的一个古老部落，作为偏处西部的"小邦"，曾长期附属于商。公元前11世纪周灭了商，建立了周朝。周朝建立后，进行了一系列的文化维新，对之后中国文化的发展具有重要的意义。

宗法制度的确立是周朝"文化维新"的重要表现之一。宗法制兼具政治权力统治和血亲道德制约双重功能。周朝利用宗法制度，建立了一个从天子、诸侯、卿大夫到士的金字塔式的严密统治程序。周朝是中国历史上第一次形成的，以华夏族为主体的统一王国，奴隶制

---

① 《尚书·多方》。
② 《诗经·商颂》。

国家机构和政治制度臻于完善。

周朝统治者继承并发展了殷商的"天命神权"思想,形成了一种完整的宗法奴隶制的意识形态。周朝统治者仍信奉"天"是宇宙中最高的主宰,但又不完全信赖天命,引进了"德"的概念来解释王朝更替、人世盛衰等社会现象。

周统治者宣扬他们是受上天之命而取代商王朝的,商灭亡的根本原因是"民之所欲,天必从之"①,殷商统治者"惟不敬厥德,乃早坠厥命"②。这样周人就合乎逻辑地解释了殷商丧失政权的合理性,同时也论证了周政权建立的合法性,即"惟乃丕显考文王,克明德慎罚,不敢侮鳏寡,……惟时怙冒闻于上帝。帝休,天乃大命文王殪戎殷"③。也就是说,殷人失德,故失去了天的庇佑,丧失了政权;周人有德,获得了上天的庇佑和政权。也从另一个侧面说明,商朝的存亡,仅仅依靠虔诚的崇天祭祖无济于事,关键在于统治政策是否"宜民宜人"④。因此,周人提出了"敬德"的思想,主张"皇天无亲,惟德是辅"⑤。

由以上可知,周朝统治者总结了夏亡殷灭的历史教训,更加重视"民心"。"天命"虽然重要,但要得到"民心"就须施行"德政"。周朝统治者提出了"敬德保民","以德配天"的思想,成了儒家主张"德治"的思想渊源。周朝的"以德配天"思想修改了"天神圣上"论,具有重要的理论意义,改变了人完全屈服于神的状态,意味着人可以参与对世界的主宰。这标志着殷商以神为本的文化开始向以人为本的文化过渡。

西周时期形成的阴阳、五行思想对中国文化产生了深远影响。《易经》是形成于西周初年的一部卜筮之书,该书试图用代表两种不同性质原理且不同排列组合的符号,来概括自然界和人类社会的复杂现象,这是哲学思维的开始。"五行"是人们日常生活中不可缺少的物质材料。"五行,一曰水,二曰火,三曰木,四曰金,五曰土。水曰润下,火曰炎上,木曰曲直,金曰从革,土爰稼穑。润下作咸,炎上作苦,曲直作酸,从革作辛,稼穑作甘。"⑥由此可知,五种物质材料既是人们生存的物质基础,也是构成世界的物质基础,这表明原始朴素唯物主义思想开始萌芽。

"制礼作乐"是周朝"文化维新"的又一重要表现。周朝时期确立了以上下、尊卑等级关系为核心的礼制和与之相配合的情感艺术系统(乐),这就是所谓的"制礼作乐"。礼制是周代观念文化、制度文化、行为文化的集中体现,既是典章制度的总汇,也是政治生活、经济生活、家庭生活各种行为规范的准则。正所谓"道德仁义,非礼不成;教训正俗,非礼不备;分争辨讼,非讼不决;君臣上下,父子兄弟,非礼不定……非礼威严不行。祷祠祭祀,供给鬼神,非礼不诚不庄。"⑦

从思想文化的角度来看,西周"以德配天"思想的意义在于:第一,周初的统治者对统治权威的来源和依据问题已有充分认识。由于历史的局限性,他们仍然打着皇天、上帝的旗号,但是事实上,他们对皇天上帝背后民意的真正决定作用已有清醒的认识。第二,从

---

① 《尚书·泰誓》。
② 《尚书·召诰》。
③ 《尚书·康诰》。
④ 《诗经·大雅·假乐》。
⑤ 《左传·僖公五年》。
⑥ 《尚书·洪范》。
⑦ 《礼记·曲礼》。

"以德配天"的核心理念出发，周人合乎逻辑地引发出一系列政治统治的思想和手段，其中，最重要的是"无逸"和"民彝"思想。无逸，是说统治者不要懈怠和放纵，即在治理方面要尽心竭力，严肃端敬，在生活方面要严于律己；民彝，是说为百姓制定各种规范，并且引导他们去遵守。第三，"以德配天"的落脚点是保民和德政，它所包含的爱护百姓、引导百姓的思想是难能可贵的。这一思想后来被儒家发展为系统的仁政思想，成为中国古代政治思想的主流。①

五、春秋战国——中国文化的"轴心时代"

公元前770年，在犬戎的强烈攻势下，周平王迁都洛邑，史称东周，中国进入了春秋战国时代。春秋战国时期，周天子失去其天下共主的地位，"礼崩乐坏"，诸侯并立，竞相争霸，连年兵战。思想文化领域出现了大变革局面，诸子蜂起，百家争鸣，春秋战国时期成为中国历史上第一次文化大发展的时期。

（一）"百家争鸣"得以产生的社会条件

据文献记载，春秋300年间"弑君三十六，亡国五十二"，战国250余年间发生大小战争220余次。激烈的兼并战争打破了孤立、静态的生活格局，文化传播规模日盛，多因素的冲突、交织与渗透提供了文化重组的机会。在这充满战乱的动荡年代，中国文化奏起了辉煌的乐章。

1. 士阶层的崛起

各国国君为了富国强兵竞相礼贤下士，甚至一些官僚、贵族也招贤纳士，"养士之风"盛行。积极致力于争霸事业的诸侯对人才的渴求，更加助长了士阶层的声势。处于贵族最底层的士阶层，从沉重的宗法制樊篱获得解放，取得了独立的社会身份地位。士的崛起，意味着一个以"劳心"为务，专业从事精神性创造的文化阶层形成。

2. 文化教育的大发展

殷商西周时期，巫史掌管文化教育，维护贵族阶层垄断文化的特权，只有贵族子弟才有受教育的权利。周礼规定，"学在官府"，只准"国之贵游子弟学焉"。② 一般人被排斥在"官学"之外，没有受教育的权利和机会。在王公贵族、诸侯大夫门下从事各种文化活动的"士"，不得不流落民间。到了春秋战国时期，社会大裂变致使文化教育得到普及和较大发展，打破了以往少数贵族垄断文化知识的格局，由"学在官府"走向"学在民间"。

与此同时，原先深藏在宫廷的文化典籍也流传于民间，成为一般平民的读物，"天子失官，学在四夷"③ 已是大势所趋。"官学"的崩溃，必然促成"私学"的兴起。在这样的历史条件下，孔子提出了"有教无类"的主张，首创私学，使大批新兴地主、商人和农家子弟也有了受教育的机会。这对于冲破"学在官府"——贵族垄断文化的局面，促进"学在民间"的文化下移，推动历史前进具有积极的作用。

3. 宽松自由的学术氛围

竞相争霸的诸侯列国，尚未建立一统的观念形态。学术环境宽松活泼，使文化人有可能

---

① 王泽民. 敬天保民与人本管理 [N]. 甘肃日报, 2009-10-08.
② 《周礼·地官·司徒下》.
③ 《左传·昭公十七年》.

进行独立的、富于创造性的精神劳动,从而为道术"天下裂"提供了前提条件。随着周天子共主地位的丧失,世守专职的宫廷文化官员纷纷走向下层或转移到列国,直接推动了"百家争鸣"的兴起。

诸子百家都抱有"以其学易天下"之宗旨,也的确"皆有所长,时有所用"。各国封建君主也都"兼而礼之","时君世主,好恶殊方,是以九家之术,蜂出并作,各引一端,崇其所善。"① 由于不主一家,并允许各家之间相互批驳和论战,因而便形成了"百家争鸣"的局面。

在战国中期,还出现了像稷下学宫这样盛况空前的学术文化活动中心。稷下学宫建立于齐桓公时,在齐国都城临淄(今山东淄博)稷门附近,到齐宣王时达到了鼎盛时期。据有关史料记载:"(齐)宣王喜文学游说之士,自如邹衍、淳于髡、田骈、接予、慎到、环渊之徒七十六人,皆赐列第,为上大夫,不治而议论。是以齐稷下学士复盛,且数百千人。"② 由此可知,当时稷下学宫众贤荟萃的繁盛景象。

许多著名学者都在稷下学宫讲过学,荀况曾三为学宫"祭酒",成为当时最有威望的学术领袖。稷下学宫有相当长久的学术传统,是当时最有影响的学术文化活动中心之一。云集在此的各派学者可以各抒己见,自由辩论,相互吸纳,相互批评,这对促进战国时期的百家争鸣和学术繁荣起了非常重要的作用。

正是由于以上几个主要条件的共存,为中华民族的精神发展创造了一种千载难逢的契机,"百家争鸣"正是在这样的文化背景下应运而生,写下了中国文化史上光辉灿烂的一页。

(二)百家争鸣及各学派特征

所谓"百家",是指诸子蜂起、学派并立的一种文化现象。据记载称"凡诸子,百八十九家"③。西汉司马谈认为,最重要的有儒、道、墨、法、名、阴阳等六家。由于诸子在社会地位、思维方式和学统承继上的差异,学派风格上各具鲜明的个性特征。

1. 以"仁"为核心的儒家学说

孔子是春秋末期伟大的思想家和教育家,儒家学派的创始人。其学说体系的核心为"仁","仁"既是连结儒家学说各范畴的媒介,又是各个范畴和言行的总纲。孔子把"仁"理解为,仁者"爱人"④,"夫仁者,己欲立而立人,己欲达而达人"⑤,"己所不欲,勿施于人"⑥。孔子把"仁"作为人生追求的最高理想,提出"志士仁人,无求生以害仁,有杀身以成仁"⑦。

儒家学说体系的核心为"仁",体现在政治观上为"节用而爱人,使民以时",反对国

---

① 《汉书·艺文志》。
② 《史记·田敬仲完世家》。
③ 《汉书·艺文志》。
④ 《论语·颜渊》。
⑤ 《论语·雍也》。
⑥ 《论语·颜渊》。
⑦ 《论语·卫灵公》。

君横征暴敛，用残酷的手段统治人民，提倡"为政以德"，用德化的方法使人民对统治者俯首帖耳；体现在社会伦理观上，将"仁"具体化为主体修养的品德，来规范主体的行为，调节人际关系；体现在宗法观上，主张孝悌为"仁"之本，使"仁"植根于"亲亲、尊尊"的宗法血缘基础之中。在中国两千多年的历史长河中，"杀身成仁"成为士大夫阶层自我完善的神圣节操。

儒家学说非常重视"礼"，把"礼"看作维护旧的等级制度的重要手段。孔子试图恢复"周公之礼"，以"克己复礼"为使命，但不同意完全照搬。孔子认为要维护周礼，须从"正名"入手。所谓"正名"，就是用周礼去匡正已经发生变化的社会现实，使君臣父子各安其位，遵守各自的名分，不越位，不错礼，即所谓的"非礼勿视，非礼勿听，非礼勿言，非礼勿动"①。

儒家学说"守旧而又维新""复古而又开明"的特性，在日趋消逝的贵族分封制宗法社会和方兴未艾的封建大一统宗法社会之间架起了一座桥梁。这也是儒家学说虽在动荡变革的形势下显得迂阔难行，却在新的社会秩序稳定后又被推上独尊地位的重要原因。自先秦以降，儒家学说不断发展，最终成为中国传统文化的主干。

2. 以"道"为本体的道家学说

以老庄为代表的道家，是先秦诸子中与儒家并驾齐驱的又一大流派。老子是道家学派创始人，春秋末期的哲学家，庄子是战国时期道家的主要代表人物。道家学说将"道"作为最高的原则，并将其贯穿到宇宙观和认识论中，形成了独具特色的思想体系。

道家学说有着尊重规律的科学精神，朴素深刻的辩证思想，认为"祸兮福之所倚，福兮祸之所伏"②，"有无相生，难易相成，长短相形，高下相倾，音声相和，前后相随"③。也就是说，事物相互对立的两个方面，既相互联系，相互依存，在一定条件下又可以相互转化。

道家学说也有"周行"循环的形而上学观念，知足不为的消极人生态度，保守倒退、"知其不可奈何而安之若命"④的宿命论。体现在政治主张上则是"无为而治"，"道常无为而无不为"，"侯王若能守之，万物将自化"⑤。"无为"就是顺其自然，在政治上"不尚贤"，"不贵难得之货，使民不为盗"⑥。为达此目的，老子主张实行"愚民"政策。他说："民之难治，以其智多。"⑦"绝圣弃智"，"绝仁弃义"⑧，使民"无知无欲"。他号召统治者在统治人民时要实施"虚其心，实其腹，弱其志，强其骨，常使民无知无欲"⑨的政策。老子最理想的社会政治制度是"小国寡民"的原始社会。

---

① 《论语·颜渊》。
② 《道德经》五十八章。
③ 《道德经》二章。
④ 《庄子·内篇》。
⑤ 《道德经》三十七章。
⑥ 《道德经》三章。
⑦ 《道德经》六十五章。
⑧ 《道德经》十九章。
⑨ 《道德经》三章。

【知识卡片】2-3
道家智慧管窥

3. 墨子及墨家学派

墨子（约前468—前376），墨家学派创始人，战国初期思想家。墨家思想反映了下层劳动群众，特别是小手工业者的性格和需求。墨家的政治主张有"兼爱""非攻""尚贤""尚同""节用""节葬""非乐"等。在墨子看来，"凡入国，必择务而从事焉。国家昏乱，则语之尚贤、尚同；国家贫，则语之节用、节葬；国家憙音湛湎，则语之非乐、非命；国家淫僻无礼，则语之尊天、事鬼；国家务夺侵凌，则语之兼爱、非攻。"① 也就是说，只要"兼相爱，交相利"②，社会上就不会有以强凌弱、以贵傲贱、以智诈愚和互相攻伐的现象了。"三表"是检验认识真伪的标准，"上本之于古者圣王之事"，"下原察百姓耳目之实"，"观其中国家百姓人民之利"③。把"事""实""利"综合起来，以间接经验、直接经验和社会效果为标准，努力排除个人的主观成见，否定了唯心主义的先验论。

4. 其他各学派

春秋战国时期，除儒、道、墨三家之外，法家、名家、阴阳家在当时影响也较大。

法家是主张法治的一个学派，也是战国时的"显学"，后来成为秦王朝统治天下的政治理论。韩非集法（政令）、术（策略）、势（权势）之大成，建构成完备的法家理论。主张变法革新，加强君权，反对世卿世禄制和血缘宗法制；主张发展经济，富国强兵。在治国方略上主张严刑酷法，在文化政策上主张"以法为教"，"以吏为师"，实行文化专制主义。法家所推行的政策，为建立与加强统一的封建国家提出了理论根据。西汉以后，儒学独尊，但法家学说仍或隐或显地发挥着作用。以严刑酷法为主要手段的法家思想与以教化为主要特色的儒家思想交互为用，对封建统治巩固和延续起了重要的作用。

名家，是以讨论名实问题为中心的一个学派，代表人物有惠施与公孙龙。惠施是"合同异"派的代表人。"合同异"派揭示不同事物间的普遍联系，包含着辩证法的合理因素，但抹杀了事物间质的差别，夸大事物的统一性，最终陷入相对主义和诡辩论。公孙龙是"离坚白"派的代表。该派认为石之"坚"与"白"是相分离的，夸大了事物的特殊性，把一般与个别、普遍与特殊割裂、对立起来，导致形而上学。名家的好辩往往因混淆名与实、一般与个别的区别而流于诡辩，但其思想对于启迪人的智慧有积极意义。

阴阳家认为，阴阳二气的消长变化是万物发展变化的根源，阴盛则阳衰，阳盛则阴衰，矛盾双方互为消长，一生一灭，构成自然社会万事万物运动发展的终极原因和基本方式。邹衍是阴阳家的代表人物，他认为整个宇宙是有秩序的统一体，一切事物的变化都受到阴阳五行的支配。运用阴阳五行原理来论证社会人事活动是阴阳家的一大创造，从时间、空间的流转变化去把握世界则是阴阳家独特的思维方式。

春秋战国时期的诸子百家学说，对之后中国封建社会的政治、经济和文化产生了深远影响，尤其是儒家和道家思想对中国传统文化主干的形成起了奠基性的作用。正是经由诸子百家的探索和创造，中国文化精神的各个侧面才得以丰满和完善，大致确定了中国文化的基本取向。

---

① 《墨子·鲁问》。
② 《墨子·兼爱中》。
③ 《墨子·非命上》。

【知识卡片】2-4
名家

第二节　秦代至六朝时期：中国传统文化的统一与多元

公元前221年，经过多年兼并战争，秦终于完成"吞二周而亡诸侯，履至尊而制六合"的统一大业，建立了中国历史上第一个封建专制主义的中央集权国家——秦王朝。秦王朝的统治维持了没多久，便在农民大起义的烈焰中轰然坍塌，起而代之的是刘邦建立的汉王朝。秦汉不仅致力于思想文化的统一，而且加强了与外界的文化交流。接下来的中国历史，进入了分裂、动乱的三国魏晋南北朝时期。该时期的显著特征是打破了秦汉以来形成的大一统一元文化格局，经过境内、境外各民族之间的文化交流与融合，中国文化出现了更为丰富多彩、生动活泼的多元发展局面。

一、秦汉——宏阔包容的大一统文化

秦汉大一统局面的形成，标志着中国文化共同体的形成，在中国文化史上具有划时代的意义。"大一统"一词，最早见于《春秋公羊传·隐公元年》。所谓"大"，就是尊重、重视；所谓"一统"，原指诸侯天子皆统一于周天子，后指全国实现"六合同风，九州共贯"的格局。①

（一）文化统一与思想统一

秦汉统治者建立了统一的国家后，为了加强和巩固中央集权制，致力于思想文化的统一。

1. 文化统一

战国时期，因诸侯割据造成各诸侯国文字、律制和度量衡的不统一。秦始皇统一天下后，解决了之前的种种"异"，建立了统一的文化。

文化统一所采取的重要举措有：①书同文。下令李斯等人进行文字整理与统一，在周朝大篆的基础上，汲取齐鲁等地通行的蝌蚪文笔画简省的优点，创制出一种人称"秦篆"的新文字。秦篆，形体匀圆齐整，笔画简略。把秦篆作为官方文字颁行全国，是为"书同文"。②车同轨。定车宽以六尺为制，统一车辆形制，一车可通行全国，是为"车同轨"。③度同制。颁布统一度量衡的诏书，结束战国时各国货币、度量衡制度混乱的局面，是为"度同制"。④行同伦。"以法为教"，并在各地设置专掌教化的乡官，名曰"三老"，统一人们的文化心理，是为"行同伦"。⑤地同域。废除周代以来的封邦建国制度，粉碎地区壁垒，将东至大海，西达陇右，北抵阴山，南越五岭的辽阔版图统一于中央朝政的政令、军令之下，又通过大规模的移民，开发边境地区，传播中原文化，是为"地同域"。

秦始皇统一文化，在加强了专制君主集权政治的同时，也增进了秦国各区域内人们在经济生活、文化生活乃至文化心理上的共同性，为中国文化共同体的形成奠定了坚实的基础。

2. 思想统一

秦汉时期不仅统一了文化，还统一了思想学术，对之后的中国文化产生了十分巨大的影

---

① 张万红，汪沛，张天德. 中国传统文化概论 [M]. 2版. 北京：北京大学出版社，2013：41-42.

响。公元前213年，秦始皇为了加强专制统治，采纳了李斯的建议，颁布了"收天下书不中用者尽去之"[①]的焚书令和挟书律，次年，卢生、侯生等方士、儒生私下指责秦始皇专任狱吏，贪于权势，秦始皇大怒，将"犯禁者四百六十余人，皆坑之咸阳"[②]，这就是历史上有名的"焚书坑儒"事件。在特定的历史条件下，秦始皇采取统一思想的措施是必要的；但是，"焚书坑儒"毁灭了大量的古代文化典籍，造成了中国文化史上的一次空前浩劫。

（二）恢宏的文化精神

秦汉王朝具有宏大的规模和气象。秦国与东地中海的罗马、南亚次大陆的孔雀王朝并立为世界性三大国家之一。汉帝国的版图更在秦国之上，与其同时并立的世界性大国只有罗马。秦汉帝国的强大，根植于新兴地主阶级的生气勃勃、雄姿英发，由统治阶级精神状况所决定的社会文化基调也处于一种不可抑制的开拓、创新的亢奋之中。宏阔的追求成为秦汉文化精神的主旋律，万里绵延、千秋巍然的长城，"覆压三百余里，隔离天日"的阿房宫，气势磅礴、规模浩大的秦始皇陵兵马俑，无不是秦汉宏阔文化精神的辉煌产物。

开拓进取、宏阔包容的时代精神也激发中国文化共同体的工艺、学术创作高潮，作用于共同体外部的广阔世界，则促进了中外文化的交流。在文学上，汉赋、乐府诗和散文成绩斐然，不但盛极一时而且留下了许多名篇佳作，成为一种富有特色的文体楷模。在史学上，《史记》《汉书》两部巨著的诞生具有划时代的意义，开创了中国史学的新纪元。在数学上，有了《周髀算经》《九章算术》等著作，有了勾股定理的最早记载。在天文学上，有了我国现存最早的天文著作《五星占》，还有最早的太阳黑子记录，张衡发明了浑天仪、候风地动仪等仪器。在医学上，有了世界上最早的全身麻醉法"麻沸散"，世界上最早的健身操"五禽戏"，产生了《神农本草经》《伤寒杂病论》等医学著作，出现了张仲景、华佗等著名医家，建立了传统医学的体系。

秦汉时期，中国文化从东、南、西三个方向与外部世界展开了全方位、多层次的文化交流。最著名的文化活动是汉代开辟的丝绸之路，中国以丝绸为主的产品运抵西域和欧洲，西域乃至印度的文明成果也不断地涌进中国，中外经济文化的来往日益频繁，为中国文化增添了灿烂的色彩。

（三）经学兴起

到了汉代，儒家的地位逐渐上升。武帝下诏"罢黜百家，表彰六经"[③]，确立了儒学在主流意识形态中的独尊地位。"罢黜百家，独尊儒术"的文化政策推行之后，西汉统治者以"五经"为尊，并推行"以经取士"的选官制度，传经之学和注经之学成为专门的学问。武帝以后，政治、思想、文化领域都是儒家经典一统天下，"经学"成为汉代至清代的官方哲学。

在经学内部却因学术派别不一致而爆发了今、古文经学之争。"今文经"是朝廷为了便于经学流播，下令搜集流散民间、口头流传的儒家著作，写为定本，作为传述的依据。由于这些经书用当时流行的文字记录整理，所以称为"今文经"。"古文经"是鲁共王刘馀、北

[①]《史记·秦始皇本纪》。
[②]《史记·秦始皇本纪》。
[③]《汉书·武帝纪》。

平侯张苍、河间献王刘德等人通过各种途径所发现的儒家经书，这些经书用古籀文写成，故称"古文经"。今、古文经学之争，不仅仅是书写文字大不相同、篇数上不一致以及读法问题，而且随着经师源流不同，传授的方法和对经义的解释也不相同，逐渐形成两种不同的思想体系和政治派别。

概括来说，今文经学的特点是政治的，讲阴阳灾异，讲微言大义；古文经学的特点是历史的，讲文字训诂，明典章制度，研究经文本身的含义。前者强调合时，后者强调复古；前者学风活泼，而往往流于空疏荒诞；后者学风朴实平易，但失之烦琐。

从武帝时代直到西汉末，今文经学居"官学"正统地位。在今文诸经中，《春秋公羊传》尤为重要，以治《春秋公羊传》起家的董仲舒，在著名的今文经学著作《春秋繁露》中，淋漓尽致地阐述了"天人感应""阴阳五行""三统"（黑统、白统、赤统）循环等学说，从而建构起天人一统模式，对中国传统思想文化产生了重要的影响。古文经学在王莽摄政时扶摇直上，东汉继续发展，大学者辈出，贾逵、马融、许慎为其中代表。[1]

从汉武帝"罢黜百家，独尊儒术"之后，孔子和六经被尊奉为神圣不可触犯的圣人和经典，儒家思想成为两千多年来中国古代社会的正统思想，而经学又是儒家思想的核心，可见经学对中国传统思想文化影响之深远。要辩证地看待经学对中国文化的影响，正如有学者所言，"经今文学的产生而后中国的社会哲学、政治哲学以明，因经古文学的产生而后中国的文字学、考古学以立，因宋学的产生而后中国的形而上学、伦理学以成。"[2] 由以上可知，经学对古代专制制度的巩固和延续起了巨大作用，同时也严重抑制了新思想的萌芽，阻滞了科学技术的发展。

二、魏晋南北朝——多元文化的冲突与融合

魏晋南北朝时期，战乱与割据持续长达四百年之久，打破了封建帝国大一统的集权政治和经济体制。"儒学独尊"为文化内核的一统文化模式也随之崩解，取而代之的是生动活泼的多元文化发展格局。

（一）玄学兴起

玄学是盛行于魏晋时期的一股新的文化思潮。有道是"有晋中兴，玄风独振"[3]，玄学是儒道思想在魏晋社会特定历史条件下融合的产物。

东汉末年，统治阶级的腐败与儒家学说所宣扬的"仁政""礼治"等社会伦理规范截然相悖。在意识形态领域，居于支配地位的儒家学说被烦琐解释而"经学"化，已无力为东汉统治集团作粉饰。黄巾起义所宣传的平等思想，也从根基上动摇了封建的等级观念。社会剧烈动荡，封建统治集团面临严重危机。

严酷的社会现实有力地宣布了儒学的"不周世用"和思想的虚伪，统治阶级需要一种新的意识形态替代汉代儒学，于是玄学应运而生。"玄"出自《老子》的"玄之又玄，众妙之门"，意思是虚无玄远，高深莫测。玄学家们特别推崇《老子》《庄子》和《周易》，将

---

[1] 张岱年，方克立.中国文化概论［M］.北京：北京师范大学出版社，1994：92.
[2] 皮锡瑞.经学历史［M］.北京：中华书局，2004：序言.
[3] 《宋书·谢灵运传》.

其奉为"三玄"。玄学产生之初，与儒学发生过较为剧烈的冲突。玄学之士往往"以老、庄为宗而黜六经"，儒学之士也谴责玄学家"好谈老庄，排弃世务，崇尚放达，轻蔑礼法"①。但是玄、儒二学虽然相互排斥，却也有相互吸收的一面。玄学以道家思想解释儒家经典，援道入儒，儒道兼综。玄学保留了儒学维护上下尊卑的纲常名教，摒弃了董仲舒的天命论，融进了道家的"道""无"，以"无"作为宇宙的根本准则。

此外，玄学作为一种本体论哲学，对魏晋人所追求的理想人格的构建是其现实意义所在。在玄学"贵无"思想的影响下，魏晋士人对现实极为不满，采取了远离政治、自命清高的态度。他们要么讨论一些玄远高深的抽象哲理，隐喻时政；要么徜徉山水之间，"琴诗自乐"，追求一种怡然自得的恬然生活；要么放浪形骸，有违礼法。陶渊明和"竹林七贤"便是魏晋士人行为方式的代表。

玄学提倡在现实人生中，特别是在情感中达到对"无限"的体验，这使玄学与美学联结在一起，成为魏晋美学的精髓。魏晋时期兴起的"重神理"而"遗形骸"、"重自然"而"轻雕饰"的美学观念，以及新兴的山水诗画都深深浸染着玄学风采。

（二）道教创立

道教是中国土生土长的宗教，是由秦汉时期的方仙道和黄老道演变而来的。从战国至秦汉时期，燕齐一带的神仙方术与邹衍等人的五行学说相结合，形成了方仙道；汉代时方术又与黄老学说相结合，形成了黄老道；在东汉末年，方仙道与黄老道逐渐演变为早期的道教。东汉顺帝时的《太平经》是道教最初的主要经典。

早期道教主要有两个分支：一是于吉、张角创立的"太平道"，因信奉《太平经》为经典而得名；一是张陵创立的五斗米道，因信奉者出米五斗而得名。东汉熹平年间，张角曾利用太平道组织和领导了黄巾起义。道教从张陵开始，正式奉老子为教主，以《道德经》为主要经典。东晋的葛洪、北朝的寇谦之、南朝的陆修静和陶弘景，逐渐将道教改造成为地主阶级门阀士族服务的贵族宗教。经过魏晋南北朝的改造，道教作为一个完整意义上的宗教已基本定型，隋唐时又有较大发展，成为与佛教相抗衡的一大宗教流派。

作为宗教的一大流派，道教具有宗教的一般特征；作为中华民族创立的宗教，道教具有鲜明的民族特征。道教的教旨是神仙思想，以长生成仙为目标。道教的养气健身术、房中术、炼金服丹术等，都体现了在宗教观念上同传统的哲学流派、思想息息相通，体现了中华民族重现实重现世的民族性格。与此同时，道教还积极调和儒学，将儒学中的伦理精义纳入教义、教规之中，与玄学对待儒学的态度基本上是一致的。曾有学者这样描述儒家与道教之间的关系，"儒家对道教不排斥也不调和，道教对儒家有调和无排斥。"②

道教与道家之间的关系需要明确的是，道家是道教的主要思想渊源，但是道家不同于道教。道家是老子开创的学术派别，而道教则是一种宗教。道教在形成过程中，为了提高其地位便假托老子为教主，奉《道德经》为经典，故而容易模糊两者的界限。

道教观念中有反映下层人民要求生存权利以及平等互助的思想，道教文化中对古代医

---

① 《晋书·卞壸传》。
② 范文澜. 中国通史简编[M]. 北京：商务印书馆，2017：442-443.

学、化学、药物学、养生学等都有自己独到的见解，并提供了许多有价值的材料，对中华文化的发展产生过重大的影响。①

（三）佛教传播

魏晋南北朝时期，道教勃兴的同时，来自南亚次大陆的佛教也气势日增地注入了该时期的文化系统。佛教作为外来宗教，起源于印度，在两汉之际（公元1世纪）传入中国。到魏晋南北朝时期，佛教才得到真正意义上的传播和发展，对中国文化的影响也才日渐广泛和深远，并在传播过程中逐渐融合中国文化而出现中国化。

佛教宣扬人生如苦海，但它可以把人从这种痛苦中解脱出来，进入极乐净土的天堂。由于对佛教理论的解释不同，先后形成了小乘佛教和大乘佛教。从两汉之际到南北朝，佛教在我国的传播、发展大致经历了三个阶段：第一阶段，自传入至三国。该时期佛教多与谶纬迷信相混同，并未得到士大夫阶级和上层社会的重视，朝廷不允许汉人出家当和尚。第二阶段，两晋时期，佛教依附于玄学。该时期玄学之风大兴的氛围和西晋黑暗腐朽的政治环境，为佛教的发展提供了土壤。总的来说，玄、佛一拍即合，玄学几乎完全融入佛教之中。第三阶段，南北朝时期，佛教逐渐摆脱玄学，走上独立发展的道路。

佛教与玄学之所以能很好地融合，重要原因之一就是玄学的"贵无"论与佛教"一切皆空"的思想相通。当时中国流传的佛学主要是般若学。般若学的基本特点是视世界万物为因缘和合所生，没有固定不变的自性，所以性空，"般若"即"空观"。由于般若学的"空观"与玄学的以"无"为本的哲理意趣相接近，所以佛教与玄学迅速调和。佛教适应了玄学形成的注重思辨求理的理性主义文化环境，玄学之士也借助佛教般若本无思想来提高自己的玄解，所以佛教得以迅速发展。佛教文化的流传对中国文化产生了深远的影响。

（四）儒、玄、道、佛的冲突与整合

魏晋南北朝时期，形成了中国传统文化史上儒、玄二学和道、佛二教相互冲突、相互融合的多元激荡的文化奇观。

玄学产生之初，"以老、庄为宗而黜六经"②，大有"与尼父争涂"③的势头。以嵇康、阮籍为代表的"放达"派"竹林玄学"，直接抨击儒家"名教"，提出"越名教而任自然"的命题。儒学之士则谴责玄学家"好谈老庄……崇尚放达，轻蔑礼法"④。但是，儒、玄二学虽然相互排斥，却也有相互吸收的一面。一些儒者注意到老庄之学具有救名教伪弊之功，而玄学最终的思想特征也是援道入儒，儒道兼综的，因而在某一时期呈现出儒、玄合流的趋势。

道教虽主要以道家为其思想渊源，但同时也调和儒学，将儒学中的伦理思想纳入其教义、教规之中。正如葛洪所说，"欲求仙者，要当以忠、孝、和、顺、仁、信为本。"⑤当佛教传入中国后，道教还受佛教的影响而建立神仙谱系。

---

① 廉永杰.中国传统文化概论［M］.2版.西安：陕西人民出版社，2002：50-51.
② 干宝《晋纪总论》。
③ 《文心雕龙·论说》。
④ 《晋书·卞壶传》。
⑤ 《抱朴子·对俗》。

佛教文化的流传既对中国文化形成了冲击，又给予中国文化的发展以积极的促进。佛教传入中国后，很快在中国的文化土壤里扎根、生长，并形成中国的佛教宗派。佛教在宇宙本体论、人生观、价值观乃至思维方式等方面影响了儒学、玄学与道学，反之儒学、玄学与道学也影响了佛教。正如有学者所言，"儒家对佛教，排斥多于调和，佛教对儒家，调和多于排斥；佛教和道教互相排斥，不相调和（道教徒也有主张调和的）。"①

佛教对于文学艺术的影响更为明显，很多佛经故事成为文学创作的源泉，"般若学"和"禅宗"的思想直接影响了陶渊明、王维、白居易、苏轼等人的诗歌。中国的三大石窟都与佛教有关，寺院建筑更是中国传统文化不可分割的一部分。

魏晋南北朝时期，儒、玄、佛、道之间的相互冲突、相互排斥、相互吸收和相互融合，造成了意识形态结构的激烈动荡和文化整合运动。加之该时期匈奴、鲜卑、羯、氐等北方少数民族入主中原而引发的胡汉文化交流与融合，使魏晋南北朝文化呈现出丰富性、多样化的格局。在文化的多重碰撞与融合中，中国传统思想文化得到了多角度的发展和深化。

【知识卡片】2-5 魏晋风度

第三节 隋代至元代：中国传统文化的成熟与辉煌

魏晋南北朝时期，儒、玄、佛、道多元文化相互冲突与融合，推出气势恢宏的隋唐文化。隋唐时期的宏伟壮阔造就了该时期史诗般的文化。以安史之乱为转折点，中国文化出现了大的流转，由大气的唐文化转向了精致的宋文化。唐文化具有开放、外倾、色调浓艳的特点，宋文化则具有相对封闭、内倾、色调淡雅的特征。

一、隋唐——文化的隆盛期

公元581年，隋文帝灭亡陈国，结束了数百年来社会动乱、四分五裂的局面。公元590年，隋文帝统一南北，结束了南北对峙的局面。此后，隋朝和唐朝积极经营边疆少数民族地区，拓展疆域，形成了国土空前辽阔的统一的多民族封建国家，中国古代社会进入了盛世时代。在隋唐时期大一统的环境下，各民族之间的文化交流日益密切，中外经济文化交流也空前扩大，同时还继承了魏晋以来汉族的传统文化。可以说，该时期的文化发展充满了兼容并蓄的宏大气派。

（一）隋唐文化发展的社会历史条件

隋唐建立初期，统治者比较开明，社会矛盾趋于缓和，实行开明专制，采取儒、道、佛三教并举的政策。提倡儒学，用儒家的忠孝伦理规范人们的行为，增强社会的向心力；大力推崇佛、道二教，作为安定社会、净化风气的有力手段。隋唐还建立了相当完备的国家机构，确立三省六部制以加强中央集权制统治，对之后的历代封建王朝产生了深远的影响。推行科举制度，不以门第而以才学选拔人才，巩固了封建制度，为后世历代所采用。

隋唐时期经济繁荣，国力强盛，当时的综合国力居于世界领先地位，为中外文化的交流

---

① 范文澜. 中国通史简编 [M]. 北京：商务印书馆，2017：442-443.

创造了条件。该时期中国文化的繁荣,吸引其他国家纷纷派遣使者来华学习,长安成为中外文化汇聚的中心,中国文化被传播到世界各地。与此同时,隋唐文化也以博大的胸襟吸纳异域文化,异域的宗教、医学、音乐、舞蹈等涌入中国,丰富了隋唐文化的内容。中外文化交流达到了中国文化史上的高潮。

隋唐时期,经济繁荣、社会稳定促进了科技发展,科技发展又反过来促进了经济、文化的繁荣。该时期科学技术取得的成就有:恒星位置变化的发现,以及地球子午线的实测在世界天文学史上具有重要地位;雕版印刷术的发明在人类文化传播史上意义重大;孙思邈的《千金方》为中国医学之经典;大运河的开凿促进了南北经济、文化的交流;赵州安济桥是现存世界最古老的跨度最长的单孔石拱桥;唐都长安城的对称布局、棋盘格式的规划和建设,成为古代建筑史上的杰作;唐三彩更是中外驰名的瓷器极品。所有这些,都为中国古代经济、文化和科技的发展谱写了新篇章。①

(二) 兼容并蓄的宏大气魄

隋唐以强盛的综合国力为根基,以朝气蓬勃的世俗地主阶级知识分子为主体,隋唐文化首先体现出来的是一种无所畏惧、积极进取、兼容并包的宏大气派。例如,唐太宗与以魏徵为首的儒生官僚集团,不仅在政治上实行"开明专制",还积极鼓励文艺创作道路的多样性,在意识形态上奉行三教并行政策,不推行文化偏执主义。唐朝对待文化人也较为宽容,学派之间可以自由争论,诗人作诗也少有忌讳。正如后人洪迈在《容斋随笔》中所赞誉的,"诗人反复极言,上之人亦不以为罪,今之诗人则绝不敢如此。"

唐代文化的宏大气魄还体现在以博大的胸怀广为吸纳异域文化上。都城长安作为世界性大都市,成为中外文化交汇的中心。隋唐时期,中国与尼泊尔、印度、巴基斯坦、印度尼西亚、缅甸、斯里兰卡以及中亚、西亚等国都有着广泛的文化交流。南亚的佛学、医学、历法、语言学,中亚的音乐、舞蹈,西亚和西方世界的袄教(波斯人琐罗亚斯德所创)、摩尼教(波斯人摩尼所创)、景教(基督教的聂斯脱里派)、伊斯兰教等为代表的宗教以及医术、建筑艺术、马球运动等,犹如八面来风,一齐拥入唐帝国。②

隋唐文化吸收外来文化的博大胸怀为世人所赞叹,英国学者威尔斯在《世界简史》中比较欧洲中世纪与中国盛唐的差异时指出:"当西方人的心灵为神学所缠迷而处于蒙昧黑暗之中时,中国人的思想却是开放的,兼收并蓄而好探求的。"③

(三) 灿烂辉煌的文化成就

隋唐时期,社会政治、经济和科技的空前发展为文化繁荣提供了沃土。加之外域文化精华的不断注入,成就了隋唐文化的丰硕成果。

诗歌取得了最辉煌的成就,成为我国古典诗歌发展的极致。唐朝是一个全民诗情迸发的国度,全民总动员,社会各阶层诗歌创作热情高涨,出现了"行人南北尽歌谣","人来人去唱歌行"的社会风尚。文人创作的诗篇也通俗易懂,可以传诵于市井。

唐朝是我国古典诗歌创作的巅峰时期,仅清代所编的《全唐诗》中就收入诗作48900

---

① 王新婷,金鸣娟. 中国传统文化概论 [M]. 2版. 北京:中国林业出版社,2004:56.
② 张岱年,方克立. 中国文化概论 [M]. 北京:北京师范大学出版社,1994:97-98.
③ [英] 威尔斯. 世界简史 [M]. 余贝,译. 北京:新世界出版社,2012:189.

余首,诗人 2300 余位。正如闻一多所言,"一般人爱说唐诗,我却要讲'诗唐',诗唐者,诗的唐朝也。"①

在众多的天才诗人中,既有李白、杜甫、王维、白居易、李贺、李商隐、杜牧等诗歌巨匠,又有杨师道、王勃、杨炯、骆宾王等神童诗人,还有上官昭、李季兰、薛涛、鱼玄机等才思超群的女诗人。中国古典诗歌"无体不备,无体不善",流派众多,风格各异,均达炉火纯青的地步,成为后世效仿的典范。

隋唐时期的史学也盛况空前,成就非凡。在唐代官修史书制度得以确立,设有专门的史馆,史书编撰工作取得很大的成绩,二十四史中有八部是在该时期完成的。史学著作中有了新的创作——《史通》是我国第一部史学评论著作,奠定了我国古代史学理论的基础。《通典》创立了一种新的史体——政书体,开创了我国政治、经济、礼乐、刑法等典章制度分类专史的先例,推动了中国史学的发展。

中国书法在唐代也达到了一个高峰。该时期的篆、草、行、楷都在前人的基础上创造出新的风格,以楷书的成就最为突出,欧(欧阳询)、虞(虞世南)、颜(颜真卿)、柳(柳公权)四大家将唐楷推至登峰造极的地步,其中,颜真卿和柳公权被称为中国书法史上的一代宗师。

另外,唐朝的绘画也达到了很高的水平。初唐的阎文本是著名的人物写实画家,盛唐的吴道子被誉为"百代画圣"。唐代绘画全面发展,山水画、花鸟画成为独立画科,与人物画争芳斗艳。唐朝的雕塑艺术被广泛应用于石窟、寺观、宫廷、陵墓的雕像以及陶瓷、玉石等工艺品中,均达到前所未有的发展水平。

在唐代以韩愈、柳宗元为核心开展的古文运动,创造出一种适合于反映现实、表达思想的文体,并迅速流传。唐代的传奇小说、乐舞等都有丰硕的成果。苏东坡曾对隋唐文化繁荣给予高度评价,"君子之于学,百工之于技,自三代历汉至唐而备矣!故诗至于杜子美,文至于韩退之,书至于颜鲁公,画至于吴道子,而古今之变,天下之能事毕矣。"②

二、两宋——雅俗文化共生

宋朝分北、南两宋。公元 960 年,北宋王朝建立。1126 年,金人攻破汴京,从此开始统治北方长达 100 多年;同时还爆发了"靖康之难"。宋室南迁,中国文化重心也随之南迁。从此,南方平湖秋月的清雅山水代替了北方的平塞瀚海,南方含蓄委婉的内秀人物品评审美代替了北方粗犷豪迈的征服性人物审美,这些都推动了宋代文化向内省、精致的方向发展。该时期的各种文化要素,无论是哲学、文学、艺术还是社会风俗,都在不同程度上浸润着宋文化的特有风貌。

(一) 理学的兴起

理学的兴起,是宋代文化最重要的标志。魏晋隋唐以来,儒、道、佛三教既相互排斥,又相互吸引、相互融合,到了宋代凝聚为新的思想结晶——理学。换句话说,理学是在儒学基础上批判地吸纳了道教、佛教的思想而建立的新儒学思想体系,是儒、道、佛三教合流的

---

① 郑临川.闻一多论古典文学 [M].重庆:重庆出版社,1984:82.
② 《东坡题跋·书吴道子画后》。

产物。宋代理学的代表人物有二程（程颢、程颐）和朱熹。

理学是中国历史上重大的新理论建构，在学术主旨和学风上有显著变化。理学家们改变了汉唐以来附注训诂的烦琐学风，注重义理，不拘泥于古训。正如黄震所言，"自本朝讲明理学，脱出古训。"① 理学把纲常伦理看作万事万物之所以如此的"天理"，强调人们对"天理"的自觉意识。理学的基本性质和要义，就是为封建伦理纲常寻找本体论基础。

理学认为，宇宙本体为道德修养的最高境界和原则，主张积极入世并在现实中达到崇高的道德境界。理学大师朱熹改造了秦汉儒家编纂的《大学》，强调了"修身"方式。"古之欲明明德于天下者，先治其国；欲治其国者，先齐其家；欲齐其家者，先修其身；欲修其身者，先正其心；欲正其心者，先诚其意；欲诚其意者，先致其知，致知在格物。"这样，从"格物"到"致知"，理学便将外在的伦理规范内化为一种主观要求。理学的兴起使儒学重新获得独尊地位，成为中国封建社会后期最精致、最完备的理论体系，对后世影响甚大。

理学强调通过道德自觉达到理想人格，强化了中华民族注重气节和德操，注重社会责任与历史使命的文化性格。例如，张载"为天地立心，为生民立命，为往圣继绝学，为万世开太平"的庄严宣告，顾炎武的"天下兴亡，匹夫有责"的慷慨陈词，文天祥的"人生自古谁无死，留取丹心照汗青"的铿锵誓言等，都渗透着理学的精神价值和道德理想。

与此同时，还要认识到理学中被系统化、绝对化和永恒化了的"三纲五常"，成为维系和巩固封建社会后期等级尊卑秩序，强化封建专制主义的精神支柱。例如，朱熹认为，"三纲五常终变不得，君臣依旧是君臣，父子依旧是父子。"② 理学中"存天理，灭人欲"的说教将"天理"与"人欲"完全对立起来，以及片面强调重义轻利的观念都具有消极的作用。

（二）雅俗文化共生

与社会政治、经济格局变迁相呼应，两宋文化在类型和样式上浸润着该时代特有的风貌——雅俗文化共生。雅文化是细腻、精致的士大夫文化，与理学着意于知性反省、造微于心性的趋向相一致；俗文化是勃兴、热烈的市民文化，与繁荣发展的商业经济、熙熙攘攘的城市生活的情调相适应。

1. 以宋词为代表的雅文化

士大夫文化的细腻与精致，通过宋词得到了很好的体现。两宋时期词高度繁荣，词是该时期文学的标志。词起源于市井歌谣，后经文人发展而趋于雅化。宋词最初继承晚唐五代婉约绮丽的词风，适宜描写深刻、细腻的思想和感情，因此，传世的宋词大都典雅委婉、清新秀丽。

宋词侧重音律和语言的契合，语言小巧精细，造境摇曳空灵，极为细腻、精致。柳永的"杨柳岸，晓风残月""衣带渐宽终不悔，为伊消得人憔悴"，秦观的"漠漠轻寒上小楼，晓阴无赖似穷秋。淡烟流水画屏幽。自在飞花轻似梦，无边丝雨细如愁。宝帘闲挂小银钩"，境界虽小而狭，但形象精致，含义微妙，此种细腻、精美是宋词的总体风格。与如此"婉约"词风相对应的，便是苏轼开创的、以辛弃疾为代表的"豪放"词风，但该类词数量少，词坛的主流始终是婉约、柔美。

---

① 裴大洋. 中国哲学史便览 [M]. 西宁：青海人民出版社，1988：338.
② [宋] 黎靖德. 朱子语类（24卷）[M]. 北京：中华书局，1986：598.

宋词雅，宋画也雅。到宋代，士大夫以自觉的群体意识投入绘画，把绘画纳入文人生活圈，便产生了"文人画"的观念和理论。"文人画"强调诗、书、画一体，偏爱画竹、画梅、画菊，以寓示士大夫的高风亮节，抛弃了绘画中"形似"手法，高度强调神韵。[①] 苏轼在《跋宋汉杰画山》一文中提出"士人画"的观念，强调融诗歌、书法于绘画之中，以绘画来表现文人意趣。

另外，两宋的瓷器、服饰也以朴澹、清秀为雅。

2. 市井文化的勃兴

宋词、宋画等以及理学共同构筑成一个精致辽阔的上层文化世界，而与上层雅文化并进的还有市井文化的崛起。市井文化是在熙熙攘攘的商市生活，以及人头攒动的瓦舍勾栏中成长起来的野俗而生动的市民文化。

两宋市民阶层的崛起，以中晚唐以来的都市经济发展为基础。著名的《清明上河图》便从一个侧面，反映了当时繁盛的都市生活。作者张择端在5米多长的巨幅风俗画卷上，展现了清明时节首都汴京东南城内外的热闹情景，反映了都市形形色色、各行各业人物的劳动和生活，忠实地记录了当时的社会生活。在快节奏的都市生活中，市民们无意于追求典雅的意境、浓郁迷离的诗情，而是满足于情调热烈的感官享受艺术样式。因此，市民文化从诞生之日起，便显示出野俗的活力与广阔的普及性。

为了满足崛起的市民阶层娱乐的需求，一些新的文化样式应运而生。在一些繁华的大都市，出现了固定的游艺场所"瓦舍"，瓦舍中又划有多个供表演的圈子称"勾栏"。瓦舍勾栏中士庶咸集，热闹非凡，上演形式多样的文艺节目——杂剧、杂技、说书、皮影、舞旋、花鼓、舞剑等。风格各异的市民文化跻身于大的文化系统之中，成为一种不可忽视的社会存在。

（三）发达的教育和科技

中国文化在宋代趋向精致、成熟，古代教育和科技在宋代亦发展到极盛。

两宋时期发达的教育主要有两个特点：其一，在学校教育制度上等级身份差别不断缩小。在国子学、太学、四门学、宗学等教育系统中，太学、四门学皆收庶人子弟，这有利于低级官僚子弟乃至寒门子弟脱颖而出。其二，重视地方学校的发展。北宋末期，地方州县皆有学校，故称"学校之设遍天下"[②]。

发达的教育使宋代人才辈出，整个社会的文化素养大为提高。明人徐有贞指出："宋有天下三百载，视汉唐疆域之广不及，而人才之盛过之。"[③] 发达的教育为宋代文化的繁荣提供了基础和条件。

中国古代科技发展在宋代达到鼎盛。中国四大发明中的火药、印刷术和指南针是宋代科技最辉煌的成就，被马克思称为预告资产阶级到来的三大发明。百科全书式的人物沈括"于天文、方志、律历、音乐、医药、卜算无所不通，皆有所论著"[④]，且创见迭出，他的

---

① 张万红，汪沛，张天德. 中国传统文化概论 [M]. 2版. 北京：北京大学出版社，2013：50-51.
② 《宋史·选举志一》。
③ 《范文正公集》补编《重建文正书院记》。
④ 《宋史·沈括传》。

《梦溪笔谈》对古代科学技术经验进行了总结，是一部卓越的百科全书。

北宋的苏颂在天文学领域，贾宪、秦九韶在数学领域都做出了具有世界领先水平的贡献。另外，在地理学、地质学、农学、医药学、冶金术、造船术、纺织术、制瓷术等方面也有令世人刮目的成就。

在此前后的任何一个朝代，无论是科学理论研究，还是技术的推广应用，比起宋代都大为逊色。陈寅恪为《宋史职官志考记》一书作序时，对宋文化在中国文化史上的地位作了极高的评价："华夏民族之文化，历数千载之演进，造极于赵宋之世。"

三、辽夏金元——文化的冲突与融合

自宋朝建立之始，就被外患所困扰。唐太宗李世民以"天可汗"的尊称威慑周边民族，长期与辽、西夏、金等游牧民族政权相对峙。直到元朝建立，大河上下、长江南北在中国历史上第一次统一于一个草原游牧民族之手。该时期的中国文化，在跌宕起伏的大变动中经受了血与火的锻铸，拥有了包容万千的生命活力。

（一）游牧文化与农耕文化的交融

辽、夏、金和元分别是以契丹族、党项族、女真族、蒙古族为主建立的政权。契丹、党项、羌、女真以及后来的蒙古族势力对宋朝的长期包围与轮番撞击，产生了双重文化效应。游牧民族所产生的游牧文化与汉族农耕文化在撞击和交融过程中各自都发生了变化。

一方面，两宋在辽、夏、金以及后来蒙古族势力的进攻包围下，北宋人因被动挨打而生的忧患，南宋人因国破家亡而生的悲愤，渗透于宋文化的各个层面，在主流文化的精致细腻中增添了慷慨悲壮之气。李清照、陆游、辛弃疾、岳飞等优秀词人的沉郁忧患之作与悲愤之唱，范仲淹的"先天下之忧而忧，后天下之乐而乐"以及王安石所推行的变法，都是这种文化大背景下孕育的产物。

另一方面，契丹、党项、羌和女真等游牧民族也从汉文化中吸取了丰富的营养，发展了本民族的文化。辽朝仿中原汉族设置官制，并任用了许多汉族地主阶级知识分子。儒家思想也受到朝野上下的尊崇。《贞观政要》《史记》《汉书》等著作被译成了契丹文字，广为流行。辽朝君主"雅好词翰，咸通音律，文学之臣皆淹风雅"①。贾岛的诗成了儿童学习的启蒙读物，苏轼的诗更为辽人熟悉和喜爱。在西夏，《孝经》《论语》《孟子》皆有本族文字译本，西夏政权的官制、兵制和官民的服饰以及礼乐也都仿效北宋模式。西夏在宋仁宗年间，已开始任用中土贤才，读中土书籍，用中土车马，行中土法令了。儒学被西夏人奉为正宗道统，除学习经书外还学习《老子》《荀子》等诸子典籍。

在金国，儒学被推崇为正宗道统，中原的典章制度也被金朝推行，其考试办法也依照汉唐的考试制度。建立于幽燕故地的金中都，完全以汴京城为模型。金人对汉文化的吸取和整合，使北中国成为一个"人物文章之盛，独能颉颃宋、元之间"②的文化天地。

蒙古族以游牧民族气质入主中原，统一中国，但终归被源远流长、博大精深的汉文化所同化。在汉族儒生士大夫的影响下，元世祖忽必烈采取了一系列举措改漠北旧俗，整个统治

---

① 沈德潜《辽诗话·序》。
② （金）刘祁. 归潜志 [M]. 崔文印，点校. 北京：中华书局，1983：序.

体制"遵用汉法",宣扬程、朱理学,对之后的明清文化格局产生了重要影响。

(二)对外开放与中外文化的交汇

元朝时期,中国是当时世界上最强大最富庶的国家之一,疆域"北逾阴山,西极流沙,东尽辽左,南越海表",声誉远及于欧、亚、非三洲。元帝国水、陆交通非常发达。当时水路用的船舶,从设备、运载量到航行技术都是最先进的。陆路方面,建立了完善的驿站系统,从元大都和其他城市到中亚、波斯、黑海和黑海之北的钦察草原以及俄罗斯和小亚细亚各地,都有驿道相通。古老的"丝绸之路"也重新繁忙起来,成为通往西方的重要通道。

发达、便利的交通,促进了中外政治、经济、文化的交流。西方各国的使节、商人、旅行家和传教士往来中国络绎不绝。公元1275年至1291年,威尼斯旅行家马可·波罗遍游中国各大城市,并在元朝做官。他回国后口述了《马可·波罗游记》,向西方人介绍中国的繁荣与富庶,激起了西方人对中国文明的向往。之后,达·伽马、哥伦布、麦哲伦等远渡重洋,开辟新航道来追寻中国文明。

元朝对外部世界的开放,使异邦的先进科技流入中国科技界。波斯、阿拉伯的天文历法、医药、数学,尼泊尔的建筑艺术等传入中国。例如,天文学家郭守敬,充分吸取阿拉伯天文学成果,制定了中国历史上使用时间最长的《授时历》,该历以365.2425天为一年,与地球绕太阳公转一周的时间只差26秒,与国际通行的公历完全相同。

同时,由于蒙古人的西征等原因,中国文化向西方传播的速度也大大加快。中国四大发明之一的火药,传入阿拉伯,再传入欧洲。中国的印刷术、历法、数学、瓷器、茶叶、丝绸、绘画等通过多种途径,在俄罗斯、阿拉伯和欧洲各国广为传播。

国内民族联系的增多,中外文化关系的增进发展,使少数民族的成员、外来侨民及其后裔也都有机会展示才华,从而为丰富中国的文化也做出了贡献。世界文化的总体面貌,因此更为辉煌灿烂。

【知识卡片】2-6 马可·波罗与《马可·波罗游记》

(三)元杂剧的崛起与兴盛

杂剧是元朝文学的代表。元杂剧是在宋、金以来民间讲唱文学的基础上,综合了宋词的成就,并发展了金代诸宫调,融合讲唱、舞蹈、表演等多种艺术形式而成的一种新的戏剧。元杂剧最初盛行于北方,后来流行于南方。元杂剧的崛起与兴盛,既是我国历史上各种表演艺术发展的结果,也是时代的产物。

元朝民族矛盾、阶级矛盾尖锐,人民反抗民族压迫和阶级压迫的斗争,需要具有战斗性和群众性强的文艺形式加以表现,而元杂剧恰恰适应了这一需求,故应运而生。此时,受科举制度的冲击,文人群体也发生了变化,只有少数文人依附元统治者成为官僚,大多数文人和广大人民一样受到残酷的迫害,部分文人与民间艺人组成书会,投身于元杂剧的创作。此外,元代城市经济的快速发展,南北各大城市的勾栏瓦肆繁盛,为杂剧的兴盛提供了充裕的物质条件。

元代出现了大批优秀的剧作家和剧本,当时知名的杂剧作家达79人。关汉卿是元杂剧最杰出的代表,他毕生写过很多种剧本,保存下来的有18本。《窦娥冤》《鲁斋郎》《拜月亭》《单刀会》等是人们喜闻乐见的作品。著名的元杂剧作家还有马致远、王实甫、白朴、纪君祥等人,马致远的《汉宫秋》、王实甫的《西厢记》和纪君祥的《赵氏孤儿》都是数百年来脍炙人口的名著。

第四节　明清：中国文化的继往与开来

中国传统文化的发展演变，经历了一个由生长到全盛再到衰落的过程。自 1368 年朱元璋建立明朝，到 1840 年鸦片战争前的清朝，这一时期是中国封建社会的末期，中国传统文化也发展到了盛极而衰的最后阶段。明清之际的思想家黄宗羲，将该时期称为"天崩地解"的时代。从文化形态上来看，该时期不仅宣告了封建文化的没落，同时又是寻找和建构新的思想文化体系的开始。

一、文化专制

明清两代，是中国漫长的封建社会的晚期，也是中国君主专制制度登峰造极的时代。该时期，民族矛盾、阶级矛盾十分激烈，社会结构、社会分工也发生了重大变化，文化专制也空前严酷地钳制着思想文化界。由此带来了骇人听闻的文化专制，其突出表现是文字狱盛行，统治者大施淫威，大批儒生士大夫因文字之"过"而惨遭横祸。例如，浙江府学教授林元亮所作《万寿增俸表》中，有"作则垂宪"之语，常州府学训导蒋镇所作《正旦贺表》中，有"睿性生智"之语，朱元璋均以"则"为"贼"，"生"为"僧"，认为是讥讽他参加过红巾军，当过和尚，从而大开杀戒。清代更是制造了许多轰动全国的文字狱大案，造成文化界一片沉寂，万马齐喑的局面。

明清统治者，一方面在文化领域推行文字狱，制造恐怖；另一方面则不断消灭异党，巩固专制。明朝政府设置了特务机构——"锦衣卫""东厂"等，由皇帝信任的宦官统领，对文人士大夫进行重点侦缉和迫害。例如，万历年间，一些知识分子结社，被称为"东林党"。他们因上疏弹劾魏忠贤 24 大奸恶，被锦衣卫逮捕，一批知识分子如左光斗、魏大中受酷刑而死。清代文字狱更甚，在康熙、雍正、乾隆三朝期间，有记载的文字狱约有七八十起。例如，礼部侍郎查嗣庭为江西考官，出题有"维民所止"，清统治者认为是去掉"雍正"二字之头而将其下狱，查嗣庭病死狱中，又下令戮其尸。①

明清统治者一方面大肆制造文字狱，另一方面则推崇程朱理学，作为巩固统治的工具。明洪武三年（1370 年）设科举，规定以八股文取士，考试专以四书五经命题，且以朱熹的注为依据。因此，明初学术界，程朱理学一统天下，被推上至尊地位。清政府将程朱理学推至支配人们思想意识形态的地位。康熙极力标榜程朱理学，他编写了《性理精义》，笼络了一批程朱派的学者，给他们封官晋级，称为理学名臣。

乾隆年间，清高宗借编纂《四库全书》的机会，全力铲除危及封建统治思想基础的"异端"学说。《四库全书总目提要》的《凡例》便开宗明义地宣布："离经叛道、颠倒是非者，掊击必严；怀诈挟私、荧惑视听者，屏斥必力。"乾隆帝还一手操纵了长达 19 年的禁书活动，共禁毁书籍 3100 多种、151000 多部，销毁书版 8 万块以上。在"令禁亦严"的强大威慑力下，文人士大夫噤若寒蝉。中国文化遭遇了秦始皇焚书以来的又一次巨大浩劫。

---

① 《清世宗实录》四十八卷。

二、早期启蒙思潮

明清两代,虽然文化专制主义空前强化,程朱理学在思想文化中占统治地位,但与资本主义萌芽相适应,思想界也悄然兴起了一股启蒙思潮。例如,王阳明曾以"狂者"自居,他的"致良知"之说,体现了反对传统烦琐哲学的精神,同时又孕育着异端思想的胚芽。"致良知"之说,虽带有主观唯心主义色彩,但强调人的主观能动性,否定了用外在规范禁锢"心""欲"的必要性。王阳明的"致良知"学说,对人的主体性进行了高扬,对正宗统治思想进行了有力的反叛,成为明朝晚期人文思潮的哲学基础。

明清之际的一批思想家,从不同侧面与封建社会晚期的正宗文化——程朱理学展开了论战,其中的三大思想家——黄宗羲、顾炎武和王夫之反对空谈,将"经世"思潮推向了鼎盛。经世思潮的特征主要表现为:一是对封建专制主义的强烈抗争。例如,黄宗羲提出了"天子所是未必是,天子所非未必非"的观点。二是彻底清算空谈误国的恶劣学风,对程朱理学展开了全面的批判。三是经世致用的主旨是学问须有益于国事。例如,顾炎武"国家兴亡,匹夫有责"的思想,激励了一代又一代知识分子。明清时期的启蒙思想家们,虽然对封建专制制度进行了猛烈的批判,但由于历史的局限以及当时中国资本主义还处于萌芽状态,所以还没能提出新的社会改革方案。

明清时期的市民文学,作为城市经济发展和资本主义萌芽发生的社会现实反映,深刻地揭露了封建制度的弊端,揭示了封建社会必然走向崩溃的历史命运。比较有代表性的市民文学作品有,长篇小说《金瓶梅》,短篇小说集《三言》《二拍》等,清代的《儒林外史》《红楼梦》等作品,将古典现实主义文学推向了高峰。

总之,早期启蒙思想的萌芽,不仅是对封建制度的批判,实际上也宣告了封建文化的没落,昭示了中国传统文化由中古形态向近代形态转型的开始。

三、集大成文化

明清时期,中国传统文化发展到了高度成熟期。随着儒学走向衰败,西方近代思想文化的传入,思想家、科学家们对西学产生了浓厚兴趣。他们不仅对中国传统文化、科学技术进行了理性反思,而且在自然科学领域取得了斐然成绩。随着民族交往与融合的进一步加深,出现了大规模的民族文化交流,中国传统文化更加色彩斑斓,迅速发展。因此,中国传统文化发展进入了大规模的全面的总结期。

在图书典籍方面,明清统治者花费了巨大的人力、物力,对几千年浩如烟海的典籍进行收集、钩沉、考证和编纂。编纂的大型类书《永乐大典》被公认为是世界上最早、最大的一部百科全书;大型字典《康熙字典》,是世界上最早的字数最多的字典;大型丛书《四库全书》是至今为止世界上页数最多的丛书。

在史学方面,也有很大的发展。除了官修的《明实录》《清实录》《元史》《明史》等,还有杂史、笔记、地方志、学术史等也都颇有成就。

明清时期,杰出的科学家们创作了一批有关医学、水利、农业、天算等的科学巨著。例如,李时珍的《本草纲目》在植物学分类和药物学方面达到当时世界先进水平;徐光启的《农政全书》收录了历代的农业科学技术资料,记载了当时的农业种植技术,还介绍了欧洲农田水利技术,是中国古代最完备的一部农业著作;宋应星的《天工开物》收录了包括纺织、染色、制盐、榨油、造纸、烧瓷、采煤、冶铜、炼铁和制造军火等的手工业生产技术,是一部享誉海内外的工艺学百科全书。日本将此书视为至宝,并由《天工开物》发展出一门"天工学"。在建筑艺术方面,建造了一大批气势宏伟、精致雅美、规模宏大的标志着明清卓越建筑艺术水平的杰作,例如,北京故宫、圆明园、热河行宫和长城等。此外,徐宏祖的《徐霞客游记》、方以智的《物理小识》、梅文鼎的《古今历法通考》,在科学成就上都达到了封建社会晚期的高峰。

在文学方面,最辉煌的是小说和戏剧:产生了《水浒传》《三国演义》《西游记》和《红楼梦》四大古典名著;昆曲、秦腔以及由徽调改造的京剧都很流行;汤显祖的《牡丹亭》、孔尚任的《桃花扇》等,都是脍炙人口的传世之作。

在学术文化方面,清朝乾嘉时期,学者们对古代文献展开了空前规模的整理和考辨,考据学成为该时期学术的主流,形成了注重考据的学派——乾嘉学派。考据学派的出现,为中国传统学术文化的传承以及向前推进奠定了基石。

四、文化的蜕变与新生

明清时期,是整个世界格局发生重大转变的时期。与中国封闭、保守形成鲜明对照的,是西方新兴资本主义的蓬勃发展。随着封建生产方式的日趋没落,明清统治集团也愈来愈故步自封,他们对内实行文化专制,对外实行闭关锁国,排斥外来文化。中国传统文化面临着空前的危机,将进入一个蜕变与新生并存的新的历史阶段。

明末清初,利玛窦、汤若望等欧洲耶稣会士来到中国,带来欧洲宗教神学的同时,也带来了近代的世界观念以及西方文艺复兴时期的自然科技成就,打开了部分中国人士的眼界。在利玛窦的影响下,来华的传教士多习西方自然科学知识,在传教之余翻译和撰写了大量西学书籍。

西学的输入,开拓了中国人的眼界,促进了中国科学技术的发展,涌现了一批卓有成就的自然科学家,在文史哲领域也出现了一批会通古今、学贯中西的著名学者,方以智、唐甄、戴震便是其中代表人物。例如,方以智精通中西科学,他在《物理小识》中用自然科学原理阐明哲学观点,提出"质测(自然科学)即藏通几(哲学)",即自然科学中也含着哲学,哲学不能离开自然科学。他还指出西方的自然科学知识不尽完备,吸取时要加以鉴别。方以智认为,世界上"一切物皆气所为也,空皆气所实也"[①]。在认识上强调"舍物则理亦无所得矣"[②],还指出事物都是"合二而一"的,从而推进了中国古代朴素辩证法的发展。

由于资本主义的萌芽,具有反封建意识的启蒙思潮也开始出现。以黄宗羲、顾炎武、王夫之等为代表的一批思想家,对封建专制主义和愚昧主义进行了尖锐的批判;批判宋明理学,注重经世致用;反对传统的"重农抑商",主张大力发展工商业;抨击科举制度,主张创办学校,吸收自然科学的成果。他们想把中国传统文化与外来文化加以"会通",有一种

---

① 方以智:《物理小识》卷1。
② 方以智:《物理小识》总论。

"超胜"西学的民族自信心。

思考与探究

1. 简述经学对中国传统文化的影响。
2. 简述"百家争鸣"得以产生的社会条件及其在中国文化史上的地位。
3. 分析论述中国古代经学、玄学、佛学和理学是如何相继出现、融合贯通的。
4. 阐述元明清时期世界性的文化交流，并举例说明。

拓展阅读

1. 《中国文化史》，柳诒徵著，上海三联书店2007年出版。
2. 《中国文化史导论》，钱穆著，九州出版社2011年出版。

第三章

中国传统文化的类型与特征

学习目标

1. 了解文化类型说的相关知识。
2. 认识中国传统文化的伦理类型。
3. 理解并掌握中国传统文化的特征。

内容概要

各文化因自然地理环境、物质生产方式及社会组织结构的差异性,形成了不同的文化类型。只有从总体上把握了文化的类型特征,才能更加透彻地理解各文化的精神内涵,进一步追溯、探究不同文化形态的差异及其奥秘所在。中国传统文化是一种以人伦道德为基础和主导的伦理型文化。以伦理道德为内核的中国传统文化之所以源远流长,是因为它具有的永恒价值。同时,中国传统文化的伦理特质也有缺陷和不足。在天人合一、道德弥漫的文化氛围中,外在的自然界未被当作独立的认识对象与人伦相分离,以外物为研究对象的科学便遭受冷遇,甚至被放到与道德对立的位置上而遭到压抑和贬斥。因此,自然科学、分析哲学之类便难以获得充分的发展,这也是中国文化没能诞生出近代科学的重要原因之一。伦理道德关系的僵化与绝对化,在某种程度上又成为压抑人性、扼杀心灵的元凶。学者们基于不同的视角和侧重点,概括出了中国传统文化的不同特征。党的二十大报告进一步明确指出,要使"中华优秀传统文化得到创造性转化和创新性发展"。在梳理总结、借鉴吸收学者们对中国传统文化特征已有观点的基础上,本书将中国传统文化的特征概括为包容性、宗法性、和谐性和务实性等四个方面。

世界各民族文化因自然地理环境、物质生产方式和社会组织结构的差异性,形成了不同的文化类型。文化的类型特征一旦形成,就会获得顽强的延续力,成为一种传统。与具有悠久历史的其他文化（如印度文化、希腊罗马文化）相比较，中国传统文化呈现出鲜明的类型特征——以伦理道德思想为核心的文化类型。人们只有从总体上把握了中国传统文化的类型特征，才能更加透彻地理解中国传统文化的精神内涵，去进一步追溯、探究不同文化形态的差异及其奥秘所在。

第一节　中国传统文化的类型

中国人很早就对文化类型有所认识。古人通过将中原地区华夏族的农耕文化与周边少数民族的游牧文化、渔猎文化加以比较，建立了自己的文化类型观。两汉以后，又将本土以入世精神为特征的儒家文化与来自南亚以出世精神为特征的佛教文化加以比较，进一步突出本土文化重伦常礼教的类型特征。近代以来，人们更是从比较文化学的角度界定文化类型。例如，严复、李大钊等人就把中国文化归结为"农业—宗法型"，而梁漱溟则将中国文化、印度文化、希腊罗马西方文化称为文化三类型。[①] 然而，"文化类型"这一概念是美国人类学家林顿在1936年所著《人的研究》中提出的。[②]

一、文化类型说

美国现代进化论者斯图尔德于1955年在《文化变异论》一书中对"文化类型"这一概念进行了界定与论述。他所谓的文化类型，是不同的民族文化适应环境而产生的各种文化特质相互整合的核心特征丛，不是全部的文化特质或文化元素的总和或集合，而是指那些有代表性的，具有因果联系的特征。这些特征都与文化结构相关，具有功能上和生态上的联系，代表着一个特殊的时间顺序和发展水平，彰显了各民族之间的本质差别。[③]

随着文化学研究的深入，目前关于文化类型的讨论，主要有以下几种观点：

观点一，按地理环境区分文化类型。该观点认为，任何民族文化的产生、衍变、丰富、发展都是在特定的自然地理环境中发生的，在独特的社会政治、经济土壤里完成的。古代中国"负陆面海"，地域广阔，自古就形成了几种不同的文化类型——河谷型、草原型、山岳型和海洋型。

草原型文化具有流动性和外向性的特征；山岳型文化的封闭性和排他性的特征突出；海洋型文化的开放性和冒险性较强；河谷型文化具有内聚力和容纳性强的特征，是一种以农业为主体的混合型文化，有较大的伸缩性和较强的适宜性，有很强的容纳、吸收和同化其他文化的潜力。

中国文化属于河谷型文化。几千年来，中国文化不断融合和同化了草原文化、山岳文化和海洋文化，内涵日益丰富和充实，并且始终保存着自己的发展基因。但是，河谷型文化是一种单向的发展类型，文化结构的单一化倾向和文化心态的自我优越感，给中国社会发展也带来了不良影响。

---

① 田广林. 中国传统文化概论 [M]. 北京：高等教育出版社，1999：39-40.
② 田广林. 中国传统文化概论 [M]. 2版. 北京：高等教育出版社，2011：97.
③ 廉永杰. 中国传统文化概论 [M]. 2版. 西安：陕西人民出版社，2002：345.

观点二，按照生计方式和观念文化的内在联系进行分类，将文化分为农业文化、工商文化和游牧文化等。

该观点认为中国文化孕育诞生在一个农业宗法社会的母体之中。大约在氏族社会后期，中国就进入了以农耕为主要生计方式的农业社会，农耕经济一直是中国古代社会经济的主干。纵观中国农耕文化从萌芽到发达的历史，经济结构在很大程度上给中国文化以影响。长期以农耕为主要生计方式，对中华民族的社会心理和思维方式产生了极大影响。人们安土重迁，追求生活的稳定与安宁，缺乏冒险精神。中国历代统治者视农业为立国之本，认为商业和手工业是"困辱游业"，甚至认为"务末"则丧国。

观点三，审视中国文化的形成、发展历程，认为儒、道、墨、法、佛等诸家思想学说，构成了中国文化的主体内容和核心。儒家从汉代起取代了法家，备受推崇，以官方意识形态的身份起作用，处于显学地位；而法家、墨家等被统治者所抑制，如法家的"权、术、势"和墨家的"兼济天下"以各种隐蔽的方式起作用，而成为隐学。

此外，还有观点认为，依据不同的标准可将中国传统文化分为不同的类型。一种是中国传统文化的雅俗之分。中国传统文化中的雅文化，也可称为士大夫文化或精英文化；俗文化，也可称为通俗文化或大众文化。雅文化居于中国传统文化的主导地位。另一种是中国传统文化的山庙之分。中国传统文化中以道家思想为核心的山林文化，亦可称为隐逸文化；以儒家积极有为、自强不息的经世思想为核心，以入世为特征的庙堂文化，是中国传统文化中的结晶与精髓。

上述分类，是依据中国传统文化的特点以及特点的内在联系划分的。由于各特点相互联系、相互作用，以上划分的类型只是相对的。由以上可知，中国传统文化类型是指中华民族所创造的区别于其他民族而独具特色的文化形式，它表现为中华民族所具有的共同的价值观念、思维方式、心理状态和精神面貌等思想文化特征。①

二、中国传统文化的伦理类型

与具有悠久历史的异文化（如希腊罗马西方文化、印度文化）相比较，中国传统文化的伦理类型突出。希腊罗马西方文化传统中，一以贯之的对外界事物的实质、秩序、规律的探索，属于理性文化类型；印度文化中，贯彻始终的超越行为，执着于人生矛盾的宗教情结，属于宗教文化类型。中国传统文化则立足于人的生存，始终思考和阐述着人应如何做人，人应如何处世、处事，个人与群体与他人应建立、保持怎样的关系。所以，中国传统文化是一种充斥着积极入世情绪、充斥着人伦道德精神的文化。

就中国文化把人置于世界中心地位的"重人"特点而言，可被称为"人本主义"。不过这种"人本主义"，并不同于近代西方以个性解放、自由民主为旗帜的人本主义，而是将人与自然、社会和谐共生的集体主义的自觉。所以，中国传统文化是一种以人伦道德为基础和主导的伦理型文化。

（一）中国传统文化的伦理类型与宗法制度的关系

中国传统文化的伦理型特征，是多种因素共同作用的结果；但是，可以肯定的是，这与

---

① 田广林. 中国传统文化概论 [M]. 2版. 北京：高等教育出版社, 2011: 98-99.

中国古代社会宗法制度的影响密不可分。中华民族是在原始血缘纽带未充分解体的情况下进入阶级社会的,"血亲"意识在全体社会成员心目中是挥之不去的,被直接转化成了法律条文,例如,"不孝"成了犯法者的"首恶"大罪。并且宗法制度下统一广泛的伦理道德要求,已经内化为人们普遍的社会心理和行为规范。

与西方文化不同,中国文化强调"百善孝为先","孝"是中华民族古已有之的美德。中华民族浓烈的"孝亲"情感,被宗法制度进一步强化、凸显,置于一切道德规范的核心地位。《孝经·开宗明义》即说:"夫孝,始于事亲,中于事君,终于立身。"把忠君、敬长、尊上等都看作孝道的延伸,并把"尊高年,所以长其长;慈孤弱,所以幼吾幼"当作"孝"的推广。因此,"圣人"便可以"以孝治天下"了,这也正是宗法制度的内在逻辑。

印度佛教传入中国,其"弃亲舍家"的观念与中国"尽忠尽孝"的伦理要求,发生了冲突。印度佛教不得不向中国文化的宗法人伦观念妥协,对教义加以修正,甚至伪造出《父母恩重经》,表示尊敬与容纳"忠孝"观念,才得以被接纳和发展。这也是修道而不出家的居士佛教在中国大行其道的原因之一。

(二) 诸学派、学者对中国传统文化伦理类型的关注和认同

先秦时期,奠定了整个中国文化的基调。诸子百家的思想学说成为之后两千年中国文化的总纲领。尤其是儒家和道家的思想,构成了中国传统文化的两股主流,被奉为传统文化的源头,也最能彰显中国传统文化的特征。道家学说的代表人老子,从本体论的高度说明"万物莫不尊道而贵德"的道理。他认为,"重积德则无不克,无不克则莫知其极。莫知其极,可以有国。"① 儒家的代表人孔子,则把道德伦理与社会政治紧密结合。他认为,"政者,正也。子率以正,孰敢不正?"② "苟正其身矣,于从政乎何有?不能正其身,如正人何?""其身正,不令而行;其身不正,虽令不从。"③ 以上是对为政者的道德要求,而从治理国家人民的角度来说,孔子也主张以人伦道德为手段和目的。孔子认为,"道之以政,齐之以刑,民免而无耻;道之以德,齐之以礼,有耻且格。"④ 在人与人的关系上,孔子主张"己欲立而立人,己欲达而达人"⑤,"己所不欲,勿施于人"⑥。

汉代董仲舒主张"罢黜百家,独尊儒术",把儒家思想推上了统治中国两千年封建社会意识形态的巅峰地位,之后中国的思想文化和社会生活深深地打上伦理道德的烙印,以"三纲五常"为核心的儒家伦理成为不可动摇的礼教。董仲舒说:"天为君而覆露之,地为臣而持载之;阳为夫而生之,阴为妇而助之;春为父而生之,夏为子而养之……王道之三纲,可求于天。"⑦《白虎通义》上说:"子顺父,妻顺夫,臣顺君,何法?法地顺天也。"如此这般,封建伦理道德与封建政治制度、宗法制度密切结合的"礼教之网",把一切社会现实与理想、人格与价值都纳入个人道德实现的过程中。

---

① 《道德经》五十九章。
② 《论语·颜渊》。
③ 《论语·子路》。
④ 《论语·为政》。
⑤ 《论语·雍也》。
⑥ 《论语·颜渊》。
⑦ 《春秋繁露·基义》。

墨家和法家的思想也不同程度地带有伦理色彩。墨子"兼相爱，交相利"①的社会理想，体现了他对"相爱相亲"伦理关系的渴望。法家的管子倡导"四维七体"的道德规范，"四维"即"礼、义、廉、耻"，"七体"即"孝悌慈惠，恭敬忠信，中正比宜，整齐撙诎，纤啬省用，敦懞纯固，和协辑睦"②，体现了法家对人伦道德的密切关注与重视。

北宋的张载认为，"乾称父，坤称母；予兹藐焉，乃混然中处。故天地之塞，吾其体；天地之帅，吾其性。民，吾同胞，物，吾与也。"③ 不难看出，张载把人伦道德观念贯彻于天地万物之中，使宇宙万物的存在与发展都打上了伦理道德的色彩。

朱熹认为，"圣人千言万语，只是教人存天理，灭人欲。"④ "天理"，即指封建的伦理道德。梁启超说："儒家舍人生哲学外无学问，舍人格主义外无人生哲学。"⑤ 严复从中西比较的角度论述中国传统文化时，也体现了伦理道德的特征。他在《论世变之亟》一文中说：

中国最重三纲，而西人首明平等；中国孝亲，西人尚贤；中国以孝治天下，而西人以公治天下；中国尊主，而西人隆民；中国责一道而同风，而西人喜党居而州处；中国多忌讳，而西人重讥评。其于财用，中国重节流，而西人重开源；中国追淳朴，而西人求欢虞。其接物也，中国美谦屈，而西人务发舒；中国尚节文，而西人乐简易。其为学也，中国夸多识，而西人尊新知。其于祸灾也，中国委天数，而西人恃人力。⑥

中国传统文化的伦理特征，不仅中国学者关注和认同，国外学者基于异文化的视角更清晰地看到了中国文化的伦理特征。斯宾格勒认为，道德灵魂是中国文化的基本象征符号。黑格尔说："中国纯粹建筑在这一种道德的结合上，国家的特性便是客观的家庭孝敬。"⑦ 在中国，在某种意义上有一个极其令人赞佩的道德，再加上有一个哲学学说，或者有一个自然神论，因其古老而受到尊敬。

（三）中国传统文化的伦理特征渗透于社会文化各领域

中国文化的伦理特性渗透到中国人的宇宙观、世界观、人生观和知识论当中，几乎在每一处文化角落皆可寻觅到它的踪迹。渗透的实现大体是通过两个途径完成的：

其一，"天人合一"的古老传统观念。中国素有"天人合一"的主张，该观念把人伦道德与最高主宰"天"连接起来，使伦理道德有了神秘权威、永恒主宰和自然规律的无条件支持，使人不容置疑。儒家六经之首的《易》就提出过"与天地合德"的理想，"裁成天地之道，辅相天地之宜"⑧的思路。该哲学思想的含义是：把人看成宇宙自然的一部分，天人之际便有了人间宗法制度的"亲情"；人类最高的道德理想与天地自然的规律一脉相承，人与天地"合其德"为最高的人生境界。老子则认为，"人法地，地法天，天法道，道法自

---

① 《墨子·兼爱上》。
② 《管子》。
③ 《正蒙·乾称篇》。
④ 《朱子语类》卷十二。
⑤ 《先秦政治思想史》。
⑥ 王栻. 严复集（第1册）[M]. 北京：中华书局，1986：3.
⑦ [德] 黑格尔. 黑格尔历史哲学[M]. 潘高峰，译. 九州出版社，2011：145.
⑧ 《泰卦·象传》。

然。"① 董仲舒在《春秋繁露》里建构了天人一统图式，阐述了"天人感应"思想，例如，"天尊地卑，男尊女卑"，"王道之三纲，可求于天"，宣扬封建伦理是"天意"，因而神圣不可侵犯。宋明理学把人伦道德规范称为"天理"。此外，中国封建政治最高集权者称为"天子"，颁布命令则称是"奉天承运"，图章叫"嗣天之宝"。一个人违背了人伦道德规范，被指斥为"丧尽天良"，理应遭到"天谴"等。以上例子，都是人伦即天道的生动体现。

其二，伦理学融入社会文化的各个领域，成为各文化门类的出发点和归宿，以及判定是非得失的最高标准。因此，政治学成为道德评判，政事被归结为善恶之别，正邪之争，君子小人之辨；文学强调教化功能，成为"载道"的工具；史学往往不以存史为基本任务，而以"寓褒贬，别善恶"为宗旨；教育则以德育居首，所谓"首孝悌，次见闻"②，"行有余力，则以学文"③，知识的传授退居其次。在中国文化体系中哲学与伦理学相融，主要是一种道德哲学。④ 中国文化熏陶出来的优秀人物，在其流传至今的作品的字里行间，无不洋溢着热烈的道德情感与伦理精神，例如，范仲淹的《岳阳楼记》、张载的《西铭》、文天祥的《正气歌》等。

由以上可知，道德论与本体论、认识论、知识论互摄互涵，相资相证，难解难分，伦理道德学说的确是中国传统文化不容置疑的重心。

(四) 中国传统文化伦理类型的优点和不足

以伦理道德为内核的中国传统文化之所以源远流长，是因为它具有的永恒价值。中国传统文化的道德伦理观念激发了人的自觉。一是人作为"类"的自觉。"人之所以异于禽兽者几希。"⑤ 也就是说，人类有伦理，将人与禽兽区别开来。人处在这个世界上，都有各自的义务与责任，应该践履伦理道德。二是人作为个体的自觉。"人皆可以为尧舜"⑥，即是说，每个人都可以通过道德觉醒和道德磨炼而完善自身，达到最高的生命境界。由道德觉醒而产生的对他人、民族、国家，以至万事万物真诚的义务责任感，就是中国传统文化思想陶冶出的圣洁心灵和理想人格，就是被悠久的历史一代代传承着的中华民族特有的道德观念和生活情理，就是中华民族的根本信念、良心和善。

毋庸置疑，中国传统文化的伦理特质也有缺陷和不足。在天人合一、道德弥漫的文化氛围中，外在的自然界未被当作独立的认识对象与人伦相分离，以外物为研究对象的科学便遭受冷遇，甚至被放到与道德对立的位置上而遭到压抑和贬斥。王守仁认为，"知识愈广而人欲愈滋，才力愈多而天理愈蔽。"⑦ 程颢则"以记诵博识为玩物丧志"⑧。因此，自然科学、分析哲学之类便难以获得充分的发展，这也是中国文化没能诞生出近代科学的重要原因之

---

① 《名子·二十五章》。
② 《三字经》。
③ 《论语·学而》。
④ 张岱年，方克立. 中国文化概论 [M]. 北京：北京师范大学出版社，1994：350-351.
⑤ 《孟子·离娄下》。
⑥ 《孟子·告子下》。
⑦ 《王文成公全书》。
⑧ 《二程遗书》。

一。伦理道德关系的僵化与绝对化，在某种程度上又成为压抑人性、扼杀心灵的元凶。因此，我们学习中国传统文化时，要认真地加以反思和剔除。①

第二节　中国传统文化的特征

学者们基于不同的视角和侧重点，概括出了中国传统文化的不同特征，比较有代表性的有：

梁漱溟概括了中国传统文化的十四大特征：①广土众民；②偌大的民族之同化融合；③历史长久，并世中莫与之比；④中国有一伟大力量蕴寓于其中，但又指不出其力量竟在哪里；⑤历久不变的社会，停止不进的文化；⑥几乎没有宗教的人生；⑦家族本位；⑧中国学术不向着科学前进；⑨民主、自由、平等一类要求，不见提出，及其法制之不见形成；⑩道德气氛特重；⑪中国不属普通国家类型，而属超国家类型；⑫中国历史上兵与民分、兵民合一的有兵局面后世变得无兵，即兵匪不分，军民互相仇视；⑬中国文化为"孝的文化"；⑭隐士是中国社会的特产。②

韦政通概括了中国传统文化的十大特征：①独创性；②悠久性；③涵摄性；④统一性；⑤保守性；⑥崇尚和平；⑦乡土情谊；⑧有情的宇宙观；⑨家族本位；⑩重德精神。③

何晓明依据文化结构的四层次划分，概括了中国传统文化在各层次上的特征：①从物态文化层分析，中国传统文化是一种农业文化；②从制度文化层分析，中国传统文化是一种宗法文化；③从行为文化层分析，中国传统文化是一种礼仪文化；④从心态文化层分析，中国文化是一种伦理义化。④

顾伟列将中国传统文化的特征概括为：①人文性；②包容性；③伦理型；④和谐型；⑤务实精神。⑤

还有学者将中国传统文化的特征概括为：①强大的生命力和凝聚力；②重实际求稳定的农业文化心态；③以家族为本位的宗法集体主义文化；④尊君重民相反相成的政治文化；⑤摆脱神学独断的生活信念；⑥重人伦轻自然的学术倾向；⑦经学优先并笼罩一切文化领域。⑥

在梳理总结、借鉴吸收学者们对中国传统文化特征已有观点的基础上，本书将传统文化的特征概括为以下几个方面：

一、包容性

英国历史学家汤因比曾说过，在近6000年的人类发展史上，出现过26种文化形态，其中包括四大文明古国的文化体系，但是只有中国的文化体系从未中断过，表现出强大

---

① 廉永杰. 中国传统文化概论 [M]. 2版. 西安：陕西人民出版社，2002：347-352.
② 梁漱溟. 中国文化要义 [M]. 济南：山东人民出版社，1990：14-18.
③ 韦政通. 中国文化概论 [M]. 长沙：岳麓书社，2003：22-55.
④ 何晓明，曹流. 中国文化概论 [M]. 北京：首都经济贸易大学出版社，2011：4-7.
⑤ 顾伟列. 中国文化讨论 [M]. 上海：华东师范大学出版社，2005：8-15.
⑥ 张岱年，方克立. 中国文化概论 [M]. 2版. 北京：北京师范大学出版社，2004：268-281.

的生命力。中国文化之所以能发展至今，具有如此强大的生命力，原因是多方面的，中国文化的包容性是其中最重要的原因之一。中国传统文化的包容性主要表现在以下两个方面：

（一）对境外不同文化进行吸纳、消化的同化力

所谓同化力，是指中国文化对外来文化的吸纳和消化，使之中国化后成为中国文化的有机组成部分，从而丰富了中国文化的内涵。在中国文化发展的历程中，佛教文化的传入和中国化就是很好的例证。佛教起源于印度，公元1世纪前后传入中国。佛教传播的结果是，一部分完成了在中国的本土化，即中国化，成为中国式的佛教；一部分被宋明理学吸收、消化，成为中国传统文化的一部分。

在中国文化发展的过程中，曾屡遭南北方少数民族的军事侵略。如，春秋之前"南夷""北狄"的入侵，西晋的"五胡乱华"，宋元时期党项、契丹、女真等先后南下，以至明朝末年，满人入关等等。

南北方少数民族入侵中原的过程中，虽然在军事上暂时占据优势，甚至建立了强有力的统治政权，但是在文化方面他们都被先进的华夏农耕文化所同化。少数民族对中原进行军事征服的结果，不仅没有使中原的文化毁灭中断，反而使征服者的文化发生了变迁和皈依，被中原文化同化。中国文化正是因为消化、吸收了各少数民族文化的新鲜血液，才进一步增加了其生命力。

（二）对境内各地域、民族文化的融合力

所谓融合力，是指中国传统文化在中华民族的汉民族文化的基础上兼容并包了中国境内各地域少数民族的文化，形成了内涵丰富的中华文化。中国传统文化属于内陆型文化，产生并成熟于与外界隔绝的东亚大陆，封闭性的地理环境是其赖以形成不可忽视的重要因素。中国境内有黄河流域的中原文化，长江流域的巴蜀文化、荆楚文化、吴越文化，以及西域文化等。

早在先秦时期，不同区域之间就存在文化交流，各民族文化在传播交流中博采众长。中国文化的发展过程中，北方的游牧民族学习中原汉族的农耕技术很大程度地被汉化，并将畜牧业生产技术传入中原。在各民族长期的交往中，中原地区各民族语言的差异逐渐消失，汉语成为通用语言，夷夏观念日益淡化。

因此，中国文化强大的同化力使进入中国的境外文化被同化，中国文化强大的融合力使进入中原地区的外族文化被融合。中国化了的境外文化和汉化了少数民族文化，与原有的汉族文化、中华文化融为一体，成为中国传统文化不可分割的有机组成部分。中国文化历经数千年从未中断过，表现出了顽强的生命力，这不仅与中国农业—宗法社会所具有的延续力有关，与半封闭的大陆环境所形成的地理条件有关，也与中国传统文化本身所具有的包容性有很大关系。

二、宗法性

中国古代的社会制度和社会组织形式不断变迁，但是，氏族社会遗留下来的以父系家长为中心、以嫡长子继承制为基本原则的宗法制度却一直延续到近代，有数千年之久。宗法制

度在中国根深蒂固,其意识形态残余对当下的社会仍然产生着影响。

宗法制度起源于原始社会父系家长制,是家庭公社成员之间牢固的亲族血缘联系,与社会政治等级关系相渗透、固结的产物。宗法制度确立于西周。在宗法制度下,君主自命天子,治理普天之下的土地和臣民。从政治关系看,君主是天下的共主;从宗法关系看,君主又是天下的大宗。君主之位,由嫡长子继承,世代保持大宗地位,其余王子则封为诸侯,相对于嫡长子为小宗,但各自在其封国内又为大宗。诸侯之位亦由嫡长子继承,余子则封卿大夫。卿大夫以下,大、小宗关系依上序。①

宗法制度具有政治权利统治和血亲道德制约的双重功能,奠定了中国传统社会"家国"制度的定式,持久延续。秦之后的宗法观念受儒家宗法伦理思想影响,核心是三纲——君为臣纲,父为子纲,夫为妻纲。其根本原则是长幼有序,尊卑有别。宗法观念影响下的中国传统社会形态具有以下特征:①家庭本位制得以确立,宗族凝聚力不断加强,成为国家与社会的基本结构。②"家国同构",以血缘亲情为本位的家庭与国家的组织结构具有共同性。家庭是国家的缩影,国家是家庭的放大,二者的秩序形态是同构的。③统治阶级倡导"以忠孝治天下","忠孝"成为社会道德规范和行为准则的标准,在此基础上较强大的社会舆论及礼教,成为统一的社会意识形态。④在社会价值取向、伦理形态和生活方式等诸方面,形成的宗法礼仪文化及伦理性政治文化,成为中国传统文化的主轴。②

中国传统文化中的宗法观念与礼教相结合,具有很强的道德吸引力和感召力,深刻影响了社会文化生活的诸多方面。中国农业文明催生并与其紧密结合的宗法制度,不仅创造了稳定的有利于文化发展、延续的社会环境,也促使华夏民族从对神的崇拜到对人自身的关注。在宗法观念的影响下,中国社会形成了讲究群体意识、注重家庭观念、忠君爱国、孝顺父母等优良传统;与此同时,也形成了狭隘民族主义、宗法小团体、地方宗派和老人政治,以及重血缘、亲族和人情等不良风气。

三、和谐性

虽然中国地理环境相对封闭,但是幅员辽阔,气候宜人,具有优越的农业生产条件,成就了中国内陆型的农耕文明。长期生活在这块土地上的中华民族,以农耕为主要生计方式,习惯于"顺天"——合规律的四季气候、昼夜寒暑和风调雨顺等对生产和生活的巨大作用,对天地自然怀有和产生了亲切的情感和观念。③ 早熟的农业文明,形成了中华民族自古以来与天地自然和睦相处,积淀为"天人合一""万物一体"和"天人合德"的民族心理,也造就了中国传统文化的和谐精神。

回顾中国传统文化的发展历程,不难发现,中国文化的和谐精神不仅体现在"人与自然"的和谐上,还体现在"人与人""人与社会"的和谐上。

天人合一思想是人与自然和谐相处的集中体现,认为人与自然是相统一的整体。首先,肯定天地、万物、人是齐同的,同类相通,统一成一个整体。《周易》以"天""地""人"

---

① 何晓明,曹流. 中国文化概论 [M]. 2 版. 北京:首都经济贸易大学出版社,2011:5.
② 邓天杰编. 中国文化概论 [M]. 北京:北京师范大学出版社,2012:18.
③ 李泽厚. 中国古代思想史论 [M]. 天津:天津社会科学院出版社,2003:13.

为"三才",并认为"有天地,然后有万物;有万物,然后有男女;有男女,然后有夫妇"①,《道德经》以"道""天""地""人"为"四大",庄子说"天地与我并生,而万物与我为一",把"人"视为与天地自然相互依存的重要实体。其次,人是"天地之心"②,为万物之灵长,宇宙之精华,人要爱万物。惠施提出,"泛爱万物,天地一体也"③,张载认为,"民,吾同胞;物,吾与也",无不主张人与自然要亲和友善,宽容厚之。再次,人与自然环境要和谐共生,遵循自然法则。古籍中多有论述,"道法自然"④,"法天地"⑤,"夫大人者,与天地合其德,与日月合其明,与四时合其序"⑥,这些都体现了中国文化重视人与自然和谐的特征,与西方文化强调人要战胜、驾驭自然,形成鲜明的对比。人与自然相和谐的天人合一思想,对当下倡导的生态平衡和可持续发展,具有很强的启示和借鉴意义。

人与人的和谐,体现在推己及人的思维方式形成的传统处世哲学上,通过人际间的情感交流,达到一种和谐的境地。例如,儒家倡导"己所不欲,勿施于人","己欲立而立人,己欲达而达人"的"恕道"原则,要求每个人的文化实践中,"老吾老以及人之老,幼吾幼以及人之幼"⑦。也就是说,一事当前要先设身处地地为对方(他人)着想,以对方(他人)为重。中国传统文化中人与人之间的和谐,彰显了"仁者爱人""和为贵"的精神。

人与社会和谐,体现在倡导"不偏不党,王道荡荡"⑧的"中庸"处世态度上,既积极入世,又注重自我约束和个人修养。中国传统文化坚持"中和为上"的致中和原则,把个人与社会的关系看作矛盾的统一体。矛盾表现在个人与社会常有对立冲突。对立的原因是每个个体是血肉之躯,必然会有所欲求。人人有所欲求,而社会不可能满足人的所有欲求,必然会产生冲突。统一表现在个人与社会不可分,个人脱离社会就无法生存,社会没有了个人也就不成为社会。以儒家思想为代表的中国传统文化,在人与社会关系的处理上反对偏激,规避法家只重社会而忽略个人利益的极权政治,以及道家只求独善其身,不问天下国家的消极态度。⑨

四、务实性

中国传统文化的务实性体现在民族性格上,植根于农业文明的生境中,形成了"一分耕耘,一分收获"的共识,立足现世,倡导惜天时,尽地力,重本务,远离玄虚,鄙夷机巧奸伪。正如章太炎所描述中国国人的务实性格,"国民常性,所察在政事日用,所务在工商耕稼,志尽于有生,语绝于无验。"⑩中国传统文化的务实性,告诫人们立足于此岸世界,把"立德、立功、立言"作为实现人生价值的目标,走"经世致用"的道路。所谓"致

---

① 《周易·序卦传》。
② 《礼记·礼运》。
③ 《庄子·天下》。
④ 《老子》。
⑤ 《吕氏春秋》。
⑥ 《易传》。
⑦ 《孟子·梁惠王上》。
⑧ 《尚书·洪范》。
⑨ 陈江风. 中国文化概论 [M]. 2版. 南京:南京大学出版社,2005:24-25.
⑩ 汤志钧. 政论选集 [M]. 上海:中华书局,1977:689.

用",指的是学必有用,求知要与躬行结合起来。孔子的"学而优则仕"①,"学"是学,"仕"则是用。《大学》中的"博学之,审问之,慎思之,明辨之"是学,"笃行之"是用。因此,中国古代知识分子大体都是入世型的。

中国传统文化的务实性,使之成为一种非宗教、世俗的文化,其精神追求不在于力求建构彼岸世界和灵魂永存的幻象,也不探讨空疏世界的玄奥。务实性使中华民族未陷入宗教的迷狂,虽然有本土宗教和外来宗教的传入,但未曾有哪个宗教成为国教。务实理性的价值取向曾使古代中国在农学、天文、数学、医学等应用学科领域处于领先地位,但也导致了理论探讨和逻辑论证的相对忽视,这一传统的思维方式也阻碍了传统科技的进一步发展。

与此相反,西方从柏拉图到亚里士多德都将世界分为现实世界和超本体的精神世界两部分,其哲学关注的不在实用性的"公共事务",而在于现象背后的不变原则,哲学思辨是为了求智慧,而不在解决日常实用问题。西方文化环境中的学问超越了"经世致用"的价值取向,推动了思辨与理论科学的发展,西方近代科学迅速崛起。中国近代科技的落伍,与中国传统文化具有务实性,较少关注理性主义和实验主义意义上的科学文化不无关系。②

思考与探究

1. 为什么说中国传统文化是伦理型文化?
2. 阐述中国传统文化的伦理性对中国社会的影响,举例说明。
3. 谈谈你对中国传统文化特征的认识和评价。

拓展阅读

1. 《中国文化的深层结构》(第2版),孙隆基著,广西师范大学出版社2011年出版。
2. 《中国古代文化的特质》,许倬云著,新星出版社2006年出版。

---

① 《论语·子张》。
② 顾伟列. 中国文化讨论 [M]. 上海:华东师范大学出版社,2005:15-16.

第四章

中国传统文化的基本精神

学习目标

1. 对中国传统文化基本精神的内涵和特点有较系统的认识。
2. 理解中国传统文化精神和中华民族精神之间的关系。
3. 理解并掌握中国传统文化基本精神的内容及功能。

内容概要

中国传统文化基本精神是指导和推动中华文化不断前进的基本思想和基本观念，是中华民族文化现象中最精微的内在动力和思想基础，也是中国近现代优秀文化中活的灵魂。中国传统文化基本精神具有广泛的影响，为大多数中华民族同胞所接受和认同，成为他们基本的人生信念和自觉的价值追求。中国传统文化基本精神具有维系中华民族生存和发展，促进中国社会进步的积极作用。与异文化相比，中国传统文化精神闪烁着独特的人文主义思想光辉。中国传统文化的基本精神作为中华民族精神的具体表现，是中华民族特定的价值取向、思维方式、社会心理以及审美情趣等内在特质的基本风貌。中国传统文化基本精神的内容，主要包括天人合一与以人为本，刚健有为与自强不息，厚德载物与中庸尚和。党的二十大报告指出，中华优秀传统文化"中蕴含的天下为公、民为邦本、为政以德、革故鼎新、任人唯贤、天人合一、自强不息、厚德载物、讲信修睦、亲仁善邻等，……同科学社会主义价值观主张具有高度契合性"。中国传统文化基本精神具有维系民族团结、国家统一的凝聚功能，培养中华民族健康人格、推动社会进步的精神激励功能，整合不同价值、开拓创新的功能。

民族文化的基本精神，是该民族能够存在和发展的思想基础。中国传统文化之所以具有如此顽强的生命力和强大的辐射力，能够影响和激励后世子孙，其根本原因就在于中国传统文化的基本精神至优至强。中国传统文化的基本精神是中华民族的精神支柱，对中华民族的成长壮大和中国社会的发展，起着极其重要的推动作用。

第一节　中国传统文化基本精神解读

从文化的基本精神入手，有助于科学地把握博大精深、源远流长的中国传统文化的整体和全貌。对中国传统文化基本精神的解读，要从其内涵、特点以及它与中华民族精神、文化传统的关系等角度，进行全方位的把握。

一、中国传统文化基本精神的内涵

（一）文化精神

在中国古代文献中，"精"是精妙、精粹、精华、精微的意思；"神"的主要含义是指玄妙、微妙、奇妙的变化。"精神"，指天地万物的精气、活力，事物运动发展的精微的内在动力。[①]

文化精神是指为本民族大多数成员所认同，贯穿于民族历史全过程的，引导和推动民族文化不断向前发展的基本思想和基本观念。

文化精神是相对于文化的具体表现而言的，具有广泛性、普遍性的精神。文化的具体表现，包括思想意识、社会制度、习惯、器物等层面，无不和内在的文化精神相联系。

（二）文化精神与文化的关系

文化精神是在文化中起主导作用，处于核心地位的基本思想和观念，是被民族成员熟悉的，而不是莫测高深的玄思妙想。

作为文化发展的内在动力和思想基础的文化精神，它本身也是文化发展的产物。文化精神，随着文化的发展演变而发展变化，不断丰富自己的思想内涵。

（三）中国传统文化的基本精神

中国传统文化的基本精神是指中国传统文化中的一些思想观念或固有传统，它们长期受到尊崇，成为指导人们行动的最好原则，成为推动社会历史发展的思想源泉。也可以说，中国传统文化的基本精神体现中华民族蓬勃向上的思想精神，代表中国文化发展的正确方向，是民族延续发展的精神动力，或者说是中华民族生存发展的精神支柱。

中国传统文化基本精神是凝聚在文化现象中，并通过文化现象体现出来的思想基础，指导和推动中国文化不断前进的思想源泉。中国传统文化是历史上积淀下来的有稳定形态的中国文化，包括价值取向、思想观念、思维方式、宗教信仰、道德情操、文学艺术、礼仪制度、风俗习惯、科学技术等不同层面的丰富内容。由于中国传统文化的博大精深和丰富多彩，中国传统文化基本精神的思想也不是单纯的，而是一个包含着诸多要素的思想体系。

二、中国传统文化精神的特点

作为中国传统文化基本精神的思想观念或文化传统，具有以下特点：

---

① 张岱年，方克立. 中国文化概论［M］. 北京：北京师范大学出版社，1994：375.

特点一，具有广泛的影响。为大多数中华民族同胞所接受和认同，成为他们基本的人生信念和自觉的价值追求。

特点二，具有维系中华民族生存和发展，促进中国社会进步的积极作用。

必须具有以上两个方面的特点，才可以称为民族文化的基本精神。这是中国传统文化基本精神和其他文化精神共有的特点。

特点三，与异文化相比，中国传统文化精神闪烁着独特的人文主义思想光辉。

与西方的人文主义相比，中国传统文化精神的人文主义又有很大的不同。西方的人文主义认为，每个人都是他自己内在因素的创造物，是自己命运的主宰，是具有理智、情感和意志的独立个体。中国传统文化的人文主义认为，人是具有群体生存需要，有伦理道德、自觉互动的社会成员，每个个体都是他所属关系的派生物，其命运跟群体息息相关。也就是说，中国传统文化把人看成是群体的一分子，是集体中的一个角色而不是个体。

由以上可知，西方文化的人文主义所强调的是自由、平等、权利，中国文化的人文主义所强调的是和谐、义务、贡献，这正是我们论述中国传统文化基本精神的出发点。

三、中国传统文化精神和中华民族精神的关系

文化精神与民族精神具有相通性。在解读中国传统文化精神时，必须明确它与中华民族精神的关系。

所谓民族精神，就是民族文化心理结构中长期积淀而形成的整体国民性格，是民族文化传统的相互凝聚和整合。有学者这样论述，在一个民族的精神发展中，有一些思想观念受到人们的尊崇，成为生活行动的最高指导原则。这些最高指导原则是多数人所信奉的，能够激励人心，在民族的精神发展中起着主导作用。这可以称为民族文化的主导思想，亦可简称为民族精神。民族精神必须具备两个条件，一是有比较广泛的影响，二是能激励人们前进，有促进社会发展的作用。[①] 因此，广义地讲，民族精神就是指导民族延续发展、不断前进的精粹思想，是民族文化的主导思想。就其性质而言，民族精神是一种伟大、卓越的精神；就其表现形式而言，民族精神是民族文化的优秀传统。从本质上讲，传统文化精神也就是民族精神。

由以上可知，中华民族精神就是中华传统文化思想观念精华的总结与提升。中国传统文化的基本精神，也就是中华民族的民族精神，是中华民族特定的价值取向、思维方式、社会心理以及审美情趣等内在特质的基本风貌。

四、中国传统文化精神与文化传统的关系

中国传统文化精神属于观念形态的范畴，凝聚于文化传统之中。所谓传统，是历史上形成的，具有稳定的组织结构和思想要素的，至今仍影响着人们的价值观念、思维方式、道德风尚和审美情趣等深层文化的社会心理和行为习惯。

传统的两个基本特征是历史的沿传性和现实的影响性。也就是说，传统是历史和现实的结合体，是历史对现实影响的集中表现。传统并不是一成不变的，而是随着历史的发展而不

---

① 张岱年. 文化与哲学 [M]. 北京：教育科学出版社，1988：73.

断完善、更新。

而所谓文化传统，就是受特定文化类型的价值取向影响，经过长期历史积淀而逐渐形成的，为该民族大多数人所接受和认同，在思想和行为上难以改变的心理和行为习惯。

"传统"和"文化传统"两个概念是中性词，属于事实判断的范畴，本无所谓褒贬；但是，当两个概念与民族文化的"基本精神""民族精神"相联系，在价值取向上就与"优秀""进步"密不可分。因为只有优秀的文化传统，才能成为民族文化发展进步的内在动力。

因此，作为中国文化基本精神的具体表现，作为中华民族精神生动反映的那些文化传统，也必然表现为民族文化的优秀传统。

第二节 中国传统文化基本精神的内容

中国传统文化的丰富多彩，决定了中国传统文化基本精神是包含了诸多要素的思想体系。中国传统文化基本精神的内容，主要包括天人合一与以人为本，刚健有为与自强不息，厚德载物与中庸尚和。

一、天人合一与以人为本

（一）人与自然和谐共生

在人与自然的关系问题上，中西文化存在很大的差异。中国文化重视人与自然的和谐统一，即"天人合一"；西方文化则推崇人通过征服自然、改造自然，求得人的生存和发展。中国的先哲们认为，自然发展与人类发展是互相影响的，人应根据自然变化来调整、规范自己的言行，这样就可以达到天人和谐统一境界。

古代中国各学派都从不同角度探讨过"天人"关系，即所谓的人与自然的关系。因为中国文化是农耕文化，古代物质文化、制度文化和精神文化的创造都离不开农耕的物质基础。

以农耕为主要生计方式，需要研究人与自然的关系，中国很早就有了天文历算。延伸到社会生活中，就有了对"天时""地利""人和"的相辅相成关系的探讨，由此引发了中国文化对"天人之学"持之以恒的艰苦探索。

中国传统文化的"天人合一"精神源远流长。新石器时期，人们的生存、发展主要依赖外界的自然环境，两者之间有着密切的关系。该时期的原始氏族体制下的经济政治结构和血缘宗法制度，使氏族、部落内部维持着自然和谐的关系。以上两方面是产生"天人合一"（人与自然，个体对群体的顺从、适应的协调关系）观念的现实基础。例如，河南半坡仰韶文化遗址出土的太阳人面图像，说明当时的人们已经把人和太阳等不同的事物联系起来思考，可看作天人合一思想的萌芽。

"天人合一"精神成熟于先秦。在古典文献五经中，具体地记载了古代人们对人与自然关系的认识。例如，《诗经》中的天人观念是相当丰富的。其中的比、兴手法，将自然物、自然现象和人类社会生活相联系，用情感拥抱自然，使自然人化了。该时期，理性主义兴起，宗教信仰衰颓。"天人合一"打上了时代的烙印，去掉了原有的神秘、迷狂等非理性内容,强调了"人"与"天"相认同、一致、协调。

春秋到西汉初期,人们开始挣脱血缘氏族的原始礼教,认真探索自然和人类社会,认识到人类在自然界中的独立存在。在《淮南子》中,人与自然的关系被强化了,表现在把人体的部位和宇宙天象一一对应的比照。如下:

头之圆也象天,足之方也象地。天有四时、五行、九解、三百六十六日,人亦有四肢、五脏、九窍、三百六十六节。天有风雨寒暑,人亦有取与喜怒。故胆为云,肺为气,肝为风,肾为雨,脾为雷,以与天地相参也,而心为之主。[1]

西汉初年之后,以董仲舒的《春秋繁露》为代表,构建了一个从自然到人类,从人类社会组织到人体构造,从人的有形之躯到无形思想观念的"天人感应"思想体系。该思想体系的特征,是具有反馈功能的天人相通"感应"的有机整体的宇宙图式。人只有顺应——既认识又遵循——这个图式,才能获得自由,使个体和社会得以生存和发展。该时期的"天人合一"重视国家和个体在外在活动行为中与自然、社会相适应和协调。魏晋玄学时期的"天人合一"精神,提高到道德本体上来,追求更高的境界。由以上可知,"天人合一"是古代思想文化精神的一个重要组成部分,在古代社会生活中发挥着重要作用。

从传统思想与古代中国国家机构运行及政治、道德实践的关系来看,天人合一具有世界观和方法论的意义。天是万物的起源,生出万物,包括人类社会。天地万物像人类社会一样运转着,自然发展变化体现、制约着人类社会的发展变化。日月正常运行时,说明人世间一切正常——君明,臣贤,百姓勤耕和睦;而当人事出了问题——君昏,臣奸,百姓反对,日月也会用反常予以警告。即所谓的,人之善将得到天之更大的善,人之恶将得到天之更大的恶。基于此,天人合一思想成为人们行为的准则。

此外,天人合一思想把人作为宇宙中心,强调人是自然系统中不可缺少的有机部分,主张道德原则与自然规律相一致,追求的人生理想是天人和谐。天人合一精神具有一定的唯物主义色彩,助力人们研究自然,推动了古代中国科学技术的发展。

"天人合一"作为中国主流文化精神的一部分,延续并影响中国数千年之久,有着丰富的内涵和价值。尽管也存在一定的局限性,但在历史上发挥了积极的作用,至今仍然有不可磨灭的积极意义。

(二)独具特色的以人为本

中国传统文化所具有的"天人合一"精神,是以"人本主义"追求为前提的。"以人为本"的人文精神贯穿于中国传统文化之中,把人作为核心来探讨人与自然的关系,还表现为追求和谐社会的理想主义倾向。

中国传统文化的"人本主义"精神独具特色,既不同于古代西方文化"以神为本"的精神追求,也不同于近代西方文化追求自由、民主的"人本主义"精神。中国传统文化话语中的"人本主义",强调在天地人之间以人为尊,在人与神之间以人为本。中国传统文化的主体内容、价值取向和基本精神的嬗变,是以人生价值目标和意义的阐明及其实践为核心的。

---

[1] 《淮南子·精神训》。

中国传统文化的发展始终以"人"为中心和根本,侧重人与社会、人与人的关系以及个体的心性修养问题,是一种道德伦理本位的人本主义。中国传统文化的"人本主义"精神,具体表现为以下三个层面:

层面一,中国传统的"人本主义"坚持"民为贵"的民本主义精神。

《尚书》《左传》《国语》等典籍中有多处显示了以民为本的观念,例如,"重我民""唯民之承""施实德于民"[①]"夫民,神之主也。是以圣王先成民而后致力于神"[②]"民和而神降之福"[③]等说法。

儒家学说中民为邦本的思想更为集中和突出。孔子历来主张重民、富民、教民,在"民、食、丧、祭"[④]这些世间大事中,将民列为首位。孟子从为政之道出发,强调政治统治一定要得民心,合民意,提出了"民为贵,社稷次之,君为轻"[⑤]的著名观点,成为历代统治者维护统治的座右铭。荀子的君舟民水的著名比喻,是历代为政者必修的一课。他认为,"用国者,得百姓之力者富,得百姓之死者强,得百姓之誉者荣。三得者具而天下归之,三得者亡而天下去之。"[⑥]

不仅儒家主张民为邦本,道、墨、法诸家都有以民为贵的重民思想。在漫长的封建社会中,重民贵民的精神不断得到丰富和强化。汉代的贾谊认为,"闻之于政也,民无不为本也。"[⑦]唐朝君主李世民深谙民贵君轻之道,认为"君依于国,国依于民"[⑧]。宋代朱熹认为,"天下之务莫大于恤民"[⑨]。以上先哲们的重民思想,反映了中国传统文化中民为邦本思想的发展与演进,折射了中国传统人本主义传统的根本所在。在该思想熏陶下,历代开明的统治者都把重生重德,谋求百姓生活安定,作为其基本的统治思想。"民为贵,君为轻"的政治理想,虽然没有否定君主专制,还不是民主思想,只是君主专制的补充,但其进步意义和价值是显而易见的。

层面二,中国传统的"人本主义"重视现世的人伦生活,宗教和鬼神信仰置于其后。

与西方文化的神本主义精神不同,在中国历史上不仅宗教神学从未占据过主导地位,而且诸如佛教、伊斯兰教(古代称回教)、基督教(古代称景教)等外来宗教也被儒家的人文精神所同化。

中国传统文化在人与神之间,坚持以人为本位,对鬼神敬而远之的基本传统。而以儒家为主体的中国古代思想家,将关注的目光投到现世人的生活、生命上,而反对以鬼神为本。儒家思想的创始人孔子认为,"务民之义,敬鬼神而远之,可谓知矣。"[⑩]弟子问,怎样事鬼神?孔子回答:"未能事人,焉能事鬼?"又问人死后的情况,孔子回答:"未知生,焉知

---

① 《尚书·盘庚上》。
② 《左传·桓公六年》。
③ 《国语·鲁语》。
④ 《论语·尧曰》。
⑤ 《孟子·尽心下》。
⑥ 《荀子·王霸》。
⑦ 《新书·大政上》。
⑧ 《资治通鉴》卷192。
⑨ 《宋史·朱熹传》。
⑩ 《论语·雍也》。

死?"① 汉代仲长统在其《昌言》中明确地提出"人事为本，天道为末"的观点，发展了儒家的人本思想，表现出重现世、重人伦、重人事，而敬宗教、远鬼神的整体趋向。

中国传统文化也不是完全无视宗教。《论语》中就有"祭如在，祭神如神在"②的说法；荀子在《天论》中认为，"日月食而救之，天旱而雩，卜筮然后决大事，非以为得求也，以文之也，故君子以为文，而百姓以为神。"这就是所谓的"神道设教"，在这里宗教只是政治统治的工具。在我国各民族的民俗文化中，祭祀鬼神的活动很隆重，例如，民间庙会、傩祭傩戏等。在这种祭神的民俗庆典中，也能看到人们重现世、重生活、重人伦的基本生命态度。观傩戏逛庙会是集物质和精神交流于一体的现世节庆，反映了民间的狂欢精神和乐观的现世生活态度。

层面三，中国传统的"人本主义"是具有道德伦理特征的人本关怀。

与西方近代人文主义追求个体权利、自由、民主的人生价值不同，中国传统的"人本主义"更重视个体对于群体的义务责任，目的是维系社会生活正常的运转。相反，不十分重视个体精神的自由与独立，也不十分重视个体自身的权利。

中国传统文化环境下的个体价值，不在于个体物质欲望的满足，也不是个体精神的愉悦，而是从个体与家庭、宗族和国家的关系上来肯定个体心性的完善。也就是说，中国传统文化所认可的是作为"道德主体"的人。

中国传统的人本主义把人放在伦理关系中来定位。每一个体从诞生便进入了五伦社会关系网络——政治上的君臣关系，社会上的朋友关系，家庭中的父子、夫妇、兄弟关系。该种人与人之间的关系各有其行为规范和道德模式，即君仁臣忠，父慈子孝，夫教妇从，兄友弟恭，朋亲友信。整个文化所关注的是"经夫妇，成孝敬，厚人伦，美教化，移风俗"③。而每个个体则在该种人伦关系中寻找自己的位置，履行自己的责任。

中国传统的"人本"是"道德主体的人本"。一方面，个体担负对社会应尽的责任；另一方面，个体又要追求一种主体道德心性的完善。这种完善既是社会的要求，也是个体的自觉。注重个体修养，肯定个体心性完善，是中国传统文化人本主义精神不同于西方的表现。中国传统文化所重视的人，虽然是现世存在的人，但却是处于"伦理"关系中的人，体现道德原则的人。④

【知识卡片】4-1
都江堰——中国古人实践"天人合一"思想的伟大工程

二、刚健有为与自强不息

刚健有为与自强不息是中国文化的主导精神。中华文明延续了几千年从未中断过，中华民族延续几千年屡遭异族入侵而不被征服，靠的就是刚健有为与自强不息精神。中华民族唯有不断地自强，才能永远自立。

（一）刚健有为与自强不息精神解说

刚健有为与自强不息不仅是中国传统文化的主导精神，也是中华民族最重要的民族精

---

① 《论语·先进》。
② 《论语·八佾》。
③ 《毛诗序》。
④ 陈江风. 中国文化概论 [M]. 2版. 南京：南京大学出版社，2005：63-71.

神。与刚健有为、自强不息的积极进取精神相对，中国传统文化也早就存在主静尚柔、涵虚无为的精神，主要以先秦道家学派和宋明理学为代表，但这不是中国传统文化的主导精神。正是这种刚健有为、自强不息的民族精神，推动了中国社会和中国文化的发展。

刚健有为与自强不息精神，可以追溯到中国古代的《尚书》和《诗经》中，这两部典籍蕴含着勤勉稳健、勇猛深沉的奋进气息。例如，对先王"克明峻德，以亲九族"，"历象日月星辰，敬授人时"[1] 功业的颂扬；《诗经》中的"公刘""生民"篇中，描述了周部族诞生之初的创业艰难和不断壮大等。

《周易》对刚健有为与自强不息精神进行了集中概括，不仅明确提出了"刚健"的观念，而且赞扬了刚健精神。例如，"刚健而文明"[2]，"刚健，笃实，辉光"[3]，"刚健中正，纯粹精也"[4] 等。同时，也明确了"自强不息"精神，例如，"天行健，君子以自强不息"[5]，"天地之大德曰生。"[6]

孔子是刚健有为与自强不息精神的提倡者和实践者。体现在他的生活态度上是"为之不厌"[7]，"知其不可为而为之"，结果是"发愤忘食，乐以忘忧，不知老之将至"。[8] 孔子还特别强调，"士不可以不弘毅，任重而道远。仁以为己任，不亦重乎？死而后已，不亦远乎？"[9]

儒家学派的后继者们都对刚健有为与自强不息精神做了进一步发展。孟子从人格修养的角度表明，"天将降大任于斯人也，必先苦其心志，劳其筋骨，饿其体肤，空乏其身。"[10] 荀子则从天人关系的角度提出"制天命而用之"[11] 的著名论断。这种不畏困苦，坚持不懈，努力进取的毅力，就是自强不息的精神。

（二）刚健有为与自强不息精神的具体表现

刚健有为与自强不息作为中国传统文化的主导精神，一直是中华民族奋发向上、蓬勃发展的动力，对国君、人臣、封建士大夫阶层以及一般民众，都起到了激励作用。该精神已经浸透在国民的肌体和血液中，化为中国人的思想意识和行为规范，体现在社会生活的方方面面。

在中华民族历史创造活动中，刚健有为与自强不息精神发挥着潜在的支配作用，展示了不同社会群体的风采。上古时期，盘古开天辟地、女娲补天造人、后羿射日、精卫填海、愚公移山和大禹治水等神话传说，都塑造了不怕牺牲的开拓者形象，正是该精神的体现。

先秦时期的知识分子身上，同样能看到这种精神。"西伯拘而演《周易》，仲尼厄而作

---

[1] 《尚书·尧典》。
[2] 《周易·大有卦》。
[3] 《周易·大畜卦》。
[4] 《周易·乾卦》。
[5] 《周易·乾卦》。
[6] 《周易·系辞下》。
[7] 《论语·述而》。
[8] 《论语·述而》。
[9] 《论语·泰伯》。
[10] 《孟子·告子下》。
[11] 《荀子·天论》。

《春秋》；屈原放逐，乃赋《离骚》；左丘失明，厥有《国语》；孙子膑脚，《兵法》修列；不韦迁蜀，世传《吕览》；韩非囚秦，《说难》《孤愤》；《诗》三百篇，大抵圣贤发愤之所为作也。"①

在中国历代有作为的封建帝王身上，也体现了刚健有为与自强不息的精神。例如，秦始皇"奋六世之余烈，振长策而御宇内，吞二周而亡诸侯，履至尊而制六合，执敲扑而鞭笞天下，威振四海"②；汉高祖刘邦"大风起兮云飞扬，威加海内兮归故乡，安得猛士兮守四方"③。

在民族兴旺发达、繁荣昌盛时期，士子情怀中总是洋溢着一股建功立业的壮志豪情。汉唐将士描述戍边的诗文中，俯拾皆是"匈奴未灭，何以家为"④的英雄气概和"请君暂上凌烟阁，若个书生万户侯"⑤的豪迈气势，都表现了该精神。

在民族危亡、外族入侵以及政权更迭的危机时期，中华民族以不屈不挠的精神，进行了顽强英勇的反侵略、反压迫斗争。中国历史上有过无数可歌可泣的民族英雄，如岳飞、文天祥、郑成功、戚继光、史可法等，还有流传千载的"十年生聚，十年报仇""卧薪尝胆"等格言成语。

刚健有为与自强不息精神还有一个重要的表现，那就是积极否定、革故鼎新的改革精神。《礼记·大学》中称赞，"苟日新，日日新，又日新。"《易传》也肯定了"天地革而四时成，汤武革命，顺乎天而应乎人。革之时大矣哉"。中国历史上为清除积弊而进行了多次著名的变法，例如，先秦时的商鞅变法，北宋的王安石变法，清末的康梁维新等，都是这种革新精神的体现。近代中国的革命先驱者们，更是在该精神的激励下进行改革创新，探求救国救民的真理。

刚健有为与自强不息精神还体现在日常生活的各方面。例如，"人穷志不短""刀子不磨要生锈，人不学习要落后"等民间谚语，不少人以"志刚""志强""自强""健"等作为名字，古今骚人墨客所描绘吟咏的青松、翠竹、红梅、菊花、奔马、苍鹰、猛虎、雄狮、高山和大河等形象，都反映了该精神深入人心的社会化、普遍化程度。⑥

三、厚德载物与中庸尚和

中国传统文化追求的最高境界是"和谐"，即重视人与自然、人与社会、人与人以及人身心等的和谐。在中国文化中的儒道互补，儒法结合，儒佛相融，佛道相通，援阴阳五行入儒，儒佛道三教合一，以至对基督教、伊斯兰教等外来宗教的包容和吸纳，都是世人皆知的历史事实。在各种不同价值系统的区域文化和民族文化的冲击碰撞下，中国文化逐步走向融合统一，表现了"有容乃大"的宏伟气魄。

---

① 《史记·太史公自序》。
② 贾谊《新书·过秦上》。
③ 《史记·高祖本纪》。
④ 《史记·卫将军骠骑列传》。
⑤ 李贺《南园十三首》（其五）。
⑥ 陈江风. 中国文化概论［M］. 2版. 南京：南京大学出版社，2005：71-74.

（一）厚德载物与中庸尚和精神的阐释

"地势坤，君子以厚德载物。"① 这里的"厚德载物"，即以宽厚之道德胸怀，包容万物，对待事物要兼容并蓄的意思。"君子以厚德载物"是说有道德修养的人能宽容不同意见的人。孔子认为，"君子和而不同，小人同而不和。"② 这里的"和""同"与"和谐"有异曲同工之妙。"同"是不讲原则地随声附和；"和"是指容纳不同意见，包容差异性。提倡"君子厚德载物"也具有"君子和而不同"的意思。

中国古代早就有"和而不同"的思想文化传统。西周末年的史伯和春秋末年的晏婴，是较早对和谐进行理论探讨的人。史伯认识到，只有不同元素相互配合，才能使矛盾均衡统一，达到和谐的效果。五味相和，食物才能美味可口；六律相和，乐曲才能悦耳动听；君主善于倾听正反之言，"和乐如一"的局面才能出现。正如史伯所言，"和实生物，同则不继。以他平他谓之和，故能丰长而物归之。若以同裨同，尽乃弃矣。"③ 也就是说，不同事物之间彼此为"他"，"以他平他"，即把不同事物融合在一起；不同事物相配合而达到平衡，就实现了"和"，"和"才能产生新事物；如果相同的事物放在一起，只有量的增加而不会发生质的变化，就不可能产生新事物，事物的发展就停止了。

春秋末年的晏婴，用"相济""相成"思想丰富了"和"的内涵。他将其运用于君臣关系上，强调君在处理政务上意见"可否相济"的重要性。"君所谓可，而有否焉，臣献其否，以成其可；君所谓否，而有可焉，臣献其可，以去其否。"④ 这里的"可否相济"便是"和"，通过"济其不及，以泄其过"的综合平衡，使君臣之间保持"政平而不干"的和谐统一。重和去同的思想，肯定事物是多样性的统一，主张以广阔的胸怀，容纳不同意见，以促进民族文化的发展。"天下同归而殊途，一致而百虑"⑤ 的观点，便是重和去同思想的体现。

厚德载物与中庸尚和的精神，还体现在中国社会生活的各个方面。在民族关系方面，中国传统文化以礼仪道德平等待人，接纳、吸收异民族的优秀文化。汉代司马相如"通西南夷"，以"兼容并包""遐迩一体"为指导思想，招抚周边各少数民族。正是该思想，使汉王朝将不同的民族——"东夷""南蛮""西戎""北狄"等融合为统一的中华民族。在治国之道方面，兼容天下的胸怀表现为"以君子长者之道待天下"；还有"兼听则明，偏听则暗"的著名成语等都是中国古代重"和"去"同"文化精神的具体体现。

事实证明，"和而不同"的文化精神观，对于中国文化的发展，发挥了十分重要的积极作用。

（二）厚德载物与中庸尚和精神的实现

既然和谐是最好的秩序和状态，是理想的追求，那么怎样才能达到"和"的理想呢？

儒家认为，根本的途径在于保持"中"道，并以此规定和谐的标准。"中"指事物的"度"，即不偏不倚，既不要不及，也不过度。孔子用"持中"作为实现并保持和谐的手段。

---

① 《周易·乾卦》。
② 《论语·子路》。
③ 《国语·郑语》。
④ 《左传·昭公二十年》。
⑤ 《周易·系辞下》。

他认为，凡事叩其两端而取其中，便是"和"的保证，也是实现"和"的途径。以"中"为"度"，"中"即是"和"；"和"包含着"中"，"持中"就能"和"。

孔子进一步提出"中庸"的概念，使中和观念哲理化。"中庸之为德也，其至矣乎！"① 强调了中庸是一种最高的道德，是要不偏不倚地把握"中"这个事物运动的总准则。孔子认为，办任何事情都有个标准，不能超过这个标准，也不能达不到这个标准，而应该是完全合乎标准的中正不偏，准确适度，无过无不及。所以"中庸"包含了"和而不同"和"过犹不及"两个方面的内涵。

任何事物的最佳状态，都是多种事物的对立统一而构成的和谐。事物对立的两端是客观存在的，叩其两端而用之，在对立的两极之中把握一个最适当的度，正确的态度是"允执其中"②。

之后的儒家学者对中庸和谐、贵和持中思想，又不断地进行诠释和发挥。例如，《中庸》将孔子的持中原则从"至德"提高到"天下之大本""天下之达道"的哲理高度，强调通过体认和践履，去实现人与人之间、人道与天道之间的和谐。《易传》将和谐思想具体化为阴阳相分，柔刚定位的观点，推演出社会政治关系中的君臣、君民以及家庭关系中的父子、夫妇之间的尊卑、贵贱，严格规定了阳尊阴卑、刚上柔下的等级秩序。宋儒认为"不偏谓之中，不倚谓之庸"③。

从总体上看，儒家的中和理论是以中庸观为理论基础，以中、和为范畴，以礼为标准，以对统一体的保持以及对竞争、冲突的抑制消除为特征的封闭和谐体系。因此，该理论成为儒者认识世界的基本方法和待人接物的基本原则，并且渗透到整个社会心理之中。

从"和而不同"原则出发，孔子主张做事恰到好处，为人坚持原则而又能团结和谐，这的确是一种很高的修养境界。在《论语》中，孔子提出了达到中庸之至德的修养方法。例如，他强调自我修养，自我克制，严以律己，宽以待人，推己及人，行忠恕之道，将心比心，理解别人，用"礼"节制自己的社会行为等等。《礼记·中庸》把中庸之道作为做人必须达到的一种境界，称之为"极高明而道中庸"。如何达到这一境界？《中庸》认为有五个步骤，"博学之，审问之，慎思之，明辨之，笃行之。"

贵和持中思想作为中国伦理政治型文化的基本精神，适应了封建社会大一统的政治要求，又迎合了宗法社会温情脉脉的伦理情感的需要，成为民族的情感心理原则，培育了中华民族的群体心态，体现在中国文化的各个领域。

和谐精神经过长期的历史积淀，逐渐泛化为中华民族普遍的社会心理，例如，政治上的"大一统"观念，经济上"不患贫而患不均"④ 的平均思想，文化上的天下一家情怀，文学上的"大团圆"结局，艺术上的"物我通情相忘"的意境，美学上的"以和为美"的审美情趣等等。

贵和持中思想是中国传统文化的精髓，全民族都认同中和观念。人们普遍认识到自己的行为态度要适度，要重视和谐局面的实现和保持，这使得中国社会有某种特殊的凝聚和扩

---

① 《论语·雍也》。
② 《论语·尧曰》。
③ 朱熹《中庸集注》。
④ 《论语·季氏》。

【知识卡片】4-2
长城的文化内涵和精神价值

展，产生了积极的影响和作用。客观地说，这抑制了竞争性观念的生长，也为折中主义、明哲保身的处世哲学提供了理论土壤，并成为统治者维护专制主义等级秩序的工具。①

第三节 中国传统文化基本精神的功能

中国传统文化的基本精神作为中华民族精神的具体表现，在中国古代社会的长期发展中发挥了重要的功能，产生了深远的影响。全面了解中国传统文化基本精神的功能，有助于我们更好地把握传统文化的当代价值，促进中国传统文化的传承和发展。

一、维系民族团结、国家统一的凝聚功能

中国传统文化基本精神的一个重要功能，是维系民族团结、国家统一的凝聚功能。中国传统文化基本精神具有全民性，体现了中华民族的共同心理素质，是整个民族精神面貌的体现。中国传统文化不仅具有坚韧的"内聚性"，还对外来的文化具有"拒异性"；这有力地维系着中华民族的存在，使中华民族免受异民族心理、精神的影响。

中国传统文化的"内聚性"和"拒异性"相结合，产生了对外来文化的强大消化力。例如，在外国，佛教的宗教势力超出政治势力；但在中国，不论帝王如何尊信佛教，帝王终究要依靠儒家的礼法来统治人民。如果佛教徒不适应中国社会的传统惯例，使佛教汉化，在不抵触儒家伦理道德的情况下进行宗教活动，而企图传播完全外国面貌的佛教，也是不能立足的。②

印度佛教《盂兰盆经》传入中国后，为了适应中国的文化传统，其中的目连救母故事便不断改变情节和内容。元代的《目连救母》杂剧，把原本的如来佛改为观音菩萨救难，佛的地位被观音所取代，这与当时佛门声誉败坏，全真道盛行于北方有密切的关系。上演这个故事时，还穿插了"度索""蹬坛""跳圈""窜火"等杂技节目，以迎合中华民族对于戏曲的传统娱乐要求。

中国传统文化中庸尚和的精神，孕育了中华民族崇尚和谐统一的博大胸怀，坚持统一，反对分裂，把国家统一看作天经地义的事。该文化传统对中华一体、国家统一民族文化心理的形成，对国家、社会的长治久安，曾经发挥了十分重要的聚合作用。

中华民族共同心理因素——浑厚、淳朴、崇尚气节和坚忍不拔的特征，是在漫长的历史发展过程中形成的。自古以来，中华民族是由国内各民族祖先共同缔造的。在历史上，虽然各民族之间的关系和战交替、有好有坏，但由于各族之间通过贸易、结盟、通婚以及"大杂居、小聚居"的居住格局等多种方式接触，逐渐成为不可分割的整体。

西周初期，便称中国为"华夏"。之后，历史的潮流便朝向"华夏一体"的方向发展。例如，古书上云"此皆生一父母而阅一和也……是故自其异者视之，肝胆胡越，自其同者视之，万物一圈也"③，表达了汉代人渴望民族团结的美好愿望，把中国所有的民族看成是

---

① 陈江风. 中国文化概论[M]. 2版. 南京：南京大学出版社，2005：79-80.
② 范文澜. 中国通史简编[M]. 北京：人民出版社，1964：432.
③ 《淮南子·俶真训》.

骨肉兄弟。因此，外国人"自其同者视之"，就称所有的中国人为"汉人"了。

中国传统文化基本精神具有维系民族团结、国家统一的凝聚功能，在民族处于危难时刻愈加明显。在中华民族长达数千年的成长历程中，虽然经历过无数次各民族间的斗争，但是每当外敌入侵之时，各民族立刻团结一致，同仇敌忾，奋起反抗。例如，在明代抗倭斗争中，湖广的土家族与苗族官兵建立了"东南战功第一"①的伟绩；郑成功驱逐荷兰殖民者，收复台湾，得到了台湾各族人民的热烈响应与支持；明清之际，沙俄殖民者入侵黑龙江流域，当地达斡尔、鄂伦春、鄂温克等民族坚持战斗，并在雅克萨自卫反击战中配合满汉官兵，取得了反击战的胜利。正是因为中国文化精神有如此深厚的凝聚功能，在鸦片战争以后的百年中，虽然西方列强使用各种卑劣的手段，仍未能实现瓜分中国的目的。

中华民族要求民族之间团结友好的愿望与爱国思想是一致的。自古以来，中国就享有"礼仪之邦"的美誉。《诗经》中的《鹿鸣》《木瓜》等诗篇，都反映了中华民族与境外民族礼尚往来的美德。西汉以后，历代王朝政府都派使节出使周边国家，从事外交、文化交流和互利互惠的贸易活动，使节大都"入境随俗"而不是"君临异国"。为中外文化交流做出过突出贡献的人物有很多，如张骞、鉴真、郑和等都被载入史册而受到景仰。②

二、培养中华民族健康人格，推动社会进步的激励功能

中国传统文化的基本精神，是民族优秀文化传统的集中体现，对中华民族的每一个成员都有着强烈的激励功能，促进了社会的进步发展。

中国传统文化基本精神反映了中国文化的发展方向，具有激发民族自尊心、自信心和民族自豪感的巨大作用，能够鼓舞人们前行。中国传统文化基本精神是维系中华民族共同心理和价值追求的思想纽带，是唤醒人们为民族统一、社会进步而英勇奋斗，鞠躬尽瘁，死而后已的精神源泉。

在漫长的历史发展过程中，中国传统文化的刚健自强精神，一直激励着中华民族每一个成员奋发向上、不断前进，与内部的恶劣势力和外来侵略者做不屈不挠的斗争。

在孔子时代，刚健自强精神就已经出现。孔子十分重视"刚"的品德。他认为，"刚、毅、木、讷，近仁。"③ 在孔子看来，刚毅和道义是不可分割的，有志有德之人，既要刚毅，也要有历史责任感和时代使命感，"不知命，无以为君子也。"④

曾参指出，知识分子要"弘毅"。"士不可以不弘毅，任重而道远，仁以为己任，不亦重乎？死而后已，不亦远乎？"⑤ 强调人要有担当道义、不屈不挠的奋斗精神。《中庸》中提倡博学、审问、慎思、明辨、笃行的治学之道，主张刻苦学习，不甘人后。"人一能之，己百之；人十能之，己千之。果能此道矣，虽愚必明，虽柔必强"。这不仅体现了儒家对事物、对学问所采取的"刚毅"进取态度，也体现了中国传统文化"自强不息"的精神。

《周易集解》引干宝对"自强不息"的解释说，"凡勉强以进德，不必须在位也。故

---

① 《明史·湖广土司传》。
② 田广林. 中国传统文化概论 [M]. 2 版. 北京：高等教育出版社，2011：137 – 138.
③ 《论语·子路》。
④ 《论语·尧曰》。
⑤ 《论语·泰伯》。

尧舜一日万机，文王日昃不暇食，仲尼终夜不寝，颜子欲罢不能，自此以下莫敢淫心舍力，故曰自强不息矣。"在中华文化的发展进程中，这种自强精神一直激励着中华儿女积极进取，不断向前，坚持同内部的恶势力和外来的侵略者做不屈不挠的斗争，具体的例子不胜枚举。

近代中国人民为了救亡图存和民族自强，进行了艰苦卓绝的斗争。鸦片战争后，林则徐的学生冯佳芬提出了"若要雪耻，莫如自强"的口号。洋务运动正是打着"自强"的旗号兴起的。在著名的"公车上书"中，康有为以《易传》的刚健、有为、尚动、通变原则作为"变法"的理论根据。孙中山领导的资产阶级民主革命，把"革命"看成"世界之公理""天演之公例"。他们都受到了中国传统文化刚健自强精神的激励和影响。

中国传统文化的人本主义精神，激励人们尊重个体的尊严和价值，努力在现实社会中去实现个体价值。孔子就努力践行了为崇高理想而不懈奋斗、自强不息的人生态度。他在继续学习的过程中完善自己的人格。"学而不厌，诲人不倦""发愤忘食，乐以忘忧，不知老之将至"[1]就是很好的明证。孔子到70岁时达到所谓"从心所欲不逾矩"的境界，究竟在达到这个境界后还有没有可学的？绝大多数儒者认为，即使孔子再多活一个月，多活一天，他还是要继续学习的。基于儒学的立场看，可以说孔子是一个相当平凡的人，如果再活下去，他还要继续学习下去。这种精神就是中国传统文化中的自强不息精神。同时，在实现个体价值的过程中人格发展是全面的，不是片面的，个体的身心灵魂（包括智力、德育、体力等）各个层面都有所发展。该发展的另一特色是辩证的，是一个动力很大，生命力很强的发展，而不是一个逐渐堕落，自我中心逐渐强化的过程。

中国传统哲学的各学派，虽然价值取向不同，但都重视道德修养。中国历代都有重修养、重气节、重独立人格的志士仁人，这是与中国传统文化精神的熏陶和激励分不开的。儒家学说特别强调主体自我修养和道德实践的重要性，鼓励人们通过道德修养来实现高尚情操，成就完善人格。儒家先义后利、重义轻利的价值观，虽然有忽视物质利益和现实功利的弊端，但在提高人的精神境界，把人培养成为有道德、有精神追求的人方面，有着不可否认的积极作用。[2]

三、整合不同价值，开拓创新的功能

整合不同的价值取向，熔铸成一个有机的统一体，使其在中华一体的文化格局中有所开拓创新，是中国传统文化基本精神的又一重要功能。中国传统文化的基本精神，是整个中华版图意义上的民族精神。中华民族的家园坐落在亚洲东部，西起帕米尔高原，东到太平洋西岸诸岛，北有广漠，东南是海，西南是山的这一片广阔的大陆上。这片大陆四周有自然屏障，内部有结构完整的体系，形成一个地理单元。这个地区在古代居民的概念里是人类得以生息的、唯一的一块土地，因而称之为天下。这种概念固然已经过时，但是不会过时的却是

---

[1]《论语·述而》。
[2] 田广林. 中国传统文化概论 [M]. 2版. 北京：高等教育出版社，2011：139-140.

这片地理上自成单元的土地一直是中华民族的生存空间。①

而中华民族多元一体格局的形成和发展，是一个漫长的过程。完整意义上的中国文化不仅是中原之国文化的成熟、定型，也是一个长期发展的过程。中华民族的多元一体格局决定了中国传统文化也是在多元一体的格局下发展起来的。作为中国传统文化基本精神的诸多主体内容，在不同时期、不同地域发挥了不同的作用，对原有的诸多地域文化和不同阶层的文化，发挥了重要的整合创新功能。如，齐鲁文化、燕赵文化、巴蜀文化、荆楚文化、吴越文化、秦陇文化和岭南文化等，都是古代中国人在特定的地域里，经过长期艰苦卓绝的努力创造的，反映该地域社会发展程度的文化。

中华版图内的各地域文化，折射了不同的价值取向，各具有独特的自然环境和社会人文特色。各具特色的地域文化，都有中华一体的文化认同意识。正是在这种共同文化精神、民族精神的烛照下，多元发展的地域文化逐渐走向融合，汇聚成中国传统文化的大家庭。汇聚完成后，不同地域文化中的"基因"（价值取向）继续存在，有的被发掘、提升为全民族共同的精神财富。

在中国漫长的历史发展过程中，每一次大分裂后的统一都伴随着文化思想观念上的整合创新。秦朝的统一，使"车同轨，书同文，行同伦"②，还立郡县和确立度量衡的标准，在经济、政治和文化上为统一体立下制度化的规范。尔后从隋唐到宋之间的五百多年时间里，是中国文化发展的高峰期，呈现出盛大恢宏的气象，蕴含着深刻的整合创新精神。该时期文化所具有的开放性和开拓性，与民族成分的大混杂和大融合是高度相关的。

中国传统文化基本精神的整合创新功能，植根于中国古代哲学思想之中，"贵和"思想便是突出一例。在我们的先哲看来，"和实生物，同则不继。"③"和"是创新的源泉，万物的生生日新是统一体中"不同"、对立方面整合的结果。正如《易传》中所言，"日新之谓盛德，生生之谓易。"④

中国传统文化基本精神，作为中华民族共同的精神成果，在演进的历程中逐渐形成了文化大传统。天人合一与以人为本，刚健有为与自强不息，厚德载物与中庸尚和成为中华民族广泛认同的文化精神，超越了地域和阶层，成为稳固的民族文化心理。

中国传统文化基本精神有趋求善治的价值取向，不论在精神层面和行为方式层面，还是在社会心理和潜意识层面，都对全民族产生了任何其他因素所不能取代的影响。例如，天人合一精神，激发出"究天人之际"的思想、治学传统，并成为不同时期各思想流派共同的思维方式和价值追求；贵和尚中精神，培育了中华民族反对分裂，追求和谐的整体观念，养成了崇尚中道，不走极端的平和心境。经过长期实践，这些思想观念相互整合，逐步深入人心，并演化为深厚的民族共同心理，以至成为集体的"文化无意识"，塑造了中国传统文化博大、精进、宽厚、务实的精神风貌。⑤

---

① 费孝通. 中华民族的多元一体格局 [J]. 北京大学学报（哲学社会科学版），1989（4）：1-19.
② 《礼记·中庸》。
③ 《国语·郑语》。
④ 《易传·系辞》。
⑤ 张岱年，方克立. 中国文化概论 [M]. 2版. 北京：北京师范大学出版社，2004：301-303.

思考与探究

1. 简述中国传统文化基本精神的功能。
2. 论述中国传统文化精神与中华民族精神的关系。
3. 基于中西文化比较的视角,阐述中国传统文化"以人为本"基本精神的独特性。

拓展阅读

1. 《中国文化之精神价值》,唐君毅著,广西师范大学出版社 2005 出版。
2. 《中华民族的多元一体格局》,费孝通发表在《北京大学学报》(哲学社会科学版)1989 年第 4 期。

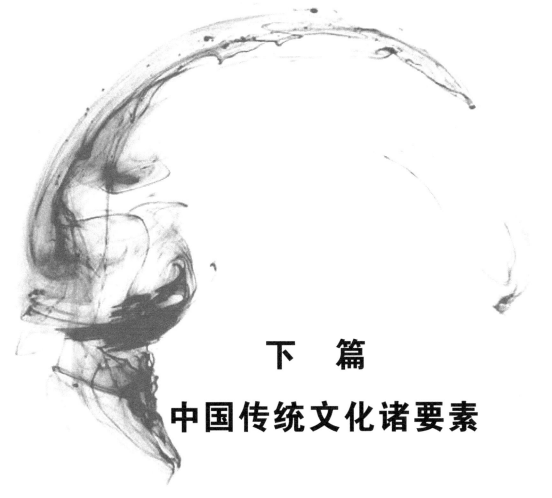

下 篇
中国传统文化诸要素

在上篇对中国传统文化的生境、发展演变、类型、特征及基本精神进行了宏观论述的基础上，本篇将对中国传统文化的主要内容进行具体的历史描述和现实解析。本书参照现代教育制度对科学知识分类的方式，将中国传统文化划分为哲学、伦理道德、文学、史学、教育、汉字、艺术和科技等要素，并依据各要素的特征进行专门论述。本篇内容不仅有助于学习者增强对中国传统文化知识的了解和掌握，也有助于学习者更好地理解和领悟中国传统文化的基本精神和特点。

第五章

中国传统哲学

学习目标

1. 了解中国传统哲学的发展历程。
2. 理解中国传统哲学的宇宙观与人生观。
3. 理解中国传统思维方式的特征。

内容概要

中国传统哲学凝聚着中国文化的基本精神，体现着中华民族的最高智慧。作为中国文化系统的"硬核"，中国传统哲学对宗教、伦理道德、文学、史学、教育、文字、艺术、科学技术和民俗等传统文化诸要素发挥着主导作用。同时，中国传统哲学对当代社会文化和人们的思维观念仍然有潜在的影响。不仅如此，当今越来越多的西方哲学家将研究的视野转向了东方，倡导从东方传统哲学中寻求解决人类社会发展的灵感和方法。作为东方智慧的代表，中国传统哲学为探寻世界发展新路径提供了一个极具参考价值的哲学理论框架。在这个意义上，学习中国传统哲学不仅有助于深刻理解中国文化的精髓，把握诸多传统文化要素的内在本质和发展规律，同时也可为深入挖掘其现代价值奠定坚实的基础。在发展脉络上，中国传统哲学主要经历了先秦哲学、两汉经学、魏晋玄学、隋唐佛学和宋明理学五个主要阶段。在中国传统哲学中，诸多不同哲学流派的宇宙观可以划分为唯物主义和唯心主义两大阵营。中国传统思维方式主要包括整体思维、直觉体悟和知行统合。

第一节 中国传统哲学的发展和流变

"哲学"一词源于古希腊语 Philosophia，意即"爱智慧"。古希腊哲学家毕达哥拉斯是使用该词的第一人,他将自己称作"爱智者"。在我国的文化传统中,没有明确的"哲学"一词。但"哲"一词是古已有之,《尚书·皋陶谟》中有"知人则哲";《说文》中有"哲,知也";《尔雅》中有"哲,智也"。在汉语中,"哲"是聪明、智慧之意。在近代,日本著名学者西周使用汉字的"哲学"译介古希腊的西方哲学。我国晚清学者黄遵宪从日本将"哲学"一词引入我国,逐渐为国人所接受,随即出现了中国哲学、中国传统哲学等概念。与中国传统文化的发展脉络相一致,中国传统哲学主要经历了先秦哲学、两汉经学、魏晋玄学、隋唐佛学和宋明理学五个主要阶段。

一、先秦哲学

中国传统哲学在原始社会就已经开始萌芽。旧石器时代晚期(距今约1.8万年前)的山顶洞人,已经有了"灵魂不死"的观念。生活在仰韶文化时代(距今5000~7000年)的原始先民,形成并盛行"万物有灵"的观念,并据此举行各种自然宗教祭祀活动。① 当然,受当时社会生产力发展水平的制约,先民的这种原始宗教观念和行为尚处于幼稚和愚昧阶段,但其间却蕴藏着中国古代先哲的早期世界观,是中国传统哲学的开端。

在殷周时期,出现了具有朴素唯物主义和辩证法思想的原始阴阳五行说。其中,原始阴阳说是古代先哲揭示宇宙万物矛盾对立与转化生成的学说。作为原始阴阳说的代表,《周易》用阴、阳二爻两个基本符号构成八卦,又以八卦互相重叠组合构成六十四卦,在此基础之上又推演出三百八十四爻。该书运用朴素辩证法将宇宙万物按其性质分为相互对立的阴、阳两个方面,以阳代表积极、进取、刚强、阳性等特性或具有这些特性的事物,以阴代表消极、退守、柔弱、阴性等特性或具有这些特性的事物。万事万物正是在相互矛盾的阴阳对立统一过程中,实现了发生、变化和发展,体现着"一阴一阳之谓道,继之者善也,成之者性也"②。

原始五行说揭示了世界的多样性。中国传统哲学中最早的原始五行说见于《尚书·洪范》。据《尚书·洪范》记载:"一曰水,二曰火,三曰木,四曰金,五曰土。水曰润下,火曰炎上,木曰曲直,金曰从革,土爰稼穑。润下作咸,炎上作苦,曲直作酸,从革作辛,稼穑作甘。"该书明确地提出了水、火、木、金、土是构成世界不可缺少的五种最基本的物质元素,同时还对五种物质元素的性质和作用进行了概括性的说明,体现了古代先哲对世界本质的理性思考。《尚书·洪范》的作者一方面认为,世界万物和社会秩序都是上帝所安排的,另一方面,在"五行说"中又把事物的存在和事物的属性都看作客观的。这是在宗教外衣笼罩下透露出来的自发的唯物主义因素。这种刚刚开始形成起来的唯物主义观念,对后来中国古代唯物主义哲学产生了极为深远的影响。③

作为中国文化的"轴心时代",春秋战国时期也是形成中国哲学流派和哲学体系的关键时期。该时期奠定了中国传统哲学的形成基础,形成了中华民族精神文化的核心,掀起了中国哲学的第一次高潮。著名哲学家冯友兰先生将春秋战国时期的主要哲学流派概括为六大

---

① 任继愈. 中国哲学发展史(先秦部分)[M]. 北京:人民出版社,1983:41-49.
② 《周易·系辞上》.
③ 廉永杰. 中国传统文化概论[M]. 2版. 西安:陕西人民出版社,2002:68.

家,即出文士的儒家、出武士的墨家、出隐者的道家、出辩者的名家、出方士的阴阳家以及出法术之士的法家。此外,还有纵横家、杂家、农家、小说家等。①

(一) 儒家

作为影响最为深远的哲学流派,儒家奠定了中国哲学的精神底色,成为中国哲学的"中轴"。孔子是儒家的开创者和主要代表人物,被后世称为"圣人"。孔子哲学的基本观念是"仁"。在孔子看来,"仁"是人之为人的根本,"仁者,人也"②。具体而言,"仁"的本质就是"爱人"。"樊迟问仁。子曰:'爱人。'"③"仁爱"首先是血亲之爱的"亲亲"。孔子认为,"孝悌也者,其为仁之本欤!"④要以我为中心,由亲到疏,由人及物地施以爱心。其次,"仁爱"要有恻隐之心。人天生就有恻隐之心,能对别人的痛苦与欢乐产生共鸣。再次,"仁爱"要有忠恕之道。忠,即"尽己为人",就是自己想站得住,也要让别人也站得住,自己想行得通,也要让别人行得通,这叫作"己欲立而立人,己欲达而达人"⑤。恕,就是自己不喜欢的,也不能强加于别人,即"己所不欲,勿施于人"⑥。

孔子讲求的"仁"主要是为"礼"服务的,即以仁释礼。孔子追求的礼是西周时期的社会等级制度。孔子对人们提出了"克己复礼"的要求。其中,"克己"就是要约束自己,做到"推己及人";"复礼",就是要在"礼"的基础上行"仁",做到"非礼勿视,非礼勿听,非礼勿言,非礼勿动"⑦。另外,孔子还认为,"礼"的另外一个重要作用就是"正名"。"名不正,则言不顺;言不顺,则事不成;事不成,则礼乐不兴;礼乐不兴,则刑罚不中;刑罚不中,则民无所措手足。"⑧

孔子之后,被称为"亚圣"的再传弟子孟子,进一步完善了仁学体系,成为战国中期儒家的主要代表人物。"老吾老以及人之老,幼吾幼以及人之幼"⑨;"亲亲而仁民,仁爱而爱物"⑩。通过仁爱之心的推广,儒家将人的精神提升到超越寻常的人与我、物与我之分别的"天人合一"之境。另外,孟子还将孔子的"仁",从个人道德生活发展到政治和社会生活中,主张国家要实行"仁政"。他认为,"三代之得天下也以仁,其失天下也以不仁。国之所以废兴存亡者亦然。天子不仁,不保四海;诸侯不仁,不保社稷;卿大夫不仁,不保宗庙;士庶人不仁,不保四体。"而"民之归仁也,犹水之就下,兽之走圹也"⑪。

在人性论上,孟子主张"性善论"。他认为,人生而就有四个"善端",即"恻隐之心,仁之端也;羞恶之心,义之端也;辞让之心,礼之端也;是非之心,智之端也"⑫。其中,

---

① 冯友兰. 中国哲学简史 [M]. 北京:北京大学出版社,2002:41-47.
② 《礼记·中庸》。
③ 《论语·颜渊》。
④ 《论语·学而》。
⑤ 《论语·雍也》。
⑥ 《论语·颜渊》。
⑦ 《论语·颜渊》。
⑧ 《论语·子路》。
⑨ 《孟子·梁惠王上》。
⑩ 《孟子·尽心上》。
⑪ 《孟子·离娄上》。
⑫ 《孟子·公孙丑上》。

"端"即是萌芽,而仁、义、礼、智是推广这四个"善端"的道德手段。

荀子是战国末期儒家学说的集大成者。荀子以儒家思想为主体,吸收其他各家学说,进一步丰富了早期的儒家哲学思想。在人性论上,与孟子的"性善论"不同,荀子主张"性恶论",他认为,"人之性恶,其善者伪也。"①

荀子强调"隆礼"。他认为,"天下从之者治,不从者乱;从之者安,不从者危;从之者存,不从者亡。"② 同时,荀子还主张"重法"。他认为,"礼者,法之大分,类之纲纪也。"③ 可以说,荀子主张法礼并重,"法者,礼之端也","礼者,治辨之极也,强国之本也。"④ 显示出儒家"礼治"与法家"法治"的互相糅合与过渡。

(二) 道家

作为中国哲学的又一主要流派,道家对中华民族的文化精神发挥着重要的影响。老子是道家学派的开创者和代表人物。老子的哲学最高范畴是"道"。他认为:"道可道,非常道;名可名,非常名。无名天地之始,有名万物之母。故常无,欲以观其妙;常有,欲以观其微。此两者同出异名,同谓之玄。玄之又玄,众妙之门。"⑤ 在老子看来,"道"在本质上是不可言说和不可界定的。"有物混成,先天地生。寂兮寥兮,独立而不改,周行而不殆,可以为天下母。吾不知其名,字之曰道,强为之名曰大。"⑥ 同时,他认为,"道"是世界万物的本源。"道生一,一生二,二生三,三生万物。"⑦ 虽然"道"超越了宇宙万物,但它又体现在具体的事物之中,即"德"。"道生之,德畜之,物形之,势成之。"⑧ 对于万物而言,"道"的作用是"生而不有,为而不恃,长而不宰"⑨,即"无为"。这种自然无为的天道观体现在政治上就是"无为而治",即"道常无为,而无不为。侯王若能守之,万物将自化。"⑩ "圣人处无为之事,行不言之教"⑪ 等。

同时,老子在朴素辩证法上也取得了很高的成就。他提出了"反者道之动"的哲学命题。例如,"祸兮福之所倚,福兮祸之所伏……正复为奇,善复为妖。"⑫ "天下皆知美之为美,斯恶矣;皆知善之为善,斯不善矣。故有无相生,难易相成,长短相形,高下相倾,音声相和,前后相随。"⑬ 老子主张按照事物的本来面目去认识事物,"以身观身,以家观家,以乡观乡,以邦观邦,以天下观天下。吾何以知天下然哉?"⑭

继老子之后,道家的主要代表人物是庄子。同老子一样,庄子将无形无象的"道"作

---

① 《荀子·性恶》。
② 《荀子·礼论》。
③ 《荀子·劝学》。
④ 《荀子·议兵》。
⑤ 《道德经》一章。
⑥ 《道德经》二十五章。
⑦ 《道德经》四十二章。
⑧ 《道德经》五十一章。
⑨ 《道德经》十章。
⑩ 《道德经》三十七章。
⑪ 《道德经》二章。
⑫ 《道德经》五十八章。
⑬ 《道德经》二章。
⑭ 《道德经》五十四章。

为万物化生的根源。他认为，"夫道，有情有信，无为无形；可传而不可受，可得而不可见；自本自根，未有天地，自古以固存。神鬼神帝，生天生地；在太极之先而不为高，在六极之下而不为深；先天地生而不为久，长于上古而不为老。"① 同时，庄子也提倡自然无为。"无以人灭天，无以故灭命，无以得殉名。"② 庄子将相对主义作为认识论的基础。他认为事物之间的差别是随着人的主观意识为转移的，是相对的。"天地与我并生，而万物与我为一"③，强调个人与宇宙的契合。

（三）法家

法家是春秋战国时期以"法治"为核心的哲学流派。法家的创始人是战国前期的李悝、吴起、商鞅、慎到、申不害等。到了战国末期，韩非是法家思想的集大成者，建立了较为完备的朴素唯物主义和法治理论。

韩非发展了老子和荀子的思想，首次提出了"道"与"理"，即事物的普遍规律与特殊规律的关系问题。其中，"道"是事物的普遍规律，"理"是区别不同事物的特殊规律。"道"是"理"的依据，而"理"是"道"的具体体现。他认为"道者，万物之所然也，万理之所稽。理者，成物之所文也……万物各异理而道尽。稽万物之理，故不得不化；不得不化，故无常操。"④ 在认识论上，韩非提出了"参验"。他认为，"循名实而定是非，因参验而审言辞。"⑤ 韩非还提倡"矛盾之说"，即"甲兵折挫，士卒死伤，而贺战胜得地者，出其小害，计其大利也"，"法有立而有难，权其难而事成则立之；事成而有害，权其害而功多则为之。"⑥ 在法治理论上，韩非对商鞅、申不害和慎到的思想进行了总结，提出了法、术、势相结合的观点。他说："君无术则弊于上，臣无法则乱于下，此不可一无，皆帝王之具也。"⑦ "抱法处势则治，背法去势则乱。"⑧ 他认为，在法、术、势之中，法是根本，势是前提，术是方法。在治理国家的过程中，国君要将法、术、势三要素有机地结合成为一个整体。

二、两汉经学

汉代之初，统治者主要推崇黄老学说。汉武帝采纳董仲舒的建议，施行"罢黜百家，独尊儒术"的政策，中国传统哲学流派由先秦的诸子百家变成了"儒学独大"。儒学作为"一尊"，成为统治阶级的理论基础，具有了明显的"官方意识"。作为两汉经学的主要代表，董仲舒在先秦儒家经典思想的基础上，形成了以天人感应、君权神授为特色的经院哲学体系。不同于先秦的儒学，董仲舒的两汉经学在本质上是为维护封建汉王朝的中央集权统治服务的，主要包括以下三方面的内容：

---

① 《庄子·大宗师》。
② 《庄子·秋水》。
③ 《庄子·齐物论》。
④ 《韩非子·解老》。
⑤ 《韩非子·奸劫弑臣》。
⑥ 《韩非子·八说》。
⑦ 《韩非子·定法》。
⑧ 《韩非子·难势》。

(一)天人感应

董仲舒认为,天是宇宙万物和人类的最终本原。他说:"天者,万物之祖,万物非天不生。"① 此时的"天"是具有神学目的性的。他还认为,"天者,百神之君也。"② 在董仲舒看来,作为统摄百神的天,它自身肯定也是一个神,是一个"意志之天"和"道德之天"。董仲舒认为,人是天的一部分,人们的行为必须在天的行为中去探寻依据,即"以类合之,天人一也"。与孔子等先秦儒家学者不同的是,董仲舒认为天与人之间是可感互动的。例如,"国家将有失道之败,而天乃出灾害以谴告之;不知自省,又出怪异以警惧之;尚不知变,而伤败乃至。"③ 而天与人之间的这种相互感应,其依据是天人皆有阴阳。"天有阴阳,人亦有阴阳"。而阴阳之间此消彼长的原因就在于五行的"相生"和"相胜",五行生胜,才产生了宇宙间事物的生成变化。在这种运动变化中,始终体现着天的意志和德行,阳是天的恩德的体现,阴是天的刑罚的体现,天"亲阳而疏阴,任德而不任刑也"④。

董仲舒的天人感应,主要是为维护当时汉朝封建统治阶级服务的。他说:"德侔天地者称皇帝,天佑而子之,号称天子。"⑤ "受命之君,天意之所予也。"⑥ 与此同时,董仲舒也认为,虽然天子是上天所授,但也不可胡作非为。"天之生民非为王也,而天立王以为民也。故其德足以安乐民者,天予之;其恶足以贼害民者,天夺之。"⑦ 正是在天人感应的基础上,董仲舒奠定了中国封建王朝君权神授的绝对权威,为君主专制奠定了理论基础。

(二)三纲五常

以天人感应为基础,董仲舒对君臣、父子、夫妻之间的关系,进行了全面而系统的论证,明确地提出了"三纲""五常",形成了一个完整的封建社会规范体系,在维护社会等级秩序的过程中发挥了重大的作用。他说:"凡物必有合。合,必有上,必有下,必有左,必有右,必有前,必有后,必有表,必有里,有美必有恶,有顺必有逆,有喜必有怒,有寒必有暑,有昼必有夜,此皆其合也。阴者,阳之合,妻者,夫之合,子者,父之合,臣者,君之合,物莫无合,而合各相阴阳……君臣、父子、夫妇之义,皆取诸阴阳之道。君为阳,臣为阴;父为阳,子为阴;夫为阳,妻为阴……王道之三纲,可求于天。"⑧ "五常"是指仁、义、礼、智、信五种不变的德性。董仲舒认为,"五常"之道是"夫仁、谊(义)、礼、知(智)、信五常之道,王者所当修饬也。五者修饬,故受天之佑,而享鬼神之灵,德施于方外,延及群生也。"⑨

---

① 《春秋繁露·顺命》。
② 《春秋繁露·郊义》。
③ 《汉书·董仲舒传》。
④ 《春秋繁露·基义》。
⑤ 《春秋繁露·三代改制质文》。
⑥ 《春秋繁露·深察名号》。
⑦ 《春秋繁露·尧舜不擅移汤武不专杀》。
⑧ 《春秋繁露·基义》。
⑨ 《汉书·董仲舒传》。

（三）性三品

在人性论上，董仲舒主张"性三品说"。他认为，"人副天数"。作为副本，人是源于天的创造物。因此，人性是由天来决定的。"天两有阴阳之施，身亦两有贪仁之性。"① 董仲舒认为，人性的根源是阳，表现于外为仁，是善；情的根源是阴，表现于外为贪，是不善。人生下来就有性和情两种质，虽然性是主，情是从，但不能说人性先天就是善的。他比喻说："善如米，性如禾。禾虽出米，而禾未可谓米也。性虽出善，而性未可谓善也。"② 要使人养成道德品行，达到循三纲五纪，通八端之理，忠信而博爱，敦厚而好礼，就需要经过社会的教育。董仲舒认为，"人性中有善质而未善，性待教而为善，性分三品。"其中，上等的"圣人之性"先天就是善的，不需教育；下等的"斗筲之性"是经过教育，也难以转化为善的。这两种都是少数，都不可以名性，只有"中民之性"可以名性。中民是大多数，需要教育，所以董仲舒指出："王承天意，以成民之性为任者也。"认为君王承天命，教育人民养成善德。他从人性论的角度上论证了封建统治的合理性。

三、魏晋玄学

伴随着东汉末年社会矛盾的激化，儒学受到了巨大的打击，"旧居之庙（指孔庙），毁而不修，褒成之后，绝而莫继，阙里不闻洪颂之声，四时不睹蒸尝之位。"③ 与此同时，伴随着佛教的传入和道教的蓬勃发展，为了弥补两汉经学的消弭，魏晋玄学开始形成并发展成为该时期占主导地位的哲学体系。魏晋玄学对两汉经学进行了多方改造，在内容上以本体论取代神学，否定阴阳祥瑞灾异与谶纬之说；在形式上以抽象的义理思辨取代烦琐的考据和象数比附。这就为中国传统哲学的发展注入了清新的活力，标志着中国哲学思想的进一步深化。由于当时的哲学家信奉儒家的《周易》、道家的《老子》和《庄子》，并称其为"三玄"，所以后世称这种哲学为"玄学"。

玄学思想虽然继承了先秦的老庄哲学，但与老庄哲学又不尽相同。魏晋玄学大多以研究《老子》《庄子》为主，同时也研究《周易》，并以《老子》《庄子》注释《周易》。例如王弼著的《周易注》与《周易略例》两书，就是以老庄解《周易》的代表性著作。魏晋玄学把老庄哲学中的"有无"问题当作讨论的核心命题。以何晏、王弼为代表的玄学贵无派把"无"当作世界的根本和世界统一的基础，主张"以无为本"④，"凡有皆始于无"⑤，代表作有何晏的《道德论》、王弼注释的《老子》《易经》。崇有论者裴頠则认为，"夫至无者无以能生，故始生者自生也。"⑥ 裴頠反对贵无思想，否认无能生有，认为有是自生的，自生之物以有为体。而向秀和郭象则主张"无不能生有，有也不能生有，万物是突然自生自得的"，反对无能生有，提倡万物自生独化之说。他们认为世界是由众多的具体物构成的，"有"之外并不需要有一个"无"作为自己存在的依据。

---

① 《春秋繁露·深察名号》。
② 《春秋繁露·实性》。
③ 《三国志·魏书·文帝纪》。
④ 《道德经》四十章。
⑤ 《道德经》一章。
⑥ 《崇有论》。

魏晋玄学一改两汉经学注重宇宙生成问题探讨的做法，转而主要以讨论宇宙本体问题为主要课题。玄学贵无派把"无"当作"有"的存在根据，提出了"以无为体"的本体论思想。在他们看来，"有"不能作为自身存在的根据，"有"只能依赖于本体"无"才能存在。郭象既反对"无中生有"说，亦反对有必"以无为体"说，主张有之自生说，并认为"有"是各个独自存在的，不需要一个"无"作为自己的本体。

先秦的老庄之学以崇尚自然、反对儒家礼教（即名教）为主要特征，而魏晋玄学的代表人物中除阮籍和嵇康外，总的说来都是调和儒道、调和自然与名教。王弼用老庄的方法解儒家的《周易》与《论语》，其目的就是要把儒道两者调和起来。他从本末、有无的哲学体系出发，认为名教是"末"，自然（即"无"或"道"）是"本"，名教是自然的必然表现，两者是本末体用的关系，是统一的。而郭象则提出名教即自然的理论，认为"圣人虽在庙堂之上，然其心无异于山林之中"①，故道家的自然与儒家的名教是一致的。阮籍、嵇康的老庄学表现出反儒的倾向，与王弼、郭象的玄学取向有所不同。阮籍讥讽儒者是"行不敢离缝际，动不敢出裤裆，自以为得绝墨也"的处于裤裆中的虱子。魏晋玄学家重名理之辩，善做概念的分析与推理，强调在论证问题时应注意把握义理，反对执着言象，这对提高传统哲学的理论思维水平有一定的积极意义。

魏晋玄学在中国哲学发展史上占有重要的地位。它上承先秦的老庄之学，汲取了汉代经学的教训，通过有无本末之辨，建立了精致的唯心主义本体论，开创了糅合儒道学说的一个新的哲学时期，对后世诸学均产生了深远影响。②

四、隋唐佛学

佛教的广泛传播和发展对中国文化产生了巨大的影响。冯友兰说："佛教传入中国，是中国历史上最重大的事件之一，从它传入以后，它就是中国文化的重要因素，在宗教、哲学、文学、艺术方面有特殊影响。"③ 在隋唐时期，佛教取代了玄学融入中国哲学体系之中，成为当时的主导哲学流派。

佛教宗派的成熟与发展成为义学探索与传播的重要条件。当时以唯识宗、禅宗与哲学发展密切相关，既关注实践方法的探索，也关注义理的研究。在义理方面，唯识与禅的主要区别并不是理论特质，而是侧重点的问题。唯识宗派集中分析了世界上各种物质和精神现象，认为一切现象都是"识"所变现出来的，所谓"万法唯识"。禅宗教义简易，没有烦琐的理论说教，更容易为中国普通老百姓接受。作为一种人生哲学，它强调个体精神内在的自觉转变，注重宗教的实践化和民众化，对中国封建社会后期的思想文化以及文学艺术都有很深的影响。事实上，义理探究不仅推动了隋唐佛教传播，也促进了传统哲学的发展。这主要表现在对经验现象与事实本质关系的诠释方面，从而为中国哲学特质的形成与发展奠定了坚实基础。④

---

① 《庄子·逍遥游》。
② 田广林. 中国传统文化概论 [M]. 2版北京：高等教育出版社，2011：150–151.
③ 冯友兰. 中国哲学简史 [M]. 南京：江苏文艺出版社，2010：279.
④ 檀江林. 中国文化概论 [M]. 北京：科学出版社，2013：134.

五、宋明理学

宋明理学是以儒学为主体，融合道、佛两家，建立了包括理气论、心性论为中心的哲学理论体系。理学又称道学，是以研究儒家经典的义理为宗旨的学说，即义理之学。在宋代，就有人用"理学"来命名该时期的哲学。程颢说："吾学虽有所受，'天理'一字却是自家体贴出来。"① 宋明理学发轫于北宋，创始人主要有周敦颐、邵雍、张载、程颢、程颐。到南宋，在朱熹的推动下，该学说逐渐成熟。明代是该学说的兴盛时期，以王守仁为主要代表，建立了心学体系。

朱熹是宋代理学的集大成者。他认为，"未有天地之先，毕竟也只是理。有此理，便有此天地，若无此理，便亦无天地，无人无物，都无该载了。有理便有气，流行发育万物。"② 在朱熹看来，宇宙的本原是"理"或"天理"，世间万物都是由天理而产生的，理充斥于宇宙之中。以此为基础，朱熹在人性论上秉承"性即理也"的思想，认为理体现在人的身上就是人性，即"性者，人之所得与天理也。"他全面论述了"天命之性"与"气质之性"的人性二元论。他认为，"有气质之性，无天命之性，亦做人不得；有天命之性，无气质之性，亦做人不得。"③ 朱熹把理气论和心性论融为一体，形成了一个比较完备的理论思想体系。这一理论思想体系成为中国古代社会后期占统治地位的思想，并对以后的中国政治、思想和文化产生了深远的影响。

南宋后期的王守仁是宋明理学中"心学"的集大成者。他提出了"心即理""知行合一"和"致良知"。他认为，"夫万事万物之理不外于吾心"④，"心便是天理"。在他看来，"心外无物"和"心外无理"集中体现着"心即理"的本体论。同时，王守仁心学体系还包括"知行合一"。他说："一念发动处，便是行了。"⑤ 其中，"一念"是指道德意识，"行"是指道德实践。而知和行是相互统一的，不可以分为二。其中，行在认识过程中处于主导地位，"行可兼知，而知不可兼行"。在"知行合一"的基础上，王守仁还提出了"致良知"，即扩充良知。他说："良知自知，原是容易的，只是不能致那良知，便是'知之非艰，行之惟艰'。"

宋明理学达到了思想发展史上的新水平，它提出的范畴、命题，所讨论的问题是新的，它探究的学术理论的广度和深度是前所未有的。⑥

第二节　中国传统哲学的宇宙观和人生观

一、中国传统哲学的宇宙观

宇宙观是人们对世界和宇宙的根本观点和看法。战国末年的尸佼对宇宙进行了明确的解

---

① 《二程遗书》卷十二。
② 《朱子语录》卷一。
③ 《朱子语录》卷四。
④ 《传习录中·答顾东桥书》。
⑤ 《传习录下·答友人问》。
⑥ 侯外庐. 宋明理学史 [M]. 北京：人民出版社，1997：267.

释和界定,"四方上下曰宇,往古来今曰宙。"① 从中国传统哲学发轫之初,先哲就开始了对宇宙本原和生成的思考。随着社会实践的发展和人们认识水平的提高,宇宙观也发生着相应的变化。恩格斯指出:"凡是断定精神对自然界来说是本原的……组成唯心主义阵营。凡是认为自然界是本原的,则属于唯物主义的各种学派。"② 为了深入探寻中国传统哲学的宇宙观,主要围绕唯物主义宇宙观和唯心主义宇宙观两条主线去展现其历程。

(一) 唯物主义宇宙观

中国古代先哲很早就开始探寻宇宙的本原。《尚书·洪范》中,最早提出了水、火、木、金、土的"五行说",奠定了古代朴素唯物主义宇宙观元素论的基础。这种五行说实际上是把五种物质元素看成是世界上不可缺少的、最基本的东西。③

周太史史伯进一步发展了《尚书·洪范》中所提出的"五行说",将其视为产生世界万物的基本物质元素。他说,"先王以土与金、木、水、火杂,以成百物。"④ 而"五材"(五种物质材料)则是产生"百物"的物质元素了。他说:"夫和实生物,同则不继。以他平他谓之和,故能丰长而物归之。若以同裨同,尽乃弃矣。……是以和五味以调口,刚四支以卫体,和六律以聪耳,正七体以役(营)心,平八索以成人,建九纪以立纯德,合十数以训百体。出千品,具万方,计亿事,材兆物,收经入,行姟极。"⑤ 在史伯看来,"五行"是构成宇宙万物的基本元素,它们通过"和"来生成宇宙万物。

《周易》通过"远取诸物,近取诸身"的方法,用八卦乾、坤、震、离、巽、兑、坎、艮来对应天、地、雷、火、风、泽、水、山八种物质。《周易》认为,人们日常生活中的这八种物质是宇宙万物的根源。这是一种非常朴素的万物生成唯物主义观念。在宇宙的生成上,《周易》认为,阴、阳二气作为两种相互对抗的物质,两者相合,形成了生成宇宙万物的太极,"易有太极,是生两仪,两仪生四象,四象生八卦。"⑥

另外,春秋末期的管子提出,水是万物的本原。"水者,何也?万物之本原也,诸生之宗室也。"⑦ 冯友兰先生说,天地如父母,生出来六个子女,分别代表殷周之际的人所认为的自然界六种重要的自然现象。照这样的理解,包括天地在内的自然界成为一个血肉相连的大家庭。这种神话式的对于自然的理解,就是唯物主义世界观的胚胎。⑧

老子认为,"道"是世上万物的本原,"有物混成,先天地生。寂兮寥兮,独立而不改,周行而不殆,可以为天下母。吾不知其名,字之曰道。"⑨ 对于"道"的形状,老子认为,"道之为物,惟恍惟忽。忽兮恍兮,其中有象;恍兮忽兮,其中有物。窈兮冥兮,其中有

---

① 《尸子》卷下。
② 中共中央马克思恩格斯列宁斯大林著作编译局. 马克思恩格斯选集(第二卷)[M]. 北京:人民出版社,1972:222.
③ 张岱年. 中国古典哲学概念范畴要论[M]. 北京:中国社会科学出版社,1989:89.
④ 《国语·郑语》。
⑤ 《国语·郑语》。
⑥ 《易传·系辞上》。
⑦ 《管子·水地篇》。
⑧ 冯友兰. 中国哲学史新编[M]. 北京:人民出版社,2007:180.
⑨ 《道德经》二十五章。

精；其精甚真，其中有信。"① 在老子看来，宇宙生成的过程是，"道生一，一生二，二生三，三生万物。万物负阴而抱阳，冲气以为和。"② 他还说："道冲而用之不盈，渊兮似万物之宗。"③ 与此同时，老子在用"道"来解释宇宙生成的过程中还引入了"气"的思想。庄子认为，世上万物都是由"气"聚合而成，"人之生，气之聚也。聚则为生，散则为死……故曰：通天下一气耳。"④

荀子也把气作为万物的基础和本原，"天地合而万物生，阴阳接而变化起。"⑤ 同时，他还指出不同事物之间存在着本质的差别，"水火有气而无生，草木有生而无知，禽兽有知而无义；人有气有生有知亦且有义，故最为天下贵也。"⑥

东汉王充认为，世上的万物是由天地合气而产生的，"天地合气，万物自生。"⑦ 东汉的王符以元气为本原，详细地论述了宇宙万物的生成与演化。他说："上古之世，太素之时，元气窈冥，未有形兆，万精合并，混而为一，莫制莫御。若斯久之，翻然自化，清浊分别，变成阴阳。阴阳有体，实生两仪。天地壹郁，万物化淳，和气生人，以统理之。"⑧

北宋的张载建立了完备的气本体论体系。他认为，世间存在的万物都是气，"凡可状皆有也，凡有皆象也，凡象皆气也。"⑨ 而气的聚散就意味着万物的存亡。他说："太虚无形，气之本体，其聚其散，变化之客形尔。"⑩ 明清的王夫之进一步发展了张载的思想，形成了完整的气一元论体系。王夫之认为："凡虚空皆气也，聚则显，显则人谓之有；散则隐，隐则人谓之无。……盖阴阳者气之二体，动静者气之二几，体同而用异则相感而动，动而成象则静，动静之几，聚散、出入，形不形之从来也。"⑪

在形成古代朴素唯物主义宇宙观的同时，先哲们还坚持朴素的辩证法。他们认为宇宙万物是在生生不息的运动中变化和发展的。孔子说："天何言哉？四时行焉，百物生焉，天何言哉？"⑫ 荀子说："阴阳大化，风雨博施。"⑬ 老子说："大曰逝，逝曰远，远曰反。"⑭ 庄子说："万化而未始有极也。"⑮

在中国古代典籍中，《周易》是讲述宇宙变化最为集中的代表，"生生之谓易。"⑯ "易之为书也不可远，为道也屡迁，变动不居，周流六虚，上下无常，刚柔相易，不可为典要，

---

① 《道德经》二十一章。
② 《道德经》四十二章。
③ 《道德经》四章。
④ 《庄子·知北游》。
⑤ 《荀子·礼记》。
⑥ 《荀子·王制》。
⑦ 《论衡·自然》。
⑧ 《潜夫论·本训》。
⑨ 《正蒙·乾称》。
⑩ 《正蒙·太和》。
⑪ 《正蒙注·太和篇》。
⑫ 《论语·阳货》。
⑬ 《荀子·天论》。
⑭ 《道德经》二十五章。
⑮ 《庄子·大宗师》。
⑯ 《易传·系辞上》。

唯变所适。"① 宇宙中没有什么东西是不变的,只有变才是不变的。"易穷则变,变则通,通则久。"② 另外,《周易》中还有朴素辩证法思想。《周易》中,"道"是阴、阳对立面相互转化的普遍规律,"形而上者谓之道,形而下者谓之器"③。

老子系统地阐述了朴素的辩证法思想。他指出,万物都有其对立面,而对立的双方是相互依存和相互转化的。正是万物自身所存在着对立统一矛盾双方的相互依存与转化,成为事物运动、变化和发展的根本动力。他说,"曲则全,枉则直,洼则盈,敝则新,少则得,多则惑"④,"正复为奇,善复为妖","祸兮福之所倚,福兮祸之所伏"⑤,"反者道之动"⑥,"有无相生,难易相成"⑦,"物或损之而益,或益之而损"⑧。经荀子、王充、张载等人的继承和发展,王夫之在更高的程度上达到了中国哲学朴素唯物主义与朴素辩证法的结合。王夫之指出:"天地之气,恒生于动而不生于静。"对于天地变化的原因,他认为是阴阳二气对立统一的结果。

(二)唯心主义宇宙观

中国古代唯心主义宇宙观认为,宇宙的本原是精神的而非物质的。董仲舒认为:"天者,群物之祖也,故遍覆包函而无所殊,建日月风雨以和之,经阴阳寒暑以成之。"⑨ 同时,他还将阴阳道德化,"阳气仁而阴气决"。"恶之属尽为阴,善之属尽为阳。"⑩ 周敦颐认为:"无极而太极。太极动而生阳,动极而静;静而生阴,静极复动。一动一静,互为其根。分阴分阳,两仪立焉。阳变阴合而生水、火、木、金、土。五气顺布,四时行焉。五行,一阴阳也;阴阳,一太极也;太极,本无极也。五行之生也,各一其性。无极之真,二五之精,妙合而凝。乾道成男,坤道成女,二气交感,化生万物。万物生生,而变化无穷焉。"⑪

南宋的陆九渊提出了主观唯心主义宇宙观。他认为"宇宙即是吾心,吾心即是宇宙",万物都依附于吾心而存在。他说:"宇宙内事,乃己分内事,己分内事,乃宇宙内事。"⑫ "四方上下曰宇,往古来今曰宙。宇宙便是吾心,吾心即是宇宙。千万世之前,有圣人出焉,同此心同此理也。千万世之后,有圣人出焉,同此心同此理也。"⑬ "人皆有是心,心皆具是理,心即理也。"⑭ "万物森然于方寸之间,满心而发,充塞宇宙,无非此理。"⑮ 杨简

---

① 《周易·系辞传》。
② 《易传·系辞下》。
③ 《易传·系辞上》。
④ 《道德经》二十二章。
⑤ 《道德经》五十八章。
⑥ 《道德经》四十章。
⑦ 《道德经》二章。
⑧ 《道德经》四十二章。
⑨ 《汉书·董仲舒传》。
⑩ 《王道通三》。
⑪ 《太极图说》。
⑫ 《陆九渊集·年谱》。
⑬ 《陆九渊集·杂说》。
⑭ 《象山先生全集·与李宰书》。
⑮ 《象山先生全集·语录上》。

在陆九渊主观唯心主义宇宙观的基础上，提出了"易者，己也，非有他也。以易为书，不以易为己，不可也。以易为天地之变化，不以易为己之变化，不可也。天地，我之天地，变化，我之变化，非他物也。私者裂之，私者自小也"①。

王守仁作为主观唯心主义的集中代表，形成了完整的主观唯心主义宇宙观。他说："人者，天地万物之心也；心者，天地万物之主也。心即是天，言心则天地万物皆举之矣。"②"心外无物，心外无事，心外无理，心外无义。"③ 心是宇宙的主宰，世间万物一切皆依附于人心，有心则有一切，无心则无一切。

二、中国传统哲学的人生观

从中国哲学的主导倾向来说，儒佛道三大传统，大体上肯定：一个真正的人的博大气象，乃是以自己的生命通贯宇宙全体，努力成就宇宙的一切生命。这就是人类生命的价值与归宿。正是在这样的意义上，中国哲学家以公正平和的心态，使一切生命、万物在不同的存在领域中各安其位。人性为天命所授，人在宇宙的万象运化中，领受、秉持了"于穆不已"的创化力，成为宇宙的枢纽。人在本质上，在精神本性上与宇宙同其伟大，宇宙创造精神与人之间，无有间隔，人自可日新其德，登跻善境。④

儒家主张以圣贤人格为向度。儒家学者认为，只要通过道德和学问的修养，"人皆可以为尧舜。"⑤ 孔子认为，要想具备圣贤人格，就要坚持仁智统一，亲身践行才能成为圣人，实现"仁者与天地万物为一体"的最高境界。他说："吾十有五而志于学，三十而立，四十而不惑，五十而知天命，六十而耳顺，七十而从心所欲，不逾矩。"⑥ 孔子所谓的"志于学"就是"道"。"朝闻道，夕死可矣。"⑦ 他所说的"三十而立"，是指他这时候懂得了礼，言行都很得当。"四十不惑"，说他这时已经成为知者。到此为止，也许只是认识到道德价值。但到了五十、六十，他就认识到天命了，并且能够顺于天命。他这时候已认识到超道德价值。而七十岁时就可能从心所欲，其所做的一切自然而然地正确，他的行动用不着有意的指导，他的行动用不着有意的努力，这就是圣人发展的最高阶段——真善美的统一。

道家的人生宗旨是"法天贵真"，与道为一，以"真人"人格为向度。道家哲学的出发点是全生避害。为了全生避害，杨朱的方法是"避"；普通隐者的方法是远离人世，遁迹山林，认为这样可以避开人世的恶。可是即使如此，人世的恶仍不能完全避开。老子认为，人要避害，先要掌握宇宙万物的运动变化的规律。如果人懂得了这些规律，并且遵循这些规律调整自己的行动，他就能够趋利避害。所以他说："人法地，地法天，天法道，道法自然。"⑧ 庄子更进一步指出："圣人法天贵真，不拘于俗。"⑨ "真在内者，神动于外，是所以

---

① 《慈湖先生遗书·己易》。
② 《王文成公全书·答李明德》。
③ 《王文成公全书·与王纯甫》。
④ 东方美. 原始儒家道家哲学[M]. 台北：台北黎明文化事业公司，1979：57.
⑤ 《孟子·告子上》。
⑥ 《论语·为政》。
⑦ 《论语·里仁》。
⑧ 《道德经》二十五章。
⑨ 《庄子·渔父》。

贵真也。"① "不离于真，谓之至人。"② "不以心捐道，不以人助天，是之谓真人。"③ 然而，即使如此，人生避害也难绝对保证。事物的变化中总有些未预料到的因素，人仍有受害的可能。老子道出其中原因，"吾所以有大患者，为吾有身，及吾无身，吾有何患?"④ 因此，老子说，人要全生避害，就要"返朴归真"；而"返朴归真"的唯一途径就是"无己无为"。总之，道家的人生观认为，从"法天贵真"的人生宗旨出发，依赖"无己无为"的道德自觉、"虚极静笃"的智慧涵养和"遗物离人"的意志磨炼，就可以达到"天地与我并生，而万物与我为一"⑤，"独与天地精神往来"⑥ 的境界。

佛家历来追求净化超生，向往"涅槃"境界，以"真如佛性"为宗旨。佛家认为，人生的一切痛苦，都起于个人对事物本性的根本无知。宇宙的一切事物都是心的表现，所以是虚幻的、暂时的，可是无知的个人还是渴求它们，迷恋它们。这种根本无知，就是"无明"，无明生贪嗔痴恋，个人就陷入永恒的生死轮回，万劫不复。要逃脱生死轮回，唯一的希望在于将"无明"换成觉悟，觉悟就是梵语的"菩提"。个人通过修行，对菩提有所贡献，才能从生死轮回中解脱出来，这种解脱就叫"涅槃"。"涅槃"或者是"真如佛性"，或者是"智与理冥，境与神会"⑦，可以说是自我与宇宙的同一。"圣心无知，故无所不知；不知之知，乃曰一切知。"达到这种境界，就可以"和光尘劳，周旋五趣，寂然而往，泊尔而来，恬淡无为而无不为"⑧；并能够"齐天地为一旨，而不乖其实；镜群有以玄通，而物我俱一。"⑨

尽管不同时代、不同学派和人物所追求的精神意境、人格理想的目标及其实现途径并不完全一致，但他们都极力张扬道德人性，使人格充分发展，盈于宇宙天地，即从人所处的现实世界出发而又不断地超越现实世界对人的种种限制，培养出真善美统一的理想人格，进入人类生命的终极归宿。⑩

【知识卡片】5-1
冯友兰的人生四境界

第三节　中国传统思维方式

哲学思维方式是一种以"思辨的形式理解世界"的思维方式，其目的在于理解"对象世界整体或最一般的本质"。⑪ 虽然哲学思维方式是无形的，但它却支配着整个哲学体系的构建。在中国传统哲学流派中，先哲们运用不同的思维方式认识世界，形成哲学体系。总体而言，先哲们的传统思维方式主要包括整体思维、直觉体悟和知行统合。

---

① 《庄子·渔父》。
② 《庄子·天下》。
③ 《庄子·大宗师》。
④ 《道德经》十三章。
⑤ 《庄子·齐物论》。
⑥ 《庄子·天下》。
⑦ 《古尊宿语录》三十二卷。
⑧ 《维摩诘经注》。
⑨ 《维摩诘经注》。
⑩ 廉永杰. 中国传统文化概论 [M]. 2版. 西安：陕西人民出版社，2002：83-88.
⑪ 高晨阳. 中国传统思维方式研究 [M]. 济南：山东大学出版社，2000：2.

一、整体思维

"具有自己的制度和风俗的一定类型的社会,也必然具有自己的思维样式,不同的思维样式将与不同的社会类型相符合。"[1] 与中国社会类型相契合的中国传统哲学思维方式更为关注世界的整体性。与中国传统哲学的产生、发展相同步,整体思维方式贯穿于传统哲学的整个发展过程。整体思维方式就是把全世界看作一个整体,把每一人的身心,每一个动物,每一个植物,都看作一个整体。[2] 因此,先哲们在观察宇宙、社会和人的过程中,普遍采用"统观"和"会通"的方式。在中国传统哲学中,"阴阳""气""道""理"等哲学范畴是这一思维方式的集中体现。其中,"阴阳"是万物发展变化的动力;"气"是宇宙的本原,天、地、人都由气生成;"道"(或"理")是自然、社会运作的总规律,具有唯一性,所以称为"理一"。另外,各个具体事物之理是这个最高的"理"的体现,所以叫"分殊"。

《周易》认为,"立天之道,曰阴与阳;立地之道,曰柔与刚。"[3] 而"一阴一阳之谓道"[4]。"气"的观念出现较早。伯阳夫在论述地震的成因时提出了"天地之气",并将气分为阴阳二气。《国语·周语》记载:"伯阳夫曰:夫天地之气,不失其序。若过其序,民乱之也。阳伏而不能出,阴迫而不能蒸,于是有地震。"庄子强调,世界是一个整体。他说:"夫天下也者,万物之所一也。得其所一而同焉,则四肢百体将为尘垢。"[5] 又说:"微夫子之发吾覆也,吾不知天地之大全也。"[6] 他认为,"气"是万物之本源。"方且与造物者为人,而游乎天地之一气"[7],"人之生,气之聚也;聚则为生,散则为气"[8]。"天地之气,合而为一,分为阴阳,判为四时,列为五行。"[9]

老子曾说:"有物混成,先天地生,寂兮寥兮,独立而不改,周行而不殆,可以为天下母。吾不知其名,字之曰道,强为之名曰大。大曰逝,逝曰远,远曰反。"[10] 其中,"道"是"混成"的,是一个整体。他说:"道生一,一生二,二生三,三生万物。万物负阴而抱阳,冲气以为和。"[11]

程颢、程颐认为,"天者理也",用"理"的观念把天下万物统一起来,强调"万物只一理"。朱熹更提出"万物统体一太极"之说,以太极把天地万物统一起来。

二、直觉体悟

所谓直觉,就是一种理智的交融,这种交融使人们将自己置于对象之内,以便与其中独

---

[1] [法]布留尔. 原始思维 [M]. 北京:商务印书馆,1981:20.
[2] 张岱年. 中国古代哲学的基本特点 [J]. 学术月刊,1983 (9):5-11.
[3] 《周易·说卦传》。
[4] 《周易·系辞上传》。
[5] 《庄子·外篇》。
[6] 《庄子·田子方》。
[7] 《庄子·大宗师》。
[8] 《庄子·知北游》。
[9] 《春秋繁露·五行相生》。
[10] 《道德经》第二十五章。
[11] 《道德经》第二十五章。

特的，从而是无法表达的东西相符合。① 在中国传统哲学领域中并没有"直觉"一词，但有与之相类似的概念，如"体认""体道"。梁漱溟先生曾认为"西方重理智，中国任直觉"；张岱年先生也认为，中国哲学"重了悟不重论证"。

中国儒佛道三家都主张直觉体悟。其中，道家的哲学思维具有明显的直觉体悟特点。老子曾说："致虚极，守静笃；万物并作，吾以观复。"② 而如何才能实现"致虚极，守静笃"呢？老子提出了"涤除玄览"③。"涤除"就是否定、排开杂念，"玄览"就是深入静观。也就是说要把杂念统统去掉，就好像把镜子上的尘污清洗掉。老子还主张"为学日益，为道日损"，即学习知识要日积月累，做加法；而把握或悟道时则要用减法。庄子也推崇直觉体悟。他说："言之所不能论，意之所不能察致者，不期精粗焉。"④ 为此，他主张"坐忘"，即心灵空寂到极点，"堕肢体，黜聪明，离形去知，同于大通，此谓坐忘。"⑤ 庄子提倡"心斋"，通过"无听之以心，而听之以气"⑥ 而体道，最终达到"天地与我并生，而万物与我为一"⑦ 的至高境界。

佛家也非常推崇直接体悟。方立天先生在《中国佛教哲学要义》中认为，佛教哲学中直觉思维具有代表性的有僧肇、竺道生、慧能三人。僧肇的《不真空论》中说："道远乎哉？触事而真。圣远乎哉？体之即神。"他的《般若无知论》则是专论"体之即神"，体现了他的直觉论。竺道生倡导顿悟说，认为佛性玄妙不可分，只能通过顿悟的方式才能获得。他提出："夫象以尽意，得意则象忘；言以诠理，入理则息言。若忘筌取鱼，始可与言道矣。"慧能在《肇论疏》中简述了竺道生的顿悟说，"竺道生法师大顿悟云，夫称顿者，明理不可分，悟语照极，以不二之悟，符不分之理。理智恚释，谓之顿悟。"竺道生认为，真理玄妙，不可分，能通过顿悟的方式才能获得。

禅宗六祖慧能进一步阐发了顿悟说。他认为，万法尽在自心，要识得万法，得到真如本性，只须自识本心，明心见性。他强调主体内心修养，自我觉悟，"不悟即佛是众生，一念悟时，众生即佛。"如何才能明心见性，一悟成佛？慧能认为，佛性、真如人人有，只是为尘世的欲望迷，为了自识本心，只需排除一切杂念，"以心传心"。慧能提倡人人皆有佛性，人人皆靠自己成佛，反对烦琐的修行，提倡顿悟成佛，这是中国佛教史上的一次变革，也是慧能的禅宗之所以遍及全国，远播海外的一个重要原因。禅宗高扬人的主体能动性，特别是倡导"运水搬柴，无非妙道"，禅宗的直觉（体佛悟道）不离弃日常生活，更不抛弃、否定日常生活，这是其与道家和道教的直觉论不同之处。⑧

在儒家，孔子所追求的是"仁"。他说："仁远乎哉？我欲仁，斯仁至矣。"⑨ 作为一种发自内心的思想情感和精神境界，"仁"的实现需要运用直接体悟的思维方式。所以，孔子

---

① 伯格森. 形而上学导言 [M]. 北京：商务印书馆，1969：3-4.
② 《道德经》第十六章。
③ 《道德经》第十章。
④ 《庄子·秋水》。
⑤ 《庄子·大宗师》。
⑥ 《庄子·人世间》。
⑦ 《庄子·齐万物》。
⑧ 方立天. 中国佛教哲学要义 [M]. 北京：人民大学出版社，2012：246.
⑨ 《论语·述而》。

主张"默而识之""叩其两端而竭矣"和"予欲无言"。孟子认为,"不虑而知""不学而能"。荀子则主张"虚一而静"。张载说:"大其心则能体天下之物。"① 朱熹认为,"万理具于一心","涵养中自有穷理工夫,穷其所养之理,穷理中自有涵养工夫,养其所穷之理,两项都不相离。"② "至于用力之久,而一旦豁然贯通焉,则众物之表里精粗无不到,而吾心之全体大用无不明矣。"③ 陆九渊认为:"此理本天所以与我,非由外铄。明得此理,即是主宰。"④ 王守仁也推崇内向直觉,他说:"知是心之本体,心自然会知。见父自然知孝,见兄自然知弟,见孺子入井自然知恻隐,此便是良知,不假外求。"⑤ 同时,他还认为"良知"即是"天理",为人心本有,因此"正心"不是追求外物之理,而是去除私欲,恢复良知的过程:"若良知之发,更无私意障碍,即所谓充其恻隐之心,而仁不可胜用矣。然在常人不能无私意障碍,所以须用致知格物之功,胜私复理。"⑥ 克服"私意障碍""立恻隐之心"不仅是对道德知识的认识,更重要的是一个道德履践的过程及情感参与过程。因此,"正心"本质上是对天理良知的心理体验过程,其目标在于实现"天地万物为一体"的精神境界。

三、知行统合

知行关系一直是先哲们所探讨的问题。张岱年先生指出:"中国哲学中有许多名词与理论,都有其实践的意义;离开实践,便无意义。想了解其意义,必须在实践上做工夫,在生活中用心体察。"⑦ 可以说,中国哲学体系的知行关系问题是农业文明社会条件下重实践轻理论的反映。在中国哲学发展过程中,先哲们围绕知行问题的先后、难易、分合和轻重等方面进行了论述。

作为一个重要的哲学范畴,知行范畴出现得很早。在《左传·昭公十年》中记载:"非知之实难,将在行之。"《古文尚书·说命中》强调行比知更为艰难,"非知之艰,行之惟艰"。

孔子也提出了知行关系问题。他说:"生而知之者,上也;学而知之者,次也;困而学之,又其次也;困而不学,民斯为下矣。"⑧ 孔子说:"弟子入则孝,出则悌,谨而信,泛爱众而亲仁。行有余力,则以学文。"⑨ 在孔子看来,行在学先。同时,孔子还非常重视知行统一。他说:"古者言之不出,耻躬之不逮也。"⑩ 荀子认为:"知之不若行之……知之而不行,虽敦必困。"⑪

汉代的董仲舒也对知行关系进行了论述。他说:"何谓之知?先言而后当。凡人欲舍行

---

① 《正蒙·大心》。
② 《朱子语类》卷九。
③ 《大学集注·补格物致知传》。
④ 《象山全集》卷三十五。
⑤ 《传习录》上。
⑥ 《传习录》下。
⑦ 张岱年. 中国哲学大纲 [M]. 北京:中国社会科学出版社,1982:6.
⑧ 《论语·季氏》。
⑨ 《论语·学而》。
⑩ 《论语·里仁》。
⑪ 《荀子·儒效》。

为，皆以其知先规而后为之。"① 在他看来，知是先于行的，知对行起着引导的作用。

宋代以后，知行观的探讨日趋成熟。就内涵上说，该时期对知行问题的探讨主要是在道德的范畴内进行的。程颐对知行的先后和难易两个方面进行了系统的论述。他说："君子以识为本，行次之。今有人焉，力能行之，而识不足以知之，则有异端者出，彼将流宕而不知反。"② 在他看来，知为先，行为后，知是处于主导地位的。在知行的难易上，他认为："故人力行，先须要知，非特行难，知亦难也。书曰：'知之非艰，行之惟艰。'此固是也，然知之亦自艰。"③

朱熹构建了较为完整的知行关系学说。他强调"知先行后"，"以知为本"。他认为："论先后，知为先；论轻重，行为重。"④ "知之愈明，则行知愈笃；行知愈笃，则知之益明。"⑤ 在朱熹看来，知先于行，知主行从。同时，朱熹还对知先行后进行了重要的补充，提出了"并进互发"。他说："知行常相须，如目无足不行，足无目不见。"⑥

明代王守仁针对宋明理学脱离"现实"的倾向，明确地提出了"知行合一"。他认为，"知是行的主意，行是知的功夫；知是行之始，行是知之成"⑦；"知之真切笃实处即是行，行之明觉精察处即是知"⑧。在他看来，知行合一是依靠"心"来承担的，"外心以求理，此知行之所以二也。求理于吾心，此圣门知行合一之教，吾子又何疑乎？"⑨ 他说："知行原是两个字说一个工夫，这一个工夫须著此两个字，方说得完全无弊病。若头脑处见得分明，见得原是一个头脑，则虽把知行分作两个说，将来毕竟做那一个工夫。则始或未便融会，终所谓百虑而一致焉。"⑩ 在王守仁的"知行合一"中，"行"的范畴较为广泛，他说："我今说个知行合一，正要人晓得，一念发动处，便即是行了。"⑪ 在他看来，行不仅包括真实的活动和行为，人们意念、情感上的发动都可以叫作"行"。很明显，王守仁混淆了知与行的界限。

明清之际的王夫之在总结前人知行关系的基础上，将中国古代哲学中的知行观提升到了一个新的高度。王夫之批判王守仁的"知行合一"是"不知其各有功效而相资"，批评朱熹的"先知后行"是"先知以度行""立一划然之秩序"。在此基础之上，他明确地提出了"行先知后"的命题，知和行是相互依赖的，行处于主导地位。他认为"君子之学，未尝离行以为知也必矣"；"行可兼知，而知不可兼行"；"知有不统行，而行必统知"⑫。他强调知行的分而后合，肯定了知行各自的不同功效。他说："唯其为致知、力行，故功可得而分。功可得而分，则可立先后之序。可立先后之序，而先后又互相为成。则由知而知所行，由行

---

① 《春秋繁露·必仁且知》。
② 《河南程氏遗书》卷十五。
③ 《河南程氏遗书》卷十七。
④ 《朱子语类》卷九。
⑤ 《朱子语类》卷十四。
⑥ 《朱子语类》卷九。
⑦ 《传习录》上。
⑧ 《王文成公全书》卷六。
⑨ 《传习录》中。
⑩ 《答友人问》。
⑪ 《传习录》下。
⑫ 《尚书引义》。

而行则知之，亦可云并进而有功。"① 其次，王夫之对知行之间的辩证统一关系进行了论述，提出了"知行相资以为用。惟其各有致功，而亦各有其效，故相资以互用"②。

"究天人之际，通古今之变"是中国古代的哲学家所探讨的最为核心的问题。中国古代的先哲们立足当下，玄想未来，实现了理想和现实的相互沟通。

思考与探究

1. 简述中国古代哲学的发展历程。
2. 原始儒家的精神是什么？原始道家的智慧是什么？
3. 中国传统思维方式的优势和不足分别是什么？

拓展阅读

1. 《中国哲学简史》，冯友兰著，北京大学出版社 2002 年出版。
2. 《中国哲学大纲》，张岱年著，中国社会科学出版社 1982 出版。
3. 《中国哲学发展史》，任继愈著，人民出版社 1983 年出版。
4. 《中国古代思想史》，李泽厚著，人民出版社 1985 年出版。

---

① 《读四书大全说》卷四。
② 《礼记章句》卷三十一。

第六章

中国传统伦理道德

学习目标

1. 了解中国传统伦理道德的发展历程。
2. 掌握中国传统伦理道德的主要内容。
3. 理解中国传统伦理道德的现代意义。

内容概要

作为社会生活秩序和个体生命秩序的理性约定，中国传统伦理道德是中国传统文化的重要组成部分。注重伦理道德和人伦情感是中国传统文化的核心内容之一。在中国传统伦理道德规范价值取向的引领下，中国传统文化中的诸要素，如哲学、宗教、文学、史学、教育、文字和艺术等都具有了伦理道德的基因。本着"取其精华，去其糟粕"的价值取向，我们要在继承和发扬中国传统伦理道德有益成分的基础上，加强德性修养，形成中华民族所弘扬的理想道德人格。在发展历程上，与中国传统文化的发展脉络相一致，中国传统伦理道德经历了先秦时期的孕育展开阶段，两汉到唐宋时期的发展阶段和元明清时期的辩证综合阶段。在主要内容上，中国传统伦理道德包括人性善恶之争，成人之道，义利、欲理（道）、人我、志功、生死之辩等问题。中国传统伦理道德在公民道德、职业伦理道德和家庭伦理道德等方面具有极强的现代意义。

第一节 中国传统伦理道德的发展历程

一、中国传统伦理道德的孕育展开阶段

"伦理"一词最早出现在《礼记·乐记》中："凡音者，生于人心者也；乐者，通伦理

者也。"郑玄注释为："伦，犹类也。理，分也。"本意为"条理"，后人将其引申为人伦道德之理，即人与人相处的各种道德准则。如贾谊在《新书·时变》中说："商君违礼义，弃伦理。"先秦时期作为奴隶社会向封建社会的过渡时期，开始逐渐孕育和形成与封建社会相契合的传统伦理道德。西周时期，形成了"以德配天""敬德保民"的伦理道德观，奠定了中国传统伦理道德思想的基础。春秋战国时期，诸子百家中的主要学派都提出了各自的伦理道德，主要有以"仁"为最高道德准则的儒家，以"礼"为最高道德准则的法家，以"义"为最高道德准则的墨家和以"道"为最高道德准则的道家。①

孔子在对春秋时期文化成果进行总结的基础上，形成了以仁学为核心的儒家伦理道德思想体系。在孔子看来，"仁"来自人的内心，即"为仁由己"②。在这个前提和基础之上，仁的内涵就是"仁者，爱人"③。子张问仁于孔子，孔子曰："能行五者于天下，为仁矣。""请问之。"曰："恭、宽、信、敏、惠。恭则不侮，宽则得众，信则人任焉，敏则有功，惠则足以使人。"④ 孔子认为，"仁"的出发点就是以"孝悌"为核心的亲亲之情，"孝悌也者，其为仁之本欤！"⑤ 仁的基本原则是"己欲立而立人，己欲达而达人"⑥。孔子"仁"学思想的提出是中国古代伦理道德思想由自发走向自觉的基本标志之一。

在孔子仁学的基础上，孟子进一步发展了孔子的道德伦理思想。孟子认为，人有"四端"，"恻隐之心，仁之端也；羞恶之心，义之端也；辞让之心，礼之端也；是非之心，智之端也。人之有是四端也，犹其有四体也。"⑦ 而"仁义礼智，非由外铄我也，我固有之也，弗思耳矣。"⑧ 孟子在性善论的基础上，论证了仁、义、礼、智等伦理道德规范的重要性和必要性。同时，孟子还从主观能动性的角度，论述了"尽心知性""寡欲"和"养吾浩然之气"等修养，进一步完善了孔子所提出的仁学思想。自汉以后，孔子和孟子所倡导的儒家伦理道德被尊为封建社会的正统官方思想。

早期法家的代表人物管仲将"礼"作为最基本的伦理道德原则。他认为，"礼、义、廉、耻"为国之"四维"，并把"礼"置于"四维"之首。在管子看来，"礼"是外在的法度，强调对个体行为的约束和限制，而儒家所理解的"礼"主要是关注由人内心在"仁"基础之上所产生的自觉规范。经过韩非子的发展，"礼"被视为制度化和规范化的法律，成为维护国家统治的最重要手段。在法家看来，伦理道德教化无益于国家统治，只有依靠"法"才能治理国家。法家的这种主张在秦朝灭亡之后逐渐被统治者摈弃。

以墨子为代表的墨家将"义"作为最高的伦理道德原则。墨子认为，"义"就是"兼爱"。"兼爱"就是"视人之国，若视其国。视人之家，若视其家。视人之身，若视其身"⑨。墨子认为，只要使彼此利益兼而为一，人们就会彼此相爱。他说："爱人者，人必从

---

① 沈善洪，王凤贤. 中国伦理学说史（上）[M]. 杭州：浙江人民出版社，1985：18-21.
② 《论语·颜渊》。
③ 《论语·颜渊》。
④ 《论语·阳货》。
⑤ 《论语·学政》。
⑥ 《论语·颜渊》。
⑦ 《孟子·公孙丑上》。
⑧ 《孟子·告子上》。
⑨ 《墨子·兼爱》。

而爱之。利人者，人必从而利之。"① "孔子贵仁，墨翟贵兼。"② 在孔孟的伦理道德思想中，"义"是由"仁"延伸而来的，即"居仁由义"。因此，"义"要受到"仁"的规范。但在墨子看来，"义"的基本原则是"兼相爱，交相利"③。墨子认为这个原则不仅是人与人之间交往的基本伦理原则，也是国与国之间所必须遵循的基本原则。正是从这样一个理解出发，墨家秉持"兼爱""非攻""尚贤""节用""互利"等主张。

以老子和庄子为主要代表的道家将"道"作为最高伦理道德原则。老子认为，"道"是宇宙万事万物包括人事在内的一切存在的最高最普遍的规律，是人所必须遵循的必然之则。在本质上讲，"道"是无为的，而人的德性也应是崇尚无知、无欲、无为。老子的理想社会就是"小国寡民"，是"邻国相望，鸡犬之声相闻，民至老死，不相往来"④。在庄子看来，在人生中恶固不可为，善也无须为，因为为善要为名所累，为恶则为刑所累，因而真正的境界是"至人无己，神人无功，圣人无名"⑤。从这些观点中可以看出，道家主张的其实是一种以无道德为最高道德的理论。其所倡导的"隐世"哲学对后世的影响非常深远。

诸子百家中伦理道德思想对立、批判、否定的结果，促进了相互之间的交融和渗透，最终使儒家伦理精神的运作和道家的人生智慧结合起来，即入世与隐世、人伦情感与人生智慧、心与身相结合，由此构成中国伦理的理想性与世俗性、进取性与柔韧性的相辅相成，互渗互补。⑥

二、中国传统伦理道德的发展阶段

先秦诸子百家孕育和奠定了中国传统伦理道德的核心内容。随着中国封建社会的建立、发展和强盛，中国传统伦理道德也实现了形成、发展和鼎盛。与中国传统文化的发展相同步，中国传统伦理道德也经历了两汉、魏晋和隋唐三个发展阶段。

秦统一六国之后，秉承法家的"以法为教"，"以吏为师"，通过暴力手段维护其统治，结果短命而亡。西汉的统治者汲取了这一教训，主张建立与中央集权制度相一致的意识形态作为正统思想。西汉中期，汉武帝接受了董仲舒所提出的"罢黜百家，独尊儒术"，主张以儒家的仁义道德治理天下。董仲舒在儒家经典《礼记》中的《大学》《中庸》两篇中所提出的"三纲领八条目""极高明而道中庸"思想的基础上，根据孔子的"天地之性人为贵。明于天性，知自贵于物；知自贵于物，然后知仁谊（义）"⑦，将仁、谊（义）、礼、知（智）、信列为"五常之道"，并将它与"君为臣纲、父为子纲、夫为妻纲"的"三纲"一起并称为"三纲五常"。这构成了中国封建伦理道德的核心内容，成为中国古代社会处理人与人之间关系的最基本的伦理道德原则。儒学一家"独大"和董仲舒伦理思想体系的形成，标志着中国伦理精神的封建化和抽象化的统一。

---

① 《墨子·兼爱》。
② 《吕氏春秋·不二》。
③ 《墨子·兼爱》。
④ 《老子》八十章。
⑤ 《庄子·逍遥游》。
⑥ 钟明善. 中国传统文化精义 [M]. 西安：西安交通大学出版社，2009：147.
⑦ 《汉书·董仲舒传》。

东汉时期，董仲舒的儒家伦理思想受到了王充等人的批判，儒学的地位逐渐走向衰落，魏晋玄学开始兴起。以何晏、王弼、向秀、嵇康等人为代表的魏晋玄学推崇老庄之学，对儒家伦理纲常进行了否定。他们反对儒家所提倡的伦理道德和仁义之教，否定了儒家所提倡的"三纲五常"。他们主张远离"事物"和"世务"，反对儒家的入世观。他们推崇自然人性，崇尚虚无无为之理，倡导任其自为的人生观。《列子·杨朱》中说："人之生也，奚乐哉？为美厚尔，为声色尔！"显然，这种人生观已经走向了否定一切道德规范之约束的纵欲主义。

伴随着佛教的东传，隋唐时期佛教完成了中国化的过程，成为中国传统伦理道德的又一种新形态。佛教宣称苦海无边、生死轮回和因果报应等，形成了苦谛、集谛、灭帝和道谛的"四谛"之说。但是，由于佛教倡导的是一种神学禁欲主义，而且竭力主张个人的出世修行，这就决定了佛学伦理不可能成为积极维护当时社会等级秩序的伦理形态。这就为儒学的复归提供了可能。

南北朝时，葛洪深刻地批判了魏晋玄学中"唯贵自然"的论调。他说，如果按照《列子·杨朱》的观点去为人处事和安身立命，那么社会就将"风颓教沮"。针对当时追求"通达"的人生时尚，他针锋相对地提出："古人所谓通达者，谓通于道德，达于仁义耳。岂谓通乎褒黩而达于淫邪哉！"①他主张社会要恢复仁、义、忠、孝之类的道德规范。这就为儒学的复归奠定了前提和基础。

唐代，韩愈开始了儒学的真正复兴。在他看来，当时社会上存在的诸多时弊都是因为人们不重视"先王之道"而导致的，而佛、道之说流行又加剧了这种社会弊端。韩愈反对佛教，倡导"道统论"。所谓"道统"，就是指孔孟的封建伦常等级秩序。他说："吾所谓道也，非向所谓老与佛之道也。尧以是传之舜，舜以是传之禹，禹以是传之汤，汤以是传之文武周公，文武周公传之孔子，孔子传之孟轲。"②韩愈的伦理道德学说为宋明理学奠定了一定的思想前提和基础。

三、中国传统伦理道德的辩证综合阶段

宋明理学的创立标志着中国传统伦理道德思想走向了全面的完善与成熟。宋明理学在吸收道家、玄学和佛教合理成分的基础上，全面复兴了儒家的伦理道德思想，建构了完备的中国传统伦理道德体系。

在宋明理学中，"理"是世界的本体，"理在气先"，"理先于天地"。在伦理观上，宋明理学的核心内容就是要存天理、灭人欲。在伦理观上，程颢、程颐将"天理"和"人欲"对立起来，认为"无人欲即皆天理"，"不是天理，便是人欲"③。因此，要想保存"天理"，就要灭"人欲"。朱熹也指出："圣贤千言万语，只是教人明天理，灭人欲。"④他认为，

---

① 《抱朴子·刺骄》。
② 《原道》。
③ 《二程全书·遗书》卷五。
④ 《朱子语类》卷十二。

"宇宙之间，一理而已……其张之为三纲，其纪之为五常，盖皆此理之流行，无所适而不在。"① 王阳明也认为，"圣人述六经，只是正人心，只是要存天理，去人欲。"② 在道德修养上，宋明理学主张"格物""致知""诚意""正心""修身""齐家""治国平天下"。《大学》中记载："古之欲明明德于天下者，先治其国；欲治其国者，先齐其家；欲齐其家者，先修其身；欲修其身者，先正其心；欲正其心者，先诚其意；欲诚其意者，先致其知；致知在格物。"具体而言，"格物"即"是物物上穷其至理"③，"致知"就是自己认识自己心中之"理"，其核心就是要"为人君，止于仁；为人臣，止于敬"的内心固有的天理。

陆王心学的基本范畴也是"理"，其基本宗旨也与程朱理学相同，即维护封建秩序的长治久安。二者的区别在于，陆王认为"理"不是外在的客观实体，而是人的"心"或"良知"的先验结构。心与理是一个东西，社会伦理规范与主观道德观念都是根据于人心，因而提出所谓"良心"的概念，认为它不单是道德的根源，而且先验地具有辨别善恶的能力，人的道德修养不需要像朱熹那样的格物致知，大费手脚，而只要自识本心，存心明性。陆王心学的伦理思想受孟子的影响较大，而其思维方式又与禅宗"即心即佛"一脉相承。陆王的根本目的也是要维护封建的"天理"，但心的主体能动性的充分发挥，在理论上又会导致对"理"的反思与理性考察，甚至导致对"理"的怀疑与否定。王阳明的"致良知"说要人们破"心中贼"，能动地进行封建道德修养，但由于他在理论上强调发挥主体的能动性，倡导怀疑精神，结果适得其反，在客观上造成了对封建道德的离心力，最终导致了宋明理学的自我否定。所以，当戴震大破理学体系，揭露其"以理杀人"的实质后，宋明理学便失去了存在的合理性，中国传统伦理也必然要为近代伦理所代替。④

明中期后，中国的封建制度逐渐走向了衰落。为了适应时代的变化，中国传统伦理道德也发生了新的变化。明末清初的一些思想家为了适应社会的发展，对宋明理学进行了有力的批判。如李贽以童心论为基础，反对把天理与人欲相对立。在他看来，人欲是绝对纯真且源于本心的东西。因此，他说："穿衣吃饭，即是人伦物理。"⑤ 黄宗羲、王夫之、顾炎武等人对封建社会伦理道德核心的"三纲五常"理论进行猛烈的抨击。黄宗羲认为："为天下之大害者，君而已矣。"⑥ 他提倡"务得于己，不求合于人"的人生价值观。顾炎武认为，"保天下者，匹夫之贱，与有责焉耳矣。"⑦ 他积极倡导"天下兴亡，匹夫有责"的爱国主义道德观。王夫之反对宋明理学的"存理灭欲"，主张将天理寓于人欲之中，"人欲之大公，即天理之至正"，"人欲之各得，即天理之大同"。同时，他还认为"以天下论者，必循天下之公；天下非一姓之私也"⑧。因此，他也崇尚"以身任天下"的爱国主义道德理想。

清代，戴震进一步批判了宋明理学。他指出，宋明理学的所谓天理只是尊者、长者、贵者之理，"尊者以理责卑，长者以理责幼，贵者以理责贱，虽失，谓之顺；卑者、幼者、贱

---

① 《朱子大全·读大纪》。
② 《传习录》上。
③ 《二程全书·遗书》卷二十五。
④ 张岱年，方克立. 中国文化概论 [M]. 北京：北京师范大学出版社，2004：223-224.
⑤ 《焚书·答邓石阳书》。
⑥ 《明夷待访录》。
⑦ 《日知录》卷十三。
⑧ 《读通鉴论·叙论》。

者以理争之,虽得谓之逆。"① 因此,在戴震看来,宋明理学的实质就是"以理杀人"。同时,戴震还提出了"归于必然,适完其自然"的新道德观。

可以看出,中国传统伦理道德的形成和发展是以儒家伦理道德为主体,融合了道家、佛家诸多因素的有机结合体。随着中国传统文化的发展脉络,中国传统伦理道德形成了与之相契合的思想体系。

第二节 中国传统伦理道德的主要内容

中国传统伦理道德的主要内容主要包括三个方面:一是作为古代伦理道德理论出发点的人性善恶之争;二是作为古代伦理道德理论与实践之归宿的成人之道,亦即理想人格的塑造;三是古代伦理思想史上最重要的诸如义利、欲理(道)、人我、志功、生死之辩等问题。②

一、人性善恶之争

在中国传统伦理道德思想体系中,人性善恶问题是伦理思想家们建构伦理道德理论的出发点。无论是性善论、性恶论,还是性无善恶论,伦理思想家们以此为出发点,从中引申出道德对人性规范的必要性,从而提出修身、齐家、治国平天下的人生道德理想。

其一,性善论。孔子最早探讨人性的问题。他说,"性相近也,习相远也。"③ 他认为人的天性是相近的,但人性究竟是"善"还是"恶",孔子并未做出具体的回答。孟子提出了性善说。他认为:"恻隐之心,人皆有之;羞恶之心,人皆有之;恭敬之心,人皆有之;是非之心,人皆有之。恻隐之心,仁也;羞恶之心,义也;恭敬之心,礼也;是非之心,智也。仁义礼智,非由外铄我也,我固有之也。"④ 而这四端是人天生的,而非后天所习得的。但这并不意味着人人已成君子而不需要道德教化了,因为这其中仅仅只有善端,即还只是一种可能性,还需有一个后天的"扩而充之"的过程。否则,"逸居而无教",则人就和动物一样了。他认为:"今人乍见孺子将入于井,皆有怵惕恻隐之心,非所以内交于孺子之父母也,非所以要誉于乡党朋友也,非恶其声而然也。由是观之,无恻隐之心,非人也;无羞恶之心,非人也;无辞让之心,非人也;无是非之心,非人也……人之有是四端也,犹其有四体也。"⑤ 另外,孟子对性善论进行了两点补充。第一,仁、义、礼、智仅仅是"善端",只处于萌芽状态,必须弘扬光大,否则就会失去这种"善端"。因此,他说"凡有四端于我者,知皆扩而充之矣。若火之始然,泉之始达。苟能充之,足以保四海;苟不充之,不足以事父母"⑥。第二,人区别于动物之处极少。"人之所以异于禽兽者几希,庶民去之,君子存之。"⑦ "人之有道也,饱食、暖衣、逸居而无教,则近于禽兽。"⑧ 因此,后天的道德教化

---

① 《孟子字义疏证》卷上。
② 张应,蔡海榕. 中国传统文化概论 [M]. 上海:上海人民出版社,2000:128-144.
③ 《论语·阳货》。
④ 《孟子·告子上》。
⑤ 《孟子·公孙丑上》。
⑥ 《孟子·公孙丑上》。
⑦ 《孟子·公孙丑上》。
⑧ 《孟子·公孙丑上》。

还是非常必要的。

以孟子为代表的儒家的这一性善说,后来也成为汉代以及宋明理学思想家的基本观点。而《三字经》中"人之初,性本善"的说法几乎构成了我们传统文化对人性善恶问题的一个最基本的态度。

其二,性恶论。和孟子相反,荀子则明确主张人性本恶。他认为人之性是好利多欲的,人性中并无孟子所称的仁、义、礼、智。他批判孟子说,"孟子曰:人之学者,其性善。曰:是不然!是不及知人之性,而不察乎人之性伪之分者也。凡性者,天之就也,不可学,不可事;礼义者,圣人之所生也,人之所学而能,所事而成者也。"① 他认为,仁、义、礼、智是后天形成的,是"圣人之所生",而人性本身是"天之就也"。在他看来,这种"天之就"的性只能是"恶"而不是"善"。"人之性恶,其善者伪也。今人之性,生而有好利焉,顺是,故争夺生而辞让亡焉;生而有疾恶焉,顺是,故残贼生而忠信亡焉;生而有耳目之欲,有好声色焉,顺是,故淫乱生而礼义文理亡焉⋯⋯故必将有师法之化,礼义之道,然后出于辞让,合于文理,而归于治。用此观之,然则人之性恶明矣,其善者伪也。"② 荀子还进一步论证,"若夫目好色,耳好声,口好味,心好利,骨体肤理好愉佚,是皆生于人之情性者也;感而自然,不待事而后生之者也。"③

与孟子一样,荀子得出的结论也是人必须"有师法之化";而且荀子这一从性恶论出发推出的伦理教化思想比孟子性善论更为直截了当,"故圣人化性而起伪,伪起而生礼义,礼义生而制法度;然则礼义法度者,是圣人之所生也。"④ 正是从"化性起伪"的基本观点出发,荀子和孟子都认为,人人皆可成为圣人。"涂之人百姓,积善而全尽,谓之圣人。彼求之而后得,为之而后成;积之而后高,尽之而后圣。故圣人也者,人之所积也。"⑤

由此可见,虽然孟子言性善,荀子言性恶,孟子注重性须扩充,荀子认为性需改造,孟子和荀子两人有"善""恶"之分,但最终却合而为一,即都建立了如何使人成为君子,成为圣人的伦理道德理论。孟子和荀子分别在性善论和性恶论基础上建立起来的道德伦理学说,对以后的中国伦理思想史产生了极大的影响。

其三,性无善恶论。在对性善性恶的进一步探讨中,一些思想家又提出了性无善恶论。具体而言,该理论主要包括两种:一是性无善无恶说,二是性超善恶说。性无善无恶的学说是和孟子同时代的思想家告子提出来的。在告子看来,性既非善也非恶,而是无善恶。告子认为性之善恶皆后天形成的,所以他主张"性无善无不善也"⑥。告子还作了一个极有说服力的比喻,"性犹杞柳也,义犹桮棬也。以人性为仁义,犹以杞柳为桮棬。性犹湍水也,决诸东方则东流,决诸西方则西流。人性之无分于善不善也,犹水之无分于东西也。"⑦ 所以,告子有"食色性也"之说,即在他看来,食色等性是人生就有的,故无所谓善恶。告子这个思想无疑是深刻的,并具有一定的启蒙意义。因为无论是孟子还是荀子,他们都把"食

---

① 《荀子·性恶》。
② 《荀子·性恶》。
③ 《荀子·性恶》。
④ 《荀子·性恶》。
⑤ 《荀子·儒效》。
⑥ 《孟子·告子上》。
⑦ 《孟子·告子上》。

色"等视为人性中"恶"的存在。孟子斥之为"禽兽之性",荀子贬之为"淫乱之性",而唯有告子摈弃了这种错误观点。而且,由于性无善无恶,告子也就必然承认后天的伦理纲常教育是必要的,因为"为善固需教诲,为恶亦待诱导"。所以,没有道德教化的社会和自我人性,势必如决堤之水而不可理喻。

北宋的王安石也认为性本无善无恶。他为了论证自己观点的正确性,在理论上区分了情与性。"诸子之所言,皆吾所谓情也,习也,非性也……古者有不谓喜怒爱恶欲情者乎?喜怒爱恶欲而善,然后从而命之曰仁也,义也。喜怒爱恶欲而不善,然后从而命之曰不仁也不义也。故曰:有情然后善恶形焉。然则善恶者,情之成名而已矣。"① 所以,他的结论是情可言善恶,而性则无善恶,道德规范的教诲是针对情之善恶而制定的。与王安石同时代的苏轼也持性无善无恶说。他认为:"夫善恶者,性之所能之,而非性之所能有也。且夫言性者,安以其善恶为哉?"② 此外,清代思想家龚自珍也推崇告子性无善恶的学说。在龚自珍看来,唯有告子"知性"。但告子却未能进一步阐发,故龚自珍有《阐告子》一文,对人性无善恶的思想予以继承弘扬。

性超善恶的观点是战国时期的庄子明确提出来的。庄子认为人性是无法用善恶来界说和解释的,因为人性乃是超善恶的东西。庄子认为,"说仁邪,是乱于德也;说义邪,是悖于理也;说礼邪,是相于技也;说乐邪,是相于淫也;说圣邪,是相于艺也;说知邪,是相于疵也。"③ 可见人之本性是超善恶的,而为达到人之本性,应提倡无善无恶的道德。这一思想是与道家崇尚自然、反对人为的思想相一致的。因为在道家看来,性乃自然之物,而善恶则皆是人为,故两者不能相杂而论。

其四,性有善有恶论。性有善有恶是调和性善论与性恶论的一种理论,但其在理论上又作了进一步的阐发,并且提出了许多新颖独到的观点。性有善有恶论依照不同的含义,又可区分为几种不同的观点:

一是性兼善恶说。性兼善恶说的观点始于战国时代的世硕。汉代的王充在《论衡·本性》中曾提到过这个理论:"周人世硕以为,人性有善有恶;举人之善性,养而致之则善长;性恶,养而致之则恶长……故世子作养书一篇。"对性兼善恶说作了充分论述的是汉代的董仲舒。他认为:"性,质也……故性比于禾,善比于米,米出禾中,而禾未可全为米也;善出性中,而性未可全为善也。善与米,人之所继天而成于外,非在天所为之内也。"④

西汉末年的扬雄论人性,则明确主张"善恶混"。他在《法言·修身》中说道:"人之性也,善恶混。修其善则为善人,修其恶则为恶人。"故性中兼含善恶,两者相杂,而非只有善或只有恶。正是在此基础上,扬雄提出了自己的伦理思想,"学者,所以修性也。视、听、言、貌、思,性所有也。学则正,否则邪。"而所学结果,扬雄认为无非"天下有三门:由于情欲入自禽门,由于礼义入自人门,由于独智入自圣门"⑤。这也是扬雄所理解的人生道德修养的三种境界。

---

① 《原性》。
② 《扬雄论》。
③ 《庄子·在宥》。
④ 《春秋繁露·深察名号》。
⑤ 《法言·修身》。

二是性有善有恶说。性有善有恶说的理论观点是新颖的，因为以前的思想家论人性，无论是言性善，言性恶，言性无善无恶，言性超善恶，还是言性兼善恶诸说，皆以为人人同一无二，一切人之本性都是齐等的。而人性论中的性有善有恶说的理论则对此提出异议，认为人性并非人人等同的，而是一些人性善，另一些人则性不善。

这一思想也源于战国时代，"或曰：有性善，有性不善。是故以尧为君而有象，以瞽瞍为父而有舜。"① 这种认为有人性善有人性非善的观点，实际上把人性分为二品。这个思想到东汉终于发展成"性三品说"。"性三品说"是论述人性有善有不善说的最完整的理论。这种理论把人之性划分为三种类型，这三种类型被称为上、中、下三品。东汉思想家王充最早明确提出性三品说。他作为唯物主义的气一元论者，认为人性是禀受元气自然而成的，"禀气有厚薄，故性有善恶也。"② 他把这种厚薄分为三种：中人以上者（性善者）、中人以下者（性恶者）和中人（性善恶混者）。性三品说至唐代的韩愈，发展成更为完备的理论，这主要体现在韩愈在其最主要的著作《原性》中提出了将人性划分为上、中、下的性三品与情三品的理论。韩愈由此出发，同样认为虽然上、中、下三品之性不可改变，但通过德性教育，上品之性"就学而愈明"，下品之性"畏威而寡罪"，亦即"上者可教而下者可制"。这样，韩愈也同样强调了道德教育的必要性和重要性。

在人性善恶之争中，思想家们并非为论性而论性，而是为了在人性论的基础上探讨人的道德修养和教育的出发点问题。尽管在人性问题上众说纷纭，但其理论宗旨却是一致的，这就是强调礼义等道德教化的重要性和必要性。正是从这个意义上说，人性论的问题构成了中国古代伦理道德学说的出发点。

二、"成人"之道的探寻

中国古代伦理思想家对道德问题的探讨，中心问题就是"成人"之道，亦即理想人格的塑造。所以从先秦时代起，几乎所有的思想家都建构了自己关于"成人"之道的学说。

其一是"仁义"的理想人格。仁义的理想人格是儒家推崇的人生至道的理想。这一道德理想由孔子最先确立基本的内涵，然后经过孟子、董仲舒、朱熹等人的阐发，终于形成一套完整的儒家理想人格理论。孔子把"仁"的内涵定义为，"夫仁者，己欲立而立人，己欲达而达人。能近取譬，可谓仁之方也矣。"③ 按照中国哲学史专家冯契先生的理解，孔子在这里对"仁"的解说包含有两层意蕴：一是人道原则。"仁者，二人也"，故"仁"即肯定人的尊严，主张人与人之间的尊重与友爱，不仅"己欲立而立人，己欲达而达人"，而且"己所不欲，勿施于人"④。二是理性原则。肯定每个人都有仁义之心，而且人同此心，心同此理，即"能近取譬"⑤。正是基于这样一种对"仁"的理解，孔子在《论语》中对仁的具体表现作了很多的罗列。譬如，仁是爱人，"樊迟问仁，子曰爱人"；仁是克己复礼，"颜渊问仁。子曰：克己复礼为仁，一曰克己复礼，天下归仁焉。为仁由己，而由人乎哉？颜渊

---

① 《孟子·告子》。
② 《论衡·本性》。
③ 《论语·雍也》。
④ 《论语·颜渊》。
⑤ 冯契. 中国古代哲学的逻辑发展（上）[M]. 上海：华东师范大学出版社，1997：92.

曰：请问其目？子曰：非礼勿视，非礼勿听，非礼勿言，非礼勿动。"仁是能爱憎分明，"惟仁者，能好人，能恶人"；仁是勇敢，"仁者必有勇"；仁是刚毅坚强，"刚毅木讷近仁"，"巧言令色，鲜矣仁"；仁是不怕牺牲，"志士仁人，无求生以害仁，有杀身以成仁"；如此等等。所以，在孔子那里，"仁"具有极多的表现形式，而其中一个基本原则就是"己欲立而立人，己欲达而达人"。孔子还进一步认为，"仁"是一种优雅快乐的人生境界，"仁者不忧"①。但同时，他又强调了"仁"的境界不玄远也不神秘，"仁远乎哉？我欲仁，斯仁至矣。"②

孟子直接继承了孔子的仁学思想，但他更注重从仁义并举的角度理解道德上的这一仁义理想人格。在他看来，"仁，人心也；义，人路也。舍其路而弗由，放其心而不知求，哀哉！"③ 可见，孟子讲"仁"和孔子略有区别。孔子谈"仁"注重行为，孟子则把"仁"理解为内心态度，而这种"仁"的内心态度表现在外就是"义"。故孟子认为，"人皆有所不忍，达之于其所忍，仁也。人皆有所不为，达之于其所为，义也。"④ 所以，孔子讲"杀身成仁"，孟子讲"舍生取义"，"鱼，我所欲也；熊掌，亦我所欲也。二者不可得兼，舍鱼而取熊掌者也。生，亦我所欲也；义，亦我所欲也，二者不可得兼，舍生而取义者也。"⑤ 这里，孟子已初步探讨了在道德冲突中如何造就理想人格的问题。孟子还非常具体地描述过这种仁义的理想人格风貌，"富贵不能淫，贫贱不能移，威武不能屈。此之谓大丈夫。"⑥ 这是一种非常崇高的理想境界。显然，孟子关于理想人格的思想在中国的历史发展中产生了极为积极的影响作用。

自孟子之后，许多思想家都对"仁义"的理想人格作过探讨，其中董仲舒在继承了孔孟基本思想的基础上，还提出了一些精辟独到的观点。如在董仲舒看来，道德上的理想人格造就，要解决一个"人与我"的关系，"《春秋》之所治，人与我也。所以治人与我者，仁与义也。以仁安人，以义正我。故仁之为言人也，义之为言我也。"⑦ 因此，仁为爱，而仅爱自我非是仁，唯有同时也爱人方为仁；义为正，而仅正人非是义，只有同时也能正己方为义。这样，孔子"己欲立而立人，己欲达而达人"的人道和理性原则在这里就被进一步具体化了。

在仁义理想人格的塑造上，董仲舒十分强调"仁智并举"的原则。他认为"仁而不智，则爱而不别；智而不仁，则知而不为也"⑧。在董仲舒看来，能爱人为仁，有洞见之明为智；有仁而无智，则虽爱人而不能辨祸福利害，其行为结果往往以仁害人；有智而不仁，则虽能辨是非，却漠然无动于心，不肯去行仁义之举，终究也是不智。故唯有仁智两者并举，达到且仁且智的境界，才构成完美的理想人格。

其二是"兼爱"的理想人格。兼爱的理想人格是墨家学派的人生理想。他们把"兼爱"

---

① 《论语·子罕》。
② 《论语·述而》。
③ 《孟子·告子上》。
④ 《孟子·尽心下》。
⑤ 《孟子·告子上》。
⑥ 《孟子·滕文公上》。
⑦ 《春秋繁露·必仁且智》。
⑧ 《春秋繁露·必仁且智》。

视为道德上最高的善。这一思想为墨子最早创立,后来经过后期墨家的发扬光大,形成了在当时极有影响的一种人生至道理论。作为一种人生至道的追求,墨子并不否认义,所以他主张"万事莫贵于义"①,但他认为"义"之内涵即为"兼爱"。在墨子的伦理学说中,非常强调兼爱是道德之本和人生至道之境界的思想,"兼者,圣王之道也,王公大人之所以安也,万民衣食之所以足也。"②"若使天下兼相爱,爱人若爱自身……不慈者,盗贼,战争皆亡矣。"③ 正是从这个意义上我们可以认为孔子和墨子的理想人格都是人道主义的。

墨子还具体描绘了一个兼爱的理想社会和理想人格,"天下之人皆相爱,强不执弱,众不劫寡,富不侮贫,贵不傲贱,诈不欺愚。凡天下祸篡怨恨可使毋起者,以相爱生也。"④ 墨子又是道德问题上的功利主义者,他强调"兼相爱,交相利"。他认为,"爱人者,人必从而爱之。利人者,人必从而利之。恶人者,人必从而恶之。害人者,人必从而害之,此何难之有?"⑤ 故墨子非常强调兼爱则人己两利的功利主义思想。但与此同时,作为人生的一种最高道德理想,墨子又提出了无功利之兼爱。"文王之兼爱天下之博大也,譬之日月,兼照天下之无有私也。"⑥ 这种带着博爱的情怀犹如日月之光普照大地,而从不企望从中获得私利的兼爱理想人格,也是墨子自己所躬身践行的一种最高的理想人格。从这一点上讲,墨子的功利主义道德学说与西方的功利主义伦理观相比,显然又带有更多的利他主义品性。

墨子死后,墨家学派分成了几个学派,史家统称为后期墨家。在道德理想人格方面,《墨经》继承了墨子的"兼爱"理想,并作了进一步的阐发。墨子讲"兼爱"是不分彼此和远近,在原则上是一律平等的。但在道德的现实生活中,这种一律平等而视的爱只是一种抽象的可能性。所以,与孟子同时代的墨家学派人物夷之说:"之则以为爱无差等,施由亲始。"⑦ 后期墨家的其他思想家对这一问题进行了进一步的研究,提出了"伦列"的思想,"义可厚,厚之;义可薄,薄之。谓伦列。德行,君上,老长,亲戚,此皆所厚也。为长厚,不为幼薄,亲厚厚,亲薄薄。亲至,薄不至。"这即是说,爱无厚薄,不分彼此,但付诸实施时可分厚薄,因此,兼爱在这个过程中有一个秩序伦列问题。《墨经》这一思想无疑使"兼爱"的理想由抽象而变得具体了,这当然是理论上的一个进步。

由于儒家和墨家都在道德学说中强调一种人道主义原则,因而儒、墨两家在道德理想人格的建构方面常常是相通的。如在儒家的经典著作《礼记·礼运》所勾画的"大同"理想中,我们也可以看到其渗透着墨家的"兼爱"思想,"大道之行也,天下为公,选贤与能,讲信修睦。故人不独亲其亲,不独子其子,使老有所终,壮有所用,幼有所长,矜、寡、孤、独、废疾者皆有所养,男有分,女有归。货恶其弃于地也,不必藏于己;力恶其不出于身也,不必为己。是故谋闭而不兴,盗窃乱贼而不作,故外户而不闭,是谓大同。"这个大同的理想社会,无疑正是儒家仁爱和墨家兼爱理想人格的具体实现。从中华民族千百年的历史发展中可以发现,《礼运》的这一以兼爱为基础的"天下为公"的大同理想在中国历代志

---

① 《墨子·兼爱》。
② 《墨子·兼爱上》。
③ 《墨子·兼爱上》。
④ 《墨子·兼爱中》。
⑤ 《墨子·兼爱中》。
⑥ 《墨子·兼爱下》。
⑦ 《孟子·滕文公上》。

士贤人的道德理想追求中,产生了广泛而深远的影响。

其三是"无为"的理想人格。在先秦哲学中,除"仁义"与"兼爱"的理想人格理论之外,还有一种极有影响的道德理想学说,这就是道家的"无为"说。老子作为道家学派的创始人,建立了一个以"道"为基础的博大精深的思想体系。由此出发,老子反对儒、墨在道德上注重人道,强调教化的观点。因为在老子看来,道德无非是对天道的一种顺从,"人法地,地法天,天法道,道法自然。"① 自然本身是无为的,但这种无为却又是"天网恢恢,疏而不漏"②,故这其实又是一种无为中的有为。

为使他的"无为"理想人格具有说服力,老子进一步论证"有为"对人生的危害,即"有为"总带给人许多失败和烦恼。如,"为者败之,执者失之。是以圣人无为故无败,无执故无失。"③ 在老子看来,"为学日益,为道日损,损之又损,以至于无为,无为而无不为。"④ 所以,老子甚至声称人类应复归婴儿,"含德之厚,比于赤子","常德不离,复归于婴儿"⑤。因为婴儿是无为的,因这种无为,故婴儿是最有德的。为了达到这种"无为"之境,老子还探讨了基本的方法论原则,"吾有三宝,持而守之。一曰慈,二曰俭,三曰不敢为天下先。"⑥

老子在这里宣称的是一种无道德境界的道德境界,人生至道被理解为"无为而无不为"。由于任何道德追求中的仁义或兼爱均属人为,因而在老子看来,这都不是理想的人生境界。所以,老子反对仁义、智慧、孝慈、忠臣等伦理纲常,认为"大道废,有仁义;智慧出,有大伪;六亲不和,有孝慈;国家昏乱,有忠臣"⑦。

道家的这一理想人格至庄子而集大成,故后人合称"老庄理想"。庄子直接继承了老子的思想,明确认为善恶皆"有为",故皆有所累。"为善无近名,为恶无近刑,缘督以为经,可以保身,可以全生,可以养亲,可以尽年。"⑧ 认为为善与为恶皆为"名""刑"所累,唯有"无为"才构成道德上的最高理想境界。在庄子看来,"至人无己,神人无功,圣人无名。"⑨ 这种无己、无功、无名的理想人格也是庄子自己身体力行的人生最高准则。魏晋时期,无为思想又再度兴起。特别是这一时期的无为思想与玄学相结合,使"无为"的人生至道理论蒙上了玄秘的色彩。这一期间"无为"说的推崇者主要有阮籍、嵇康、向秀、郭象等人。这些思想家不仅在理论上阐发了无为的学说,而且还在实践上孜孜以求,乐此不疲,形成了后人称之为魏晋风度的人生态度。

可以肯定地说,无为的理想人格是充满矛盾的。人原本是有目的的存在物,因而必然要有追求某种目的的行动,这原为人之自然本性。道家主张人应当"无为",这恰恰违背了人之自然之性。而且,"无为"的人格理想必然使道德主体陷于一种貌似豁达解脱,实质却是

---

① 《老子》二十五章。
② 《老子》七十四章。
③ 《老子》六十四章。
④ 《老子》四十八章。
⑤ 《老子》二十八章。
⑥ 《老子》六十七章。
⑦ 《老子》十八章。
⑧ 《庄子·养生主》。
⑨ 《庄子·逍遥游》。

定向宿命论的迷误之中。这正如庄子所云:"得者,时也;失者,顺也。安时而处顺,哀乐不能入也。此古之所谓悬解也。"① 显然,这正是一种典型的宿命论的人生观。

可以说,儒家的"仁义"理想对中华民族的文化传统乃至于整个社会历史产生了最广泛而深远的影响。墨家的"兼爱"理想则在我们民族的心态和德性中积淀了诸如宽厚之类的品行。道家的"无为"理想,则主要在知识阶层(士大夫)中拥有极多的崇尚者。这一理想人格虽然在封建专制制度下能给人的心性以一定的自由空间,但毕竟带有较浓厚的消极无为的特性,比之于儒家的追求仁义、崇尚刚健有为之理想人格的思想而言,其积极性显然要小得多。

【知识卡片】6—1 中国传统哲学的理想人格论及其现代意义

三、义利、欲理(道)、人我、志功、生死之辩

其一是义利之辩。在中国古代伦理思想体系中,"义"一般指仁义道德;"利"则指物质利益、功利等。义利之辩是中国伦理思想史上讨论和争论最多也最为激烈的问题之一。事实上,它也构成了中国古代伦理思想理论中最基本的一对范畴。

尚义反利主要是先秦儒家的义利观。孔子最早探讨了义与利的问题:"子路曰:君子尚勇乎?子曰:君子义以为上。君子有勇而无义为乱,小人有勇而无义为盗。"② 由此,孔子把义与利对立起来,提出了所谓"君子喻于义,小人喻于利"③ 的命题。孟子把孔子的义利观进一步发展了,他强调"惟义所在","大人者,言不必信,行不必果,惟义所在。"④ 据《孟子·梁惠王》篇记载,当孟子游说梁惠王时,梁惠王问他:"何以利吾国?"孟子的回答是:"王何必曰利?亦有仁义而已矣。"孟子尚义反利的另一个重要内容是主张舍身取义的牺牲精神。汉代儒家的主要代表人物董仲舒也继承了孔孟尚义反利的基本思想。《汉书·董仲舒传》中就记载了董仲舒提出的"正其义不谋其利,明其道不计其功"的著名命题。此命题深得后世儒者的景仰和推崇。宋代的朱熹就极推崇这一思想,认为这一"义利之说,乃儒者第一义"⑤。

作为战国后期儒家的主要代表人物,荀子的思想则和孔孟的尚义反利思想有所不同。他从性恶论和化性起伪的理论出发,明确认为义和利皆为人固有的两种追求,只不过其中义是第一位的,而利是第二位的。所以,荀子认为:"义与利者,人之所以两有也。虽尧舜不能去民之欲利,然而能使其欲利不克其好义也……故义胜利者为治世,利克义者为乱世。"⑥ "不学问,无正义,以富利为隆,是俗人者也";"惟利所在,无所不倾,若是则可谓小人矣。"⑦ 可以看出,荀子在义利关系问题上比孔孟的观点要更符合人性存在的本来面目,尤其是他既反对以义反利的片面性,又鄙视"惟利所在,无所不倾"的不道德行为,这无疑是非常合理的。

墨子则明确反对儒家的义利观,提出义利统一和并重的思想,即义利是统一的,义即

---

① 《庄子·大宗师》。
② 《论语·阳货》。
③ 《论语·里仁》。
④ 《孟子·离娄下》。
⑤ 《朱子大全集·与延平李先生书》。
⑥ 《荀子·大略》。
⑦ 《荀子·儒效》。

利。墨子贵义，声称"天下莫贵于义"①；但对什么是"义"的理解，他和同时代的思想家不同，他主张义即是利。如他认为考察统治者是否仁义，应当要"观其中国家百姓人民之利"②。百姓人民之利，就是墨子认为的最高的"义"。墨子这个义利统一的思想到了明清之际发展为义利并重的学说。由于直接秉承儒家尚义反利思想传统的宋明理学把义与利绝对割裂了，特别是"正其谊不谋其利，明其道不计其功"之类的说法显然是有悖情理的。于是，明清一大批具有启蒙思想的伦理学家，便在批判宋明理学的基础上提出了义利并重的观点，这其中的主要代表人物是颜元。他在《四书正误》这部具有启蒙思想的著作中曾这样写道："后儒乃云：正其谊不谋其利，过矣！宋人喜道之，以文其空疏无用之学。予尝矫其偏，改云：正其谊以谋其利，明其道以计其功。"可以说，这一义利并重，强调在正义明道的前提下求得功利的思想，在当时的历史条件下已具有了相当进步的启蒙意义。

道家的态度与儒墨均不相同，既排斥利，亦摈弃义。庄子认为："死生无变于己，而况利害之端乎？"③ 这一义利皆斥的思想源于道家崇尚自然无为的基本观点。因为义利皆属人为，庄子认为它们有累自然的心性，必须摈弃。

儒家的尚义反利和重义轻利的传统对中华民族的文化心态影响最大。这一影响积淀了中国传统伦理文化中一种深沉的重义轻利传统，而且，这样一个传统至今仍深深影响着当代的道德理论和实践。

其二是欲理（道）之辩。在中国传统伦理学家那里，欲，是指欲望、人欲，而理则是指宇宙的法则、道德的规范或理智的原则。在古人看来，人有七情六欲，而如何对待人欲，如何处理人欲与天理之间的关系，就成为伦理思想家们讨论的一个基本问题。这一探讨在中国古代伦理思想史上具体表现为绵延不绝的欲理（道）之争。

先秦儒家和墨家都主张节欲。孔子说过："七十而从心所欲，不逾矩。"④ 孟子则称："养心莫善于寡欲。其为人也寡欲，虽有不存焉者，寡矣。"⑤ 在孔孟看来，人不可能无欲，但欲又是必须有节制的，这个节制的标准就是"仁义"。因此，孟子说："生，亦我所欲也；义，亦我所欲也，二者不可得兼，舍生而取义者也。"⑥

荀子比孔孟更倾向于承认人之欲。他反对片面去欲或寡欲。在他看来，人的欲望只要善于节制即是合理的："虽为天子，欲不可尽；欲虽不可尽，可以近尽也；欲虽不可去，求可节也。"⑦ 荀子对人欲的基本伦理态度是："进则近尽，退则求节。"荀子还论述了节欲的必要性，因为每个人都追求自己的欲望，欲望与欲望之间必然产生矛盾和冲突，"人生而有欲，欲而不得，则不能无求；求而无度量分界，则不能不争；争则乱，乱则穷。"⑧ 至于如何节欲，荀子亦主张必须以道制欲。"以道制欲，则乐而不乱；以欲忘道，则惑而不乐。故

---

① 《墨子·贵义》。
② 《墨子·非命上》。
③ 《庄子·齐物论》。
④ 《论语·为政》。
⑤ 《孟子·尽心下》。
⑥ 《孟子·告子上》。
⑦ 《荀子·正名》。
⑧ 《荀子·礼论》。

乐者所以道乐也。"①

墨子也有节欲的观点。他重苦行，主张"生不歌，死无服"，"以绳墨自矫，而备世之急"。但墨子从唯物主义的经验论出发，同样承认人的基本欲望应该满足。所以他曾这样说过："民有三患：饥者不得食，寒者不得衣，劳者不得息。三者民之巨患也。"② 因而墨子所反对的是侈欲："且夫仁者之为天下度也，非为其目之所美，耳之所乐，口之所甘，身体之所安。以此亏夺民衣食之财，仁者弗为也。"③

道家则主张无欲，认为欲是危害人生的。故老子称："不欲以静，天下将自正。"④ 当然，老子也无法否认人从根本上讲是有欲的，故他又声称"无欲"乃是指人应知足常乐，使欲望降低到最小的程度。"罪莫大于多欲，祸莫大于不知足，咎莫大于欲得，故知足之足，常足矣。"⑤ 庄子也主张人生应当无欲。他认为"其嗜欲深者，其天机浅"⑥。他主张"同乎无欲，是谓素朴，素朴而民性得矣"⑦。显然，道家的无欲说是以无为说及天人合一理论为其理论基础的，也是其无为之人生理想的必然反映。

值得注意的是，在中国古代也有过放纵欲望的伦理态度。在中国伦理思想史的发展中，早在先秦时便有纵欲的理论和实践。《荀子·非十二子》中曾记载过这一主张："纵情性，安恣睢，禽兽行，不足以合文通治；然而其持之有故，其言之成理，足以欺惑愚众，是它嚣、魏牟也。"只是这奉行纵欲人生观的它嚣、魏牟其人其事已不见史籍记载。魏晋时代，在"任其自为"的人生理想指导下，纵欲说开始不仅在理论上较系统地阐述，而且在实践中被极多的人所奉行。在《列子·杨朱》⑧中就有这样的记载："人之生也，奚为哉？为美厚尔，为声色尔……恣耳之所欲听，恣目之所欲视，恣鼻之所欲向，恣口之所欲言，恣体之所欲安，恣意之所欲行。"在《列子·杨朱》的作者看来，世人之所以不敢为所欲为，而要一味地节欲寡欲或无欲，此皆为名声性命所累。"生民之不得休息，为四事故：一为寿，二为名，三为位，四为货。有此四者，畏鬼畏人，畏威畏刑，此之谓遁人也。可杀可活，制命在外。不逆命，何羡寿？不矜贵，何羡名？不邀势，何羡位？不贪富，何羡货？此之谓顺民也。"显然这已是一种极端的纵欲主义观点了。

继魏晋玄学思潮之后，重新恢复儒学权威的宋明理学在欲理问题上，则把儒家的节欲理论发展至极端。譬如，朱熹就明确把"理"与"欲"对立起来，认为必须存天理，灭人欲，"学者须是革尽人欲，复尽天理，方始为学。"⑨ 在朱熹看来，"人欲云者，正天理之反耳，谓因天理而有人欲，则可；谓人欲亦是天理，则不可。盖天理中，本无人欲；惟其流之有差，遂生出人欲来。"⑩ 因此，朱熹认为，存理灭欲是德性修养的最重要功夫。

---

① 《荀子·乐论》。
② 《墨子·非乐上》。
③ 《墨子·非乐上》。
④ 《老子》三十七章。
⑤ 《老子》四十六章。
⑥ 《庄子·大宗师》。
⑦ 《庄子·马蹄》。
⑧ 《列子》有《杨朱》等八篇留传后世。就其反映的思想观念而言，完全是西晋门阀士族阶级的处世态度，故不可能是先秦杨朱的作品，所以现存的《列子》一书学界认为应当是晋人伪托。
⑨ 《朱子语类》卷十三。
⑩ 《朱文公文集·答何叔京》卷四十。

与朱熹相似，宋明理学家一般也都主张"存天理，灭人欲"。但是，存理去欲的学说有一个致命的缺陷，这就是它无法回避人欲的存在是一个客观的事实，否则人之生命将不复存在。为了解决这个矛盾，朱熹只得对"存天理，灭人欲"的理论作一个补充，这就是不得不承认最基本的人欲乃是天理。故当他的学生问"饮食之间，孰为天理，孰为人欲？"时，朱熹也只得答曰："饮食者，天理也；要求美味，人欲也。"① 朱熹对存理去欲说的这一补充，貌似使理论完善了，但实质上恰恰暴露了这一"存天理，灭人欲"之伦理主张的虚妄性。

其三是人我之辩。自我与他人的关系问题，构成人生的一个基本的事实存在，也是人类道德冲突和纷争很重要的一个根源。中国古代伦理思想家对这一问题的探讨，具体就表现在人我之辩中。

在人我关系问题上，墨家明确主张"兼爱天下"的利他主义精神。孟子在谈到墨子时说："墨子兼爱，摩顶放踵利天下，为之。"这是对墨家利他主义思想的具体描述。《庄子·天下》中称："墨子称道曰：昔者，禹之湮洪水，决江河，而通四夷九州也，名川三百，支川三千，小者无数。禹亲自操……腓无胈，胫无毛，沐甚雨，栉疾风，置万国。……夜不休，以自苦为极……虽枯槁不舍也。"由此可见，墨子是极为推崇大禹的自我牺牲精神的，并以此为效法的准则。他和他的弟子们在自己的生活实践中的确是以"兼爱天下"的胸怀，在"自苦为极"的过程中，实现利他主义的道德理想追求的。

儒家也积极主张忧国忧民的利他主义精神。孔子一生所积极从事的社会活动，都是这种利他精神的具体体现。但儒家似乎不如墨家那样具有"摩顶放踵""以自苦为极"的积极进取性，而是更倾向于主张"用之则行，舍之则藏，惟我与尔有是夫"②。所以当孔子周游列国，到处碰壁后，便居家隐退，从事教学和整理古籍的活动。孟子把孔子这一"用之则行，舍之则藏"的思想进一步阐发了，以他的话说就是"得志，泽加于民；不得志，修身见于世。穷则独善其身，达则兼善天下"③。

儒家的这一思想虽然没有墨家思想那样带有理想主义色彩，但这种"独善"与"兼善"的态度却比较现实，也更符合人生处世的原则。也因此，在人我之辩中儒家这一"穷则独善其身，达则兼善天下"的人生态度较之墨家在尔后的中国思想史上有更大的影响作用。

其四是志功之辩。中国伦理思想史上的志功之辩涉及的是伦理学理论中的动机与效果的关系问题。志功之辩所要探讨的问题是道德的标准问题，亦即是说，是以"志"还是以"功"抑或志功合一去评价一个人是否有德行的问题。

墨子最早提出志功问题。据《墨子·鲁问》篇记载："鲁君谓子墨子曰：我有二子，一人者好学，一人者好分人财，孰以为太子而可？子墨子曰：未可知也。或所为赏誉为是也。钓者之恭，非为鱼赐也，饵鼠以虫，非爱之也。吾愿主君之合其志功而观焉。"在墨子看来，行为评价的标准只能是"合其志功而观"。这样，墨子就把动机与效果统一起来了。与此同时，墨子也强调动机的重要性。《墨子·耕柱》中有文道："巫马子谓子墨

---

① 《朱子语类》卷十三。
② 《论语·述而》。
③ 《孟子·尽心上》。

子曰：子兼爱天下，未云利也；我不爱天下，未云贼也。功皆未至，子何独自是而非我哉？子墨子曰：今有燎者于此，一人奉水将灌之，一人掺火将益之，功皆未至，子何贵于二人？巫马子曰：我是彼奉水者之意，而非夫掺火者之意。子墨子曰：吾亦是吾意，而非子之意也。"所以，墨子认为在"功皆未至"的情况下，则应该注重考察主体的行为动机以作善恶的评价。

孔子没有专门论述过志功问题，但他评论他人是否达到"仁"的境界时，是志功并重的。他有时强调"功"，"桓公九合诸侯，不以兵车，管仲之力也。如其仁！如其仁！"[①] 有时又强调"志"，"微子去之，箕子为之奴，比干谏而死。孔子曰：殷有三仁焉。"[②] 三人功异但志同，所以孔子均称之为仁。这显然又是从动机中评判的。孟子虽尚义反利，但并无尚志反功的观点。相反，他倒是承认"功"在道德评价中的作用。所以，孟子曾盛称管仲之"功"："当今之时，万乘之国行仁政，民之悦之，犹解倒悬也。故事半古之人，功必倍之，惟此时为然。"[③] 孔孟这种对"功"的肯定，虽受"尚义反利"思想的限制，但毕竟是合理的和有意义的。

宋明理学的思想家没有专门讨论志功问题，因为理学更注重"存天理，灭人欲"的探讨。但据史籍记载，从朱熹和陈亮对汉高祖和唐太宗的不同评价中，我们可以发现两人分别有"重志"和"重功"之争。朱熹鄙视汉高祖和唐太宗，这主要是从"志"上予以否定的，"视汉高帝、唐太宗之所为而察其心，果出于义耶，出于利耶？……吾恐其无一念之不出于人欲也。"[④] 陈亮则从"功"上肯定了汉高祖和唐太宗，"汉唐之君本领非不洪大开廓，故能以其国与天地并立，而人物赖以生息。"[⑤] 从朱熹与陈亮的"重志"与"重功"之争中可看出，两人在志功问题上是各有偏重的。

其五是生死之辩。生死亦为人生一重要问题。生的价值在死那里都丧失了，而死又是不可避免的。这样，如何生才能不畏死，如何死才能又转换为生，即不朽，就很自然地被中国古代伦理思想家以生死之辩的形式加以探讨和研究。

儒家对生死问题一贯持"生者乐生，死者乐死"的态度，所以孔子对于死的问题一般不太注重。"敢问死。子曰：未知生，焉知死！"[⑥] 这是一种"人事天命"的较积极态度。也因此，孔子的得意弟子曾子对死就有了"以死为息"的说法："曾子有疾，召门弟子曰：启予足，启予手。《诗》云：战战兢兢，如临深渊，如履薄冰。而今而后，吾知免夫，小子！"[⑦] 曾子把人生理解为一种谨慎勉力的重负，而死则把这一切重负都免去了。由于儒家在死的问题上采取了一种较为洒脱超然的态度，所以在其伦理价值原则和人生至道的追求中十分强调"杀身成仁""舍生取义"的壮举，这无疑是有积极意义的。

道家在生死问题上则持"生死齐一"的思想。在先秦诸子百家中，道家在生死问题上的论述最为详尽，而这其中又以庄子的思想最为典型。在庄子看来，生死无非是自然之变

---

① 《论语·宪问》。
② 《论语·微子》。
③ 《孟子·公孙丑上》。
④ 《朱文公文集·答陈同甫》卷三十六。
⑤ 《陈亮集·甲辰答朱元晦》卷二十八。
⑥ 《论语·先进》。
⑦ 《论语·泰伯》。

化,"死生,命也。其有夜旦之常,天也。人之有所不得与,皆物之情也。"① 故庄子也认为必须对死采取超脱的态度。"夫大块载我以形,劳我以生,佚我以老,息我以死。故善吾生者,乃所以善吾死也。"② 尤其独特的是,庄子提出了生死齐等的观点:"胡不直使彼,以死生为一条"③;"孰能以无为首,以生为脊,以死为尻,孰知生死存亡一体者,吾与之友矣!"④ 所以他认为对生死必须有"不知说(悦)生,不知恶死"⑤的洒脱超然之心境。在《庄子·外篇》中有了庄子妻死,而庄子鼓盆而歌的记载。庄子及道家学派对生死问题的论述一方面无疑充满了辩证法的深邃和睿智,但另一方面把生死视为齐一,便也否认了生之价值,这显然又失之偏颇。在这一点上儒家"未知生,焉知死"的观点对现实人生无疑要更积极一些。

在生死问题上中国古代伦理思想传统还有一大特点,这就是以儒家为代表的思想家们一般不相信灵魂不死,所以哲人们更倾向于探讨死后如何不朽的问题。这事实上也是一个死如何向生的转化问题。在中国古代思想史上,早在《左传》中便有"三不朽说","太上有立德,其次有立功,其次有立言。虽久不废,此之谓不朽。"这一死后如何达到不朽的思想亦为其后的思想家所继承。所以,孔子说:"齐景公有马千驷,死之日,民无德而称焉。伯夷、叔齐饿于首阳之下,民到于今称之。"⑥ 显然,在孔子看来,齐景公"有朽",而伯夷、叔齐"不朽"。孟子也从功垂千古这一意义上讲不朽:"君子创业垂统,为可继也。"⑦ 这正是儒家强调通过创业而使自己短暂生命走向永恒不朽的基本含义。也正是在这个思想的影响下,儒家对生与死有了"生则乐生,死则乐死"的积极坦然态度。可以说,儒家这一对人之生死的基本伦理态度,集中代表着我国传统文化在生死观上的普遍心态。

第三节 中国传统伦理道德的现代意义

随着社会的发展,中国传统伦理道德在继承自身传统性和独立性的同时,也要满足不同时代的需求。但是,中国传统伦理道德中塑造民族性格和优良道德传统的因素依然具有极强的生命力。因此,我们要本着继承和批判相结合的态度,汲取中国传统伦理道德的有益成分,构建符合中国特色社会主义建设新时代需求的伦理道德思想体系。在构建过程中,中国传统伦理道德具有以下三方面的意义:

一、中国传统伦理道德对公民道德建设的意义

在中国传统伦理道德中,"仁爱"是最具有核心意义和价值的德目。孔子说:"夫仁者,

---

① 《庄子·大宗师》。
② 《庄子·大宗师》。
③ 《庄子·德充符》。
④ 《庄子·大宗师》。
⑤ 《庄子·大宗师》。
⑥ 《论语·季氏》。
⑦ 《孟子·梁惠王下》。

己欲立而立人，己欲达而达人。能近取譬，可谓仁之方也矣。"① "孝悌也者，其为仁之本欤。"② "樊迟问仁。子曰：爱人。"③ "颜渊问仁。子曰：克己复礼为仁。一日克己复礼，天下归仁焉。为仁由己，而由人乎哉？颜渊曰：请问其目？子曰：非礼勿视，非礼勿听，非礼勿言，非礼勿动。"④ "惟仁者，能好人，能恶人。"⑤ 孟子说："仁，人心也；义，人路也。舍其路而弗由，放其心而不知求，哀哉！"⑥ "富贵不能淫，贫贱不能移，威武不能屈。此之谓大丈夫。"⑦ 儒家所倡导的这种仁爱思想不仅可以很好地处理人与人之间的伦理关系，也是构建和谐人际关系的重要道德准则，对于公民道德建设依然发挥着重要的作用。

二、中国传统伦理道德对职业伦理道德建设的意义

在中国传统伦理道德中，涉及了许多具体的职业道德规范。《尚书》中记载了官吏的道德规范，"宽而栗，柔而立，愿而恭，乱而敬，扰而毅，直而温，简而廉，刚而塞，强而义。"孔子认为，为政者的职业道德应该是"政者，正也，子帅以正，孰敢不正？"⑧《孙子兵法》中记载了军人的职业道德规范，"将者，智、信、仁、勇、严。"《黄帝内经》有关于医德的记载，从"疏五过""征四失"到扁鹊"随俗而变"的高尚医德。孙思邈在《太医精诚》中制定了医德的标准为，"不得问其贵贱贫富，长幼妍媸，怨亲善友，华夷愚智，普同一等，皆如至亲之想。"韩愈将师德概括为，"传道""授业""解惑"。这些职业规范至今仍是相关职业道德规范的重要内容。

三、中国传统伦理道德对家庭伦理道德建设的意义

中国传统伦理道德始终强调"家国同构"，讲求"修身，齐家，治国，平天下"。因此，在中国传统伦理道德中，非常关注家庭伦理关系的建构和维系，强调个人在家庭、国家等人伦关系中的地位和应尽的义务。《周易·序卦》中云："有天地然后有万物，有万物然后有男女，有男女然后有夫妇，有夫妇然后有父子，有父子然后有君臣，有君臣然后有上下，有上下然后礼义有所措。"《尚书》中有"父义、母慈、兄友、弟恭、子孝"的"五教"，《孟子》中有"父子有亲，君臣有义，夫妇有别，长幼有序，朋友有信"的"五伦"，《礼记·礼运》中有"父慈、子孝、兄良、孝弟、夫义、妇贞、长惠、幼顺、君仁、臣忠"的"十义"等。可以说，中国传统伦理道德中有极为丰富的家庭伦理道德规范。虽然在中国传统伦理道德中关于家庭伦理的内容中有不合理的成分，但合理的成分还依然具有极强的现实价值。

在18世纪的法国思想家眼中，中国以儒家为代表的传统道德就具有理性的启蒙价值。伏尔泰就认为，孔子的"以德教人"的修身治国之道比之于求助于神的启示要高明千百倍。

---

① 《论语·雍也》。
② 《论语·学而》。
③ 《论语·颜渊》。
④ 《论语·颜渊》。
⑤ 《论语·里仁》。
⑥ 《孟子·告子上》。
⑦ 《孟子·滕文公上》。
⑧ 《论语·颜渊》。

霍尔巴赫断言，中国古代以道德为基础的"德治"传统应该为欧洲提供范本。英国的著名学者汤因比也对中国儒家伦理对未来世界精神文明的积极影响深信不疑。因此，中国传统伦理道德不仅对中国特色社会主义现代化建设有积极的促进作用，而且也将对世界文明与文化的发展和进步产生深远的影响。

思考与探究

1. 简述中国传统伦理道德的发展历程。
2. 简述"仁"的基本内涵在中国传统伦理道德中的地位。
3. 论述中国传统伦理道德的现代意义，并举例说明。

拓展阅读

1. 《中国伦理学史》，蔡元培著，东方出版社1996年出版。
2. 《中国伦理学说史》，沈善洪、王凤贤著，浙江人民出版社1985年出版。
3. 《中国伦理精神的历史构建》，樊浩著，江苏人民出版社1992年出版。

第七章

中国传统文学

学习目标

1. 了解中国传统文学的发展历程。
2. 掌握中国传统文学的文化性格和基本特色。
3. 理解中国传统文学的现代意义。

内容概要

中国传统文学是中国传统文化中最为重要的组成部分，是中国传统文化历经了3000多年从未断裂的积淀，中国传统文学所形成的辉煌成就是世界文化宝库中一块光芒四射的瑰宝。在不同的历史时期，中国传统文学形成了"一代有一代之所胜"的发展态势，其中所形成的不同文体，在不同的历史时期达到了发展的巅峰，成为后人所无法企及的文学典范。中国传统文学在发展历程中，以上古歌谣和神话为开端，先秦有《诗经》《楚辞》、散文，两汉有汉赋、汉乐府，魏晋南北朝有诗文，唐代有唐诗，宋代有宋词，元代有元杂剧，明清有小说，可谓代代有高峰且名家辈出，创造了契合于时代发展的文学经典，深刻地体现着中国文化的基本精神。中国传统文学的文化性格主要包括诗化的文学、注重理趣的文学和强调意境的营造；基本特色包括文以载道的教化传统，关注现实的理性精神，写意手法与中和之美。另外，中国传统文学还具有爱国主义教育、民族凝聚、审美教育等具有现代意义的功能。

第一节 中国传统文学的发展历程

一、先秦时期

先秦时期是中国传统文学发生和发展的最早阶段。作为中国传统文学的源头，先秦文学包括中国传统文学萌芽的上古歌谣和神话,春秋战国时期诗歌的杰出代表《诗经》《楚辞》、诸子散文和历史散文等,其中《诗经》和《楚辞》是中国传统文学中诗歌的源头,开创了中国文学现实主义和浪漫主义写作手法的先河。先秦文学是中国传统文学的前提和基础,在中国传统文学史上有极为重要的地位。

(一) 上古时期

在远古时期,文字还未产生之前,人们在从事劳作的过程中就开始了文学艺术的创作。由于当时社会发展水平的限制,人们所形成的文学样式主要包括口耳相传的歌谣和神话。《蜡辞》中记载:"土,反其宅!水,归其壑!昆虫,勿作!草木,归其泽!"这大概就是一首有关农事的祭歌。《吴越春秋·勾践阴谋外传》中记载的《弹歌》:"断竹,续竹,飞土,逐宍(肉)。"这首歌谣以二言的形式,表现了原始先民制造弹弓和狩猎的劳动生活场景。虽然这些歌谣语言很古朴,但已具备了诗歌的基本韵律。

神话是远古先民运用幻想的方式对无法认知和解释的自然现象、社会现象进行的口头艺术创作。女娲补天、后羿射日、精卫填海等神话故事就是该时期留存下来的文学艺术形式。上古时期的歌谣和神话等文学形式,是中国传统文学的萌芽。随着文字的产生,中国传统文学从口耳相传进入书面文学的阶段。

(二) 春秋战国

作为中国传统文化的"轴心时期",春秋战国时代也孕育出了中国传统文学的"基因"。该阶段的文学样式主要包括诗歌和散文。

1. 诗歌

《诗经》是我国最早的一部诗歌总集,记录了从西周初年至春秋中叶(公元前11世纪至公元前6世纪)的诗歌305篇。因此,《诗经》又被称作"诗三百"。根据音乐类型的不同,《诗经》分为风、雅、颂三个部分。其中,风又称"国风",是地方乐歌,包括十五个地区所采集的民间歌谣160篇;雅分为"大雅""小雅",是宫廷宴饮的乐歌,共105篇;颂分为"周颂""鲁颂""商颂",是宗庙祭祀的乐歌,共40篇。

在内容上,《诗经》中300多首诗从不同的角度展现了从西周到春秋中叶五六百年间的社会生活图景,形象而真实地反映了当时社会的真实生活,体现了"饥者歌其食,劳者歌其事"的写实倾向,开创了中国古典文学的现实主义传统。如"王风"中的《君子于役》写道:"君子于役,不知其期。曷至哉?鸡栖于埘,日之夕矣,羊牛下来。君子于役,如之何勿思!"该诗真实地写出了丈夫戍役,归期茫茫,在家的妻子思念丈夫的凄婉动人之情。在艺术手法上,《诗经》影响后世的是"赋、比、兴"的艺术手法。其中,赋是直接铺叙陈述;比就是比喻和比拟;兴是起兴,从眼前所见引起所咏之事。如《关雎》中用"关关雎鸠,在河之洲"起兴,引出下文的"窈窕淑女,君子好逑"。在《诗经》中,由于其写实的写作风格,在艺术手法中"赋"使用得最多。

【知识卡片】7-1
毛诗选(节选)

《楚辞》是先秦时期另一部具有代表性的诗歌总集。"楚辞"是战国时期兴起于楚国的一种诗歌样式。在形式上,《楚辞》突破了《诗经》以四言为主的格式,形成了以六言、七言为主,多以"兮"结尾,参差灵活的格式。《楚辞》在《诗经》现实主义的基础上,以丰富的想象、瑰丽的语言开创了中国古典文学浪漫主义的先河。作为《楚辞》的主要作者，屈原是楚国的贵族，因报国无门而自投汨罗江。屈原的代表作有《离骚》《九歌》《九章》《天问》等，其中，最具代表性的是《离骚》。《离骚》共有373句，2400余字。该诗是屈原"发愤以抒情"的政治抒情诗。屈原运用丰富和奇特的想象、炽热的情感和绮丽的语言，展现了作者强烈的爱国主义情感和对美好事物的追求。在诗中，屈原使用大量的比兴手法，如"香草、美人"等，成为后世诗人常用的诗歌创作手法。诗中的许多佳句，如"路漫漫其修远兮，吾将上下而求索""亦余心之所善兮，虽九死其犹未悔"等流传至今。《离骚》是楚辞中最为杰出的代表作，故"楚辞"又称为"骚""骚体"。汉代有许多的作家秉承了屈原的写作传统和手法，如宋玉、贾谊等，创作了诸多的文学作品。汉代刘向、王逸等学者将这些文学作品整理成集，即《楚辞》。作为中国古代诗歌的两大源头，《诗经》和《楚辞》被合称为"风骚"。

2. 散文

散文也是最早的文学样式之一。先秦散文在内容上主要可以分为历史散文和诸子散文两大类。历史散文的主要内容就是记载历史，写作手法主要是叙事。先秦的历史散文主要包括《尚书》《春秋》《左传》《国语》《战国策》和《晏子春秋》等。其中，《左传》是编年体，《国语》《战国策》是国别体，《晏子春秋》主要记录个人言行。《左传》是中国第一部叙事详尽的编年体史书，也是该时期历史散文中文学成就最高的一部。相传《左传》为鲁国史官左丘明所作。在内容上，《左传》以《春秋》为纲，记载了春秋时代250多年间各国的政治、军事和外交活动，反映了当时社会极具变革的历史现实。《左传》对晋楚鄢陵之战、秦晋崤之战等战争场面的描述，对重耳、郑伯等人物的刻画在文学上有很高的造诣。

在春秋末期，社会的急剧变迁催生了士阶层的诞生，形成了百家争鸣的局面，产生了诸子散文。诸子散文主要包括三个时期：第一个时期是春秋末年到战国初期，诸子散文的文体主要是语录体，代表作是《论语》；第二个时期是战国中叶，诸子散文由语录体向对话体、论辩体过渡，代表作有《孟子》《庄子》；第三个时期是战国后期，诸子散文发展成专题论著，代表作有《荀子》《韩非子》和《吕氏春秋》。

二、两汉魏晋南北朝时期

自汉代建立后，中国传统文学获得新的发展。在春秋战国时期文学发展的基础上，两汉魏晋南北朝时期在诗歌、散文、小说、文艺理论等方面都有很高的造诣。汉乐府、五言古诗在该时期取得了很高的成就；介乎于韵文和散文之间的汉赋在该时期达到了鼎盛；两汉的散文以历史散文和政论散文最为突出，《史记》和《汉书》代表了该时期历史散文的最高成就；该时期的小说主要是笔记小说，代表作主要有《世说新语》等。另外，该时期还出现了多部影响深远的文学理论和文学批评著作，如《典论·论文》《文心雕龙》等。

（一）诗歌

在两汉期间，产生了一种新的诗歌形式，即乐府诗。在汉代，朝廷设立了专门承担乐府职能的管理机构，称为"乐府"。该机构采集和收录各地的民歌，将其保存下来，被后人称为"乐府诗"。乐府诗主要包括三类，有贵族文人所作的颂歌、军乐和民间歌辞。在内容上，乐府诗沿袭了《诗经》的现实主义传统，真实而广泛地反映了当时的社会生活。乐府诗的题材内容较为广泛：有反映战争的，如《十五从军征》《战城南》；有反映生活艰辛的，如《东门行》《妇病行》；有反映爱情生活的，如《上邪》《孔雀东南飞》等。其中，《孔雀东南飞》通过焦仲卿和刘兰芝的婚姻悲剧，鞭笞纲常礼教的罪恶，热情地歌颂了二人忠于爱情、宁死不屈的精神。乐府诗中的叙事诗占到了多数，《汉书·艺文志》中称，汉乐府民歌"感于哀乐，缘事而发"。

在乐府诗的影响下，汉代文人创作出了五言诗。五言诗中最为著名的是抒情诗《古诗十九首》。诗歌的作者多为下层文士，他们借助于诗歌抒发自己的人生失意和离愁别绪等情感。与乐府诗长于叙事不同的是，《古诗十九首》重于抒情，刘勰曾在《文心雕龙》中评价道："婉转附物，怊怅切情，实五言之冠冕也。"

汉末魏初，中国诗歌史上掀起了第一次文人诗歌创作的高潮。合称为"三曹"的曹操、曹丕、曹植，有"建安七子"之称的孔融、王粲、阮瑀和刘桢等人，是该时期诗歌的杰出代表。建安诗歌大都反映了当时社会的动荡，表达了诗人们渴望建功立业，一统天下的雄心壮志。同时，伴随着社会的发展，诗人们开始重视自我，主张个性张扬，追求自我，形成慷慨之气，文学史上将其称为"建安风骨"。

（二）汉赋

赋是汉代最具代表性的一种文学样式。赋脱胎于楚辞，介乎于散文与韵文之间，具有铺陈描摹、夸饰渲染、语言华丽的特征。在题材内容上，汉赋主要有两种，一种是大赋，主要是以铺陈排比、歌功颂德为主。如，枚乘的《七发》、司马相如的《子虚赋》和《上林赋》、扬雄的《甘泉赋》、班固的《两都赋》、张衡的《二京赋》等。西汉的司马相如是大赋的杰出代表，他在《子虚赋》中使用大量的对偶、排比等句式，假托楚国子虚和齐国乌有之间展开对话。子虚赞美楚国的云梦之泽和楚王田猎的盛况，他说："楚有七泽，尝见其一，未睹其余也，臣之所见，持其小者耳，名曰云梦。"而乌有则对齐国的大好河山和物产进行了夸赞，他说，齐国的渤澥、孟诸可以"吞若云梦者八九于其胸中曾不蒂芥"。在两个人的对话中，作者运用华丽的辞藻对各种场景进行了铺陈夸张的描写。在《上林赋》中，作者借用虚构和写实的语句对皇家林苑的豪华进行了极尽铺陈和夸张的描写，歌颂了汉帝国的强大和汉天子的威严。与司马相如并称为"扬马"的扬雄，也是大赋的代表人物。东汉大赋的主要代表人物是班固和张衡。由于汉赋主要在于铺陈描写，因此只能发挥"劝百讽一"的作用。汉赋的另一种是小赋，主要是以抒情和比兴为主，如贾谊的《吊屈原赋》、张衡的《归田赋》等。汉赋，尤其是大赋，作者们运用丰富的想象、绮丽的语言将汉代国土的广袤、宫殿的宏伟、城市的繁华、商业的发达等社会各个方面进行了叙述，显示了他们对现实世界的热爱。而从大赋到小赋，作者的个人情感和艺术风格等文学特征更为明显，汉赋的创作风格实现了转变。

（三）散文

汉代散文在先秦散文的基础上获得了进一步的发展。在这个时期，散文主要包括历史散文和政论散文。在历史散文中，《史记》和《汉书》的成就最高。西汉史学家司马迁本着"究天人之际，通古今之变，成一家之言"的著书理念，将人物与事件相结合，开创了以人物为中心的纪传体通史的编写体例。作为中国历史上第一部纪传体通史，《史记》共130

篇，记载了上至上古传说中的黄帝时代，下至汉武帝元狩年间共三千多年的历史。在体例上，《史记》分为本纪、世家、列传、表和书五个部分。其中，本纪共计12篇，主要记述帝王之事；世家共计30篇，主要记述诸侯之事；列传共计70篇，主要记述人臣之事；表共计10篇，是表格形式的大事记；书共计8篇，是典章制度。这五种体例成为中国历代史书的基本形式，而《史记》也列为"二十四史"之首。在文学方面，《史记》在叙事方式上，采用了第三人称的视角进行叙述，增强了史书的客观性，也体现了"寓褒贬于叙事之中"。在人物上，司马迁塑造了众多性格鲜明、流传甚广的人物形象，如勇猛豪放的项羽、机智爱国的蔺相如、礼贤下士的信陵君等等。另外，司马迁所用语言非常精练、简洁。鲁迅称赞《史记》为"史家之绝唱，无韵之离骚"。

《汉书》是中国历史上第一部纪传体断代史。该书为东汉时期的历史学家班固编撰，主要记述了上起西汉的汉高祖元年下至新朝王莽地皇四年共230年的历史。《汉书》共有100篇，其中本纪12篇，表8篇，志10篇，列传70篇，共计80万字。《汉书》中多用排比和对偶的形式，语言优美典雅，显示出了汉代散文由散向骈转变的趋势。

(四) 小说

魏晋南北朝时期的小说被称为笔记小说，主要有志怪小说和志人小说两种。志怪小说主要是受到佛经故事以及巫、方士的影响发展起来的。魏晋南北朝时期志怪小说现今共存30多种，比较著名的有《博物志》，为西晋张华所编，该小说分类记载了异境奇物、古代琐闻杂事及神仙方术等内容。东晋干宝的《搜神记》是一部记录古代民间传说中神奇怪异故事的小说集，搜集了古代的神异故事共410多篇。魏晋南北朝时期还出现了记录人物逸闻逸事的志人小说，著名的有《世说新语》《魏晋世语》等。刘义庆所著的《世说新语》代表了这一时期小说的最高成就，此书语言精练，简约含蓄，隽永传神，既有典雅的词句，又有生动的口语，其中有不少故事成为名句或成语，如"难兄难弟""拾人牙慧""一往情深"等成语，都是源于此书。志人小说语言大多清俊简丽而富有表现力，后来的笔记小说是在志人小说的基础上发展起来的。[①]

魏晋南北朝时期，文人们开始关注文学自身，创作出多部文学理论和文学批评著作，具有代表性的主要有曹丕的《典论·论文》、陆机的《文赋》、刘勰的《文心雕龙》、钟嵘的《诗品》等。

三、唐宋时期

进入唐代，中国传统文学进入一个全面繁荣的新阶段。在文学样式上，诗歌在该阶段达到了发展的顶峰。诗歌的题材内容、创作方法、风格倾向等，都走向了成熟与完备。在散文方面，唐代韩愈、柳宗元倡导了古文运动。在宋代，欧阳修、苏洵、苏轼、苏辙是古文运动的核心人物，加之临川文学的两位代表，即曾巩和王安石，形成了"唐宋八大家"。在宋代，词的发展达到了鼎盛，而词也成为宋代文学的代名词，即宋词。

(一) 唐诗

作为中国传统文学一种重要的文学样式，诗歌在唐代走向了辉煌的顶峰。保存至今的唐

---

① 田广林. 中国传统文化概论 [M]. 第2版. 北京：高等教育出版社，2011：214.

诗有 5 万多首，堪称古代诗歌的宝库，"熟读唐诗三百首，不会作诗也会吟"。唐诗的发展大致经历了四个时期，即初唐、盛唐、中唐、晚唐，其中，盛唐和中唐的诗歌发展最为辉煌璀璨。

1. 初唐诗歌

唐朝建立之后的 90 余年被称为初唐。该时期的唐诗逐渐改变了南北朝时期的宫廷之风，走上了新的发展之路，属于唐诗的开创期。该时期的代表诗人主要有"初唐四杰"，即王勃、杨炯、卢照邻、骆宾王，还有陈子昂、宋之问等人。他们对六朝的宫廷文风进行了有力的批判，在诗歌内容和风格上摆脱了齐梁的浮艳之风，提出了轻"绮碎"，重"骨气"的主张。陈子昂明确地指出了南北朝诗歌的缺点，提出了"兴寄"与"风骨"。

2. 盛唐诗歌

从唐玄宗到代宗大历初年的 50 多年被称为盛唐时期，唐诗在该时期达到了历史发展的顶峰。该时期的唐诗主要包括以孟浩然、王维为代表的山水田园诗派和以高适、岑参为代表的边塞诗派。李白、杜甫也生活在这一时期。

【案例】7-1
送杜少府之任蜀州

【案例】7-2
登幽州台歌

师承陶渊明和谢灵运的诗风，王维和孟浩然以洗练含蓄、清新秀丽的笔墨描绘了田园的静谧和山水的优美。孟浩然主要描写田园隐逸生活，诗风恬静淡远，其代表作有《春晓》《夜归鹿门山歌》《过故人庄》和《宿建德江》等。王维被称为"诗佛"，在描写自然山水的诗歌创作中，呈现出"诗中有画，画中有诗"的境界，其代表作有《使至塞上》《鹿柴》和《送张判官赴河西》等。

作为边塞诗的主要代表，高适、岑参描写了祖国边疆的大漠风光，塑造了边关健儿戍边保国的形象，有英雄气概的激昂豪迈，也有缠绵婉转的儿女柔情，有开拓疆土的昂扬进取，也有对战争残酷的控诉揭露。高适的《燕歌行》、岑参的《白雪歌送武判官归京》和《走马川行奉送封大夫出师西征》等最为著名。另外，盛唐的边塞诗人还有王昌龄、王之涣、王翰等人。

盛唐诗歌最为杰出的代表应首推李白和杜甫。李白又称"诗仙"，"李白斗酒诗百篇，长安市上酒家眠。天子呼来不上船，自称臣是酒中仙。"这是杜甫在《饮中八仙歌》里写到的，杜甫用夸张的手法，塑造了李白桀骜不驯、豪放纵逸、傲视王侯的艺术形象。李白是唐诗浪漫主义的杰出代表人物，他的诗大都描绘祖国的大好河山，想象变幻莫测，情感热情奔放，风格豪放飘逸。李白蔑视权贵，傲视礼法，追求自由和解放，具有极强的浪漫主义色彩。李白对后世影响巨大，首先是他诗歌作品中反映出来的人格力量和个性魅力。他那"天生我才必有用"的非凡自信，那"安能摧眉折腰事权贵"的独立人格，那"戏万乘若僚友，视同列如草芥"的凛然风骨，那与自然冥一的潇洒风神，曾经吸引过无数士人。在中国传统社会那种个体人格意识备受压抑的环境下，李白狂放不羁、纯真的个性风采，无疑有着巨大的魅力。他诗歌里那种豪放飘逸的风格、变化莫测的想象、清水出芙蓉的美，对后来的诗人也有很大的吸引力，苏轼、陆游等大家都曾受到他的影响。在中国诗歌史上，李白是一位旷世奇才，有着无可替代的不朽地位。

杜甫被称为"诗圣"，他的诗被称为"诗史"，是唐诗中现实主义的代表。他的诗稳健典雅、沉郁顿挫，包蕴着深沉的儒家情怀。作为诗圣，杜甫是中国传统知识分子心中的偶像，是儒家文化理想人格的化身，他对国家、人民具有强烈的责任感，对现实生活有深邃的洞察力，因而能够极其敏锐地觉察到当时社会中各种形式的隐患，代表了当时的"社会良知"。

杜甫以浓厚的忧患意识，写下了大量反映当朝者穷兵黩武却不顾百姓死活，朝廷权贵与普通百姓生活对比悬殊的诗作。如《兵车行》《丽人行》《自京赴奉先县咏怀五百字》"三吏""三别"等，表现了他对人民的深切关怀和对残暴政治的批判，这正是儒家思想的精华。由于杜甫把这种精神深深地沉积到他的诗歌中，所以他的诗歌才有着恒久的魅力。儒家文化极重人伦情感，在这方面，杜甫表现得十分突出。杜甫对他的妻子感情至笃，在他的诗中，"妻""老妻""妻孥"等出现过几十次。对待兄弟，也是如此。如，在《得舍弟观书》中写道："尔到江陵府，何时到峡州？乱离生有别，聚集病应瘳。"在《送舍弟颖赴齐州三首》中写道："风尘暗不开，汝去几时来？"，等等。但是，杜甫的人情并不是仅仅限于亲情，而是极大地扩展开来，形成了"大庇天下寒士俱欢颜"的博大慈爱胸怀。[①]

3. 中唐诗歌

唐代宗大历年间到唐文宗大和年间，被称为中唐。该阶段是唐诗衰而复兴的阶段。以白居易、元稹、张籍和李绅等为代表的新乐府诗派，主张"文章合为时而著，歌诗合为事而作"，由此展开了轰轰烈烈的新乐府运动。诗人们使用新的语言、新的标题对汉乐府进行了创新，创作出大量针砭社会时弊、通俗平易的现实主义诗篇。其中，白居易作为领军人物，其作品《新乐府》五十首、《秦中吟》十首、《卖炭翁》《红线毯》《长恨歌》和《琵琶行》等诗篇贴近现实、语言通俗、对比鲜明、情感强烈。

与白居易、元稹等新乐府诗人同期，还出现了韩愈、孟郊、贾岛等为代表的韩孟诗派。该诗派崇尚"陈言务去"，追求雄奇险怪的诗风特色。此外，该时期还有刘禹锡、柳宗元、李贺等诗人，诗歌流派众多，风格各异，呈现出极为繁荣的景象。

4. 晚唐诗歌

唐王朝灭亡之前的七十余年称为晚唐。在该时期，唐诗逐渐衰微。其中，李商隐和杜牧的成就最高，二者合称"小李杜"。李商隐长于七律，以独具特色的美轮美奂的诗歌，登上了晚唐诗歌创作的顶峰。他的代表作是无题诗，包括以《无题》为题的十五首和以句首二字为题的"准无题"诗近三十首。如《无题·相见时难别亦难》：

相见时难别亦难，东风无力百花残。春蚕到死丝方尽，蜡炬成灰泪始干。晓镜但愁云鬓改，夜吟应觉月光寒。蓬山此去无多路，青鸟殷勤为探看。

梁启超在《中国韵文内所表现的情感》一文中评价李商隐的诗时说："义山（李商隐字）的《锦瑟》《碧城》《圣女祠》等诗，讲的什么事，我理会不着。拆开一句一句叫我解释，我连文义也解不出来。但我觉得它美，读起来令我精神上得种新鲜的愉快。须知美是多方面的，美是含有神秘性的，我们若还承认美的价值，对于此种文字，便不容轻轻抹煞。"与李商隐不同的是，杜牧的诗具有"雄姿英发"的特点。他长于七绝，创作出许多享有

[①] 王新亭，金鸣娟. 中国传统文化概论 [M]. 北京：中国林业出版社，2006：211-212.

"二十八字史论"之誉的七绝诗。如《赤壁》一诗:

折戟沉沙铁未销,自将磨洗认前朝。东风不与周郎便,铜雀春深锁二乔。

(二) 宋词

作为一种新兴的诗歌形式,词发轫于隋唐,在五代时已经取得了很高的成就。到了宋代,词达到了鼎盛,成为与唐诗比肩而立的文学样式。唐圭璋所编纂的《全宋词》收录了作品2万余首,词人多达1400余位。前人有"词至北宋而大,至南宋而深"之说,认为北宋词尤争骨气,南宋词则专精声律,由此将宋词划分为北宋和南宋两个时期来论说。

1. 北宋词

北宋初期的词人主要以晏殊、晏几道、欧阳修等为代表。该时期的词人沿袭了南唐五代的词风,在内容上偏重于风花雪月、离愁别绪等情感的抒发。如晏殊的《浣溪沙·一曲新词酒一杯》:

一曲新词酒一杯,去年天气旧亭台。夕阳西下几时回?无可奈何花落去,似曾相识燕归来。小园香径独徘徊。

北宋中后期,苏轼成为词坛的杰出代表。他在词的创作上进行了革新,扩大了词的题材内容,将诗歌和散文的写作手法运用到词的创作过程之中,增加了语言的豪放、飘逸之感,开创了"豪放"词派。南宋胡寅说:"词曲至东坡,一洗绮罗香泽之态,摆脱绸缪婉转之度,使人登高望远,举首高歌,逸怀浩气超乎尘垢之外,于是《花间》为皂隶,而耆卿为舆台矣。"苏轼的词摆脱了以往孤寂惆怅之情,抒发了豪放激昂之情。

【案例】7-3 念奴娇·赤壁怀古

2. 南宋词

在南宋,词获得了进一步的发展。在前期,词的主要代表人物是李清照、张孝祥等。随后,出现了爱国词人辛弃疾。

李清照是婉约派词人的代表。她的词可以分为两个时期:前期主要是抒写少女和少妇的情怀,缠绵悱恻;后期主要表现国破家亡的哀痛,凄恻哀怨。

【案例】7-4 醉花阴·薄雾浓云愁永昼

【案例】7-5 声声慢·寻寻觅觅

在南宋,豪放派词人的代表以爱国词人辛弃疾为首。他将苏轼的以诗为词扩展为以文为词,展现出慷慨激昂和沉郁悲凉两种倾向,丰富了苏轼所开创的豪放词风,形成了与婉约派截然不同的艺术风格。

【案例】7-6 永遇乐·京口北固亭怀古

四、元明清时期

在元代,形成了与唐诗、宋词齐名的元曲。明代是小说和戏剧时代,长篇章回小说达到了创作的高潮,《三国演义》《水浒传》为主要代表。清代的小说创作最为繁荣,出现了《红楼梦》《儒林外史》和《聊斋志异》等具有影响力的古典名著。

广义上,元杂剧和元代散曲都被称为元曲;狭义上,元杂剧被称为元曲。作为元代文学的精华,元杂剧以大都(今北京)一带为创作中心,流传于中国古代的北方地区。在艺术上,元杂剧是将歌唱、舞蹈、说白、杂技等多种艺术形式融合于一体的综合艺术。在元成宗元贞、大德年间，元杂剧的创作和演出达到了鼎盛时期，出现了被后人称为"元曲四大家"的关汉卿、马致远、白朴、郑光祖，以及王实甫等著名的元杂剧作家。元杂剧的内容十分广泛：有爱情剧，如王实甫的《西厢记》、白朴的《墙头马上》等；有公案剧，如关汉卿的《窦娥冤》、无名氏的《陈州粜米》等；有水浒剧，如康进之的《李逵负荆》等；有世情剧，如关汉卿的《救风尘》、郑廷玉的《看钱奴》等；还有历史剧，如纪君祥的《赵氏孤儿》、关汉卿的《单刀会》、马致远的《汉宫秋》等。元杂剧贴近人们的社会生活，以叙事为主，塑造了许多个性鲜明的人物形象，语言淳朴，具有极强的现实生活气息。元杂剧的盛行，开启了戏剧、小说等叙事文学成为主流的历史。

与北方元杂剧相呼应的是流行于东南沿海的南戏，其中《荆钗记》《刘知远白兔记》《拜月亭记》和《杀狗记》被誉为南戏中的"四大传奇"。南戏中最著名的代表作是高明的《琵琶记》，被誉为"南戏之祖"。

散曲是一种抒情诗体，可以分为小令和套数两种体例，其中，小令是单只曲子，套数是两支以上同一宫调的曲子连缀而成的。散曲的著名代表人物有关汉卿、马致远、白朴、睢景臣等。

在明代，中国传统文学中的通俗文学获得了长足的发展，小说、戏剧成为主要的文学形式。明代的长篇章回小说达到了高潮。明初，罗贯中的《三国演义》是长篇章回小说的开山之作。作为一部历史演义小说，《三国演义》取材于东汉末年魏、蜀、吴三国鼎立的历史，展示了当时群雄逐鹿的宏大场面。书中塑造了400多个人物形象，其中诸葛亮、刘备、关羽、张飞等人物形象刻画细腻、个性鲜明。《水浒传》是明代另一部著名的长篇章回体小说，作者为施耐庵。作为一部英雄传奇小说，《水浒传》选择民间流传甚广的北宋末年宋江等人进行起义反抗官府的故事，通过设置环环相扣的故事情节，描述了宋江等人进行农民起义的发生、发展和失败过程，深刻地揭示出"官逼民反"的小说主题。小说中塑造了性格鲜明的人物形象，金圣叹曾说："《水浒》所叙，叙一百八人，人有其性情，人有其气质，人有其形状，人有其声口。"明中叶后，长篇章回小说的创作达到了高潮，其中《西游记》和《金瓶梅》的成就最高。《西游记》作为一部神话小说，取材于佛教中唐代高僧玄奘远赴印度求取佛经的故事。小说将现实主义与浪漫色彩相结合，塑造了集动物性、神性和人性于一身的孙悟空形象，成为人们所喜爱的文学形象之一。《金瓶梅》是一部世情小说，作者为"兰陵笑笑生"，它围绕西门庆发迹、得势到衰败的过程，揭露了明代晚期的社会现实生活。

明代的戏剧继元杂剧之后，形成了又一高潮。在明后期，汤显祖是最为杰出的戏剧作家，他的作品《牡丹亭》标志着明代戏剧的最高水平。《牡丹亭》作为古代戏曲史上的浪漫主义杰作，通过杜丽娘与柳梦梅生死离合的爱情波折描写，体现了反对封建礼教，追求爱情自由和个性解放的时代精神。另外，明代戏剧还有周朝俊的《红梅记》、高濂的《玉簪记》、李开先的《宝剑记》、梁辰鱼的《浣纱记》等。

在明代小说发展的基础上，清代的小说创作更为繁荣。在小说的题材上，清代小说在明代小说的基础上，形成了才子佳人小说、公案小说、讽刺小说等新主题。清代小说影响最大的是蒲松龄的《聊斋志异》、吴敬梓的《儒林外史》和曹雪芹的《红楼梦》。

蒲松龄的《聊斋志异》是一部文言短篇小说集。他在六朝志怪小说和唐宋传奇小说的基础上，通过众多花妖狐怪与人的恋爱，歌颂男女之间的真挚感情，如《促织》《崂山道士》《画皮》等寓意深远，颇有警策意义。正如鲁迅所言："花妖狐魅，多具人情，和易可亲。"① 吴敬梓的《儒林外史》是古代文学史上第一部文人的述怀讽喻之作，小说以入木三分的笔调刻画了一群面目各异的封建知识分子形象，把批判讽刺的矛头直指八股取士的考试制度，以及被这个制度所腐蚀的知识分子的虚伪和堕落。《儒林外史》也因此而成为我国古代文学史上少有的讽刺杰作，它对晚清谴责小说的出现产生了直接的影响。

《红楼梦》是中国传统文学中最为优秀的现实主义巨著，达到了古典小说的最高峰。鲁迅说："自从《红楼梦》出来以后，传统的思想和写法都打破了。"② 在这部书中，作者以贾宝玉和林黛玉的爱情悲剧为主线，通过对贾、史、王、薛四大家族由盛到衰的描写，深刻地揭示出封建社会走向衰亡的必然规律。在内容上，《红楼梦》对封建社会的政治制度、宗法制度、科举制度以及婚姻制度都进行大胆的批判，塑造和刻画了贾宝玉、林黛玉等历久弥新的文学艺术形象。《红楼梦》具有极高的文学艺术价值，是古代文学的一座丰碑。

在清代，戏剧中的杰出代表是"南洪北孔"，即南方洪昇的《长生殿》和北方孔尚任的《桃花扇》。《长生殿》主要讲述了唐明皇与杨贵妃凄美的爱情故事；《桃花扇》记叙了侯方域与李香君的爱情故事，展现了南明王朝兴亡的历史，显示出"借离别之情，写兴亡之感"的写作主旨。

第二节　中国传统文学的文化性格与基本特色

一、中国传统文学的文化性格

中国传统文学在接受中国传统文化影响的同时也形成了契合于自身发展轨迹的文化性格。具体而言，中国传统文学的文化性格有以下三个方面：

（一）中国传统文学是诗化的文学

中国是一个诗歌的国度。从先秦时的《诗经》和《楚辞》开始，中国历朝历代都出现了优秀的诗人和诗作，尤其在唐宋时期，唐诗和宋词成为中国诗歌发展的两座顶峰。与此同时，中国传统文学的诗化性格还表现为传统文学的其他形式都内在地具有一种诗化的追求，这种诗化追求在小说、戏剧中表现得尤为明显。从小说的发展历程来看，唐代以前虽已有小说的雏形，但因为只是粗放的"街谈巷语"，故不被世人所重视。到了诗歌高度发达的唐代，小说创作受到了诗歌艺术的滋养，开始有了自觉的独立的艺术追求。唐代传奇小说的内容和意境深受唐诗影响，如在《长恨歌传》《莺莺传》《柳毅传》和《霍小玉传》中，都能感受到浓郁的诗意。宋元以后的长篇章回小说和短篇话本小说更是深受诗的影响，一些话本本身又称"诗话"或"词话"。这些章回小说不仅起首篇末有诗有词，而且正文之中更是穿插了许多诗词。这些诗词有的本身就极具文学鉴赏价值，如《红楼梦》中的诗词艺术在后世的"红学"研究中甚至形成了专门的研究学派。

---

① 鲁迅. 中国小说史略 [M]. 北京：人民文学出版社，1973：179.
② 鲁迅. 中国小说史略 [M]. 北京：人民文学出版社，1973：307.

中国古代戏剧的发展更是有着显而易见的诗化倾向。中国古代戏剧作为一种诗剧,离开了优美的唱词是无法想象的。无论是元杂剧还是明清传奇中都可以发现戏的剧情往往非常简单,其引人入胜之处主要是优美雅致的唱词。在古代戏剧的代表性作品《牡丹亭》中,女主人公杜丽娘唱的"良辰美景奈何天,赏心乐事谁家院"之类充满诗意的唱词数不胜数。正如中国文学史家袁行霈先生指出的那样:"关汉卿、王实甫、白朴、马致远、高明、汤显祖、洪昇、孔尚任等大剧作家,哪一位不是才华横溢的诗人?《窦娥冤》《西厢记》《梧桐雨》《汉宫秋》《琵琶记》《牡丹亭》《长生殿》和《桃花扇》等著名的剧作,哪一部不是华美的诗篇?"①

(二)中国传统文学是注重理趣的文学

中国传统文学注重理趣首先体现在儒家"诗教"思想对文学发展的深厚影响上。"诗教"一说最初源自《礼记·经解》篇:"孔子曰:入其国,其教可知也。其为人也温柔敦厚,诗教也。"在儒家看来,诗的教化作用在于能通过诗的温柔敦厚的创作原则而达到政治教化的作用。温柔敦厚作为一个基本的文学创作原则,所追求的显然是文学的理趣意味而不是形象塑造。儒家倡导的这种"诗教"思想后来发展为"文以载道"的文学道德观,这就更是把文学的理趣追求视为文学创作的基本原则。

传统文学注重理趣还体现在佛家思想对文学创作的渗透与影响上,这其中禅宗对中国古代文学的影响最为明显。禅宗作为佛教中国化的一个重要流派,自唐代以后在中国古代的士大夫之中产生了广泛的影响,它不仅影响了士大夫的日常生活、思维方式,也影响了他们的艺术趣味。唐诗中有许多诗作融禅意于笔墨之间,透出浓浓的禅味。如著名诗人王维,不仅本人信奉禅宗,而且其作品中所表现出来的淡、空、寂这三种境界正是禅宗的追求。禅以无念为宗,对人生采取淡化的处世态度,淡至极致就是空明,空明则无欲、无执、无求、无息,这便是寂的境界。

禅对中国古代诗歌的浸润还表现在禅的静思妙悟的修行方法,对古代诗歌乃至散文、小说、戏剧创作的启发上。《沧浪诗话》的作者严羽就认为诗歌创作中"妙悟"是第一位的,"学力"是第二位的,用他的话说就是"大抵禅道惟在妙悟,诗道亦在妙语"②。禅宗的机理对中国文学的影响并非仅在诗歌方面,我们在《红楼梦》等其他文学作品中都能深切地感受到佛家理趣对中国古代文学的广泛渗透和深刻影响。

中国传统文学注重理趣的文化性格,也还因其深受道家自然主义思想的影响。在道家看来,万事万物的生灭变化,都有其自身的原因,非人力所能左右。因此,自然天道是宇宙天地的基本规律,也是人必须遵循的最高生存原则。所以,道家自老子开始就反对执着人为,主张清静无为。道家思想对文学的影响,具体表现在文学创作中,就是追求返璞归真,追求自然美的审美情趣。东晋诗人陶渊明的创作活动,其核心就是"返归自然"。他在自己的田园诗作中处处流露了"久在樊笼里,复得返自然"的欣喜快慰之情,他的诗作充满了"采菊东篱下,悠然见南山"那样的自然美。他的诗作中体现出来的不饰词藻,不追求奇特意境的自然主义风格,对中国文学的发展产生了深远的影响。唐代浪漫主义诗人李白则更是深

---

① 袁行霈.中国文学概论[M].北京:高等教育出版社,1990:12-13.
② 严羽.沧浪诗话[M].上海:上海古籍出版社,1962:24.

受道家"法自然"思想的影响,在其作品中不仅充溢着自然主义的理趣,而且他本人也是道家思想的虔诚信奉者。他的艺术风格正如他自己在赠韦良宰的诗中所写的那样"清水出芙蓉,天然去雕饰"。司空图在《诗品》中专对"自然"列一品目,进行了专论。宋代的欧阳修、苏轼等大家也都对文学中的清新自然风格推崇备至。明代的李贽主张"童心说",他所言的"以童心作文"即是以自然纯真之心写作的意思。袁宏道提倡"真趣说"也是以自然为师的,用他的话说就是"夫趣得之自然者深,得自学问者浅"。由此可见,中国传统文学注重理趣的文化性格,是在儒、佛、道三者合一的中国传统文化熏陶下逐渐形成的。

(三) 中国传统文学特别强调意境的营造

在中国传统文学作品中,作家们对意境的营造大致可以分为两类:一类是圣贤意境(或称德性意境),另一类是审美意境。就作家对圣贤意境的营造来说,从屈原的《楚辞》开始就有这样的传统。这种意境营造表现为一种对德性和品行的观照和体味,而且这种观照和体味通过比兴的手法往往被渲染成一种超凡脱俗、澄明心性的道德修养境界。所以,在屈原的《离骚》"路漫漫其修远兮,吾将上下而求索"的喟叹中,可以感受到作者追求理想的执着精神和人格的刚正纯洁;在《庄子》中对鲲鹏展翅逍遥自在的诗意描绘中可以感受那摆脱物欲羁绊,淡泊功名而拥有的德性充实;在杜甫的诗句"水流心不竞,云在意俱迟"中可以感受到守静居敬带给生命的一份美好感受。中国古代文学对这种圣贤意境的营造在咏物感怀的作品中几乎随处可见。这种圣贤意境的营造往往借物寓意,从咏物中感受到作者带给我们的德性意境。最典型的如陆游的《卜算子·咏梅》,作者在这首词中借梅花而喻示了人格中刚正孤傲、不同流合污的可贵品性,词中最后两句"零落成泥碾作尘,只有香如故",则更是把德性意境的营造推向了至纯、至洁、至高的境地。

中国传统文学对意境营造的另一类型审美意境,几乎是所有诗歌创作所追求的目标,在中国古代的诗歌中也处处可见。如王维的"大漠孤烟直,长河落日圆"诗句中,一个"直"字和一个"圆"字就勾勒了一幅边塞风情的动人画面;在韦应物的诗句"春潮带雨晚来急,野渡无人舟自横"中,则以对比手法勾勒出一种悠然自在的情景;在冯延巳的词句"风乍起,吹皱一池春水"中,更是以看似不经意的风吹池水的场景描写将读者带入了一种欲说还休的无边冥想之中。诗人贾岛改"僧推月下门"为"僧敲月下门"的典故,更是形象地诠释了诗歌创作中意境营造的重要审美价值,在这里,诗人通过一个"敲"字把月夜空寂无声的寺庙蓦然传来一两声敲门声的意境渲染得特别优美空灵。

除了诗歌创作中注重意境的追求,中国传统文学中的其他形式,如散文、骈文、戏剧、小说等也都非常注重意境的营造。就散文、骈文而论,不仅那些抒情写景的散文如王勃的《滕王阁序》、柳宗元的《永州八记》、苏轼的《赤壁赋》等有着浓郁的诗的意境,即便是先秦诸子散文也能让我们领略意境之美。如在《论语·子罕》篇中有这样一段简洁的记载:"子在川上曰:逝者如斯夫! 不舍昼夜。"这里虽只有寥寥数语,却把一位哲人面对着川流不息的江河感慨人生岁月如流水的意境勾画得极其生动。至于中国传统戏剧对审美意境的营造则更是高度自觉的。元杂剧中的许多唱词就极善于通过描摹景物而烘托出一种极为优美的审美意境。如王实甫《西厢记》"长亭送别"一折里的曲子,"碧云天,黄花地,西风紧,北雁南飞。晓来谁染霜林醉? 总是离人泪。"这段唱词所营造的情人离情别绪的伤感意境显得极为优雅。同样,中国古代小说对意境的营造也是高度自觉的。在中国古典长篇小说的代表作《红楼梦》中，曹雪芹对意境的营造可谓是匠心独运，甚至那亦真亦幻的太虚幻境也都成为小说意境渲染的一个重要组成部分。①

二、中国传统文学的基本特色

(一) 文以载道的教化传统

"兼济天下""独善其身"的价值取向是古代文学家共同的心态，也是古代社会赋予文学家的历史责任。孔子曾说："小子，何莫学夫《诗》？《诗》，可以兴，可以观，可以群，可以怨。迩之事父，远之事君，多识于鸟兽草木之名。"这就是说，儒家的文学观把诗的社会功能解释为政治教化和伦理训导，认为学诗不仅可以使人获得各类知识，而且还可以明白做人的规范，使各种人伦关系达到融洽和谐，因称"诗教"，诗成了政治推行和伦理教化的基本工具。先秦诸子的观点以"文"为"道"服务，"文"只是手段，"道"才是目的。历代文学围绕"道"这一永恒的主题，使文学始终被伦理所规范。这种传统被以韩愈为代表的唐宋古文家表述为"文以载道"或"文以贯道"，成为中国古代文学家进行创作遵循的规则，是中国传统文学的基本精神。

"文以载道"的思想对中国传统文学的发展产生了正、负两方面的影响。一方面，文学教化功能使作家时刻关注国家的兴衰和人民的苦乐，自觉地担起历史的重担，忧国忧民，在对国家和人民的关注中实现个人的人生价值。比如唐代诗人杜甫，宋代诗人陆游、文天祥等，诗中核心内容是对国家和人民命运的关注，"朱门酒肉臭，路有冻死骨""位卑未敢忘忧国""山河破碎风飘絮，身世浮沉雨打萍"等句作成为千古绝唱。这是其积极的一面。另一方面，"文以载道"的思想使文学在一定程度上沦为政治的附庸，使文学的主体意识与个性自由遭到严重的削弱，在一些诗文作品及小说戏曲等叙事文学中，常混杂着纲常伦理说教的糟粕，损害了作品的思想意义。如《警世通言》中的"庄子休鼓盆成大道"，庄子装死考验妻子是否改嫁。

(二) 关注现实的理性精神

中国传统文学作品包括诗歌、词赋、散文、小说在内，都是以现实为基础而反映现实社会的。春秋战国时期，社会处于变革的时代，思想领域出现了百家争鸣的局面，孔子编订整理《诗经》作为德行教化文本，屈原创作《离骚》抒发爱国主义情怀。秦汉时期，大一统局面形成，汉赋以华丽的辞藻描绘气势恢宏的时代。魏晋南北朝时期，社会动荡不安，产生了许多表达对黑暗现实不满和对理想生活向往的诗文。唐朝以后，商品经济的发展与市民阶层的形成，反映世俗社会的文学形式小说、词、戏剧、风俗画等得到发展。

在整个中国传统文学中，无论是抒情文学还是叙事文学，描写的不是天堂地狱，而是人间社会的悲欢离合这一主题。即便后来佛、道二教兴盛后，作家们的世界观和思维方式有所变化，但是他们创作的主题始终没有偏离现实社会。即使是刻画鬼神世界的诗人李贺的作品，也都体现了人们对美好生活的向往；神话小说《西游记》，也显然是以人民反抗邪恶势力为基本素材的。这种以现实为出发点的理性精神，与西方文学形成鲜明对比。

---

① 张应杭，蔡海榕. 中国传统文化概论 [M]. 上海：上海人民出版社，2000：307-312.

(三) 写意手法与中和之美

写意的手法是作者更侧重于追求艺术境界而不是真实，注重抒发情感。中国传统的文学作品很早就奠定了抒情的艺术情调，浓郁的抒情色彩洋溢在各类文学作品之中。抒情就是对现实生活抒发自己的感情。正是抒情性质使中国古代文学在写物手法上不重写实而重写意，即便是叙事文学也不例外，如《史记》被鲁迅称为"无韵之离骚"。唐代田园诗人王维、孟浩然的诗句中描绘的山水田园景象就是他们宁静心态和淡泊志趣的外化。在戏曲中，表现出的不仅仅是简单的模仿生活，而是作者对现实生活的感受，即"意"。正如王国维所说的，"摹写其胸中之感想，写时代之情状"。

中国传统文学既是古代中国社会的文学图卷，又是古代中国人的心灵记录；既是真实的社会写照，又是空灵的艺术境界，在一种精练含蓄的艺术表现形态中，呈现出含蓄中和之美。中和之美也就是中国传统文化所倡导的"中庸之道"。中国古代文学表现为主张有节制地表达情感，而不要把感情表达得过分强烈。中国传统文学作品中的确呈现出一种"中和"之美，很少有剑拔弩张地表达狂怒或狂喜的作品，而是以"怨而不怒""婉而多讽"的方式来批判现实。文学作品中的这种含蓄、中和的表达方式与中华民族平和、宽容、偏重理性的文化性格特征有着千丝万缕的联系。①

第三节　中国传统文学的现代意义

一、爱国主义教育功能

在封建社会长达数千年的发展过程中，爱国主义一直是我国古代文学高扬的主题。爱国主义文学，也是我国古代文学中最感奋人心、最伟大辉煌的一部分。由此产生的为数众多的爱国主义作家所留下的传诵千秋、激荡人心的佳作，构成了壮丽辉煌的爱国主义文学长廊，这一文学长廊犹如一座宝库，蕴藏着极为丰富的爱国主义教育宝藏。

第一，强烈的忧患意识。忧念国家，关心民众，从来都是爱国主义文学的重要内容，更何况中国作家与生俱来就有着强烈的社会责任感。屈原的《离骚》，是我国古代爱国主义文学的第一座高峰。他在诗中所表现的"亦余心之所善兮，虽九死其犹未悔""路漫漫其修远兮，吾将上下而求索"，把祖国的前途和个人的命运紧密联系在一起，始终为国家的富强、统一而斗争的坚贞不屈的民族气节和勇于求索的精神，通过优美的艺术形式，熔铸成崇高的品质和伟大的人格，激励了无数的仁人志士，也振奋着全民族。千百年来，每当中华民族面临生死存亡的危急关头，屈原就成为鼓舞人们进行斗争和效法的榜样。直到近代抗日战争，郭沫若的历史剧《屈原》还一度再现了屈原的爱国精神，强烈激发了中国人民的抗日热情。从屈原、杜甫直至陆游，古代作家作品中一脉相承的忧念国家、关心民众的忧患意识，使我国爱国主义诗歌光芒四射。

第二，高尚的献身精神。忠诚地报效国家、民族，甚至不惜牺牲生命，这是中国古代作家爱国主义精神的最集中体现，也是我国古代爱国主义文学最为闪光的部分。这里首先是忠

---

① 田广林. 中国传统文化概论 [M]. 第2版. 北京：高等教育出版社，2011：219-221.

诚，是无论在多么艰难困苦的条件下也始终不渝的忠诚。《汉书·苏武传》充分展现了苏武严拒各种威胁利诱，牧羊北海19年，坚持民族气节的爱国英雄的形象。文天祥"臣心一片磁针石，不指南方不肯休"，郑思肖"此地暂胡马，终身只宋民"，均表现出对国家民族的忠贞不贰。报效国家更是古代爱国主义文学家的共同志向。唐代陈子昂就曾发出"感时思报国，拔剑起蒿莱"的豪迈慷慨之音；陆游更是"一生报国有万死"，82岁高龄还"一闻战鼓意气生"；辛弃疾则写下著名的《美芹十论》《九议》等文章，积极向朝廷献计献策。上述爱国情怀，为历代英雄豪杰所激赏。

第三，不屈的抗争态度。抵抗侵略，反对投降，力主恢复，捍卫社稷河山的正义之战是爱国主义文学的常见题材。每当外敌入侵，民族矛盾尖锐之时，主战还是主和就成为民族或国家内部斗争的焦点。纵观两千年文学史，爱国文人均为坚定的主战派，他们以诗文歌咏抗战，反对屈膝投降，反对求和苟安，有的甚至为坚持民族气节不惜舍生取义、杀身成仁。南宋初期的李纲"退避固知非得计，威灵何以镇殊方？中原夷狄相衰盛，圣哲从来只自强"的诗句，表明了坚决抗战的态度。名将岳飞一曲《满江红》，直抒胸臆，抒写了收复失地、抗争到底的壮烈情怀。诗人陆游"六十年间万首诗"，念念不忘祖国统一，直至生命的最后一刻，还留下一首《示儿》，深情嘱咐"王师北定中原日，家祭无忘告乃翁"，爱国情怀感人至深。

第四，浓厚的眷恋情怀。对祖国山河、故土故国的无比热爱与眷恋，是另一种内涵的爱国主义精神。美好的大自然，总是文人歌颂描写的对象，但这种歌颂描写一旦和爱国深情融合在一起，就会产生巨大的感染力量。"明月松间照，清泉石上流"的境界固然美好，但"三万里河东入海，五千仞岳上摩天"的宏伟图景，和"遗民泪尽胡尘里，南望王师又一年"的爱国情怀相联结，就更能使人荡气回肠。

洋溢在上述诗歌中的爱国精神影响极为深远。历史已经无可辩驳地证明，古代爱国主义文学在抵御外侮、培养人们的爱国情感方面起过重大作用。历史的发展已进入了21世纪，然而无论从国情出发，还是从外部环境着眼，中华民族依然面临着摆脱贫困、迎接挑战、革故鼎新的艰巨任务，今天我们仍需要居安思危、团结奋发。很显然，弘扬古代爱国主义文学中的忧患意识、献身精神、抗争态度、眷恋情怀，对于鼓舞今天人们的斗志，无疑仍具有积极的现实意义和长远的战略价值。

二、民族凝聚功能

民族凝聚功能是一个民族在理想、目标和利益高度一致的基础上，经过长期的历史发展而形成的一种亲和力、团结力和向心力，它是以本民族成员对民族精神、民族心理、民族文化的认同为基础的。而优秀的文学作品作为中国文化的重要组成部分，所体现出来的爱国情怀、民族精神、传统美德、价值取向，得到了世世代代中华民族成员的认同。这一认同心理，对形成中华民族共同的民族心理和民族意识，发挥民族凝聚功能，起着十分重要的作用。在中华民族的发展历史上，对中国古代优秀文学作品的认同，主要表现在以下几个方面：

第一，对文学作品中所表现的强烈的爱国主义精神的认同。爱国主义是中华民族凝聚力的一个核心内容。如前所述，产生于不同时期的优秀的中国古代文学，对于中国人在不同历史条件下的爱国主义表现都有着生动而集中的反映。可以说，中华民族优秀的古代文学就是具有强烈爱国主义精神的文学，这正是它能够得到民族的普遍认同，成为民族凝聚力的重要原因之一。千百年来，正是爱国主义精神的激励，才使我们民族每当面对外敌入侵，不同利益集团之间都能够以国家利益为重，捐弃前嫌、团结一致、不屈不挠地斗争到最后胜利；正是爱国主义精神的鞭策，才使我们民族在内乱出现之时，绝大多数人最终在新的认识基础上团结起来，为民族团结、国家统一而奋斗不息；也正因为如此，中华民族这个文化实体才得以长期延续，不断壮大，自立于世界民族文化之林。

第二，对文学作品中所反映的自强不息的民族精神的认同。在中华民族的历史发展中，自强不息的奋斗精神备受尊崇，具有广泛影响。《易传》中提到，"天行健，君子以自强不息"，亦即君子要以自然界不断向前运行发展这一规律为榜样，刚强不屈，努力向上，坚忍不拔，决不懈怠，这正是中华民族刚健有为、自强不息的民族精神的集中体现。优秀的古代文学作品总是竭力讴歌具有这种民族精神的理想人物。

《史记·太史公自序》中的记载所反映的，正是愈遭受挫折，愈奋起抗争的精神状态。原文如下：

> 昔西伯拘羑里，演《周易》；孔子厄陈、蔡，作《春秋》；屈原放逐，著《离骚》；左丘失明，厥有《国语》；孙子膑脚，而论兵法；不韦迁蜀，世传《吕览》；韩非囚秦，《说难》《孤愤》《诗》三百篇，大抵贤圣发愤之所为作也。

两千年来，这一思想深入人心，为全社会所接受，甚至已成为指导人们行动的准则和信念，一直激励着中华民族奋发向上，不断前进，坚持与内部的恶劣势力和外来的侵略压迫作不屈不挠的斗争。近代以来，中国人民为了民族独立和自由解放而进行的艰苦卓绝的斗争，20世纪20年代以后，中国共产党领导的反帝反封建的新民主主义革命，特别是中华人民共和国成立以后建设中国特色社会主义的坚忍不拔，都是自强不息的优秀文化传统的具体表现。

第三，对文学作品中所体现的崇德重义与传统美德的认同。重视品德修养，讲求道义气节，是我们民族文化的又一优秀传统。而古代文学作品以其多姿多彩的艺术形象和深刻隽永的语言艺术所表现的这一传统美德，则极易在形成共同的民族心理中发挥重要作用。《左传》提倡"正德、利用、厚生"，认为这是人类必须重视并躬行践履的"三事"。所谓"正德"，即端正自己的品德，具体来说就是修养自身，这是"三事"之首。孔子宣称"三军可夺帅也，匹夫不可夺志也"，赞扬"不降其志，不辱其身"的仁人志士，坚持"不义而富且贵，于我如浮云"的义利观；孟子推崇"富贵不能淫，贫贱不能移，威武不能屈"的高尚气节；文天祥视死如归，"人生自古谁无死，留取丹心照汗青"；林则徐"苟利国家生死以，岂因祸福避趋之"。这些都是我们民族崇德重义文化传统的积极的文学表现，并由此形成了中国文化有别于世界其他文化的显著特色和特殊魅力。千百年来，它不但孕育出众多的正道直行之士，造就了一代又一代的志士仁人，而且作为民族文化的重要构成，作为深层结构的社会心理，它对于人们超越物质利益的羁绊，追求精神境界的提高，无疑起到了积极的作用。在商品经济日益发展的今天，崇德重义的文化传统，对我们抵制物欲主义思想，纯洁社会道德，培养诚信品格，净化社会空气，仍然有着不可忽视的积极意义。

第四，对文学作品所展示的整体为上的价值取向的认同。把天、地、人看作一个统一的整体，把个人、家庭和国家的利益同样也看作不可分割的整体，并强调三者之间的和谐，这样一种共同的心理态势，也是古代优秀文学作品的传统。《大学》中"修身、齐家、治国、平天下"的儒家学说，《老子》中"人法地，地法天，天法道，道法自然"的道家思想，《墨子》中"天下大同"的墨家理想，都是以整体为上的价值取向。这种价值取向，视全局利益高于局部利益，整体利益高于个体利益，显示了中华民族以小我成全大我，以牺牲个人利益和局部利益去维护整体和全局利益的独特品格，从而形成了中华民族以国家民族利益为上的思想风貌。这一思想风貌对于孕育人民群众的集体主义价值观，有着重要的思想意义。

以上诸方面内容的交融互补，以及在文化模式方面的有机整合，构成了我们民族凝聚功能的主体内容。正是这种凝聚力和向心力的长期稳定和持续发展，促进了多民族国家的统一，推动了民族文化的发展，使中华民族在相当长的一段历史时期，在世界上引领风骚。尤为重要的是，从中国文化的深层结构审视，民族凝聚力和向心力的形成和发展，对于中华民族共同的价值取向、理想人格、思维方式、社会心理等，起到了重大的文化整合作用。它增强了中华民族的文化共识，激发了中国人自尊、自信、自豪的情感，在客观上起到了促进民族进步、国家发展的历史作用。

三、审美教育功能

优秀的传统文学作品以其丰富的情感、优美的语言、多样的手法反映了中华民族的生活斗争，描摹了祖国的大好河山、风光景物、风俗民情。作品所具有的民族艺术特质，不仅使人们在审美鉴赏中获得了感情的净化与愉悦，增进了对祖国河山的审美情感，而且还将长久地影响着民族的审美心理结构。优秀的古代文学作品，具有我们民族喜闻乐见的民族形式、民族风格。这种独特的民族形式、民族风格，在历史发展中不断得到继承和革新，在满足和培养本民族的审美爱好、审美情趣方面发挥着极为重要的作用。汉语言本身所具有的独特魅力、独特风采，汉语言构词的华美多变，音律上的内在风韵，以及生动、隽永的俗语和谚语等，用以表达思想与民族感情，使作品有着很高的艺术性、广泛的社会性和深刻的哲理性。它们长久地被人们所珍爱，成为民族审美心理和审美情理的重要组成部分。

总之，从传统文学中我们可以看出，文学不仅是人学，还是人心之学，即表现社会中各种人的思想感情、内心世界的学问。它对我们认识世界，改造世界，了解历史，洞悉社会，感悟人生，热爱生活，关心国事，忠于祖国，提高道德操守，强化人文素质，乃至于启发思维，开阔思路，研究问题，开展工作，培养必要的管理、应变能力，都有很大帮助。尽管由于历史的局限，古代文学中不乏宣传封建腐朽的思想内容，但是，只要我们坚持古为今用的原则，以批判的眼光，取其精华、去其糟粕，有意识地感受启迪、获取帮助，那么它对提高个人修养和建设社会主义新文化都具有重要的现实意义。①

---

① 白全贵，师全民. 中国传统文化概论 [M]. 郑州：郑州大学出版社，2003：128-134.

思考与探究

1. 简述中国传统文学的发展历程。
2. 中国传统文学的文学性格是什么？具有什么样的特色？
3. 谈一谈你对中国传统文学现代意义的理解。

拓展阅读

1. 《中国文学史》，袁行霈著，高等教育出版社1998年出版。
2. 《中国古代文学发展史》，张峰屹、赵季、张毅等编，南开大学出版社2003年出版。
3. 《中国古代文学史》，中国古代文学研究所编，北京师范大学出版社2008年出版。

第八章

中国传统史学

学习目标

1. 了解中国传统史学的发展脉络。
2. 识记中国传统史学的成就。
3. 理解中国传统史学的优良传统。

内容概要

历史，既指过去发生的事件，也指对过去发生事件的记录。了解中国历史，了解中国史学的发展，是我们了解中华文明的精髓、认识过去和规划未来的重要途径。中国传统史学在世界文化的长河中有着超凡的地位，光芒璀璨，绝无仅有。中国传统史学历史悠久，累世不断，卷帙浩繁。上启周代开始有比较完整的历史记录，之后历朝历代无不有史，全无断绝。中国古代"二十四史"总共4000万字左右，3249卷，记载了从传说中的黄帝到明朝末年（公元1644年）共4000余年的历史，形成了连续的、系统的、多层面的资料。同时，中国史书体裁多样，内容丰富。乾隆时期编《四库全书总目》，"史"部分为十五类，即正史、编年、纪事本末、别史、杂史、诏令奏议、传记、史钞、载记、时令、地理、职官、政书、目录、史评。从内容看，中国先秦史书涉及政治、军事、民族、制度、地理、天文等内容。中国传统史学既创造了上述辉煌的成就，也铸就了深刻的历史意识和独特的精神特质。史学家们追求天人合一，德才兼备，遵循秉笔实录，书法不隐的著述精神，力求以史鉴今，经世致用。正是因为这些历朝历代史学家的努力，我们今天才能看到这些丰盛的史学成果。

第八章　中国传统史学

第一节　中国传统史学的发展历程

一、历史的一般概念

要了解中国历史，了解中国的传统史学，首先要理解"历史"一词的含义。西方近代学者所使用的"历史"（history）一词，具有客观和主观的双重含义。客观方面指过去发生的事件或人类社会已知的客观进程，主观方面则是指历史学家或相关人士关于过去的事件和人类社会发展进程的陈述。① 由于过去发生的事情是无法重新出现的，它只能存在于人们的记忆中，要留传后世只能或者通过口耳相传，或者部分地呈现在历史遗迹中，又或者通过实物如羊皮纸、甲骨或丹青等记录下来。所以，西方的历史一词既包含过去发生的事，也包括关于这些事的全部记载。而在我国，清代末年以前的典籍中是没有使用过"历史"一词的，只使用"史"这个字。"史"这个汉字包含着"关于当下或过去发生事情的记录"这一层含义，有时会指记事的人，即史官。然而汉字"史"并不指"过去发生的事件"。在我们的汉语系统里，"过去发生的事件"用"事"或"故事"来指称。有学者猜测，"历史"一词可能来自日本学者。日本学者用"历史"一词来翻译西方的"historia"一词，"历史"这个词舶来中国后，我国的学者才开始使用"历史"一词来翻译西方学界具有双重含义的"history"。②

了解了"历史是什么"这个问题之后，我们接下来要探究另一个重要问题，即，为什么要研究历史？既然历史是对事件的记录，这是不是意味着我们研究历史就是为了要了解过去呢？几乎所有的史学家都会回应说"不是"，或者"不仅仅是"。了解过去是研究历史的一小部分内容，更重要的是历史研究的现在指向和未来指向功能。也就是说，了解过去并加以解释，是为了明白现在和推测未来，也是为了从过去的事件中总结出客观规律，总结各类成功的经验，避免失败的决策。中华民族是具有深刻历史意识的民族。中国历史所包含的地域最广阔，所包含的民族万分复杂，我们形成了完备的修史制度、优良的史学传统和丰富的历史典籍。中国历史是一笔巨大的精神财富，蕴藏着我们的民族文化和民族智慧。

二、中国传统史学的发展

钱穆先生说过，中国是世界上历史最完备的国家。③ 首先，我国历史悠久，从古竹书纪年载夏以来，大概有3700余年。其次，我国历史无间断，自周王朝开始，历朝历代可查。第三，历史记录详密，体裁多样。中国古代的史料，要以官修史书为主。对中国史学的发展脉络的梳理，通常是按照朝代的顺序进行。比如，李玉和吴宗国主编的《大学文科指导书目：历史学》一书中，作者分别按照先秦史、秦汉史、魏晋南北朝史、隋唐五代史、元史和明清史对中国古代史进行了梳理。本书也参照这种传统，按不同历史阶段对中国传统史学

---

① 朱本源. 历史学理论与方法 [M]. 北京：人民出版社，2007：8-13.
② 朱本源. 历史学理论与方法 [M]. 北京：人民出版社，2007：9.
③ 钱穆. 国史大纲 [M]. 北京：商务印书馆，2011：1.

的发展历程进行介绍。

在文字出现以前,华夏先民以口耳相传的方式,把上古的传说一代又一代地流传下来。文字出现之后,这些传说被后人记录下来,如"女娲补天""夸父逐日""精卫填海"和"鲧禹治水"等,成为我们知道的最早的历史。当然,这些传说不算是真正意义上的历史,只能算是包含着史学因素的原始资料。真正有文字的历史,始于殷墟的甲骨文。甲骨文刻于龟甲、兽骨之上,用于记录殷、周奴隶主贵族占卜的内容,也称卜辞。这些记录包含时间、地点、人物、事件等历史基本要素,被视作中国历史记载的萌芽。

西周的历史记录采用的是金文,刻在青铜器上,很多记载并不一定出自专门的史官。金文中关于时间、人物和地点的记录比甲骨文记录要更具体一些,主要记载了西周王臣的功业,诸如封赐、宴享、征伐等。反映西周历史的资料主要有《尚书》《逸周书》《诗经》等。其中,《尚书》是中国现存最早的历史材料汇编,《诗经》中的雅和颂两类文本,则反映了周人建国的历史,被视为周王朝的史诗。

西周末年,王室衰微。进入春秋战国之世,各诸侯国都有了明确的史学意识,设立专门的史官来记录国君的言论和行动。这一时期的史学思想丰富,代表性史学家主要有老子、孔子、左丘明、公羊高和穀梁赤等,史学体例则几乎囊括了后世史学家总结出的编年、纪传、纪事本末、典志、记言、方志、表谱、图像和地图等。比如,《春秋》是我国古代第一部精简的编年体史书,相传为孔子根据鲁国国史而编撰。它以鲁国纪年为线索,以西周王朝的礼乐制度为正统,记录东周王室与各诸侯国在242年时间里的交往。孔子在遣词用字时,尤其注重词语的感情色彩,通过这一方式表达他对某一历史事件明确的褒贬态度或立场。这种写法被称为"微言大义",对后世有深远影响。《左传》则是一部具有纪事本末性质的史书,相传为左丘明所作。这部史书开创了"君子曰"正面论史的形式,颂扬史官秉笔直书的精神,实现了由单纯记史向精于谋篇、善于叙事、工于细节的跨越。《左传》中波谲云诡的战争描述、委婉多切的外交辞令以及人物言行的敷衍描摹尤为形象生动,其"情韵并美,文采照耀"①的特色,使其成为当时史书中的典范。

秦汉时期是中国史学的成长时期。秦朝统治时间很短,史学尚未兴起,但其史官制度,基本延续未断绝。及至西汉,史学开始全面活跃,成果斐然。汉代主要史家有司马迁、陆贾、贾谊、刘向、刘歆和班固等。其中,司马迁的《史记》横空出世,记述了上起传说中的黄帝,下至汉武帝太初年间(公元前104—前101年)约三千年的历史,集先秦史学之大成,将本纪、表、书、世家、列传五种体例汇于一书,突破了编年体的框架,创立了以记人为线索的纪传体的全新体例,标志着史学已卓然成为一家。除了首创纪传体通史的体例形式,司马迁还继承了春秋战国史家的秉笔直书的精神,"网罗天下放失旧闻,略考其行事"②,注重史料的搜集和鉴别,确保记录的真实性。此外,司马迁继承和发扬了春秋史家文史结合的优良传统,语言优美,叙事生动。西汉的刘向和扬雄这样评价司马迁,"善序事理,辨而不华,质而不俚,其文直,其事核,不虚美,不隐恶"③。东汉班固撰《汉书》,基

---

① 刘大櫆《论文偶记》。
② 司马迁《报任安书》。
③ 班固《汉书·司马迁传》。

本沿用了《史记》的体例，同时有所创新：一是断代为史，开皇朝断代史先河；二是拓展了史学的范围，比如《汉书》记载了两汉的经济制度和社会发展情况，记录了秦汉时期规模较大的水利建设工程与治水政策，还涉及疆域政区为主题的地理记录和边疆少数民族的历史沿革，其记事系统而详细，保存了大量珍贵的史料。此外，东汉荀悦著《汉纪》又创编年体断代先例。还有刘向、刘歆父子的《别录》《七略》，是中国目录学的开端。值得注意的是，汉以后的编年体史书还有一个重要系列，这就是历朝的"起居注"和"实录"。"起居注"按照时间顺序专门记载帝王的言行，"实录"是历代所修每一任皇帝在位期间的编年大事记，它们常被史家采录，发挥了重要的史料功能。

魏晋南北朝时期，是大分裂时代，但史学的发展却相当繁荣。除官家正史得到了相当充分的发展外，私家修史之风盛行，史书极其繁富，门类广泛。除纪传、编年外，又有注疏、民族史、地方史、家史、谱牒、别传以及史论、史注等形式，显示出史学多途发展的盎然生机。这一时期的史学名著主要有《三国志》《三国志注》《后汉书》《后汉纪》《宋书》《南齐书》《水经注》和《文心雕龙·史传》等，其中，陈寿的《三国志》是唯一保存至今兼记魏、蜀、吴三国史事的纪传体国别史。陈寿原在蜀国担任观阁令史，入晋后则官至治书侍御史。《三国志》尊魏为正统，但由于陈寿所处的时代，各种政治关系复杂，孰是孰非，难以评判，所以陈寿的记录往往显得比较曲折或隐讳，导致部分内容显得单薄。

隋唐五代时期，中国史学出现了重要转折。隋朝时，隋文帝下诏禁止私家撰修国史。唐朝的统治者修史意识增强，设馆修史，完善了史官制度，促进了史学的发展，一大批史学作品随之产生。著名的二十四史中有八部成书于唐初，被称作"初唐八史"，包括《晋书》《梁书》《陈书》《北齐书》《周书》《隋书》《南史》和《北史》。这一时期，还出现了不少总结性的史学著作，如刘知几的《史通》、杜佑的《通典》等。唐代史学的最大成就是《史通》和《通典》。《史通》是中国第一部史学理论专著，讲述了史书的体裁体例、史料采集、表述要点和作史原则，也总结了唐初以前编年体史书和纪传体史书在编纂上的特点和得失，论述史官制度和史籍源流。《通典》是中国现存的第一部专记历代典章制度沿革的通史，也是中国第一部典章制度的百科全书，其取材广博，从群经、诸子、正史到杂书，把有关制度的记载几乎搜罗殆尽，具有相当高的史料价值和体例价值。

【知识卡片】8—1
二十四史

两宋是中国史学发展的繁荣时期。究其原因，首先是统治者轻武重文，科举兴盛，知识分子的社会地位较高，思维和写作能力相对活跃。其次，中原边境少数民族频繁崛起，与宋政权长期对峙，民族危机的威胁引发了更多的历史思考。再次，宋代政权的更迭和内部矛盾，使得一批思想家和史学家不断地从历史中去寻求经验和智慧。最后，活字印刷术的发明和使用，为史籍的传播与保存提供了优越的条件。在这样的历史背景下，官修史籍得以加快发展，私修史书也重新得到了发展空间。史家队伍阵容强大，史著数量大增，著作体例多样，精品倍出，堪称史学盛世。

北宋欧阳修、宋祁和梅尧臣等人历时17年合撰了纪传体断代史书《新唐书》。该书全面系统地记载了唐代290年的历史，恢复了正史纪、志、表、传体裁的完整性，在传的设置和编排中，强调"忠奸顺逆"的褒贬。同时，《新唐书》创设了前代史书所没有的选举志、兵志、宰相表、方镇表、宗室世系表、宰相世系表等，也收进了一些新的史料，做到了

"事增于前，文省于旧"①。《新唐书》是我国正史体裁史书的一大开创，为以后《宋史》等所沿袭。自司马迁创纪、表、志、传体史书后，魏晋至五代，修史者志、表缺略，至《新唐书》始又恢复了这种体例的完整性。以后各朝史书，多循此制，这也是《新唐书》在我国史学史上的一大功劳。

司马光撰写的《资治通鉴》，是一部编年体通史，包括从公元前403年到五代末期长达1362年的中国史。它与一千多年前的纪传体通史《史记》双峰并峙，代表着中国史学史上的两座高峰。司马光认为，《史记》所代表的纪传体史书可能导致读者的困惑，即：一方面同一事件在不同人的传记中多次出现，造成重复；另一方面为了节省篇幅，有些事件略略带过，放到事件主要相关人传记里说，这又让人看不明白。再加上从《史记》到北宋初期完成的史书，卷帙浩繁，一个人终其一生也阅读不完。于是，为了创造出一部删繁就简的简明通史以供明君阅读后获取治理国家的智慧，司马光的编纂策略是，先按年月日列条目，再从各种史料中摘取事件的详细内容，不管是否重复或正误，全都汇总到年月日的条目下，最后由司马光一人取舍考订史料，统一修辞并定稿。此外，书中以"臣光曰"形式，撰写史论，表达其政治立场，从封建正统角度评判历史事件的是非，与《史记》中的"太史公曰"异曲同工。

除了上述两部史书，还有郑樵创作的《通志》和袁枢编撰的《通鉴纪事本末》影响深远。郑樵以一介寒儒的身份，广游名山大川，问学求读。他崇尚实学，认为学习自然科学知识和学习儒家经典对于史学家来说同样重要。他以严整的"类例"方式来治学，完成了大型纪传体通史《通志》的编撰，其中专读典章制度的《二十略》是全书的精华。袁枢喜读《资治通鉴》，但苦于其卷帙浩繁，于是用"因事命篇，不为常格"的方法对其进行改编，新创了《通鉴纪事本末》的"纪事本末"体例。至此，中国史籍从以时为纲的"编年"，到以人为纲的"纪传"，到以制度为纲的"典志"，最后发展出以事为纲的"本末"，使历史基本的表述方法达到完备。其书的篇目设计，采用了《春秋》微言大义、一字褒贬的方法。此外，方志在两宋特别是南宋大量涌现。宋代学者还开辟了金石学这一新领域。官修实录、国史、会要等书，与前代相比更为详尽。

明代英宗正统之后，外有侵略威胁，内有党派斗争，中央集权的控制力被削弱，官史传统不复兴盛，但私人修史的风气则形成了"明季野史，不下行家"②的局面。明代史学典籍中方志撰述的兴盛和稗史著作的空前增多，经济史方面著述的繁富以及史学的通俗化和史学教育的广泛开展，反映出明代史学走向社会深层的发展趋势和特点。除典章制度、人物纪传、编排、纪事本末等形式外，社会杂史和史考、史论都成风气。比如，明代学者通过对前人历史撰述的节选摘录、重编，由此产生出来的节本、选本、摘录本、类编本以至蒙学读物，对普及历史教育具有很大的促进作用。宋濂等撰纪传体断代史《元史》，这部书资料收集来源广泛，汲取了元代天文、历算、地理和水利等方面的研究成果。李贽撰纪传体史书《藏书》和《续藏书》，前者论载了从战国到元末的800位历史人物，后者则评述了从明太祖到神宗时期的400位人物。李贽对人物或事件提出大胆而独到的评价，比如，他提出"知兵之将"对国家安危的重要性，鄙视空谈误国的文臣。

---

① 曾公亮《进唐书表》.
② 谢国桢.增订晚明史籍考［M］.上海：中华书局上海编辑所出版，1964：自序.

清承明制，定都伊始就设馆修《明史》。但由于清朝统治者钳制汉族知识分子的思想文化自由，大兴文字狱，其修史动机是审查几千年来的中华文化，编其可行，毁其不满。另外，西学东渐，民主精神渗透到历史批判、学术研究和谋求社会革新的领域。在潮流汹涌的文化背景下，清代考据古籍的学术活动大行其道，对各类典籍进行注释、校勘、考订、辨伪、补正、辑佚，涌现了一批文史理论大家和史学著述。明末清初黄宗羲编撰的《明儒学案》是中国学术思想史的开山之作，该书将明代学者200余人，按学术渊源概括为19个学案，对明代各家学术宗旨、学派源流及有代表性的学术要点进行了深入剖析，反映了一个时代的学术全貌，为后世同类著作提供了范本和参考。

三、中国传统史学的地位

中国是世界文明古国，有着悠久的历史和灿烂的古代文化，而这悠久的历史和灿烂的古代文化，在很大程度上则是通过历代的历史学家记录和保存下来的。梁启超在《中国历史研究法》中说："中国于各种学问中，惟史学为最发达；史学在世界各国中，惟中国为最发达。"此说符合历史实际。中国传统史学是座瑰丽的宝库，是中国传统文化的重要组成部分。中国传统目录学的发展是中国传统文化发展状况的反映，《隋志》著录文化成果，四部分书，确定经、史、子、集的顺序，由此直至清代编《四库全书总目》，史书一直位居第二位，这一点足可看到史学在传统文化中的地位。流传至今的中国历史文化典籍，诸如二十四史、正续通鉴、十通等，可以说是中国古代文化的渊海，大都是古代史家的杰作。中国古代的历史著作几乎涵盖了中国文化的方方面面，各个学科门类如经学、哲学、文学、宗教、人口、语言、艺术、工艺、科学等，都与史学发生密切关系，都可以从历史的研究、从史籍的阅读中进行探索。

"究天人之际，通古今之变"的治史思想是中国史学的核心精神，这种精神历时千年，炉火纯青，它是中国史学绵延不衰的生命源泉，也是中国历史对世界历史的重要贡献。中国历史，从广义的角度看是中华民族的成就、希望、挫折和抗争的记录和解释，它一直在提醒我们：我们需要不断地去探求人与自然、人与人、过去与现在的种种关系，努力把握自身的发展方向，为创造一个更好的未来世界而勇往直前。

第二节 中国传统史学的伟大成就

在上一节中，我们指出钱穆先生曾总结中国历史较之其他国家和民族的历史更久（悠久）、更全（完备无间断）和更细（详密），这也是钱穆先生对中国古代传统史学的伟大成就的总结。承这一观点，瞿林东在《中国史学史纲》一书中，还总结出中国传统史学更广泛、更丰富和更多元的成就。在这一节，我们将具体阐述中国传统史学创造了哪些辉煌。

一、卷帙浩繁

中国拥有古老而数量众多的史籍，即使因为历代天灾人祸而损失惨重，留传下来的史籍仍然是卷帙浩繁，汗牛充栋。据估计，中国现存的古籍约八万种，按经、史、子、集四部分类。《四库全书总目·史部》著录了19世纪以前中国的史书一共2132部，38239卷，但实际上远不止此数。梁启超先生曾经指出，"中国传下来的书籍，若问哪部分多，还是史部。中国和外国不同，外国史书固不少，但与全部书籍比较，不如中国。中国至少占十之七八"。① 可以说，数量众多是中国史书取得的一大成就。

现存拥有几千年文明的国家很少，而拥有悠久的文明同时拥有对应史书的国家，非中国莫属。一个可能的解释是，其他文明在发展过程中所形成的历史意识，没有中国这么强烈。举例而言，公元前1500年左右雅利安人入侵印度后，在此定居（此前更早的古印度哈拉巴文化，已经消亡，其遗迹中发现的少量文字，至今无法解读）。雅利安人是游牧民族，信仰婆罗门教。也许是受游牧生活方式和婆罗门轮回循环思想的影响，尽管雅利安人有自己的语言吠陀语，但是他们并未形成像代表农耕文明的中国那样强烈的历史意识，他们并不觉得记录当下的生活或事件是重要的事情。与此同时，当时掌握文字的主要是婆罗门阶层，是一些主管祭祀的祭司和僧侣，他们对记录世俗人的生活并不在意，只专注于记录神的世界。② 另一个文明古国埃及，当时也许有文献，但是由于历史过于久远加上造纸术不发达而未能被保留下来。即使留存下来的也是占卜神话等宗教文本，史学价值不大。古希腊罗马倒是拥有丰富的历史著作，但由于古希腊罗马地区经历战火的次数更为频繁，得以保存下来的珍贵典籍又因为后来基督教世界的人为篡改，造成了一些断章取义、真伪莫辨的情况。还有不同语言版本之间翻译时语义的变化，这些都影响了典籍的传承。③ 从古希腊历史学家希罗多德（Herodotos）写作西方古典史学第一部名著《历史》的过程来看，由于能看到的文献资料非常匮乏，他除了利用一切他所能见到的文献资料，还需要亲身采访和实地调查游历以获取资料来进行写作。④ 与西方国家的古代史料相比，中国古代史料典籍如此丰富，是人类文明史上的一大贡献。

二、累世不断

历史记载代代相接，累世不断，这是发达的中国传统史学的又一辉煌成果。

中国的历史记载记录材料出现得很早。周代（约公元前11世纪—公元前221年）是中国开始有完整文献史料的朝代。公元前841年中国有了明确的纪年，也就开始有了逐年记载的历史。从现存的文字记载看，甲骨文、金文、《尚书》《春秋》《左传》《国语》《战国策》以及《世本》和《竹书纪年》等记录了先秦历史。此后所有朝代无不有史，从《史记》到《明史》，或朝代史，或通史，或专史，或地方史，或传记，其历史记载从未间断，完整地记录了中国古代历史的发展历程，展现了广阔的历史长河。

中国累世不断的历史记录需要多方面条件的促成。首先，悠久的史官制度、日益健全的修史机构和发达的私人著史系统是制度上的保证；其次，众多史家深刻的历史意识和国家责任感是思想上的保证；再加上发达的农耕文明为中国传统史学的繁荣提供了物质上的保障，而儒家文化强大的同化功能则为其提供了稳定的社会条件。

---

① 梁启超. 中国历史研究法 [M]. 北京：中华书局，2009：218.
② 林承节. 印度史 [M]. 北京：人民出版社，2004：19-26.
③ 龚红月. 中国传统文化概论 [M]. 广州：暨南大学出版社，2008：176.
④ 张广智. 西方史学史 [M]. 上海：复旦大学出版社，2000：66.

三、体裁多样

中国传统史学在其发展的光辉历程中，涌现出数以百计的史家和浩如烟海的史籍。最初有一种说法，左史记言，右史记事，言为《尚书》，事为《左传》。然而言与事是无法截然分开的，《尚书》和《左传》中各自都有记言或记事的成分。中国史学上最先形成比较规范的表现形式的，是编年体史书《春秋》和《左传》，它们按年、时、月、日的时间顺序记事。需要注意的是，编年记事的史书也记言，也记事件始末，也记人物，其间存在着互补和辩证关系。比起编年体史书，纪传体史书出现得相对较晚。战国时期出现的《世本》是一种综合体的形式，可以被视作纪传体史书的先驱。司马迁的《史记》囊括本纪、表、书、世家和列传五个部分，是记事件、制度、人物和历史进程的综合体史书，后人称其为纪传体史书，这与《史记》记述了朝代更迭和大量的历史人物有关。《史记》记载了我国 3000 年的历史。全书包括十二本纪、十表、八书、三十世家、七十列传，共 130 篇，52 万多字。本纪，基本上是编年体，叙述帝王事迹和历史大事。世家，记述诸侯、勋贵和特殊人物的大事，兼用编年和纪传的写法。列传主要是记载各类历史人物的活动，这些人物传记有专传、合传、类传等类型，也有民族史传和外国传。表是用谱牒的形式，梳理历史大事。书志，以事为类，主要记载各类典章制度的发展过程和有关自然、社会各方面的历史。鲁迅先生评价《史记》是"史家之绝唱，无韵之《离骚》"，这是非常贴切的。司马迁以拥抱整个民族文化的宽广胸怀，熔三千年政治、经济、文化于一炉，完成这部气魄雄伟、包罗万象、博大精深的百科全书式的通史巨著，成为历代史家竞相学习、仿效的楷模。纪传体史书相较于编年体史书，记述历史的范围扩大了，作者的历史视野也扩大了，促进了人们对于历史面貌的整体性认识。

《史记》之后，东汉班固沿用《史记》体例而略有变更，写出我国第一部纪传体断代史《汉书》，以十二帝纪、八表、十志、七十列传，记载了西汉一朝的历史。《汉书》体例完整，记载系统完备，体现了"文赡而事详"的特点。特别是它的"十志"，取法《史记》八书，但有重大发展，开拓了新领域，补充了新内容。如《艺文志》，著录了西汉宫府藏书，分析了学术源流，是我国现存最早的图书总目录。纪传部分内容翔实，远胜《史记》。范晔的《后汉书》、陈寿的《三国志》同样被史家所重视，这两本书和《史记》《汉书》并称为前四史。《隋志》把司马迁的《史记》和班固的《汉书》视为纪传体之祖。自此之后，编年和纪传成为最有影响力的史书体裁，"自是世有著述，皆拟班、马，以为正史，作者尤广。一代之史，至数十家"①。

纪传体史书的发展至唐初达到了全盛时期。刘知几在《史通》中总结史学发展时，提出"二体"的概念，即班固的《汉书》和荀悦的《汉纪》为历史所述的两种模式。前文中已经介绍过《汉书》，这里不再赘述。现简要介绍一下《汉纪》的基本内容及特色。《汉纪》是关于西汉一朝的编年体断代史。荀悦在编年体的写法上有所创新，在叙事时能突破时间界限，根据需要补叙前因或备述后果，且兼及同类人和事。这样，如同纪传一样，备载历史人物、历史事件和典章制度，从而扩大了编年史记叙范围，为编年史写人记事找到了又

---

① 《隋书·经籍志二》正史类小序。

一条道路。袁宏的《后汉纪》也是一部断代编年史名著。

《汉纪》的出现，完备了编年史体的规模，从而促进了汉唐之际编年史的发展。至北宋司马光，打破断代格局，撰写编年通史《资治通鉴》，上起战国，下终五代，按年记载，上下贯通，是中国史学史上一部划时代的名著。鉴于司马光的巨大成就，人们把他同司马迁相提并论，视为中国传统史学的两大伟人，并称为"两司马"。中国古代史籍分类的体制在《隋书·经籍志》里大致确定下来，史书被析为十三类——正史、古史、杂史、霸史、起居注、旧事、职官、仪注、刑法、杂传、地理、谱系、簿录。其中，正史指纪传体。古史，一般依据《春秋》的体例，《新唐书·艺文志》称其为编年类。杂史，根据《四库全书总目》的解释，"义取乎兼包众体，宏括殊名"，体例杂；内容所述大抵是帝王之事，但不像正史那样完整，而且比较多涉及琐事遗文，内容杂。别史，特指十六国的记注。起居注，指"录纪人君言行动止之事"之书，《新唐书·艺文志》把历朝实录、诏令，都放在起居注类。旧事、职官、仪法、刑法大都是有关制度之书。杂传是关于世俗、佛、道各种人物的传记。地理记州郡、山川、物产风俗。谱系记姓氏。簿录记载文献目录。在此基础上，刘知几还提出另有"偏记小说"十类，包括偏记、小录、逸事、琐言、郡书、家史、别传、杂记、地理书、都邑簿。总之，在初唐时期，中国史书的积累已极繁富，分类亦相当细致。

中唐时期，杜佑撰《通典》，从会通和分门两个方面继承和发展了纪传体史书中的书志部分，从而突破了编年、纪传"二体"的格局。《通典》及其众多续作，使典制体史书卓然而立，成为中国史书的又一种重要表现形式。《史记》中关于典章制度的记录"八书"，记录天文、地理、文物制度等，其后许多断代史皆沿"八书"体制，设志以记历代典章制度。但制度的演变有很大的继承性，断代为书或原委不明，或追叙太多，则繁复取厌。到了唐代，杜佑打破陈规，著成我国第一部专记历代经济、政治、文化等典章制度沿革的专史《通典》。《通典》叙述历代典章制度，内容翔实，源流分明，既补历代史志之未备，又会通古今，为史书编纂开辟了新的途径，特别是把"食货"放在典制的首位，充分反映了其进步的史观和卓越的史识。

南宋史学家郑樵承司马迁通史遗风，撰成200卷的纪传体通史《通志》。郑氏功力最深的得意之作是"二十略"，"略"即各史的"志"。他在《通志总序》中说："凡二十略，百代之宪章，学者之能事，尽于此矣。"二十略包括氏族、六书、七音、天文、地理、都邑、礼、谥、器服、乐、职官、选举、刑罚、食货、艺文、校雠、图谱、金石、灾祥、昆虫草木，把经学、礼乐、天文、地理、文字，乃至生物等各方面的知识都汇集进去了。这些研究吸取了劳动人民的智慧，扩大了史学研究的范围，提供了丰富的有价值的史料。宋末元初的史学家马端临，仿效《通典》体例，增广门类，或续或补，竭二十年之精力，撰成一部"贯通二十五代"、统纪历代典章的通史《文献通考》。《文献通考》记载了从上古到宋宁宗嘉定末年的典章制度沿革，共348卷，分为二十四门——田赋、钱币、户口、职役、征榷、市籴、土贡、国用、选举、学校、职官、郊社、宗庙、王礼、乐、兵、刑、经籍、帝系、封建、象纬、物异、舆地、四裔。其中，经籍、帝系、封建、象纬、物异五门，属马氏独创。马端临搜集材料，一是靠书本的记载，就是"文"；二是学士名流的议论，也就是"献"。作者详加考证，去伪存真，区分类目，排比编纂，就是"通考"。这种方法实开后世历史考证学的先河。《通考》的史料价值高于《通典》，可以说《通典》一书的精华，全包括在

《通考》中了。《通典》《通志》《文献通考》，被目录学家合称为"三通"。此外，历朝还有专讲一朝典章制度的史书。私人撰修的，多称"会要"；出于官修的，多称"会典"。这些断代制度史与制度通史互相配合，相得益彰。

晋唐之际数百年间，史家对编年和纪传两种体裁高低长短的争论未断。相对公允的评价是两种体裁各有长短，互有得失。唐后期皇甫湜在《编年纪传论》中阐明了他的观点：史书体裁没必要一成不变，衡量"良史"的标准，无关体裁，关乎史家治史的态度是否"秉笔求真"。中晚唐有典制体、会要体的崛起。宋代创立了纪事本末体和纲目体。明清则有学案、图表、史论的发展。编年体、纪传体、典制体和纪事本末体是中国史书所采用的最主要的体裁。这些体裁以及其他形式史书体裁的产生，都经历了漫长的酝酿。各种体裁在发展的过程中，呈现相互补充和综合的趋势，使各自变得更合理、更完善。

四、内容丰富

历史的进步使社会生活呈现出日益纷繁复杂的面貌，在这个过程中，人们对自然，对社会，对人与人之间关系的理解也不断深刻。人类认识能力的提升，开阔了史家的视野，不断丰富着历史撰述的内容。

先秦时期的史书，涉及政治、军事、民族、制度、地理、天文等内容。《史记》的触角则伸展到更广阔的空间，开始评述历史进程、朝代兴衰、民族关系、典章制度、社会风习等全新领域，并描摹上自天子下至贩夫走卒各阶层人物的生活，评析朝廷与地方、内地与边区的关系，构成了一幅多姿多彩的历史图卷。到了魏晋南北朝时期，社会历史的巨大变革，政治上的分裂与统一交替，各民族间的迁移和交往频繁，统治阶级内部构成的变化，意识形态领域经学传统地位的起伏，再加上区域经济与文化的发展，选官制度的确立和实施，使得史学呈现多途发展的趋势，史学的种类迅速发展，这一时期出现的独立为类的史书有十五六类之多。

唐宋以降迄于明清，史学分类在前朝的基础上有所损益变通，这反映出史书内容的丰富始终保持着长盛不衰的趋势。以典制体史书为例，唐代史家杜佑著《通典》，分历代典章制度为9门；元初马端临著《文献通考》，则分历代典制为24门；明代王圻著《续文献通考》，又细分历代典制至30门。这一趋势，无疑是历史进步的产物。丰富的史书内容，也为中国传统史学的辉煌添上浓墨重彩的一笔。

五、有述有评，态度分明

所谓"史评"，系指评论史事或史书的著作。史评大体上可分为两类：一类重在批评史事，一类重在批评史书。批评史事，是指对于历史事件和历史人物加以评论。这种评论，始于《左传》《史记》，后来纪传体正史以及编年史都继承了下来。西汉初年贾谊的《过秦论》，便是较早的史论专篇。唐宋以来，评史之风颇盛，许多文人学者都有史论之作，也出现了如唐代朱敬则的《十代兴亡论》、宋代吕祖谦的《东莱博议》、明代张博的《历代评论》等史论专著。清代王夫之的《读通鉴论》《宋论》更是史论的代表作，其中蕴含深刻的历史哲学思想。批评史书，则主要是指人们对史家、史书或某一种史学现象、史学思想的评论，它在中国传统史学史上也占有重要地位。这种史学评论，司马迁的《太史公自序》是开端,《汉书·司马迁传》是其发展,《文心雕龙·史传篇》更为系统,但作为史学评论之系统而全面的专著则以唐代刘知几的《史通》、宋代郑樵的《通志总序》和清代章学诚的《文史通义》为代表。

作为我国古代第一部史学理论专著的《史通》,是史评杰出的代表作。作者刘知几是唐代著名的史学理论家,所撰《史通》20卷,内容广泛,论及史书编撰、史家修养、史学准则、史学史、史学流派等问题;特别评论了史书编撰中的体例、书法、史料、行文和史家修养问题,是对唐以前史学理论之系统而全面的总结,标志着中国古代史学理论的确立。清代著名史学理论家章学诚的《文史通义》是史学理论的又一代表作,该书不仅谈史,而且论文,特别是对于编纂方志,颇多创造性的见解。与刘知几强调"史法"不同,章学诚强调"史意",对于治史的宗旨、任务、态度等都有独到的认识,因而对古代史学理论有杰出贡献。清代学者赵翼的史评著作《二十二史札记》不但对二十二史作了全面介绍和评价,而且能把握重大历史事件,综合分析,探究一代政治利弊和兴衰变革的原因,对后代学人有极大帮助。

中国古代史学成就辉煌,诸般史书,应有尽有,逐步完善,各有源流,自成系统,互相补充,彼此印证,在中国史学史上,犹如簇簇盛开的鲜花,争奇斗艳,交相辉映。中国史籍之丰富多彩,中国古代史学之发达,是任何国家都不能比拟的。黑格尔曾说"中国'历史作家'的层出不穷,继续不断,实为任何民族所不及"。李约瑟在《中国科学技术史》第一卷《导论》中也指出:"也许不用多说,中国所能提供的古代原始资料比任何其他东方国家,也确比大多数西方国家都要丰富。譬如印度便不同,它的年表至今还是很不确切的。中国则是全世界伟大的有编纂历史传统的国家之一。"毫无疑问,这是中国传统史学的骄傲。

第三节 中国传统史学的优良传统

中华民族是一个有着深刻历史意识的民族,史学传统是构成中国民族精神心理结构和文化内核的要素之一。史学文化既是中华民族道德、国运、族脉所托命之本,也是以往史家优良的思想、品德、学风和经验的集中表现。一般而言,中国传统史学具有以下基本精神。

一、以史鉴今,经世治用

史学经世源于儒家,而儒家学说从整体而言,也是经世的学说。儒学,从它的创始人孔子开始,就有一种经世的传统和特色,所以借鉴和治用一直是史家修史的首要宗旨。我国自古以来,对于历史遗产和记事写史,很注意借鉴和垂训的作用。《尚书·召诰》中有"我不可不监于有夏,亦不可不监于有殷"的感慨,《诗经》上也有"殷鉴不远,在夏后之世"的诗句。这表明在周灭商后,西周统治者就一再考究商朝灭亡的原因,希望以夏、商两代作为镜子,映照现世。汉代司马迁以"究天人之际,通古今之变"为己任,试图为汉代统治者找出治世良策。

唐朝设馆修史,唐太宗与魏徵就在官修史书《隋书》中鲜明地贯彻了"以史为鉴可以知兴衰"的宗旨。贞观十年(公元636年),房玄龄、魏徵等修成了五代史,唐太宗大为高兴。他说："朕睹前代史书，彰善瘅恶，足为将来之戒。""将欲览前王之得失，为在身之龟镜。公辈以数年之间，勒成五代之史，深副朕怀，极可嘉尚"。唐太宗的话很能代表统治者对修史目的的看法。唐太宗说他有三面镜子："以铜为镜，可以正衣冠；以古为镜，可以知兴替；以人为镜，可以明得失。""以古为镜"就是"古为今用"，就是发挥史学的经世作用。宋代司马光编的通史，原名《通志》，司马光写《通鉴》的目的就是给帝王"周览"，从中鉴戒得失。后神宗觉得此书所载历代君臣事迹和治国之道十分详细，大有鉴戒价值，乃赐名曰"资治通鉴"。从此，以鉴为名的史书接踵出现，如《通鉴纲目》《纲鉴易知录》《通鉴辑览》等。以史鉴今的修史传统一直延续。

在中国古代史学发展史上，史学家向来都对国家治乱兴衰给以极大关注，表现出饱满而深沉的政治情怀。这种政治情怀，大多以经世致用为其出发点和归宿。孟子论及孔子作《春秋》时认为，"世衰道微，邪说暴行有作，臣弑其君者有之，子弑其父者有之。孔子惧，作《春秋》。"① 这说明孔子作《春秋》就有自觉的社会目的，即史学为现实服务，以理想来批判现实，也就是经世致用。经世致用的史学传统起初主要是注重史学的鉴戒作用，至中唐杜佑则发展为比较全面的经世目的。杜佑撰《通典》，突破了在史书中从历史事件方面总结治乱得失的模式，深入社会经济制度和上层建筑领域，从各种制度的沿革变迁中探讨经验教训，从而对历史上的治乱得失作全面而深入的考察。同时也突破了历来所强调的鉴戒模式，提出了以史学"经邦""致用""将施有政"这一具有直接实践作用的认识模式。

历史是一面镜子。通过历史这面镜子，个体可以洞悉自身行为的偏差，修正做人的思想和言行。对于执政者而言，以史为鉴是从历史记载中汲取兴亡成败的经验教训，以制定和修正政治举措。史学满足现实政治的需要，因而又得到国家政权的提倡和支持，这是政治对史学的影响。但是，这种政治影响是存在弊端的。历代统治者关注史学，对史学的发展固然有很大的促进作用，但同时也出现政权对史学事业的控制，导致史学沦为政治运作的手段和工具，从而可能失去作为独立学科赖以存在的求真基础，并在一定程度上扼杀了史家的创造精神。比如，史家以考论政治得失，劝善惩恶为己任，这也就决定了他们所撰史书的主要内容是现实社会中实实在在的政治和人事。像司马光为编纂《资治通鉴》，"专取关国家盛衰，系生民休戚，善可为法，恶可为戒者，为编年一书"，尽管其篇幅宏伟，内容丰富，总离不开政务这个中心。此外，纵观历代史书，大都以帝王将相、政权更替、天理人伦等内容为重点，并以封建的伦理道德观进行取舍评说。然而，记载中国古代社会科技发展的史书则非常有限，以至于无法在史部分出科技史的类别。确切地说，中国古籍浩如烟海，若想查找某一朝某一代皇帝的生平业绩并不费事，但要查出对世界文明做出过重大贡献的中国古代四大发明的来龙去脉则颇费周折，甚至没有记录，这无疑是中国史学的一个缺陷。

二、秉笔直书，书法不隐

秉笔直书是中国古代史学的又一优良传统。中国古代史家历来把秉笔直书视为持大义、别善恶的神圣事业和崇高美德。他们以直书为荣，曲笔为耻，为了直书，不避强御，不畏风

---

① 《孟子·滕文公下》。

险，甚至不怕坐牢，不怕杀头，表现了中国史家的高风亮节。

早在中国史学开始兴起之时，秉笔直书就成为史家的崇高美德而受到称赞。从《左传》开始，中国史学就确立了"不虚美，不隐恶"的立史原则，力求用"直笔"立"信史"。《左传·襄公二十五年》记载了齐国太史、南史氏直书不惜以死殉职的故事。"太史书曰：'崔杼弑其君'。崔子杀之。其弟嗣书而死者二人，其弟又书，乃舍之。南史氏闻太史尽死，执简以往，闻既书矣，乃还。"这段文字反映出，为了直书"崔杼弑君"的事实，两位太史被统治者杀死，仍然有史家秉承正义的立史原则，生死不惧，继续照实书写这段历史。这种直书的精神成为后世史家遵循的传统。

刘知几在《史通》中，写了《直书》《曲笔》的专篇，以总结唐以前史家秉笔直书的优良传统。南史氏冒死以往的"仗气"已如前言，董狐"书法不隐"，被孔子誉为"古之良史"。刘知几评价说，"虽周身之防有所不足，而遗芳余烈，人到于今称之"。三国史家韦曜，主撰《吴书》，孙皓要求为父作"纪"，韦曜拒绝，其理由是"执以和不登帝位，宜名为传"①。这种直书精神有很大的社会影响力，正直的史官、史家都自觉效法，付诸实践。贞观年间，褚遂良负责记录太宗言行。太宗欲索取过目，褚以"不闻帝王躬自观史"为由加以拒绝。太宗问他："朕有不善，卿必记之耶？"褚答曰："臣职当载笔，君举必记。"②《贞观政要》的作者吴兢曾参与《则天皇后实录》，如实记载了魏元忠事件的原委，宰相张说感到此事于己不利，想让史官"删削数字"，吴兢义正辞严斥之："若取人情，何名为直笔！"

刘知几指出直书与曲笔的对立，认为"直书"是实录的前提，而"曲笔"则会造成实录难求。刘知几正是从历史撰述是否"实录"这一根本点来区分直书和曲笔的界限。所以，直书集中地反映了中国古代史学的求实精神。从《史记》被誉为"实录"之后，这种求实精神便成为大多数史家追求的目标。自然，曲笔也是史学上客观存在的。刘知几剖析了它的种种表现，或者以实为虚，以是为非，或者虚美讳饰，任意褒贬。造成曲笔的原因，主要是史家为当权者的威势所慑，也因史家品德修养所致。古来唯闻以直笔见诛，不闻以曲词获罪，"世事如此，而责史臣不能申其强项之风，励其匪躬之节，盖亦难矣"③。但是，在整个封建社会，曲笔在任何时期都不可能成为公开提倡的行为，任何得计于一时的曲笔作史，终究要被后人揭露，而直书精神，千百年来，赢得人们的赞扬，成为史家效法的传统，始终是中国史学的主流。

我国古代严谨求实的治史态度还表现在史家修史的过程中。为了确保材料的真实性，史家首先会广采群言，然后严加考证，鉴别史料真伪，修订错漏，最后成文。比如司马迁著《史记》时，曾收集了十分丰富的史料，不仅有先秦典籍和当世流传的著作，而且有大量前代和当代的档案文书。但是，司马迁没有随意运用这些史料，而是对其进行来源考订，真伪辨别，严格审慎地选择录用部分史料。对于那些当时无人考证的史料就采取"疑则传疑"

---

① 《三国志·韦曜传》。
② 《旧唐书·褚遂良传》。
③ 《史通·直书》。

的态度，绝不妄断。注重求实的学风和文风，在一定程度上促进了中国古代史学上发达的史注形式的发展。史注的作用在于，或补充史事，或保存异说，或训释名物，或揭示论误。到宋代司马光作《资治通鉴考异》时，史注形式已经发展到很高的水平。《资治通鉴考异》共30卷，是司马光在撰《资治通鉴》时对那些一件史事却存在若干种说法的史料进行考证鉴别的记录。史注不仅具有化难为易、化不明为明、化不解为解等重要功用，而且往往都有补、有考、有论、有辨，具有重要的史料价值，蕴藏着丰富的史学思想。

中国古代有代表性的史家及其撰述，一般都具有恢廓的历史视野。他们学兼天人，会通古今，用包容一切的气势和规模，阐述历史的发展过程，探究历史的前因后果。

三、天人合一，德才兼备

中国的人文传统之一就是天人合一的思想。孔子提出历史发展是由"天命"与人双重力量推动的，天命隐藏在人事之中。中国古代史学不但记叙了人类社会生活的丰富内涵，也记载了一部分天文地理的变化。这种既讲天（自然），又讲人的史学内容，是中国古代天人合一思想的体现。中国传统史学既没有弃绝天命神意，也没有过分漠视人事，始终坚持天人合一的思想，认同人的历史主体地位。传统史书撰述的核心是世俗人事，神意往往是社会公意的昭示。这一天人合一的传统流淌在诸多史家的笔端：司马迁提出关于人死或重于泰山或轻于鸿毛的思考；龚自珍提出关于良史之忧的质疑；刘知几认为历史是进化的，史家应该"考时俗之不同，察古今之有异"，并敢于批判过去的权威典籍，主张"夫论成败者，固当以人事为主，必推命而言，则其理悖矣"①。中国古代史学之所以兴旺发达，是同史家十分注重业务和思想修养分不开的。重视史家修养，是中国古代史学又一优良传统。

关于史家修养问题，历来史家都十分关注，他们在总结、评论前人的史学成果时，也同时就史家修养作了评论。比如，班固评论司马迁的《史记》时说，"自刘向、扬雄，博极群书，皆称迁有良史之才，服其善序事理，辨而不华，质而不俚。其文直，其事核，不虚美，不隐恶，故谓之实录。"② 这里既肯定《史记》是部"实录"，又高度评价了司马迁的历史责任感，肯定他有"良史之才"。再如，《隋志》史部后序说"夫史官者，必求博闻强识，疏通知远之士，使居其位，百官众职，咸所贰焉。是故前言往行，无不识也；天文地理，无不察也；人事之纪，无不达也。"可见，作为一名史家，学识上要"博闻强识"，见识上要"疏通知远"。

从理论上明确、全面提出史家修养问题的还是刘知几。刘知几认为，史家必须兼有史才、史学、史识三长。所谓"史才"，是指修史的才能，主要是指历史编纂和文字表达方面的才华和能力。所谓"史学"，是指占有史料和掌握历史，要能搜集、鉴别和运用史料，要有广博丰富的知识，还要深思明辨，择善而从。所谓"史识"，是指史家的历史见识、见解、眼光、胆识，即观点和笔法，包括"善恶必书"的直笔论，也包括其他的历史观点。

---

① 刘知几《史通》卷十六《杂说》上。
② 《汉书·司马迁传》。

后来，章学诚肯定了"三长"理论，又补充了"史德"。所谓"史德"，即高尚的道德，章学诚解释为"著书者之心术"。什么是心术呢？章学诚说："盖欲为良史者，当慎辨于天人之际，尽其天而不益以人也。尽其天而不益以人，虽未能至，苟允知之，亦足以称著书者之心术矣。"① 这里的"天人之际"，是指客观历史与史家的主观之间的关系，史家应尊重客观历史，不能用主观的好恶影响对历史客观的忠实反映。尽管刘知几早已在史识中包含了史德的思想，章学诚以心术论史德，无疑是理论上的一个发展。德、才、学、识是对史家素质的全面要求，因而它就成为史家奋斗的目标和评论史家的标准。

历代学者评论史书都从事、文、史三要素入手，而章学诚讲得最深刻。他说："史所贵者，义也；而所具者，事也；所凭者，文也。"这个"义"就是史义，大体相当于我们所说的理论观点；这个"事"是史事，即历史事实；这个"文"是"史文"，即写史的文采。义是最重要的，事是具体的，文是表达的。事为基础，文以表事，义从事出，三者血肉相连。章学诚打过一个形象的比喻"譬人之身，事者其骨，文者其肤，义者其精神也"②，其相互关系与主次地位非常清楚。寓论于史，史论结合，文史兼修是我国史学的基本要求。一部史学作品是否达到高质量，传世不朽，这要看其事、文、义的水平及其结合状况，"非识无以断其义，非才无以善其文，非学无以练其事"③。史学家要有远见卓识，善于继承，勇于创新。没有远见卓识，就可能巨细莫辨，是非不分，方向不明；没有批判的创新精神，因袭旧惯，谨守绳墨，便不敢攀登史学的高峰。一般说来，中国古代史学中许多闪烁真理光辉的史学观点都是史家远见卓识的具体体现。

无论是刘知几论"识"，还是章学诚论"德"，其衡量识、德的标准无一不是儒家的伦理道德观。在中国重伦理道德思想文化的熏陶下，史家向来以修身立德为己任，史书以表彰忠臣孝子为要务。儒家修齐治平的政治人伦正是贯穿中国古代史学的精神支柱，历史上善恶是非之裁断的主要标准就是儒家的伦理道德。司马迁说《春秋》"采善贬恶，报三代之德，褒周室"，是"礼义之大宗"④，便是从伦理上评论的。司马迁写《史记》，遵循其父的教诲，着重表彰明圣盛德和功臣世家贤大夫的功名、道德。他选择和评论历史人物的功业和品德的标准正是儒家的君臣父子之义。班固撰《汉书》，把儒家礼教视为"所以通神明，立人伦，正情性，节万事者也"⑤。荀悦撰写《汉纪》时就明确宣布"夫立典有五志焉，一曰达道义，二曰彰法式，三曰通古今，四曰著功勋，五曰表贤能"⑥，意在宣扬儒家伦理道德，表彰统治阶级的代表人物。袁宏撰写《后汉纪》时也明确宣布"夫史传之兴，所以通古今而笃名教也……今因前代遗事，略举义教所归，庶以弘敷王道"⑦。到刘知几总结史学功用，讨论史才三长，其衡量是非善恶，进行褒贬的标准，仍带有浓厚的伦理色彩和森严的等级观念。中国古代史书没有不宣扬纲常名教的，而宋明史学则较前代尤甚。

---

① 《文史通义·史德》。
② 《文史通义·方志立三书议》。
③ 《文史通义·史德》。
④ 《史记·太史公自序》。
⑤ 《汉书·礼乐志》。
⑥ 《后汉书·荀悦传》。
⑦ 《后汉纪·自序》。

思考与探究

1. 与西方史学相比,中国传统史学在取得光辉成就的同时,是否存在薄弱的地方?
2. 中国现代史学的研究方法有哪些新趋势?
3. 我们现代人要用什么样的态度去研究历史?

拓展阅读

1. 《中国史学上之正统论》,饶宗颐著,中华书局2015年出版。
2. 《赫逊河畔谈中国历史》,黄仁宇著,三联书店1997年出版。
3. 《国史讲话全本》,顾颉刚著,上海人民出版社2015年出版。

第九章

中国传统教育

学习目标

1. 了解中国传统教育的发展历程。
2. 认识官学的发展历程及教学体系的特点。
3. 理解私学的发展及其在中国教育史上的贡献。
4. 认识书院产生的原因及其在教育管理、教学上的特点。
5. 掌握科举制度的发展历程及历史作用。

内容概要

教育伴随着人类社会的产生而出现，自尧舜时期教育萌芽发展至今，中国传统教育始终呈现出蓬勃发展的态势。中国传统教育的发展历程，从纵向的视角出发，可以分为三个阶段：第一阶段，从原始社会教育的萌芽至秦汉时期，是传统教育的起源和奠基阶段；第二阶段，魏晋南北朝至元朝时期，是传统教育的全面繁荣阶段；第三阶段，明清时期是传统教育的转型阶段。从横向的视角出发，官学、私学、书院并行交叉发展，科举制贯穿其中，成为我国主流的选士制度。纵观中国古代官学的发展历程，系统化于西周，迅速发展于汉代，魏晋南北朝时稍有衰落，宋辽金元时发展完善并与科举并轨，衰落转型于明清。中国古代的私学兴起于春秋末年，秦汉时经历了禁止又复苏的过程，两汉受独尊儒术的影响而不断经学化，魏晋南北朝至隋唐时期繁荣发展，出现儒佛道融合趋势，宋朝以后私学开始为科举服务，明清时期正规化。书院起源于唐，完备于宋，普及于元明，废除于清，自唐末至清末存在一千年之久。科举制正式创立于隋，确立于唐，至宋元完备定型，鼎盛于明清。

中国古代文化是依靠教育而绵延不绝、生生不息的。在将近3000年的教育历程中，中国古代教育形成了具有中国气象的优良传统，其高度成熟的教育体系和丰富深刻的教育思想留给我们丰厚的文化遗产。它是中国古代物质文明和精神文明赖以创造和发展的基础和保障。

第一节　中国传统教育的发展历程

中华民族有着悠久的历史与灿烂的文化，素以"文明古国""礼仪之邦"著称，这与中国历来重视教育的建设与发展密不可分。早在尧舜时期，教育就有了萌芽，由此开始的中国传统教育的发展历程，大致可分为三个前后相继、特点各异的历史阶段：第一阶段，从原始社会的萌芽至秦汉时期，是传统教育的起源和奠基阶段；第二阶段，魏晋南北朝至元朝时期，是传统教育的全面繁荣阶段；第三阶段，明清时期是传统教育的转型阶段。中国传统教育其漫长的发展过程中，形成了独特的民族特点和优良传统，涌现出众多教育家，积累了丰富的教育教学经验，对于促进中华民族文化的发展和国民素质的提高发挥了重要作用。

一、中国传统教育的起源和奠基

（一）教育的起源说

据《尚书·舜典》记载，虞时即设有学官，但那时的学官所管理的只是简单的有关生产和生活的教育活动。中国早期的教育学家杨贤江曾指出："自有人生，便有教育。"有关教育起源的说法不一，没有公认的最终结论，被广泛传播的主要有生物起源说、心理起源说和劳动起源说三种观点。

生物起源说，以法国哲学家、社会学家利托尔诺和英国教育家沛·西能为代表。该学说从生物学的角度认为，人类社会中教育的产生具有生物性特征，动物生存竞争的本能是教育产生的基础，生物的冲动是教育的主要动力。教育不仅仅存在于人类社会，动物界也存在，人类社会的教育是对动物界的继承、改善和发展。

心理起源说的代表人物是美国著名教育史专家孟禄。在其所著的《原始部落及其最简单形式的教育》一书中，他对生物起源说进行了批判，认为利托尔诺没有揭示人与动物心理的本质区别。他从心理学的角度出发解释教育起源问题，认为教育起源于儿童对成人无意识的模仿。

劳动起源说的代表人物是苏联教育家米丁斯基和凯洛夫。劳动起源说在批判生物起源说和心理起源说的前提下，依据恩格斯的《家庭、私有制和国家的起源》及《教育在从猿到人转变过程中的作用》等著作，从历史唯物主义观点出发，认为教育起源于劳动和劳动过程中产生的需要。教育是人类特有的一种社会活动，以人类语言和意识的发展为条件。

除以上观点外，还有学者提出教育起源于人类社会生活的需要。我国著名马克思主义教育理论家杨贤江、钱亦石都力主这种观点。杨贤江认为，"教育的发生就植根于当时、当地的人民实际生活需要"，教育起源于实用，它是帮助人营谋社会生活的一种手段。自有人类，便有了实际生活的需要，于是也就有了教育的发生。[①]

原始社会教育的内容和方法丰富多样，教育内容与生活紧密相关，随生产力的发展而变化，主要有生产劳动教育、道德和社会传统教育、宗教教育、军事教育、艺术教育。教育没

---

① 胡德海. 教育学原理［M］. 3版. 北京：人民教育出版社，2013：150.

有固定的教育场所，主要以口耳相传的方式进行，男女有相同的受教育机会，老年人和妇女是这一时期主要的教育者。

(二) 夏、商、西周的教育

夏王朝的建立标志着古代中国开始进入奴隶制社会，伴随着文字的应用和社会阶级的出现，教育发生了质的变化，与生产劳动相分离，出现了最早的学校。该时期施行的是政教合一政策，施政的地方同样也是教育的场所，只有贵胄子弟才有资格受教育。教育的内容主要有世系教育（从原始社会末期遗留下来的祖先崇拜和对祖先的祭祀）、军事教育、养老制度教育（把老人养起来而不是杀掉）和生产劳动教育。

商代形成了以王为最高首领的政治体制，国王也是家族的族长，政权和族权合为一体。这一时期的农业和手工业迅速发展，已出现天文、历数等自然科学，采用干支记日，用十进制计数，并出现了原始性的笔。教育的内容主要有思想政治教育、祖先崇拜教育、音乐舞蹈教育和军事教育。

西周是承继殷商建立的全盛的奴隶制国家，产生了贵族家庭教育、男女教育有别，胎教也产生于该时期，成为家庭教育的一部分。该时期的学制有国学和乡学，如图9-1所示。国学有大学和小学之分，教育的对象都是贵族子弟，教育的内容主要有礼、乐、射、御、书、数六艺。依据《周礼》记载，乡学的教育内容主要有"六德""六行""六艺"。六德即知、仁、圣、义、中、和；六行即孝、友、睦、姻（姻的古字）、任、恤；六艺即礼、乐、射、御、书、数。还有所谓的"六礼""七教""八政"。六礼便是冠礼、婚礼、丧礼、祭礼、飨礼、相见礼；七教便是父子、兄弟、夫妇、君臣、长幼、朋友、宾客；八政便是饮食、衣服、事为（百工技艺）、异别（五方用器差异）、度、量、数、制（布帛幅广狭）。此外，西周还实行选士和养老制度。

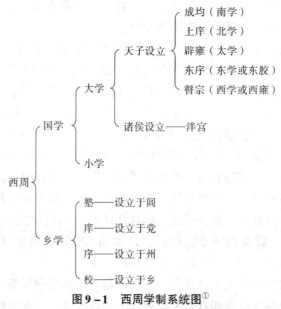

图9-1 西周学制系统图[①]

---

① 郭齐家. 中国教育史上卷[M]. 北京：人民教育出版社，2015：25.

（三）春秋战国时期的教育

春秋时期，奴隶制生产关系的桎梏被解除，农业、手工业和商业得到大力发展，随着权力和财产的再分配，以血缘为纽带的尊卑关系开始瓦解。这一时期，教育最典型的特征就是官学的衰落和私学的兴起。在教育对象上，私学突破了官学入学等级的限制，向全社会开放。在教学内容上，私学更注重学术研讨，提倡百家争鸣。这一时期的官学还未系统化，只有贵族子弟才享有受教育的权利，学习的内容有《诗》《书》《礼》《乐》《春秋》等经典。各国君主重视教育和人才的选拔，一方面教育自己的子弟培养继承人，另一方面罗致有真才实学的人辅佐政治。

战国时期，教育领域出现了一系列改革，主要有以下几个方面：第一，建立按照真才实学给予官爵的制度，包括统治者子弟在内；第二，教育管理向集权制过渡；第三，对现任官吏实行再教育；第四，教师政治地位与经济待遇得到提高；第五，重视人才的选拔；第六，在民间进行法制教育；第七，加强生产教育与军事教育。对这一时期学术文化起推动、促进作用的主要是私学，儒、墨、道、法、阴阳等各家各派都收徒讲学，各家之间取长补短，兼收并蓄，大大丰富了私学的教育内容。这一时期建立的稷下学宫是世界上创建最早、规模最大的官立高等学校和学术研究机构，后成为百家争鸣的基地之一。

（四）秦汉时期的教育

秦汉时期是中国古代教育的奠基时期。秦始皇为巩固专制政权，实行了统治思想的方针政策，一是"以法为教"，二是"焚书坑儒"。法教是与礼教相对应的，以法为教不仅把矛头直指儒学，战国时期按照学术自由规则建立起来的私学也通通被禁止。秦始皇接受李斯的建议，"收去《诗》《书》百家之语，以愚百姓，使天下无以古非今，明法度，定律令……"①。将对统治无用的书焚毁，将儒生活埋，也有史家认为秦始皇坑杀的不是儒生，而是那些搞迷信活动，却不能满足秦始皇愿望的术士。但焚书坑儒政策的实行，不论其严重性如何，都反映了秦始皇的虐政行为，暴露了其专制的统治思想。虽然秦朝的统治时间只有十五年，但相关制度和设施的建立也有可述之处。秦始皇接受李斯的建议，"罢其不与秦文合者"，统一使用小篆为秦朝通用文字；在中央和地方都设立了学官，在中央设置博士、太傅、少傅，在地方设置三老。秦历代统治者都十分重视人才，他们甚至宣布"不立子弟为王"。②

汉代文教政策的指导思想是"独尊儒术"，即以儒家为正宗，辅之以法家、道家思想的文化格局。这一时期的中央官学有太学、鸿都门学和四姓小侯学，地方官学主要有郡国学。私学的发达程度要高于官学，大致分为两种类型：一是高等教育性质的私学，二是普通教育性质的私学。汉代全面继承了以往的教育成果，为中国封建社会学校教育制度的发展和完善奠定了基础。

二、中国传统教育的全面繁荣

（一）魏晋南北朝的教育

魏晋是封建门阀制度高度发展的时期，这一时期官学衰微，私学发达。为保障士族优先

---

① 《史记·李斯列传》。
② 《史记·李斯列传》。

做官的权利,魏文帝时期实行了有利于著姓大族的"九品中正制",实际是按门第高低将人评定为九等,按等选用,这对"学而优则仕"的传统是一个很大的冲击,对学校教育产生了消极影响。

(二) 隋唐时期的教育

隋唐创立新的教育制度,达到了封建教育发展的新高潮。唐代统治者实行宽容的文化政策,在意识形态上奉行儒、佛、道三者并行的政策。儒、佛、道三家在教学形式和方法上既自成体系,又相互吸收,使那时的教育思想呈现出杂糅融合、兼收并蓄的特点。中央官学和地方官学相联系,官学和私学共存,产生了选士方面的科举制,这与中国古代教育的发展关系十分密切。在科举制产生以前,培养人才和选拔人才基本上是脱节的,而科举制的诞生将两者紧密结合到一起,使科举制成为左右封建教育发展的有力工具;同时也产生了以韩愈、柳宗元等为代表的一批教育家,他们发扬儒学,兼容佛、道,影响了后世的教育思想。

(三) 宋辽金元的教育

宋代虽然始终处于民族冲突的动荡之中,但该时期的文化却进入中国封建社会的极盛时期。宋代教育制度基本沿袭唐制,出现了一种新的教育形式——书院。宋朝统治者确立了"兴文教"的政策,尊孔崇儒,提倡佛道;重视科举,重用士人;通过三次兴学,在中央和地方建立起了完备的官学教育体系。宋代教育另一个重要的特点是重视蒙学,当时的蒙学不仅有民间办的私学,也有政府办的官学。

辽金元三个朝代均由我国少数民族建立,统治者大力推行"汉化"政策,并专门设立民族学校,建立了比较完整的民族教育体系,推动了民族教育事业的发展。这一时期的教育制度也基本沿袭前代,使之前发达的教育体制更加细致和完善化,标志着中国封建时代的教育已经发展到最高峰。

三、中国传统教育的延续与转型

明代是中国历史上极其重要而复杂的朝代,衰退与开新是那个时代教育发展最重要的特征。明朝统治者以教育为本,把教育置于国家发展的重要地位,大力发展学校教育事业,使中央官学、地方官学、私学都得到空前规模的发展。同时,统治者也采取种种措施加强对学校的控制,重视科举考试。但明代已经是中国封建社会的后期,封建文化日益呈现出僵化的特点,加之明朝开国之初就大兴文字狱,推行极端的文化专制主义,使明代教育与明代社会的其他文化形态一样,集中体现了中国封建社会的高度成熟和衰退之势。

清代是中国封建社会的最后阶段,满汉民族矛盾和中国资本主义生产关系的萌芽,以及中西两大文化对抗和交流构成清代教育的社会基础。清朝统治者意识到文化教育对治理国家的作用,他们崇尚儒家经术,提倡程朱理学,制定了"兴文教,崇经术,以开太平"的文教政策。中央和地方广泛设立各类学校,学校教育得到了恢复和发展。但由于清代和明代一样进行严厉的思想控制,僵化到极点的科举制也制约着教育的发展,最终致使科举兴、学校废、人才衰。与此同时,清代出现了实学教育思潮,黄宗羲、王夫之、颜元等都是重要的代表人物,他们站在时代的高度猛烈抨击传统的教育思想和制度,批判科举考试脱离实际,空疏无用,主张培养适应社会发展的有真才实学的人才,强调联系实际的教学原则和方法。清末,在波澜壮阔的农民运动的打击下和外国侵略势力的入侵下,中国传统教育思想和制度面临着新的转型和改革。

第二节 中国古代的官学和私学

一、中国古代的官学

所谓官学,即各级政府兴办的各级各类教育机构的总称。中国古代的官学自汉以后分为中央官学和地方官学,地方官学又称府、州、县学。纵观古代官学的发展历程,系统化于西周,迅速发展于汉代,魏晋南北朝时稍有衰落,宋辽金元时发展完善并与科举并轨,衰落转型于明清。中国古代官学的办学宗旨是培养封建统治的人才,以教授儒家经典为主。作为一种上层建筑,它在教育对象、教育目的和教育内容上都体现了强烈的等级性和阶级性,在培养人才、繁荣学术、弘扬文化等方面起到了极其重要的作用。

(一)西周官学开始系统化

据古籍记载推测,中国古代最早的官学几乎与国家同时产生。早在夏、商时期就有庠、序、校三种正式的官办学校,这些学校传授语言文字、天文、数学、历法等方面的知识,奴隶主阶级及其子弟在这类学校中学习。甲骨文卜辞中记载商代学校又增加了左学、右学、瞽宗等名称,但是,到目前为止还未发现有关夏、商学校建制的可靠文献,而且这一时期的官学并未形成系统。有关西周官学的叙述文献翔实可靠,我们从西周的官学开始谈起。

西周官学有中央"国学"和地方"乡学"之分,国学设在王都或诸侯国的都城,而乡学却属于地方学校。西周首次对官学进行这两种类型的划分,历代一直沿用这种办学风格。国学按照年龄程度又分为大学和小学。据《礼记·王制》记载,"小学在公宫南之左,大学在郊。天子曰辟雍,诸侯曰泮宫",表明"辟雍"是天子所设的大学,"泮宫"是诸侯所设的大学。辟雍规模较大,由"成均、上庠、辟雍、东序、瞽宗"五学构成,传授不同的科目,其中辟雍是中心,四面环水。泮宫规模较小,往往仅有一学,半面环水。与辟雍、泮宫相对的则是程度较低的小学。乡学只按地方行政区设立,依据区域大小和人口数量建校,被冠以塾、庠、序、校等不同名称,主要学习算数、识字、射箭和基本礼仪等。

西周时已经出现了分级制学校,学校具有一定的规模,但学校教育仅仅面向贵族子弟,教育的内容主要有礼、乐、射、御、书、数等。随着学校的发展,西周时已有专门的教官,主要由官员担任,官师合一,教授贵族弟子"六仪",即宾客往来、关于祭祀、朝觐会同、问丧吊唁、车马行止、军旅征伐。由此可见,西周官学的主要目标是培养政治和军事人才。西周建立了初步的教学管理制度,据《学记》记载,西周国学中的大学已建立了隔年一次的考核制度,兼重学业和德行两个方面,为后世学校考试提供了很好的范式。乡学的考核也建立了相应的奖赏和惩罚机制。为了表示对学校教育的重视,天子一年之中四次亲临学校,祭奠先圣先师,视察学校规制和教学情况,谓之"视学"。"视学"可以看作"政教合一"的另一种形式,表明最高统治者意图通过教育使人们心悦诚服地遵循既定社会秩序,培养和造就符合统治者需要的合格人才。

(二) 汉代官学的迅速发展

汉代是中国封建社会官学制度确立和完善的时期。汉代的官学也分中央官学和地方官学两类。中央官学主要有太学、鸿都门学、宫邸学，其中规模最大、影响力最大的是太学。地方官学主要有郡国学校。

1. 太学

汉武帝于元朔五年（公元前124年）采纳董仲舒的建议开创太学，如图9-2所示。依照辟雍旧制选址于长安西北郊，朝廷为博士置弟子50人，标志着太学的正式建立。这是中国历史上第一个专门传授知识和研究学问的大学。太学的教师称为博士，博士领袖称为"仆射"，东汉时改称"祭酒"，相当于现在高等学校的校长。博士除掌经教授外，还参政议政，或派遣巡访地方，这是旧时官制的延续。汉代对博士的选拔相当严格，要求"明于古今，温故知新，通达国体"。

太学的学生被称为"博士弟子"或"弟子"，后称"太学生"。汉代太学盛行的是经师大班讲课与学生课外进修相结合的教学模式。当时经师大班集体教学，称"大都授"；学生则需在"正业"外，自觉养成"居学"——即课外自修习惯。

汉代太学学习《诗经》《易经》《尚书》《公羊传》《穀梁传》等儒家经典。没有规定固定的肄业年限，但实行毕业考试制度，考试采取"社科射策"的形式进行，即教师把疑难问题分为两种，写在简策上，由学生选择作答，类似于现在的选做题。每一、两年考一次，根据成绩授予官职，对成绩差、不用功的学生予以开除处分。太学创办后，规模迅速扩大，西汉成帝时增至三千人，东汉顺帝时增至三万余人。

2. 鸿都门学

鸿都门学是一种研究文学艺术的专科性质的学校，因校址设在洛阳鸿都门而得名，如图9-3所示。它的出现是宦官与士大夫政治斗争的产物，当时官僚集团掌控太学，以致太学的学生也反对宦官干政，宦官集团为维护自己的势力，说服皇帝建立了与太学相对的鸿都门学。其招生的对象主要为出身低下者，教授的内容并非儒家经典，而是词赋、小说、书法、字画等。这不仅打破了汉代官学中经学一统天下的局面，还开创了中国古代学校艺术教育的先河。

图9-2 太学

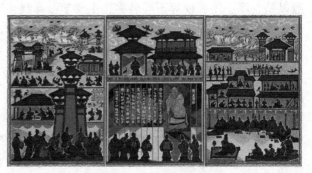

图9-3 鸿都门学

3. 宫邸学

汉代的宫邸学有两种类型：一是专为皇室、外戚、功臣子弟等创办的贵胄学校；二是以宫人为教育对象的宫廷学校。东汉明帝永平九年（66年），专为外戚樊氏、郭氏、殷氏、马氏于南宫设立"四姓小侯学"。汉安帝元初六年（119年），邓太后设立宫邸学，令皇室子孙5岁以上者40余人入学，后又增加邓氏近亲30余人入学，并亲自督查、考试。这类学校是贵族教育的一种体现。

4. 郡国学

汉代的地方官学又称郡国学校。汉景帝末年，蜀郡太守文翁重视教育，于成都建立学官，招下县子弟为学生，免除更徭，学毕得补小吏。汉武帝对文翁此举大加赞赏，乃下诏令各地皆设立郡国学。郡国学教师有郡国文学官、文学祭酒、文学师、文学掾史、文学主事掾等称谓，学生称为文学弟子或郡学生。郡国学除了学习儒家经典，还有识字教育和技能教育等，类似于现在的中小学教育。至汉平帝时，各地都设立了相应的学校，地方官学发展极盛，班固在《两都赋》中有这样的描绘："四海之内，学校如林，庠序如门"，展示了学校繁荣的景象。

（三）魏晋南北朝官学制度的创新

魏晋南北朝时期，时局动荡，战乱四起，经济凋敝，民不聊生，门阀士族垄断教育，官学处于若有若无的状态，在社会上发生作用的是私学。但由于民族融合，文化交流频繁，官学还是出现了一些新的变化。西晋除太学外，还设立了专门教授贵族子弟的国子学，两学都以经学教育为主，但规定五品及以上子弟入国子学，六品及以下子弟入太学。此后，各朝代都是国子学与太学并立。这一时期还设立了专门的学校，宋文帝元嘉二十年（443年）开设了医学，这是我国最早的专门的医学学校。魏明帝时置律博士，招收律学弟子教授刑律，这是我国法律分科设学的标志。晋武帝置书博士教习书法。南朝时设立儒学、史学、玄学、文学四馆，按照学科分类进行教学，是官学制度上的创新。

（四）隋唐官学的全盛

隋唐时期，经济十分繁荣，学校教育也相当发达，这一时期的官学同样有中央官学和地方官学之分。与汉代相比，隋唐官学的教学科目和学校种类更加丰富。隋朝时设立的国子监成为最高的官学教育机构，既是级别最高的国立大学，又是教育行政机构，此后一直延续到清代。隋朝的中央官学有五学——国子学、太学、四门学、书学和算学，该时期的医学和律学尚处于萌芽阶段，只设医博士和律博士。到了唐朝，建立了从中央到地方完备的教育体制，如图9-4所示，堪称封建社会官学制度的代表。国子监统辖"六学二馆"，"六学"是指国子学、太学、四门学、律学、书学和算学，前三学只招收官僚贵族子弟，专修儒经，注重诗赋训练，旨在培养具有行政能力的通才。后三学则为专科学校，注重实际操作，除律学、书学、算学外，还有医学、兽医学、音乐、卜噬、天文、校书等门类，兼修儒经，普遍实行三种考试制度——旬试、岁试和毕业考试。"二馆"指崇文馆和弘文馆，崇文馆归东宫直辖，弘文馆归门下省直辖。唐朝官学中的教师被称为博士、助教和直讲等。

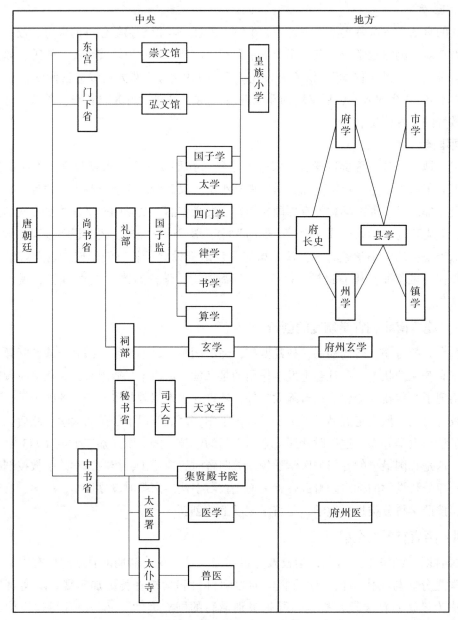

图 9-4　唐代学制系统图①

唐朝的地方官学分为京都学、都督府学、州学、县学和乡学等，由长史掌管，州府之学分经学和医学两种，县学只设经学，乡学规定每乡只设一所，师资、生源、经费都没有统一的规定。州、府、县学的教师为博士和助教，人数依据学生的数量而定。学习内容主要有九经、吉凶之礼、书法、时务策等。除专修儒经的学校外，也有玄学、医学等专科学校。唐朝的官学范围广、门类多、数量大，呈现出上承两汉、下启宋元明清的完备体系特色。

---

① 郭齐家. 中国教育史上卷 [M]. 北京：人民教育出版社，2015：247.

（五）宋辽金元官学与科举的并轨

宋辽金元的官学基本沿袭唐制，没有太大的变化。宋代的官学体制在三次兴学过程中逐渐发展完善，中央下设以国子监和太学为核心的中央官学，七品及以上官员的子弟入国子学，七品以下官员子弟入太学，平民中才智过人者也可入太学，招生范围较之唐代有所放宽。值得一提的是，王安石在兴学期间创立了"三舍法"，严格升级了考试制度，将太学分为外舍、内舍、上舍三个部分。初入太学者为外舍生，定额2000人，外舍中品学兼优者升至内舍，定额200人，内舍中的优秀者继续升至上舍，定额100人，学习两年后参加毕业考试，按其学业成绩分为上等、中等、下等和不及格四种。上等生等同于中进士，中等生可免乡试、省试而直接补官，下等生可免乡试，不及格者予以除名。三舍法不仅是一种学生升级制度，还将考试和科举结合起来，将养士、取士的职能都归于学校，大大提高了学校的地位，宽进严出的升学模式更是提高了学生的积极性。

官学在教育实践中推出了新的教学形式——分科教学，这是大教育家胡瑗在苏州和湖州任州学教授时创造的"苏湖教法"。宋代专科学校的教学组织形式也颇具特色，如宋代医学已初步运用了模型教学、实物教学和实物锻炼等多种形式。宋仁宗时，针灸专家王惟一发明了"针灸铜人"，它模拟真人形象，并标明人体的相应穴位，以便于进行形象教学。宋代以前，地方官学并不普遍，兴废无常，良莠不一；宋代则对地方官学十分重视，朝廷为地方官学划拨学田，增拨经费，并向各地官学委派教官，教官拥有学校管理的自主权。

辽代大体参照唐宋的教育模式而又有所变化。辽代的中央官学也设有国子学和太学，但却分设于辽代的五京（上京、东京、南京、西京和中京），故又称"五京学"。五京学的教学内容以儒家经典著作为主，学习经传注疏。

金代于天德三年（1151年）始设国子监，三品以上官员子弟可以入学。大定十一年（1171年）始设太学，学习词赋、经义和策论三类课程。为教育女真族子弟，又设立了专门以本民族语言施教的女真国子学和女真太学，学习的内容主要是翻译女真文字的经史著作。

元世祖忽必烈在位时基本建立起了官学教育体制，与前代国子学或太学不同的是，元代的国子学根据民族差异分开设置，有蒙古国子学、回回国子学和国子学。蒙古国子学学习蒙文版的《通鉴节要》，回回国子学学习波斯文字，国子学学习儒家经典。中央官学中由博士、助教负责教学，还有正录、伴读负责学生的学业辅导。元代官学在教育内容上较之前代有两点不同：一是尊崇宋代理学，二是将学校纳入科举轨道。元代对地方官学也相当重视，所有的地方各级行政单位都建立了学校，形成了路、府、州、县等各级地方官学。此外，还设立了蒙古字学、医学、阴阳学等专科学校，但总体来说，普及程度并不高。与宋代类似，元代采取分斋考试升级的方法，设有上、中、下诸斋，根据考试成绩逐级递升。这一时期的官学开始为科举服务，学生学习的动力主要是参加科考入仕。

【知识卡片】9-1
宋代的三次兴学

（六）明清官学的衰落

明清两朝治国思想狭隘，政府对官学一步步压制，自明朝中叶起，官学开始走向没落。明清两代的官学制度极其相似，中央官学只有国子监一种形式，作为全国最高学府和行政管理机构，明代有北京、南京二监，清代只有北京一监。国子监的学生叫作监生，监生的来源主要有四种：一是由地方各级学校推荐的学生（清代统称贡生），二是官员或功臣子弟（清代称荫生），三是举人会试落榜者（明代称举监），四是交纳钱财获得监生身份者（清代称捐监），国子监中的受教育对象明显扩大了。明代官学的升格考试，依学生考试成绩优劣，分为"廪膳生员""增广生员""附学生员"，成绩最优者可参与科举考试，成为"科学生员"。明代的国子学主要学习"四书"，即《大学》《中庸》《论语》《孟子》，以及"本经"，即《诗》《书》《礼》《易》《春秋》。除此之外，还要学习刘向的《说苑》以及国家各项律令、典章制度等。明清的地方官学主要有府、州、县学，统称为"学宫"，入学需取得生员（秀才）资格。明清官学最显著的特点是与统一思想，灌输儒家意识形态紧密结合。明代国子监内设有率性、诚心、修道、正义、崇志、广业六堂，进行分班学习。正义、崇志、广业三堂为初级，诚心、修道二堂为二级，率性一堂为高级，学习内容完全是儒家经典，考试内容主要有经义等科，毕业后一般充任县丞或参加会试。清代以后，政府对学校的控制更加严格，国子监学生的思想被严重钳制，其言论、结社和上书陈事的权利均被剥夺，加之教学内容空洞无用，学校已经很难培养出有用的人才。鸦片战争后，西方先进的教育体制传入中国，新式学堂彻底代替了延续几千年的官学教育系统。

二、中国古代的私学

中国历代由私人开办的各类学校统称为"私学"，是相对于政府置办的"官学"而言的，是对官学的一种有效补充。中国古代的私学兴起于春秋末年，秦汉时经历了禁止又复苏的过程，两汉受独尊儒术的影响不断经学化，魏晋南北朝至隋唐时期繁荣发展，出现儒佛道融合趋势，宋朝以后私学开始为科举服务，明清时期正规化。私学的产生和发展对我国教育的普及有重大意义，它一方面使诸多不为当朝者接受的思想、学术得以保存和流传，另一方面也为平民子弟提供了更多受教育的机会，是中国封建社会知识、文化传播的重要渠道。

（一）私学的产生

春秋战国时期是我国由奴隶社会转向封建社会的重大变革时期，这一时期学术下移，周室衰微，官学式微，一些原在王室或侯国公室从事文化教育的士人散落各地，即"天子失官，学术四夷"，[①] 为私学的兴起储备了师资力量。与此同时，原先深藏于宫廷密室的文化典籍也开始流落民间，成为平民阶级的读物。在经济上，铁犁牛耕在农业中的普遍应用，大大提升了劳动生产率，私田大片涌现，地主阶级的势力日益强大，周天子逐渐失去了"共主"的地位，出现了经济权利的下移。在政治上，新兴地主阶级积极要求参与政治生活，他们想要享有更多权利，承担更多义务，积极要求进行社会改革。随着新旧势力斗争加剧，各种社会矛盾交织融合，出现了政治权利的下移。经济权利下移和政治权利下移为私学的兴起奠定了坚实的基础，学术下移为私学的兴起做了知识和人才的准备。

古代私学兴起于春秋末年。春秋战国时期的诸子之学风起云涌，出现了儒、墨、道、法、农、阴阳等百家争鸣的景象，其中影响力最大的为儒、墨、道、法四家。诸子之学尽管各有长短，但无不关注天下动向，务以经世济时为终极追求，或聚徒讲学，或游学四方，或群相论辩。关于谁最早创立私学的问题已经无从考证，但是孔子无疑是私学创立的佼佼者，

---

① 《左传·昭公十七年》。

传说他"弟子三千,贤者七十二"。孔子(图9-5)主张"有教无类","自行束脩以上,吾未尝无诲焉",① 即教育的对象不分年龄、地区、贫贱都可入学,孔子的学生也主要由平民阶级组成。孔子将教育对象从贵族推广到平民,结束了"学在官府"的垄断,适应了士阶层兴起的需要,顺应了文化下移的潮流,开辟了中国教育发展的新局面。

【知识卡片】9-2
孔子的教育思想

图9-5 孔子

(二) 私学的发展

1. 秦汉时期私学的禁止和复苏

秦始皇统一六国后,实行中央集权制度,禁止私学,"焚书坑儒"政策的实行更是对文化造成严重的摧残。秦亡汉兴,汉武帝独尊儒术,私学得到了很大程度的发展,形成了不同层次的私学。汉代的私学在组织形式上主要分为两种:一是书馆(蒙学),二是经馆(精舍)。书馆是由教师自办的初等、中等教育场所,因此又称蒙学,教师被称为"书师",教授的内容主要是识字习字,所用教材主要有《苍颉篇》《急就篇》《孝经》《论语》等,书馆的毕业生既可入官府做小吏,也可入太学深造。经馆是由经师大儒创立的相当于太学的高等教育场所,门生弟子往往成千上万,以致校内无法容纳,有时甚至采取"以次相传"的方法组织教学,即教师先把知识传授给少数高材生,再由这些高材生在师兄弟间逐级传授。有些弟子可以面对面聆听大师的教诲,称为"及门弟子",有些弟子只能留下名字,需要的时候可以来请教,称为"著录弟子",汉代私学的繁荣程度可见一斑。两汉私学呈现出明显的经学化倾向,奠定了后世私学传道授经的传统。这一时期著名的经学大师有董仲舒、马融、王充等,精舍中师生关系十分融洽。值得一提的是,汉代已经有很丰富的数学、医学、天文学等自然科学知识,也主要依靠私学为载体进行传播。

2. 魏晋南北朝时期私学的相对繁荣

魏晋南北朝时期,战乱迭起,官学式微,私学呈现繁荣局面,文化思想的传播很大程度上依赖私学进行。这一时期的私学,不仅质量、规模超过官学,而且分布更加广泛,类型更加丰富。儒学家大张旗鼓地聚徒讲学,玄学、经学也有不少门徒。南朝私学呈现出儒学、玄学、佛学、道教互相结合的特点,有的学者既讲玄理,又通"五经",如陈朝的徐孝克早上讲佛经,晚上讲《礼》与《左传》,教授场所经常在寺庙中,受业者百余人。科技教育也是当时教育的重要内容,如天文学、算学、医学、药物学等有很大程度的发展。南朝的王微深

---

① 《论语·述而》。

入研究《本草》，常常带领两三位学生去采摘草药，并亲自尝试以验证《本草》的可信程度，他继承了我国古代医药学在采摘草药工作中重视实践的传统。这一时期的童蒙读物也有所发展，梁武帝时周兴嗣所撰的《千字文》，拓取王羲之遗书中不同的字1000个，编为四言韵语，以"天地玄黄，宇宙洪荒"开头，依次叙述有关天文、博物、历史、人伦、教育、生活等方面的知识，是一本以识字教育为主，兼有封建思想教育和常识教育的综合性蒙学读本。

3. 隋唐时期私学补官学之不足

隋唐时期，官学的发展受到极大重视，私学的声势不如前代之盛，给人一种私学发展不兴盛的错觉；实际上这一时期的私学也很发达，几乎每一种专门的学问都有私学在讲授，国家也"许百姓任立私学"，[①] 遍布各地的私学程度不一，名士大儒、村野教师均可办学授业。这一时期的私学不仅承担着重要的基础教育任务，还承担着更加广泛的民族文化传承的任务，出现了一种重要的教育组织形式——书院。高等程度的私学主要进行专门知识的传授，相当于大学。蒙学程度的私学主要进行启蒙和伦理常识教育，相当于小学。唐代主要的蒙学教材除了汉代的《急就篇》和梁代的《千字文》，还有《蒙求》《太公家教》等。

4. 宋朝时期私学伴随理学发展

宋初改武治为文治，重视科举取士，却忽视了兴建学校培养人才，后有识之士才逐渐意识到兴建学校的重要性，出现了三次著名的兴学运动。宋代私学的形式更加丰富多样，大体上也分为高级私学和初级私学两种，所用教材主要有《三字经》《千字文》《百家姓》《弟子规》等，所讲内容围绕儒家经典或词赋进行，并且以科举考试为中心。宋代私学最显著的一个特点是理学思潮的渐起发展，理学家在民间异常活跃，私学教授的许多内容围绕理性之学的主旨进行。这一时期著名的理学家有朱熹、程颐、程颢、张载等。

5. 元明清时期私学的正规化

元明清时期，书院的官学化倾向严重，有的遭遇禁毁，有的再次修复，私学在沉浮中曲折发展，已经完全沦为科举的附庸。这时的私学有蒙学和经馆两类。蒙学又称乡校、小学、冬学和村塾等，是一种针对蒙童的基础教育，包括富贵人家的家塾和宗族设立的义学等，教授识字等基础知识。经馆是供年长的、具备一定知识的学生研究学问和准备科举考试的场所。清代的私学称作学塾，主要有三种类型：一是教馆或坐馆，即有钱人家聘请教师来家里教育自己的子弟；二是家塾或私塾，即教师在自己家里设馆收徒；三是义学或义塾，即地方乡绅聘请教师，在某个公共场所教育当地贫困子弟。学塾教学的内容主要有识字、习字、读"四书""五经"和作诗文等。学塾教育注重记忆和模仿，教师教学时往往不加讲解，主要靠学生熟读、背诵。

（三）私学的特点和作用

私学具有相对自由的办学方针和独特的教学风格，推动了中国封建社会学术思想和科技文教事业的综合发展。与官学相比，私学具有较少的政治干预和思想控制，所以在传播儒学思想时往往更注重学理或学术的研究探讨，与官学中过于直陈的伦理政治说教有所不同。在教学方式上，私学在长期实践中时有创新，如汉代经师讲学中"高徒相授"的形式就颇具

[①]《唐会要》卷三十五。

特色。宋代时，理学大师适应了儒学哲理化的时代需要，在教学上更注重启发诱导和相互讨论的形式。私学相对自由的办学方针更体现在教育内容的多样化上，它兼容了旨趣相异的儒、道、佛诸学。私学办学灵活，自由讲学，诸多有价值的学术思想和文化技艺通过私学传播发展，尤其社会动荡，官学衰落时，中国文化的传播更加依赖私学。如，魏晋南北朝时期，封建官学整体上呈现衰微趋势，但私学却出现百家竞放的可喜现象。

私学有力补充了官方办学的不足，并在实践中取得了一定的成就。第一，私学几乎完全承担了蒙养教育的任务。古代中国的教育体系没有纳入蒙学教育，实际上社会各阶级的启蒙教育都是由私学来承担的，因此私学也称为"蒙学"，这是中国教育体系的一大特色。第二，私学冲破了西周以来"学在官府"的垄断局面，扩大了受教育对象，对中国古代教育的普及做出了突出贡献。孔子首倡"有教无类"的教育主张，使受教育者遍布社会各个阶层，促进了学术的广泛传播。第三，私学促进了古代科技和文艺方面知识的传播。虽然官学也设立了有关科技和文艺方面的专门学校，如鸿都门学、医学、算学、画学等，但规模和数量极其有限，很大程度上都要依靠私学进行讲授传播。

【知识卡片】9-3
历代教育名言采撷

第三节　中国古代的书院

书院是以私人创办为主，集藏书、教学与研究为一体的相对独立于官学之外的民间性学术研究和教育机构。它是我国封建社会后期出现的一种特殊的文化教育模式，与官学平行交叉发展。书院起源于唐，完备于宋，普及于元明，废除于清，自唐末至清末存在一千年之久。书院制度的命运沉浮更迭，在曲折中向前发展，是中国传统文化宝库中的一颗璀璨明珠，对我国封建社会教育与文化的发展产生了重大而深远的影响。

一、书院制度的起源

"书院"之名始于唐代，唐玄宗于开元六年（718年）置丽正书院，后改名集贤书院。当时的书院有三类：一是官办书院，由中央政府设立用于收藏、校勘和整理图书的机构，如丽正书院；二是民办书院，由民间设立供个人读书治学的场所；三是聚徒授业的书院，如奉新县的梧桐书院，为罗靖、罗简讲学之所。① 另外，私人雅善其名，也常常把自己的书房别称为书院。由此可见，唐代的书院并不是真正的教育机构，只能看作书院的雏形。现有资料表明，真正具有聚徒讲学性质的书院起源于五代末期的"庐山国学"，即著名的"白鹿洞书院"的前身。书院起源的原因主要有以下几个方面：

第一，官学衰落，士人失学。唐朝"安史之乱"后，形成藩镇割据的局面，数十年间战乱不断，造成官学日趋衰微，士人大量失学。一些好学之士便在山林名胜僻静之处，建屋藏书，读书求学，随着影响力的扩大便聚徒讲学，这是书院萌芽的直接原因。

第二，我国有源远流长的私人讲学传统。春秋战国时期，私人讲学之风早已盛行，孔子及其弟子成为当时最大的私人讲学团体。秦朝虽禁私学，但禁而不止。汉代以后，官学与私

---

① 《江西通志》卷八十一。

学并行发展，往往当社会动乱、官学衰退时，私学反而得到一定程度的发展。

第三，学者受佛教禅林讲学的影响。佛教在西汉末年传入中国，至魏晋隋唐而大盛。佛教徒往往在山林名胜之处建舍讲经，并伴有详密的讲经规程，整理大师讲学的"语录"等。隋唐时期，寺院已遍布华夏大地，佛教展开译经、著述、讲学、传教等活动，对书院学规的制定和教学活动的设置产生了一定影响。

第四，印刷术的发展成熟。印刷术发明于唐朝初期，唐中后期已普遍使用，印刷术的发明为知识的广泛传播提供了条件，加速了书院的建立和发展历程。

二、书院的发展历程

（一）宋代书院

宋代是书院发展的全盛时期，曾一度对社会产生重大影响。随着战乱的平息和社会经济的发展，文风日盛，统治者大力支持民间兴办书院，其中一些创办十分成功的书院还受到了皇帝的赐额、赐书、赐田等特殊待遇，民间书院快速兴盛起来。南宋时期，官学和科举日益衰微，已影响培养社会栋梁。朱熹等理学家出于传播理学，以及培养"治国、平天下"人才的需要，大力倡导兴建书院，奠定了中国封建社会书院教育的基本规模和体制。两宋书院有二三百所之多，并有四大书院之说，有人以白鹿洞、岳麓、应天府、嵩阳为四大书院，有人以白鹿洞、石鼓、应天府、岳麓为四大书院。笼而统之，可将白鹿洞书院、应天府书院、岳麓书院、嵩阳书院、石鼓书院和茅山书院视为宋代的六大书院。

1. 白鹿洞书院

白鹿洞书院位于江西九江庐山五老峰南麓。唐代贞元年间（785—805年），洛阳人李渤与其兄李涉隐居庐山读书，曾养白鹿一头，人称"白鹿先生"。后来，李渤任江州刺史，在此建筑台榭，称其为"白鹿洞"。南唐升元年间（937—943年）白鹿洞建学馆，当时称"白鹿洞国庠"，国子监九经李善道为洞主，先后培养了大批人才，宋代改名为"白鹿洞书院"（图9-6）。南宋孝宗淳熙六年（1179年），朱熹重建白鹿洞书院并在此讲学，确立了白鹿洞书院的教学规条和宗旨。朱熹制定的《白鹿洞书院揭示》成为后来书院学规的范本，它提出书院的教育方针是"五教：父子有亲，君臣有义，夫妇有别，长幼有序，朋友有信"，为了实现"五教之目"，朱熹还提出了为学、修身、处事、接物四个重要原则。一是"为学之序：博学之，审问之，慎思之，明辨之，笃行之"，指明了学生学习的方法和过程；二是"修身之要：言忠信，行笃敬，惩忿窒欲，迁善改过"，为学生指明了道德修养的基本要点；三是"处事之要：正其义，不谋其利；明其道，不计其功"，为书院学生指明了行为处事的基本原则；四是"接物之要：己所不欲，勿施于人；行有不得，反求诸己"，为书院学生指明了与人交往的基本准则。[①] 一时间白鹿洞书院名声大震，也受到了历朝皇帝的重视，明、清时仍为书院。

2. 应天府书院

应天府书院（图9-7）位于河南省商丘市睢阳区，又名睢阳书院、应天书院原为戚同文讲学授徒之所。宋真宗时曹诚于此建舍聚书，与戚同文之孙戚舜宾一起招生讲学，宋真宗大中祥符

[①] 刘新科. 中国文化概论 [M]. 长春：东北师范大学出版社，2015：105.

二年（1009年），诏赐额为"应天府书院"。宋仁宗景祐二年（1035年）改为府学，庆历三年（1043年）改升为南京国子监，成为北宋的最高学府，同时也是中国古代书院中唯一一个升级为国子监的书院。范仲淹、王洙等曾先后任教其中，进一步扩大了应天府书院的影响力。

图9-6　白鹿洞书院

图9-7　应天府书院

3. 岳麓书院

岳麓书院位于湖南省长沙市湘江西岸的岳麓山下。宋太宗开宝九年（976年），潭州太守朱洞在此建讲堂，斋舍数间待外来学者，创建了岳麓书院。咸平二年（999年），潭州太守李允加以扩建。大中祥符八年（1015年），宋真宗亲赐"岳麓书院"匾额。南宋时朱熹、张栻曾在此讲学，生徒千余人，明清时期仍为讲学场所。

4. 嵩阳书院

嵩阳书院位于河南省登封市的嵩山南麓。北魏时为离阳寺，唐时为嵩阳观，五代后唐进士庞氏曾在此讲学，后周改为太室书院。宋太宗至道二年（996年）赐"太室书院"匾额，宋仁宗景祐二年（1035年）重修，并更名为"嵩阳书院"。程颢、程颐曾在此讲学。宋时曾一度衰废，于清康熙年间重建。

5. 石鼓书院

石鼓书院位于湖南省衡阳市的石鼓山，原为寻真观。唐宪宗元和年间（806—820年）衡阳士人李宽为寻真观旧址奔南岳而来，见石鼓山树木葱郁，三江环绕，便结庐读书其上。宋太宗至道三年（997年），李士真在李宽读书旧址创建了石鼓书院，明清时仍在。

6. 茅山书院

茅山书院位于江苏省句容市的茅山，又名金山书院，处士侯遗（字仲遗）于北宋天圣二年（1024年）创建。经江宁知府王随奏请，朝廷赐田亩三顷充书院经费。南宋咸淳七年（1271年），迁至金坛顾龙山之麓。

（二）元代书院

元朝统治者统一全国后，对书院采取提倡、保护和加强控制的政策。元太宗八年（1236年）设太极书院，这是元代的第一所书院。此后，又新建、改建、修复的书院达二百余所，遍及全国许多地区。但是政府也控制了书院的招生、考试及学生去向，并向书院委派"山长"，把他们列为州、县学的教官，政府也拨学田给书院，从而使书院官学化，后逐渐沦为科举的附庸。许多学者拒绝入仕，退而创办书院讲学，元朝廷也予以褒奖。元代书院讲授的内容主要有"四书""五经"、程朱理学等。当时著名的理学家杨惟中、刘因、赵复等都曾主持过书院,对当时理学和文化教育的普及以及人才的培养起到了积极的作用。

(三)明代书院

【知识卡片】9-4 元代书院略举

明代书院经历了沉寂—复兴—禁毁三个阶段的曲折发展历程。明朝初期,统治者大力提倡官学和科举,并将科举和学校紧密结合,士人多通过科举博取功名利禄,对书院则不提倡也不修复,书院受到冷落,一直处于沉寂状态。到了明朝中期,随着科举日益腐败,宦官专权,科场舞弊成风,王守仁、湛若水等有识之士将重新振兴教育、兴利除弊的理想寄托于书院,纷纷设立书院讲学,许多著名的学术大师也纷纷倡导并到各处建书院讲学,对讲学之风的兴起和书院的发展起到了直接的推动作用。明中叶后,因书院学风自由,不利于统治者的专制统治,受到统治者的嫉恨,曾先后四次遭到禁毁。如天启年间,高攀龙、顾宪成主持的东林书院因嘲讽朝廷,矛头直指专横跋扈的宦官专权,从而得罪权贵,被以魏忠贤为首的奸党罗织罪名封闭禁毁,大批东林党人惨遭捕杀。

(四)清代书院

清初,统治者为巩固自身统治,防止人们利用书院讲学宣传进步思想,积极创办官学,严厉打压书院,书院一度沉寂。康熙年间,清朝政权进一步巩固,社会相对稳定,开始对汉族教育宽松起来,修复了大批书院。统治者积极采用"怀柔"政策,笼络汉族知识分子,赐书院匾额、书籍加以褒扬,各地缙绅纷纷修复并创办书院,清朝书院开始走向复苏。但清朝统治者始终担忧民间书院对学术和自由思想有独立追求,赐书、赐额的"怀柔"政策一直延续到雍正、乾隆年间的官办书院,后书院逐渐被官方控制,书院的任务从讲学逐渐过渡到考课,成为科举考试的备考之地,书院也沦为科举考试的附庸。光绪二十七年(1901年)八月,经张之洞、刘坤一建议,清朝将各省所有书院改为学堂,从此,延续千年之久的书院制度成为历史。

三、书院的特点及影响

(一)书院的特点

1. 自由组织与自由讲学

书院在教学组织上十分自由,提倡自由讲学,自由听讲,教师和学生都可以随意流动,不受地域的限制。书院允许不同学派共同进行讲学,各学派之间互相切磋、取长补短,促进了自身的发展。南宋时期书院形成了"讲会"制度,将学术论争引入书院,不仅有本院教师讲学,还聘请了社会名流和其他书院学者来本院参讲,讲解者可以畅所欲言地阐述自己的主张和见解,听讲者可以质疑问难,展开辩论。讲会制度有利于促进学术交流,活跃学术气氛,推动学术的进步,扩大书院在社会上的影响力,体现了学术上的百家争鸣精神,明代中期最为盛行,一直沿用到清代。

2. 学生自学自修与教师指导相结合

教师除集体讲授外,更注重指导学生读书和自修,培养学生的独立思考和研究能力。书院教师多能启发学生在自修的基础上提出问题,并帮助他们解决问题。例如朱熹在主持白鹿洞书院时，就经常带领学生到野外漫游、考查，根据具体情况进行指导，他曾说"做得个引路底人，有疑难处同商量而已"。① 朱熹曾经常进行读书方法的指导，在长期指导学生的过程中形成了自己独特的读书方法，后被其门人概括为"朱子读书法"六条，即循序渐进、熟读精思、虚心涵泳、切己体察、着紧用力、居敬持志，颇为后世读书人推崇，产生了深远的影响。

【知识卡片】9-5 朱子读书法

3. 教学与学术研究相结合

中国古代的学校教育以儒家的经典教育为主线，书院也离不开对儒家经典——"四书""五经"的教学，这一点书院与官学无异。与官学不同的是，书院教师不只是一般地灌输经典知识，还允许学生按照自己的理解，阐发自己的学术思想，教师的教学活动更喜欢建立在学生学术研究的基础之上，而教学活动的广泛开展，又是其学术研究成果得以传播和深化的重要条件。因此，凡是学术研究发达的地方，基本上也是书院兴盛之处。

4. 注重优美的自然环境与和谐的人文环境建设

中国古代著名的书院大多建在宁静高远的山林名胜之处，如白鹿洞书院在庐山五老峰下，岳麓书院在湖南长沙的岳麓山抱龙洞下，嵩阳书院在河南登封的嵩山南麓，石鼓书院在湖南衡阳的石鼓山，茅山书院在江苏句容的茅山，所处环境无不秀美幽静、山水环绕。除优美的自然环境之外，书院也注重培养和谐的人文环境，书院中的师生、同学关系往往和谐、融洽。师生们秉承孔子"学而不厌，诲人不倦"的优良传统，教师为人师表，师生间坦诚相待，形成了良好的人文氛围。

（二）书院的作用和影响

书院作为一种与官学并行发展的教育模式，主张自由办学、自由讲学，弘扬儒家理性主义教育传统，打破了科举化官学单一发展的模式，对我国封建社会后期的学术发展和人才培养起到了巨大的推动作用。书院遵循"有教无类"的优良传统，奉行"门户开放"的办学方针，无所谓等级贵贱、年龄大小、地域差异，但凡一切愿学之士投奔书院，均可择师而学，大大扩大了教育对象。而书院大师往往虚怀若谷，来者不拒，并以此倡学一方，努力开创自家的学派特色。

总的来说，宋朝书院的兴起具有重大意义。第一，书院促进了南宋理学发展和文化繁荣。书院成为理学家讲学和传播自己思想的场所，形成了不同的学术派别。第二，书院作为一种制度已经确立。宋朝书院数量大，分布地域广，书院内部设洞长、山长、堂长等管理人员，设学田使经费有充足的保障，从事祭祀、刻书、藏书活动，还制定了学则、学规。第三，书院官学化倾向出现。所谓书院官学化，即书院受制于政府，被纳入官学体系。表现形式主要有两种：一种是私人将书院斋舍、藏书、学田等设施捐赠给政府，以谋得一定的官职；另一种是书院由地方官府财力兴建，称为地方官学，朝廷赐院额、书、学田等。

书院不仅对中国教育产生了深远的影响，后又传至日本、朝鲜、东南亚诸国，进一步提升了书院的影响力，这些国家至今仍有不少书院。

---

① 《朱子语录》卷十三。

第四节　中国封建社会的科举制度

科举制度是封建王朝通过逐级分科考试选拔官吏人才的考试制度，因其采用分科考试的方式进行，故称科举。科举制正式创立于隋，确立于唐，至宋元完备定型，鼎盛于明清，随清王朝的覆亡而终结，在中国历史上存在了1300余年。科举制度将读书、应试、做官三件事紧密联系起来，在培养人才、选拔人才、使用人才的过程中产生过巨大作用，对我国教育产生了深远的影响。

一、科举制度的发展历程

（一）科举制起源于隋

公元581年，隋朝统一全国后，结束了三国两晋以来三百余年的分裂格局。隋文帝杨坚为加强中央集权，扩大封建统治阶级的统治基础，废除了压制人才、维护门阀势力的九品中正制。开皇七年（587年），隋文帝以志行修谨、清平干济二科举人，可视为科举制的滥觞。隋炀帝大业二年（606年）始置进士科，[①] 以试策取人，标志着科举制度的创立，后又设明经、秀才二科。

科举制的产生与当时社会的阶级矛盾和政治利益紧密相关。魏晋南北朝时期，社会长期混乱，士族门阀势力日益强大，政治斗争亦十分尖锐。士族掌控政权，为维护自身的政治利益，便推行九品中正制，以垄断仕途，硕儒学士为避灾祸，多隐而不出。到了隋代，广大庶族地主的势力迅速崛起，并伴随着经济实力的增长，已经达到要求参加政权的地步，贵族豪强已失去其在经济、政治上的垄断地位，再加上九品中正制本身就压抑人才，阻碍寒门贤能安邦治国，又妨碍皇权的加强，受到社会各界的抨击批判，自然不再适应社会发展的需要。隋朝统治者既要加强中央集权制度，团结广大士族，巩固自身的统治基础，又要满足庶族地主参加政权的要求，亟需一种新的选士制度来适应社会发展的需要。在这种背景下，科举制应运而生。

隋朝的科举制度并不是获得仕途的唯一途径，贵族地主还可以依靠"门荫"以及其他途径获得高级官位。隋朝的科举制度也未严格执行录取程序。《隋书·苏夔列传》载："仁寿末，诏天下举达礼乐之源者，晋王昭时为雍州牧，举夔应之，与诸州所举五十余人谒见。高祖望夔谓侍臣：'唯此一人，称吾所举。'于是拜晋王友。"由此可见，皇帝仅凭个人印象取官，并未按照考试程序入官。参加考试的人员并不是"投牒自应"，而是先得到州、县等地方官员的举荐，因而造成考试人数过少。隋朝时科举制度不是主流的选士制度，并未起到实质性的作用，这一时期只能称作科举制度的萌芽期，但其采用公开考试、量才取用的甄别人才的方法，则是中国人才选拔史上的重大创新。

（二）科举制确立于唐

唐代是中国封建社会高度繁荣的盛世，政局相对稳定，教育也相对发达，为科举制的进

[①] 进士科的创设时间，何忠礼撰文提出异议，认为其创设时间应为唐初武德时。详见《科举制度起源辨析》。

一步完备创造了有利条件。唐代推行以进士科为主要取士科目的科举制度，在科目设置、类别划分、科试内容、科场规章等方面更加详备完善。

1. 考生来源

唐代参加科举考试的考生来源于"生徒"和"乡贡"。所谓生徒，即当时在中央官学和地方官学就读的学生，通过校内考试合格后送至礼部参加省试。乡贡又名贡生，即由州、县考送的地方自学士人或民间私塾学成者，送至中央礼部再进行省试，这些人随各州进贡物品解送，所以称为乡贡。另外，皇帝以自身兴趣自诏的称为"制举"，制举主要用来"待非常之才"，时间不定，并非常科。唐代科举的应试者并无固定的限制，凡官吏士庶人等，只要未触犯过大唐律令，不属于工商杂类和衙门小吏，均可应考。

2. 考试科目、内容

唐代科举考试有文科举和武科举（表9-1），以文科举为主。文科举又分为常科与制科，以常科为主。所谓常科，即每年固定举行的科目，唐代常科的科目有秀才、明经、进士、明法、明字、明算等，而以明经、进士两科最为重要。非常设科目有一史、三史、开元礼、道举、童子举、俊士等。后来武则天时又增加了殿试，并在常科、制科之外又设武举。制科根据皇帝需要临时颁诏设置，常设科目主要有贤良方正、直言极谏、文辞清丽、军谋远略等，官吏和士人都可以参考，制科出身者不被视为正途，被视为"杂色"，因而不受人们重视，地位还不如进士科。

表9-1 唐代科举制的科目和内容①

文科举	常科	秀才、明经、进士、明法、明算、明字	常设科目，每年定期举行
		一史、三史、开元礼、道举、童子举、俊士等	非常设科目
	制科	贤良方正，直言极谏	招收非常之才；皇帝按需下诏举行，亲自主持；不经常举行，世人不重视
		博通坟典，达于教化	
		军谋宏远，堪任将帅	
		详明政术，可以理人	
武科举	武举	长垛、马射、步射、平射、筒射、马枪、翘关、负重、身材等	始于武则天；兵部主持；世人不重视

秀才科注重选拔出类拔萃、博学多才的优秀人才，试方略策（计谋策略）五道题，据文理通顺透彻程度分为上上、上中、上下、中上四等录取。据《唐录》记载，"诸贡举非其人及应贡举而不贡举者，一人徒一年，二人加一等，罪止徒三年"，即被举荐应秀才科考试而不中者，处分其州长，所以地方官员不敢轻易贡举。唐代以秀才科为最高，被录取也极其困难，每次仅录取一二人。顾炎武曾说："唐时秀才，则为尤异之科，不常举。"② 因其录取

---

① 王献玲. 中国教育史 [M]. 郑州：郑州大学出版社，2011：123.
② 《日知录·秀才》卷十六.

难度之大，报考人数较少，于高宗永徽二年（651年）废除。

明经科注重考查儒学经典，内容分为大经、中经、小经，可细分为五经、三经、二经、学究一经、三礼、三传等，高宗、玄宗时曾加试《老子》，天宝年间又以《尔雅》代替《老子》，考查内容随皇帝思想的变化而变化。考查方式主要为贴经、墨义、口策和时务策。明经科主要考察记忆力，熟读经书者很容易通过，因而考试要求较低，录取比例较大，大约每十名考生中就有一二名被录取，而进士科每一百名考生仅有一二名被录取，因而有"三十老明经，五十少进士"的说法，即到了三十岁考取了明经算是年纪比较大的，到了五十岁考取了进士算是年轻的了。

进士科注重考察诗赋。唐初期仅考时务策（唐代要事对策）五道，后又增加贴经和杂文，唐中期又增考诗赋。贴经考试中十得六以上，加试两篇杂文，即做诗赋各一篇，通过者考察时务策，全部通过者为甲等，时务策通过四，贴经通过四以上者为乙等，以下为不第者。进士科的录取分两个等级，甲等授予从九品上之官职，乙等授予从九品下之官职。进士科的考试更加注重诗赋，如贴经不及格者，若诗赋突出也可录用。进士科考试内容的难度高于明经科，及第者待遇和仕途亦优于明经科，许多宰相都是进士出身，受到当时社会世人的广泛重视。"缙绅虽位极人臣，不由进士者，终不为美"，[1] 但由于难度较大，投考者多，录取者少。当时人们把进士及第比作"登龙门"，所谓"一举首登龙门榜，十年身到凤凰池"。《全唐诗》中有"桂树只生三十枝"的说法，表明每次录取人数不会超过三十人。唐代的进士只是取得了做官的资格，正式授官还要经过吏部的"选试"。

明法科即法律科，注重选拔司法人才，考查考生对国家组织形式和刑法状况的了解程度。考试的内容为律、令等法律知识，考试成绩亦分甲、乙两个等级，考生主要来源于乡贡，录取人数极少。

明字科又称明书科，注重考查文字和书法功底。先口试，通过后，乃墨试《说文》《自林》二十条，通过十八条者及第。

明算科即算数科，考核算术功底，并要求详明数理。考试内容主要有《九章算术》《海岛》《股髀算经》《孙子》等，十通六者及第。《记遗》《三等数》帖读十得九者及第。《缀术》七条，《缉古》三条，十通六者及第。

武科举专门为习武志士开设的考试科目，属于军事性常考科目，武则天于长安二年（702年）设立，由兵部主持。据《册府元龟》记载："初令天下诸州有练习武艺者，每年准明经、进士例举送。"[2] 唐代武科举的考试科目主要有长垛、马射、步射、平射、筒射、马枪、翘关、负重、身材之选。由此可见，武科举考试的内容主要分为两个方面：一是骑射及运用武器的本领，二是体能、体力、身材等身体素质的考查。当时人们重文轻武，武科举并不受重视，唐德宗贞元十四年（798年）下诏废除武科举。

3. 考试方法

唐代科举经常采用的考试方法有贴经、墨义、口试、策问、诗赋等，口试和墨义又合称"问义"。

---

[1] 《唐摭言·散序进士》卷一。
[2] 《册府元龟·贡举部》卷639。

贴经，是将考试用的经书任揭一页，左右两边遮住，中间只留其中一行，然后用纸贴盖住其中三个字，要求考生将盖住的三个字填写出来，类似于现在的填空题，是各科考试都要采用的重要形式。

墨义，是一种围绕经义和注释出的简单的问答题，考生需按题目要求叙述经典事实，只需熟读经书和注释即可对答出来。

口试，是开元二十五年（737年）增加的新的考试形式。口试规定当众进行，考试结束后立即宣布考试成绩，以防止考官以个人好恶取舍人才。这使口试得到了众人的监督，但执行过程中仍会产生舞弊现象，曾一度废除，后又恢复。

策问，通过由事射题的方式，针对当时社会上政治、经济、文化出现的问题，提出自己的看法和计谋策略，或写出政治性文章，类似于今天的政治论文。相比于贴经和墨义，它对考生的要求更高，更能体现出一个人安邦治国的才能。因此，唐代考试的最后取舍，大多取决于策问。

诗赋，是一种注重文学修养和创作能力的考试形式。由于考生过多地背诵经义和旧册，大多缺乏真才实学，于是在经义和策问的基础上增加一诗一赋的创作，要求考生当场作诗赋各一篇，更能反映考生的文化水平。

（三）科举制完备于宋

宋代的考试制度基本沿袭唐制，并吸取藩镇专权、军人骄横的教训，强化中央集权，要求以文官治理天下。从中央到地方的所有要职，全部由文官担任，甚至掌握了军权的枢密院正、副史，都委以文官。宋太宗在太平兴国七年（982年）明确指出："王者虽以武功克定，终须用文德致治。"① 在这种重文轻武的体制下，科举制得到了大力发展，社会上形成了"万般皆下品，唯有读书高"的风气。与隋唐相比，宋代对科举进行了一系列的改革，产生了许多新的变化，使科举进一步发展完善，趋于定型。

宋朝的科举考试分三个等级——州试、省试、殿试，而唐朝的科举只有中央和地方两级。宋代常科的考试科目主要有进士科、九经科、五经科、开元礼科、三史科、三礼科、三传科、学究科、明经科、明法科等，此外还有制科、词科、童子科、武科、绘画科等。宋代的进士也分三等：一等赐进士及第，二等赐进士出身，三等赐同进士出身。与之前相比，宋代科举制度的具体变化主要表现在以下几个方面：

1. 增加录取名额

宋代的科举及第人数较唐代相比扩大了十余倍。据《唐代进士科举年表》统计，自唐高祖武德五年（622年）至唐哀帝天佑四年（907年）近300年间，进士科共开考262次，录取6656人，唐代每年科举录取的人数不超过50人，经常才录取一二十人。宋代每年录取二三百人，如宋太宗太平兴国二年（977年）录取进士199人，其余各科207人，共计316人。②

针对连续多次不及第的年老举子给予特别关照，设立"特奏名"，又称"特奏名及第"或"恩科及第"。这些年老举子一般连续参加15次以上科举考试未被录取，宋太祖说这些

---

① 《资治通鉴》卷十一。
② 刘海峰，李兵. 中国科举史［M］. 上海：东方出版中心，2004：432-444.

人"困顿风尘，潦倒场屋，学固不讲，业亦难专，非有特思，终成暇弃"。① 宋代设立特奏名后，此后成为惯例。

2. 提高及第者的地位和待遇

唐代科举考试通过后，仅是获取了做官的资格，还要通过吏部考试才可以授官；宋代科举及第后，省去了吏部考试的环节，及第者可直接授予官职，而且及第后授予的官位级别也比唐代要高，不少举士后来已位居宰相。据《宋史·宰辅表》统计，宋朝的133名宰相中，科举出身者达到123名。及第者还会获得皇帝赐宴、金榜题名等荣誉，种种物质享受和精神优待使科举对士人产生了很大的吸引力。宋真宗为劝导士人读书应举，还写下了流传千古的《劝学诗》，诗云：

富家不用买良田，书中自有千钟粟。安房不用架高梁，书中自有黄金屋。娶妻莫恨无良媒，书中有女颜如玉。出门莫恨无人从，书中车马多如簇。男儿欲遂平生志，六经勤向窗前读。②

3. 建立新制，防范舞弊

实行别头试和复试制度。别头试又名别试，是为了限制官僚贵族子弟行使应试特权而单独设立的考试，最初出现于唐朝进士科的考试，但凡礼部侍郎的亲戚故友参加考试，都需要单独命题、设立考场，由吏部考功员外郎主持考试。宋太宗雍熙二年（985年）规定，但凡省试主考官、州郡发解官、地方长官的子弟、亲戚、朋友等应试，一律实行别头试。为了限制权贵干扰、师生结党、考官徇私等有损公平竞争的行为，宋代规定官僚士族子弟应试时必须参加复试。

建立锁院制度。由皇帝任命的知贡举官（主考官）一旦接到简任诏书，便要与外界隔离起来，住进贡院，以避免亲戚朋友请托和行贿之举的产生。另外，皇帝还会配置"同知贡举"，即副考官若干人，使其互相监督、互相制约。

采用糊名和誊录制度。所谓"糊名"，即把试卷上考生的姓名、籍贯、家世等信息密封起来，唐代武则天时首创此法，但未形成制度。明道二年（1033年）七月，宋仁宗"诏诸州，自今考试举人，自封弥卷首"。③ 此后，宋代殿试、省试、州试均采用糊名制。但是糊名之后，考官仍可以辨认笔迹，所以又实行了誊录制度。在誊录院中由书吏专门抄录试卷。考官在批阅试卷的时候，不仅不知道考生的姓名，连字迹都无法辨认了，对遏制舞弊现象的产生起到了一定的功效。但到了宋代后期，随着政治日趋腐败，糊名、誊录也就流于形式了。

实行严格的搜身制度。为了防止考生通过夹带的方式进入考场，考前要接受严格的搜身检查，片纸只字都不得带入考场，考试中更不准交头接耳，否则会受到严厉的惩罚。

（四）科举制中落于元

元代初期并不重视科举制度，后经过八十年的长足发展，于元仁宗皇庆二年（1313年）

---

① 《燕翼诒谋录》卷一。
② 《绘图解人颐》卷一。
③ 《宋会要辑稿·选举》。

制定了科举考试的章程，元仁宗延祐元年（1314年）正式实行科考取士。元代的科举考试，每三年举行一次，分为三级：一是乡试（行省考试），二是会试（礼部考试），三是御试（殿试）。放榜后皇帝在翰林国史院赐宴招待新进士，陛见皇帝后，到孔庙行礼，并到国子监刻石题名。元代取消了制科考试，但设有童子举，中举的少年可以被保送到国子学继续学习。

元代的科举制度带有明显的民族歧视倾向。统治者将国人划分为四等：第一等为蒙古人，第二等为色目人（西北少数民族），第三等为汉人（包括契丹、女真和原金所辖汉人），第四等为南人（长江以南的汉人和西南各少数民族）。这四等人在考试科目、答题要求、结果录取、及第待遇等方面都各不相同。元代的考试章程规定蒙古人、色目人考两场，第一场考经问五条，从四书中出题，以朱熹的《四书章句集注》为标准答案；第二场考策论一道，以时务出题，限500字以上。汉人、南人必须考三场。第一场考明经、经疑二问，从四书中出题，以朱熹的《四书章句集注》为标准答案，限500字以上，考经义一道，从五经中选一经，用古注疏，限500字以上；第二场考古赋、诏诰、章表一道；第三场考策论一道，从经史、时务内出题，限1000字以上。放榜时分为左右两榜公布，蒙古人、色目人为一榜，称为"右榜"，汉人、南人为另一榜，称为"左榜"。两榜各分三甲，以右榜为尊。第一名赐进士及第，从六品；第二名以下及第二甲，皆正七品；第三甲以下，皆正八品。[①] 虽然左、右榜的各等录取名额相同，但汉人、南人的应试人数远比蒙古人、色目人多，相比之下，左榜的录取比例很小。即使如此小的录取比例，也常常录取不足，原因是蒙古人、色目人中录取不到足够的合格人才，为了维持录取的平衡性，即使汉人、南人中有合格的人才，也不予录取，一切以蒙古人、色目人的录取人数为基准。另外，如果蒙古人、色目人愿意参加汉人、南人的考试科目，录取后可以官加一等。

科举考试从四书中出题，《四书章句集注》成为科举考试的标准答案，取得了与五经同等的地位，影响中国封建教育数百年之久。元代的科举考试制度也日趋严密。据《元史·选举志》记载，考生进入贡院要进行严格的搜身，除规定的书籍外，其他一律不准怀夹携带；倡优之家及患废疾、犯十恶奸盗之人，不能参加科举考试；考生与考官有五服内亲者，自当回避；考生如违反考场纪律，高声喧哗者，取消下两次考试资格；如发现考试作弊及令人替考者，汉人、南人居父母丧而应举者，也取消下两次考试资格。

（五）科举制鼎盛于明清

1. 明代的科举制度

明代是中国科举史上的鼎盛时期，科举制的发展进一步完善。与宋元科举不同的是，明代的科举更加注重形式，规定更加烦琐，科举制的地位更高。仅设进士一科，使科举考试的科目趋向单一化，尤其用八股文作为固定的考试文体，将学校与科举紧密结合起来，导致了教育的呆板、僵化，使学校沦为科举的附庸。明代科举较之前代的变化主要表现在以下几个方面：

第一，建立科举制度的定式。洪武十七年（1384年），礼部颁布了科举考试的定式。内容主要为：每隔三年开科考试；考试的程序分为四级——童试、乡试、会试和殿试。

---

① 《元史·选举志》。

童试又称童生试，是科举的预备考试，在府、州、县中进行。未入府、州、县学者，无论幼稚童子或耄耋老翁，统称童生。童生必须经过童试（包括县试、府试和院试），合格者方取得生员资格，俗称秀才，秀才就具备了参加乡试的资格。童试是读书人脱离平民身份，走上仕途的起点。

乡试又称乡闱、大比、秋闱，是子、午、卯、酉年八月集中童试中通过的秀才在省城进行的考试。由中央派主考官主持，地方官员协助，中第者为"举人"，或称"乙榜"，第一名为"解元"，第二名为"亚元"，第三、四、五名为"经魁"。

会试，是每逢辰、戌、丑、未年的二月，在京城由礼部主持的考试，因而又称"春闱""礼闱"，会试的参加者为各省的举人。

殿试，是由皇帝亲自主持的考试，又称"庭试"。殿试没有落榜者，根据成绩划分名次等第，结果分为三个等级。一甲三人，第一名状元，第二名榜眼，第三名探花，合称三鼎甲，赐进士及第；二甲若干人，赐进士出身；三甲若干人，赐同进士出身。科举考试程序如图9-8所示。

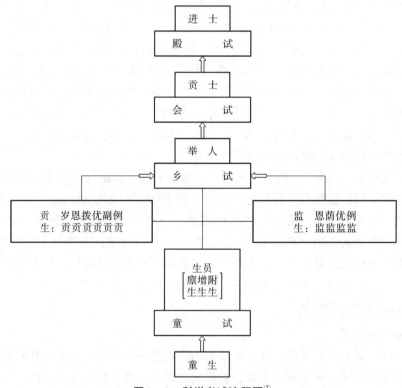

图9-8 科举考试流程图①

第二，八股文成为固定的考试内容。八股文又称时文、制义、制艺或四书文。所谓八股，即"科目者，沿唐宋之旧而稍变其试士之法，专取四子书及《易》《书》《诗》《春秋》《礼记》五经命题试士。盖太祖与刘基所定。其文略仿宋经义，然代古人语气为之。体用排

---

① 王道成.科举史话[M].北京：中华书局，1988：187.

偶，谓之八股，通谓之制义"。① 通俗地说，八股文是一种命题作文，有固定的结构和写法。明清乡试、会试各考三场，头场考八股文，能否考中取决于八股文的优劣。

八股文的结构由破题、承题、起讲、入手（领题）、起股、中股、后股、束股八个部分组成。破题即用两三句点明题目要义，对比句居多。承题即用三四句承接破题，做进一步引申。起讲即开始议论，概括全体。入手即用一至四句引入本题。后四股是文章的主要部分，这四个部分各有两股，两股的文字繁简，声调缓急，都要对仗。八股文从四书、五经等儒家经典中出题，以朱熹的《四书章句集注》为标准答案，采用固定标准的排偶文体形式答题才能入仕，丝毫不能阐发己见。

八股文在产生之初，对考试文体的标准化产生了积极作用，有利于公正客观地选拔人才。但是，八股文的格式非常死板，文字要对偶，整齐连贯，结构要严谨，每篇的字数在200至700之间。其内容空洞，千篇一律，严重禁锢了士人的思想，败坏了学风，更是限制了学校教育的发展，在教育史上产生了消极的影响。徐灵胎的《道情》曾对八股文做了淋漓尽致的批判：

读书人，最不齐。烂时文，烂如泥。国家本为求才计，谁知道变作了欺人技。三句承题，两句破题，摇尾摆头，便知是圣门高第。可知道"三通""四史"，是何等文章？汉祖、唐宗，是哪一朝皇帝？案头放高头讲章，店里买新科利器。读得来肩背高低，口角唏嘘，甘蔗渣儿嚼了又嚼，有何滋味！辜负光阴，白白昏迷一世。就教他骗得高官，也算是百姓朝廷的晦气。②

第三，学校教育纳入科举体系。自从科举作为明朝的选官制度被确立下来以后，学校与科举的关系就尤为紧密。明代以前，学校只是科举考生的来源之一。到了明代，进学校成为科举考试的必由之路，只有接受了学校教育的学生才有资格参加考试。洪武三年（1370年），朱元璋诏告天下，"中外文臣皆由科举而进，非科举者，毋得与官"③，教育与选官制从此完全合一。一方面，科举制度促进了学校教育事业的发展，明代学校的数量和规模远超其他各朝代；另一方面，学校完全沦为科举的附庸，习做八股文是明代各个学校的主要任务，经史等典籍遭到冷落。顾炎武曾说："天下之人，惟知此物可以取科名，享富贵。此即谓学问，此即谓士人，而他书一切不见。""嗟呼！八股盛而六经微，十八房兴而二十一史废。"④

2. 清代的科举制度

清王朝主要由文化落后的清贵族统治，为了笼络士子，仍以科举考试为"国家抡才大典"，制定了更加严密的考试程序，提供了相对公平的竞争环境，以此来维护和巩固自身统治。

清代的考试科目与明代类似，但于顺治八年（1651年）设置了翻译科，意在选拔满蒙语言文字翻译人才，分为蒙古翻译和满洲翻译，前者是将满文翻译成蒙古文，后者是将汉文

---

① 《明史·选举志二》卷七十。
② 袁枚《随园诗话》卷十二。
③ 《明史·选举志二》卷七十。
④ 顾炎武《日知录·十八房》卷十六。

翻译成满文。雍正元年（1723年）规定翻译科考试每三年举行一次，由皇帝决定录取举人、进士人数，授予清朝处理民族事务的理藩院和各院满蒙中书、笔贴式等职务。制科也是清代科举考试的特殊科目，皇帝用以选拔异等之才。

清代士人的出路十分狭窄，中央又十分重视科举，于是得第入仕成为当时士人梦寐以求的人生理想。清代的科举程序已十分成熟，但舞弊现象也最为严重。清代的舞弊手法五花八门，最为常见的有通关节、怀挟、顶替、传递等。通关节即考生与考官相互串通，这是最为严重的一种舞弊行为。怀挟即考生将文字材料藏于衣帽内带入考场。顶替即雇人替考。传递即考场内外相互勾结，为考生提供各种信息。对于种种舞弊行为，清代统治者曾进行过严厉的打击，短期内起到了一定的遏制作用，然而并无法根除舞弊的根源。到了清代后期，科举的舞弊已经积重难返，其空疏、腐败已暴露无遗。

鸦片战争以后，中国遭受空前的民族危机，先进人士开始向国外寻求救国真理，地主阶级和资产阶级维新派纷纷将国运衰败归根于教育制度的落后，批判科举制的积弊。在这种背景下科举制难以继续维持，废科举、兴学堂已是大势所趋。科举制度的废除大致经过以下三个步骤：第一，改革科举制的内容；第二，递减科举中额；第三，完全废止科举制。光绪二十七年（1901年）废除八股文，光绪三十年（1905年）停止乡试、会试的招生。至此，创始于隋唐，延续了一千三百多年的科举制度终于寿终正寝，新式学堂如雨后春笋般破土而出，中国的教育开始进入一个新的历史阶段。

二、科举制的利弊

（一）科举制的积极意义

1. 加强了中央集权，巩固了国家统一

科举制度将重要的人事选拔权力完全收归中央，以科举制度为"正途"，以儒家学说为考试内容，把政权的世俗性和儒家纲常伦理观念自然地融合在一起，迎合了加强中央集权的需要，增加了民间服从中央的向心力，使得统治基础和社会基础不断扩大，有利于促进社会的稳定，巩固国家的统一。

2. 推动了知识普及与民间读书风气的形成

科举考试向社会各阶层开放，调动了地主阶级，特别是中小地主子弟的学习积极性，甚至皇室贵族子弟，也不因门荫可恃而忽略学习。更大程度上，科举考试成为封建社会寒门子弟出人头地的唯一出路，民间士人为光宗耀祖纷纷埋头苦学并为之奋斗终身，尽管出于对功名利禄的追求，不是对知识的渴望，但却促进了民间读书风气的形成，促进了封建社会的文明进步。《通典》称唐代社会的学习风气说："父教其子，兄教其弟，无所易业者。大者登台阁，小者仕郡县，资身奉家，各得其足。五尺童子，耻不言文墨焉。"① 明清时期，中国的秀才不下五十万人，把童生算在内不下百万计，相比于在仕途上有所成就的少数人，多数人成为在基层生活的知识分子。

3. 促进了学校教育的发展

由于科举制度为广大士人提供了获取功名利禄的机会，大大激发了广大中下层学子的进

---

① 杜佑. 通典·选举三［M］. 北京：中华书局，1988.

取精神。科举制有一套完备的考试流程和内容，迫使参加科举考试的人必须具有一定的文化素质，从而使入学成为参加科考的必经之路，学校教育的目的就是培养统治阶级所需要的人才，学校与科举制度紧密结合，大批学子入学追求人生理想，促进了学校教育的发展。

（二）科举制的流弊

1. 束缚了知识分子的思想

科举制度成为专制君王控驭士人的工具。学者求学完全是为了做官，从而一举成名、光宗耀祖、锦衣玉食，享受荣华富贵。科举考试的内容和形式十分僵化死板，科考内容局限于儒家的几部经典著作及华丽的诗赋，考试的方法迫使人们死记硬背，重记诵而不求义理，形成了形式主义和教条主义的学习风气，士人的思想被禁锢在四书五经之中。尤其明清时期的八股文，完全脱离了生活实际，无法培养士人的实际能力，反而助长了投机取巧的考试心理，阻碍了先进思想的萌发。

2. 导致了官场腐败

由于科举制是中央正式的选官制度，所以科举制具有严重的政治化倾向，师生裙带关系泛滥，师生门徒、名门望族、地主阶级为获取功名利禄往往拉帮结派，行贿成风，滋生了官官相护、师生勾结、徇私舞弊等现象，明清时期尤甚。对地主阶级来说，它有很大的诱惑，但对普通人民来说，带有很大的欺骗性。

3. 阻碍了科技的发展

中国的教育历代以来重视人文，轻视科技，导致的结果是人文思想发达，自然科学地位低下，科学技术落后于西方发达国家很大一方面归结于中国人的思维方式。科举制度的取士方式将士人的思维完全禁锢在孔孟之道和程朱理学之中，严重禁锢了知识阶层的思维空间，窒息了文化、学术事业自由发展的蓬勃生机，在相当程度上阻碍了科技的进步。

思考与探究

1. 中国古代的学校教育有哪些主要特点？
2. 举例说明中国古代教育思想的先进之处。
3. 私学在教育史上有哪些贡献？
4. 如何正确评价科举制的历史功过？
5. 中国古代的教育思想对于现代教育教学有何借鉴意义？

拓展阅读

1. 《中国教育史》，孙培青、杜成宪编著，华东师范大学出版社2009年出版。
2. 《中国科举史》，刘海峰、李兵著，东方出版中心2004年出版。
3. 《中国教育史》，王献玲著，郑州大学出版社2011年出版。

第十章

中国汉字文化

学习目标

1. 了解汉字的起源以及发展过程中的形体变化。
2. 掌握汉字的构造——"六书说"以及汉字的特点。
3. 理解汉字的艺术价值和文化功能。

内容概要

汉字是一种富有神奇色彩且几千年来一直永葆青春活力、生生不息的古老文字。自古以来，人们一直对汉字寻根溯源，不断地认识、研究它，想要揭开汉字的神秘面纱。汉字的起源有结绳记事、契刻、八卦、图画等传说，仓颉造字说更是为汉字的由来增添了神秘色彩。汉字形成之后并不是一成不变的，随着历史的车轮滚滚向前，汉字的形体也向着更具实用性和便捷性的方向发展，由最初的象形文字发展为今天的楷体字。许慎在《说文解字》中较为系统地解释了汉字构造的"六书说"，包括四种造字法和两种用字法。在这一基础上，汉字作为一种象形会意系统的文字其特点更加明确。汉字具有文字的一般功能，同时还具有自身的特殊功能。汉字的特殊性在于它本身既是文化的重要组成部分，也是文化的重要载体，具有反映、传播、教化、确证等文化功能。另外，汉字还具有无与伦比的艺术美，美在它音韵如歌，形体如画，灵性如诗。

汉字是人类重要的交际工具之一，它能够突破时空的限制，将人类的生产生活经验和文化创造记录下来，使之流传八方，垂迹千古。汉字是世界上古老文字中唯一流传下来，迄今为止仍具有强大生命力的表意文字。汉字的悠久历史正对应了从未断流的中华民族的悠久历史。汉字作为中华民族的独特创造之一，在承载历史、凝聚人心、传承民族精神等方面都发挥了十分重要的作用。

第十章　中国汉字文化

第一节　汉字的起源和形体演变

一、汉字的起源

古往今来的人们对汉字的起源做过广泛而深入的探索，出现了不少关于汉字起源的说法。根据对汉字考古材料的挖掘和研究，其中证据较为确凿和影响较大的有以下几种：

（一）结绳说

"结绳"是通过在绳子上打结来记事的做法。《易经·系辞下》中提到："上古结绳而治，后世圣人易之以书契。"《庄子·胠箧篇》中言："当是时也，民结绳而用之。"《周易正义》引《虞郑九家易》中说："古者无文字，其有约誓之事，事大大结其绳，事小小结其绳，结之多少，随物众寡，各执以相考，亦足以相治。"① 从上述古书的记载中可以看出结绳记事的历史是确实存在的，并且世界上很多地方都使用过这种方法，如图10-1和图10-2所示。例如，古代鞑靼民族调拨军马，结草为约；② 古秘鲁印第安人"使用一种打结的绳名为'魁普'，意即为'结'，其物系由一条具一种颜色的主要的绳以及多数次要的及又次要的各种颜色的绳而成。各种颜色代表各种观念和事物，打成各式各样的结或环，便能表示各种复杂的意见"。③ 这种方法能够突破时间和空间的限制，利于帮助双方记住当时的约定，但是结绳记事只能记录一些较为简单的事情，相对较为复杂的事情记录起来是很麻烦的，可能要打很多的结，并且这些结大小不一、形状不一、颜色不一，加之不同部落的人们对某些结的含义界定是不同的，没有统一的标准，很有可能阻碍沟通交流。

图10-1　结绳记事

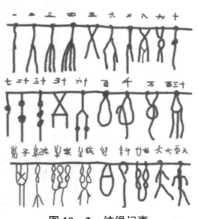

图10-2　结绳记事

从严格意义上说，结绳记事并不能算是汉字的真正起源，它仅仅是先民记忆的一种形式。但是从"结绳"中可以看出先民们已经认识到需要借助于某种方法来帮助记忆的重要性并开始积极地探索，这标志着中国古人在思想认识上的一大进步。

---

① 赵定烽，赵理超. 汉字文化学教程［M］. 厦门：厦门大学出版社，2014：15.
② 何晓明，曹流. 中国文化概论［M］. 北京：首都经济贸易大学出版社，2011：67.
③ 林惠祥. 文化人类学［M］. 上海：上海文艺出版社，1991：451-452.

(二) 契刻说

契,刻也。在真正的汉字产生以前,契刻也是上古流行的、帮助先民记忆的一种记事方法。《易经·系辞下》中提到:"上古结绳而治,后世圣人易之以书契。"继结绳之后代之而起的是书契,有学者研究,这里的"书契"并不仅仅指契刻文字,而是指绘画与契刻二事。① 人们用契刻的方法把数目用一定的线条或符号刻在木板或竹片上,作为双方的"契约"。在中华人民共和国成立之前,云南的独龙、怒、基诺、布朗、佤、景颇等族民间都保存刻木记事、刻木记账的方法。例如,独龙族用木刻作为交换契约的凭据,进行交换的双方分别将物品的数量在木板上打上符号,一两年后结账时将木刻当面焚毁。宋人周去非在《岭外代答》一书中详细地记载了广西灵川县瑶族刻板告状的情况。他们在一块一尺见方的木板上,左边刻一大痕,代表控告人,右边刻一大痕,代表县官;两者之间画一条直线,表示控告人投县官控诉;左边大痕之下刻一大痕及数十小痕,意思是仇人带来了几十个人;木板当中刻一箭形,表示用箭射;有一块火烧的痕迹,表示火速;最后还在下面钻数十个小洞,每个小洞都打结着短禾杆,表示数十头牛。这块告状木板的全部意义是:我禀告县官老爷,我的仇人带了几十个人来用箭射击我,我要求县官火速处置仇人,并且判决仇人用几十头牛来赔偿我的损失。② 由此可以推测,在上古时代刻木为契以记事的说法是有根据的。

从有关史料中可以看出,契刻的方法与后来的甲骨文是有关联的,已经带有书写的性质了,如图10-3所示。但是契刻的符号没有固定的形式,它所传达的信息大部分依靠双方的默契,没有参与契刻的人是看不懂的。不过,与结绳相比,契刻与汉字之间有了更多的共同之处,因此契刻是我们研究汉字及书写的重要参考依据。③

图10-3 契刻图片

【知识卡片】10-1
《周易》(节选)

(三) 八卦说

《周易·系辞下》中提到:"古者包牺氏之王天下也,仰则观象于天,俯则观法于地,

---

① 曾宪通,林志强. 汉字源流 [M]. 广州:中山大学出版社,2011:13.
② 林耀华. 原始社会史 [M]. 北京:中华书局,1984:439-440.
③ 伊力. 图说汉字的故事 [M]. 北京:人民日报出版社,2008:22-23.

观鸟兽之文与地之宜,近取诸身,远取诸物,于是始作八卦,以通神明之德,以类万物之情。"① 这里提到了八卦的来源,并没有说八卦就是汉字的直接起源。国学大师刘师培在《小学发微》一文中提到:"大约《易经》六十四卦,为文字之祖矣。"其中"大约"一词表明含有推测之意。而宋代郑樵著《通志·六书略》中进一步说到,八卦符号由横向转变为纵向,就成了汉字,后来就有人把八卦的符号附会成原始汉字,认为"水"字的来源是坎卦(☵),"坤"字的古文"巛"来源于坤卦(☷),等等,这种附会是很牵强的。②

其实,八卦不过是原始先民用蓍草占卜时所得结果的一种排列符号,是古代巫师举行巫法时所用的一种表数符号系统,而汉字是记录汉语的符号系统,二者没有直接关系。并且八卦说还存在时间错乱的问题,比较公认的《周易》是西周初年或中后期的作品,而我国比较成熟的甲骨文早在殷商时期就已经产生了,所以汉字不可能起源于八卦。③

(四)图画说

古文字学家唐兰先生在《中国文字学》中提到:"文字本于图画,最初的文字是可以读出来的图画。"④ 从大量远古人类留下的遗迹——岩画、陶纹中可以发现,那些保留在岩壁、陶器上的图画符号与最早的汉字——甲骨文有着密切的渊源关系,由此可以推测汉字起源于图画的说法是合乎情理的。

上古时代人们用兽血,植物的花、叶等有机材料做颜料画的岩画,早已腐蚀氧化不见,只有用赭石土、红土、泥炭、木炭、白垩等材料在避雨石壁上作的画,才可能保留至今。⑤ 中国是岩画保留至今较多的国家,在新疆、西藏、青海、云南等地都发现了原始岩画。如乌兰察布岩画、内蒙古阴山岩画、广西花山岩画、黑山岩画,等等。岩画的内容大多为当时狩猎、捕鱼、农牧、战争等生活情形。有学者将岩画分为三类,分别是写实性强的记实岩画(图10-4);以记事为目的的记事岩画(图10-5);代表神灵崇拜的图腾、徽标岩画(图10-6)。⑥

图10-4 阴山山顶千古岩画记录的古匈奴狩猎图

---

① 叶碧,魏俊杰,刘小成.中国传统文化概论[M].杭州:浙江大学出版社,2017:89.
② 薛明扬,褚赣生,钱振民.中国传统文化概论[M].上海:复旦大学出版社,2003:72.
③ 方克立,周德丰.中国文化概论教师用书[M].北京:北京师范大学出版社,2010:60.
④ 唐兰.中国文字学[M].上海:上海古籍出版社,1979:4.
⑤ 廖才高.汉字的过去与未来[M].长沙:湖南大学出版社,2005:16.
⑥ 廖才高.汉字的过去与未来[M].长沙:湖南大学出版社,2005:17-23.

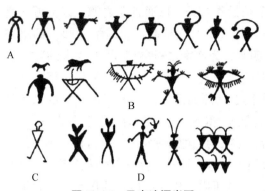
图 10-5　云南沧源岩画

图 10-6　贺兰山"太阳神"岩画

还有一类图画是刻在陶器上经过烧制形成的。考古学家们发现了大量的陶器和陶器碎片，其中上面刻画着许多简单的符号，从刻画的位置上看，大多固定于陶器的外口沿。从现今发现的古陶器上的陶纹来看，主要有旋涡纹、水纹、同心纹、雷鼓纹、几何纹、实物象形纹等，其中包括约在公元前6000年至公元前3000年之间的西安半坡仰韶文化中的陶纹刻画（图10-7、图10-8），约在公元前4500年至公元前2300年之间的山东大汶口文化遗物上的陶纹刻符（图10-9、图10-10）。①

图 10-7　仰韶文化陶纹

图 10-8　甘肃仰韶文化中的彩陶

图 10-9　大汶口文化彩陶

图 10-10　大汶口文化彩陶

---

① 廖才高. 汉字的过去与未来 [M]. 长沙：湖南大学出版社，2005：33-34.

结绳说、契刻说、图画说都与汉字的起源有密切的关系,汉字最初的形体至少得到了结绳、契刻的启发,至于记事的图画,很有可能是早期汉字的前身。从上述图符中也可以看出,丰富多彩的图符与汉字初期的甲骨文有很多相似的地方。

(五) 仓颉造字说

在关于汉字起源的几种说法中,"仓颉造字说"的影响较大。古籍中有关仓颉作书的记载颇多,多出自战国秦汉人的著作,如《荀子·解蔽篇》《吕氏春秋·君守篇》《韩非子·五蠹篇》《世本·作篇》《淮南子·修务训》、李斯《仓颉篇》、许慎《说文解字》等。① 其中,东汉时期的许慎在《说文解字·叙》中说得较为详细:"黄帝之史仓颉,见鸟兽蹄迒之迹,知分理之可相别异也,初造书契,百工以乂,万品以察。"许慎认为仓颉是受到鸟、兽留在地上的印迹而受到启发开始造字的。又提到"仓颉之初作书,盖依类象形,故谓之文;其后形声相益,即谓之字"。② 仓颉造字的方法主要有两种:一是按照所表示事物的具体形状来构造字形;二是

图 10-11 仓颉

用一个已有的汉字表示形状,再用另一个汉字表示其读音,从而合成一个新字。《淮南子·本经训》中记载:"昔者仓颉作书而天雨粟,鬼夜哭。"上天因为仓颉造字下起了粮食,鬼因为仓颉造字在夜里痛哭流泪,显然这些说法是过于夸张的,但却可以说明在古人看来仓颉造字是一件惊天地、泣鬼神的大事。那么仓颉为什么能创造出汉字呢?汉代纬书《春秋纬元命包》中记载了仓颉"龙颜侈侈,四目灵光,实有睿德,生而能书。于是穷天地之变,仰观奎星圆曲之势,俯察龟文鸟羽山川,指掌而创文字"。③ 仓颉是黄帝的史官,长得和一般人很不一样 (图 10-11),有四只灵光闪闪的眼睛,有超人的智慧和贤德,并且一出生就会写字。由此可以看出仓颉有着不同于常人的外貌和才能,所以"生而能书"。或许这些描写过于夸张,但说他是黄帝的史官,那么就和造字有关了。史官的任务是记录历史史实,需要更多地与文字打交道,从这个角度来看"仓颉造字"的说法是有可能的。《荀子·解蔽》中说道:"好书者众矣,而仓颉独传者一也。"当时喜欢汉字的人有很多,而仓颉在汉字的搜集、整理方面做出了较大的贡献,这种说法是比较可信的。其实,汉字的发明不同于弓箭、火药、机车等具体器物的发明,它必须有一个漫长的、约定俗成的过程,而这个过程需要相当长时间的逐渐积累才能完成,并不是一个人凭借一己之力就可以做到的。④ 正如鲁迅先生所言:"要之文字成就,所当绵历岁时,且由众手,全群共喻,乃得流行,谁为作者,殊难确指,归功一圣,亦凭臆之说也。"⑤

从上述几种关于汉字起源的传说中,我们可以发现汉字的起源漫长而复杂,充满了神秘

---

① 曾宪通,林志强. 汉字源流 [M]. 广州:中山大学出版社,2011:13.
② 叶碧,魏俊杰,刘小成. 中国传统文化概论 [M]. 杭州:浙江大学出版社,2017:90.
③ 汉代纬书《春秋纬元命包》。
④ 崔富春,王荣花,李德芝. 中国文化概论 [M]. 北京:中国农业出版社,2006:131.
⑤ 鲁迅. 汉文学史纲要 [M]. 北京:北京联合出版公司,2014:3.

感,迄今为止仍然是一个未解之谜。上述传说对它的解释有一定的道理,但是也存在着不合理之处。汉字是顺应中国古人的生产生活和社会实践而产生的,我们从中可以窥见汉字源远流长、从未中断的历史,同时也可以看到中国古人的智慧。①

二、汉字的形体演变

文字是记录语言的符号,语言是人类社会重要的交际工具。人类社会的发展变化,必然会引起语言的变化,进而影响文字的变化。② 从公认最早的、成熟的汉字——甲骨文算起,汉字至少已经有了 3000 多年的历史,在这期间经历了甲骨文、金文、大篆、小篆、隶书、草书、楷书、行书等形体的演变。

(一) 甲骨文

甲骨文是刻在龟甲或兽骨上的文字,其中"甲"主要是龟的腹甲,"骨"主要是牛的肩胛骨。殷商时期,社会生产力低下,人们认为是神灵操控着一切,所以每遇大事都要占卜吉凶。占卜的方法是用火烤龟甲和兽骨,受热的甲骨会出现裂纹,巫师根据裂纹来判断占卜结果,并把占卜事件及结果记录在甲骨上,便有了甲骨文,如图 10-12、图 10-13 所示。③ 大多数甲骨是在商朝的首都殷墟(今河南安阳)发现的。清朝末年,安阳农民在耕地时发现了甲骨,把它当作中药龙骨卖给了药铺。1899 年,学者王懿荣发现中药龙骨上有字,至此甲骨文才被发现。随后,考古学者组织殷墟发掘,陆续出土甲骨 15 万余片,发现甲骨文单字 4500 个左右,其中已被识读的约有 1700 字。④

图 10-12 甲骨文

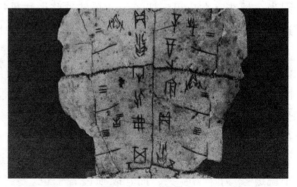

图 10-13 甲骨文

甲骨文中表示实物之形的字,多用图画来表示,可以看出甲骨文已经具备"象形"等汉字的基本造字法。甲骨文的字体与其书写材料、书写工具有直接关系。甲骨文是用刀刻在坚硬的龟甲兽骨上的,所以笔画短促有力、多方折、少圆笔,并且笔画有多有少,写法有正有反,方位有左有右,布局有稀有密。同一个字的写法也不是那么规范,如"羊"字,就有如图 10-14 所示的多种写法,由此可以看出早期汉字构字自由和不规范的现象。

---

① 叶碧,魏俊杰,刘小成. 中国传统文化概论 [M]. 杭州:浙江大学出版社,2017:91.
② 叶碧,魏俊杰,刘小成. 中国传统文化概论 [M]. 杭州:浙江大学出版社,2017:91.
③ 韩秋月. 中国传统文化概论 [M]. 哈尔滨:哈尔滨工程大学出版社,2011:88-89.
④ 邓天杰. 中国文化概论 [M]. 北京:北京师范大学出版社,2012:129.

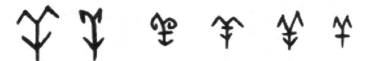

图 10-14　"羊"字的甲骨文

（二）金文

金文是铸刻在青铜器上的文字。商周是青铜器的时代，古人称"铜"为"金"，故有"金文"之称。青铜器中礼器以"鼎"为代表，乐器以"钟"为代表，"钟鼎"是青铜器的代称，所以金文又被称为"钟鼎文"。[1] 现存最早的金文属于商代中期，内容比较简短，到了商代晚期的帝乙、帝辛时期，才出现了较长的铭文，但也仅有40余字。西周时期金文进入全盛期，这一时期的金文篇幅都比较长，西周第12个帝王宣王靖时的毛公鼎上铸有499个字，共32行，是现存最长的青铜铭文，如图10-15、图10-16所示。[2]

图 10-15　毛公鼎

图 10-16　毛公鼎上的文字

金文与甲骨文的结构基本接近，只是线条肥厚粗壮、圆浑丰润，与甲骨文有很大的差异，这种差异主要是由记录文字的工具和材料不同而导致的。金文一般是先刻在模具上，再翻铸到青铜器上，由于刻字时模具的泥胎较软，所以笔画较粗，更圆润。另外金文中形声字大量增加，结构趋于稳定，由此说明它比甲骨文更加成熟。

（三）大篆

大篆是春秋战国时期通行于秦国的字体，传说为太史籀所创制，所以又称"籀文"。许慎在《说文解字·叙》中提到："（周）宣王太史籀著大篆十五篇，与古文异。"[3] 但太史籀所著久已亡佚，现藏于北京故宫博物院唐代出土的秦国鼓形石刻上的文字，便成为大篆字体的代表。刻在鼓形石头上的文字被称为"石鼓文"，是春秋战国时秦国刻在十个鼓形石头上的古老文字，如图10-17所示。石鼓文是我国最早的石刻文字，被称为"石刻之祖"。

---

[1] 薛明扬，褚赣生，钱振民．中国传统文化概论［M］．上海：复旦大学出版社，2003：80．
[2] 阮堂明．中国文化概论［M］．广州：暨南大学出版社，2012：76．
[3] 何晓明，曹流．中国文化概论［M］．北京：首都经济贸易大学出版社，2011：72．

图 10-17　石鼓文

(四) 小篆

小篆是秦统一之后规定的文字。当时七国的文字字体是不一样的，以"马、安、市、者、阳"为例，如图10-18所示。

图 10-18　七国文字比较图

这种现象严重影响政令的推行。公元前221年秦统一中国后，秦始皇下令李斯等人进行文字的整理、统一工作。李斯等人在战国时期秦人通用的大篆基础上，创造出了一种形体匀圆齐整、笔画简略的新文字，称为"秦篆"，又称"小篆"，作为官方规范文字，在全国统一使用，同时废除其他"不与秦合"的异体字。小篆的形体较为固定，一个字一般只有一种写法，字体的偏旁和结构不能随意更改,是汉字历史上第一次规范的字体,如图10-19所示。① 现存小篆的代表作有《泰山刻石》,相传出自李斯之手,如图10-20所示。

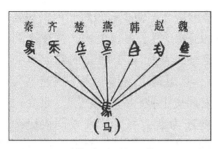

图 10-19　秦统一文字后的"马"字

图 10-20　李斯的《泰山刻石》

小篆字体的统一是汉字发展进程中具有重要意义的里程碑事件,是汉字发展史上第一次汉字规范化运动,所以,小篆通常被认为是古体汉字向今体汉字过渡的桥梁。② 小篆虽然较之甲骨文、金文、大篆等字体已有很大进步,但是转折的地方都要写成弧形,书写起来不太方便,到汉代已不通行。但是用小篆刻印章的习惯却一直沿用至今,使得篆刻成为中国传统艺术之一,如图10-21、图10-22所示。③

图 10-21　篆刻"黄河入海流"

图 10-22　篆刻"笔墨陶情"

---

① 邓天杰.中国文化概论[M].北京:北京师范大学出版社,2012:130.
② 韩秋月.中国传统文化概论[M].哈尔滨:哈尔滨工程大学出版社,2011:89.
③ 邓天杰.中国文化概论[M].北京:北京师范大学出版社,2012:130.

（五）隶书

隶书出现在"书同文"的秦代，成熟并通行于汉代。隶书的得名，一说是这种字体为徒隶所造。相传一位叫程邈的衙吏因犯罪被关进监狱，在坐牢的 10 年时间里，他对当时字体的演变中已出现的一种变化（后世称为"隶变"）进行总结，此举受到秦始皇的赏识，遂将他释放，还被提升为御史，命其"定书"，制定出一种新字体，这便是"隶书"。不过有专家认为，程邈很可能只是对社会上已经出现的这种字体进行了归纳、整理而已，这种解释较为可信。另一说是认为这种字体应用于徒隶之事。秦朝政府规定所有正式文件都必须使用小篆来书写，但是小篆笔画圆转，弧形曲线较多，书写麻烦，不便于在短时间内书写大量文字，有些在政府衙门做抄写工作的隶人（职位低微的吏役）为了写得更快，往往把圆转的笔画转化成易于书写的方折，将曲线改为直线，于是便产生了易于书写的新字体——隶书。① 卫恒在《四体书势》中提到"隶者，篆之捷也"，意思是隶书是由篆书快速书写而形成的。汉字从篆书演变为隶书的这个变化过程在汉字发展史上被称为"隶变"。隶变主要体现在两个方面：一是"变"，变圆为方、变曲为直、变连为断，书写起来方便快捷；二是"并"，变体后的偏旁部首合并为一种，许多描摹不同实物的部首简化为单一符号，比如"鱼""鸟""马""燕""然"，原来下面的四点分别描摹了"鱼尾""鸟爪""马腿""燕尾"和"火燃烧"的样子，在隶书中都统一变为四点，不再具体区分。② 这一巨大变化使得隶书革除了象形的意义而全面符号化，却破坏了字形与字义之间内在的联系，使通过字形讲解字义变得困难（如图 10 - 23 所示）。

图 10 - 23　隶变前和隶变后的"鱼""马"字

基于"隶变"，人们将此前的文字称为"古文字"，将由它开始及以后的文字称为"今文字"。从这个角度看，"隶书"结束了千余年的古文字时代，开创了今文字格局，"隶变"成为古今汉字的分水岭，在汉字的历史演变中具有极其重要的意义。③ 隶书在东汉时期走向成熟以后，人们习惯上把成熟的隶书称作"汉隶"。

（六）草书

草书是字体书写潦草的简称，后来发展成一种字体。草书起源于秦汉之际，是由于隶书快速书写连笔写成的。东汉辞赋家赵壹在《非草书》中提到："盖秦之末，刑峻网密，官书烦冗，战攻并作，军书交驰，羽檄纷飞，故为隶草，趋急速耳。"可以看出赵壹认为草书是由隶书书写迅速而造成的，故早期的草书带有隶书的意味，所以被称为"隶草"。④

草书有章草和今草之分。传说汉章帝喜爱杜度的草书，令其上奏章时也用该字体，故称

---

① 崔富春, 王荣花, 李德芝. 中国文化概论[M]. 北京: 中国农业出版社, 2006: 134.
② 韩秋月. 中国传统文化概论[M]. 哈尔滨: 哈尔滨工程大学出版社, 2011: 90.
③ 叶碧, 魏俊杰, 刘小成. 中国传统文化概论[M]. 杭州: 浙江大学出版社, 2017: 94.
④ 阮堂明. 中国文化概论[M]. 广州: 暨南大学出版社, 2012: 77.

"章草"。"章草"名称的由来还有另一说,相传是因为汉元帝时黄门令史游用草书作"急就章"而得名。① 章草在结构上,有时省去字形的一部分,有时将笔画合并,仅保留字形轮廓,书写起来较为简便。"今草"是在章草的基础上演变而来的。"今草"又称"小草",相传起源于东汉末年张芝的冠军帖。张怀瓘在《书断》中提到"张芝变为今草,加其流速,拔茅连茹,上下牵连,或借上字之终,而为下字之始,奇形离合,数意兼包"。可以看出,今草的字体上下是相连的。今草在东晋以后逐渐成熟,为东晋王羲之所发扬完善,代表作有王羲之的《十七帖》(图10-24)。今草字体一气呵成,极度简化,便于快速书写,但无固定格式,难以辨认。

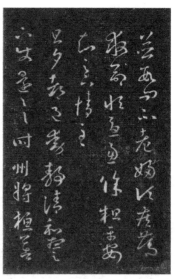

图10-24 王羲之《十七帖》

总体来说,汉代的草书终究还是拘谨;到了唐朝,受时代风气和唐人浪漫主义个性的影响,草书又发展成了豪放不羁、热情奔放的万千态势,后人称为"狂草"。狂草又称为"大草",是在今草的基础上,将点画连绵书写形成的"一笔书",在章法上与今草一脉相承。狂草笔意奔放,体势连绵。在唐代出现的以张旭、怀素为代表的狂草,是完全脱离实用的书法艺术创作,二人合称为"颠张狂素",如图10-25、图10-26所示。草书一般人无法辨认,在日常生活中并不具备文字的交际功能,但是作为一种书法艺术,草书却有着独特的风格和艺术魅力,一直为人们所喜爱。

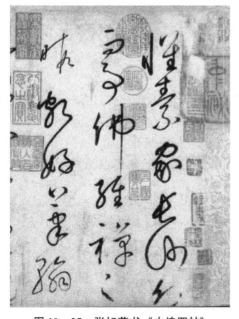

图10-25 张旭草书《古诗四帖》

图10-26 怀素草书《自叙帖》

---

① 何晓明,曹流. 中国文化概论 [M]. 北京:首都经济贸易大学出版社,2011:73.

(七)楷书

"楷"是"模范、法式、规矩"的意思,所以"楷书"可理解为"书写楷模"。楷书由隶书发展演变而来,其特点是笔画横平竖直,结构方正,书写方便,故楷书又被称为"真书""正书"。楷书是对隶书的直接继承者和成功改造者。和隶书相比,楷书的横不再上挑,改为收锋;撇不再卷波,改为尖斜向下;钩不再是慢钩,而是硬钩;字体不再偏方,而是长方。① 楷书中的"点"是笔程最短的笔画,比以往任何字体都更丰富;"提"和"钩"是在书写便利这一要求的推动下,笔画相互呼应而逐渐形成的。② 楷书结构严谨,便于识读,同时笔形配合,便于书写,所以直至今天,楷体仍然是汉字最基本的字体,成为汉字史上使用时间最长的标准字体。宋代雕版印刷技术逐渐普及,为了刻字方便,在印刷行业又出现了一种楷书的变体——宋体字(图10-27)。"宋体"不属于汉字的演变,它是楷书的印刷体,宋体仍属于楷体,但字体比楷体更为端严方正,笔画横轻竖重,字体清瘦刚劲,既便于雕刻,印字也更醒目。③

图10-27 宋体字

楷书始于汉末,盛行于东晋、南北朝,至隋唐时期达到了成熟阶段。唐朝出现了一大批书法名家,尤其是颜真卿的楷书,其正楷端庄雄伟,创"颜体"楷书,对后世影响很大。颜真卿与赵孟頫、柳公权、欧阳询并称为"楷书四大家",又与柳公权并称"颜柳",被称为"颜筋柳骨",其创作达到了书法艺术的顶峰。唐朝以后,楷书既是用以书写官府文书和科举文章的正规字体,也是蒙童读书习字的标准字体。④ 直到今天,楷书仍然是汉字中最为通用的字体。

(八)行书

行书是介于草书和楷书之间的一种字体,盛行于魏晋南北朝时期并沿用至今。行书相传为东汉末年刘德升所创,张怀瓘在《书断》中提到,"行书者,刘德升所作也。即正书之小伪,务从简易,相间流行,故谓之行书"。从字体特征看,行书简化了楷书的笔画又兼采草书连绵的笔法,介乎楷、草之间,快捷胜于楷书,辨识易于草书,集楷书的平易与草书的流畅于一身,既切合实用,又能比较充分地发挥书写者的个性特点。⑤ 行书分为行楷和行草两种:写得比较端正平稳,近于楷书的称为"行楷";写得比较放纵流动,近于草书的称为"行草"。⑥ 在浩如烟海的书法艺术宝库中,行书无疑是一座最为绚烂多姿、丰富厚重的宝藏之地。其中王羲之创作了被誉为"天下第一行书"的《兰亭序》(图10-28),颜真卿创作

---

① 叶碧,魏俊杰,刘小成.中国传统文化概论[M].杭州:浙江大学出版社,2017:94.
② 张岱年,方克立.中国文化概论[M].北京:北京师范大学出版社,2004:113.
③ 崔富春,王荣花,李德芝.中国文化概论[M].北京:中国农业出版社,2006:135.
④ 崔富春,王荣花,李德芝.中国文化概论[M].北京:中国农业出版社,2006:135.
⑤ 杨敏,王克奇,王恒展.中国传统文化通览(英汉版)[M].青岛:中国海洋大学出版社,2002:524.
⑥ 何晓明,曹流.中国文化概论[M].北京:首都经济贸易大学出版社,2011:74.

了"天下第二行书"《祭侄文稿》(图10-29),苏轼创作了"天下第三行书"《寒食帖》(图10-30),等等。一直到今天,行书还是手写用得最广泛的字体。

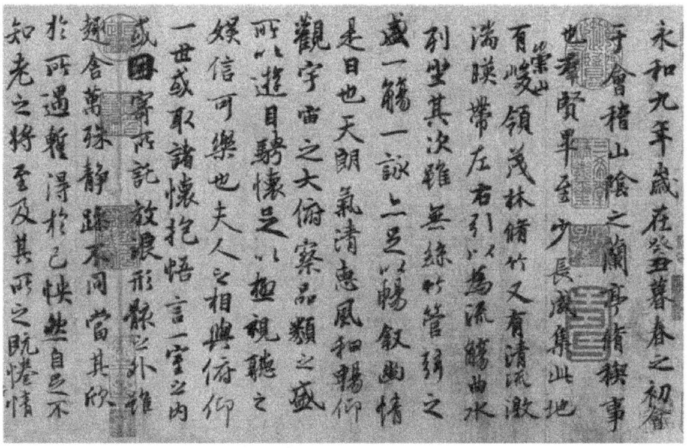

图10-28 王羲之《兰亭序》

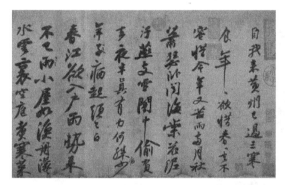

图10-29 颜真卿《祭侄文稿》

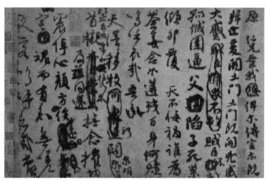

图10-30 苏轼《寒食帖》

总体来看,汉字字体的演化表现出两大趋势:

一是表现为一种简化趋势。从最初的甲骨文到后来的行书,字形上由繁到简,笔画上由多到少,构架上由诘诎到平易,规范上宽松到严谨,一字多形的现象越来越少。[1] 汉字作为一种交流工具和记录手段,必然得经历由繁到简的历史过程,以便适应日益频繁的社会交际和日新月异的社会生活。

二是表现为象形成分的逐渐消失。前文提到,秦代小篆之前的汉字通称为古汉字,自隶书开始之后的汉字通称为今汉字。古今汉字的重要区别在于书写单位的变化。古汉字阶段的书写单位是各种各样的线条,这些线条是随着事物形体的变化或曲或伸形成的,由这些线条构成的汉字,带有较明显的图画性。而隶、楷阶段的今汉字的书写单位,则是各种类型的笔画,包括横(一)、竖(丨)、撇(丿)、捺(乀)等。这些笔画经过自然发展和人为规范,逐渐变得样式固定、数量有限、书写规范,由这些笔画书写出的汉字,必然会淡化原始的图画性。[2] 并且,文字从本质上来说是语言的记录符号,文字总是要向语言靠拢,而不是向图

---

[1] 何晓明,曹流.中国文化概论 [M].北京:首都经济贸易大学出版社,2011:74.
[2] 张岱年,方克立.中国文化概论 [M].北京:北京师范大学出版社,2004:114.

画靠拢，这就势必会导致汉字中象形成分的消失，如图 10-31 所示。①

	甲骨文	金文	小篆	隶书	楷书	行书	草书
火				火	火	火	火
日				日	日	日	日
月				月	月	月	月
山				山	山	山	山
田				田	田	田	田

龙

鱼

甲骨文　　金文　　小篆　　隶书　　楷书　　行书　　草书

图 10-31　七种字体的演化

总之，中国的汉字在经历了数千年漫长而悠久的发展演变历程后，仍旧能够延续至今并熠熠生辉，是中国文化史乃至世界文化史上的一个奇迹。作为世界上使用人数最多、历史最悠久的古老文字，汉字的产生和发展对中国乃至世界文化的发展都具有重大的意义，并产生深远的影响。

第二节　汉字的构造与特点

一、汉字的构造

汉字的构造指的是汉字的造字方法。当汉字的创造达到一定的数量时，就开始有学者从造字方法上进行总结，归纳造字法，其中影响最深远的当属"六书"说。文字学上的"六书"是指古人分析汉字造字方法而归纳出来的六种条例。"六书"之名最早见于《周礼·地官·保氏》：

---

① 龚红月. 智圆行方的世界——中国传统文化新论 [M]. 广州：暨南大学出版社，1995：83.

保氏掌谏王恶，而养国子之道，乃教之六艺：一曰五礼，二曰六乐，三曰五射，四曰五驭，五曰六书，六曰九数。

但"六书"究竟指哪些，《周礼》上没有解释。自西汉之后，中国历史上关于"六书"的说法很多，其中影响较大的有三家：一是东汉史官班固，二是东汉学者郑玄，三是东汉文字学家许慎。

下面是班固、郑玄、许慎分别对"六书"的解释说明。

班固《汉书·艺文志》：

古者八岁入小学，故周官保氏掌养国子，教之六书：谓象形、象事、象意、象声、转注、假借，造字之本也。①

郑玄注《周礼·地官·保氏》引郑司农语云：

六书，象形、会意、专注、处事、假借、谐声也。②

许慎（图10-32）《说文解字·叙》：

图 10-32 东汉许慎

周礼八岁入小学，保氏教国子先以六书。一曰指事：指事者，视而可识，察而见意，上、下是也；二曰象形：象形者，画成其物，随体诘诎，日、月是也；三曰形声：形声者，以事为名，取譬相成，江、河是也；四曰会意：会意者，比类合谊，以见指㧑，武、信是也；五曰转注：转注者，建类一首，同意相受，考、老是也；六曰假借：假借者，本无其字，依声托事，令、长是也。③

上述三家对"六书"细目的解释，名称和顺序有所不同。后代学者大都采用许慎的"六书"名称，采用班固的"六书"顺序，形成了"名称以许为优，次第以班为胜"的定论。因为班固所排列的"六书"顺序更能反映汉字发展的逻辑，汉字起源于图画，象形应列为"六书"之首，而许慎的"六书"名称及其解释更科学。④

下面我们就根据许慎的定义，按照象形、指事、会意、形声、转注、假借的顺序对"六书"做具体分析。

【知识卡片】10-2 许慎《说文解字》（节选）

（一）象形

《说文解字·叙》："象形者，画成其物，随体诘诎，日、月是也。"这里的"诘诎"即屈曲，屈折，意思是字的笔画随着事物的形状而屈折、弯曲。比如"日"不论早晨、中午还是傍晚始终是圆的，造字时就画个圆；"月"有圆有缺，但是圆少缺多，造字时就画成月

---

① 廖才高. 汉字的过去与未来 [M]. 长沙：湖南大学出版社，2005：129.
② 廖才高. 汉字的过去与未来 [M]. 长沙：湖南大学出版社，2005：129.
③ 廖才高. 汉字的过去与未来 [M]. 长沙：湖南大学出版社，2005：129.
④ 叶碧，魏俊杰，刘小成. 中国传统文化概论 [M]. 杭州：浙江大学出版社，2017：96.

牙形;"马"字是一匹有马鬣、四腿的马;"鱼"字就是一尾有鱼头、鱼身、鱼尾的游鱼,等等。从图画说来看,汉字的造字是从图画开始的,所以象形是汉字造字的基础,指事、会意、形声都是在象形的基础上进行变化的。① 但是象形造字法本身有很大的局限性,比如表示形体相近的事物(鲤鱼和鲶鱼)和抽象的概念(水果和粮食)时,象形造字法便无法描画出这些事物。因此,象形字的数量不是很多。许慎在《说文解字》中收录的9353个汉字中,象形字只有264个(取清代学者王筠统计的数字)②。

(二) 指事

《说文解字·叙》:"指事者,视而可识,察而见意,上、下是也。"许慎对它的解释是这类字一看形状就知道是什么,但是还需要细细观察才能理解其含义。它是在象形的基础上加上指事性符号来造字的方法,实际上是对象形造字法缺点的一个补充,所以指事字一般由两部分构成,一部分是象形字,一部分是特殊符号。如,"刃"字,是在"刀"字上补充了关键的一个"点儿",指明这里是刀最锋利的部分。③ 比如,"上""下"二字,在甲骨文中它们都是由一长横和一短横组成的,以短横为准,短横在上面的就是"上",短横在下面的就是"下";再如"本""末"二字,古人在造字时利用已有的象形字"木",在它的下面加一短横表示树根,在它的上面加一长横表示树梢。以上四字的这一横笔,都是抽象性的符号,在构字中起指事作用。但从总体上看,用简单的符号表示抽象、复杂的意义是比较困难的,而且有些抽象的意义也很难用某个符号指点出来,所以在《说文解字》中收录的指事字比象形字还要少,仅有129个(取清代学者王筠统计的数字)。④

(三) 会意

所谓会意是指用两个或两个以上的已有汉字来构造新字的造字方法。从字的结构上讲,会意是两个或多个字的组合,合起来是一个字,分开来是两个或多个独立的字,这种字也叫合体字。理解会意字需要注意以下几点:

一是会意字的组合方式多种多样:既可以是两个部分的组合(如"武"由"止""戈"组成,如"歪"由"不""正"组成),也可以是多个部分的组合(如"掰"是由"手""分""手"三个部分组成,"骥"是由"马""北""田""共"四个部分组成);构成会意字的部分既可以是同体的(比如"从"由两个相同的"人"字构成,"焱"由三个相同的"火"字构成),也可以是异体的(如"艳"由"丰"和"色"两个不同的字构成,"泪"由"水"和"目"两个不同的字构成)。这种情况说明,古人在用会意的方法造字时,思维方式已具有相当的灵活性。也正因为如此,会意字的数量远远多于象形字和指事字。清代学者王筠统计,以所收字头为范围,《说文解字》中会意字有1260个。

二是会意造字的要义在"意"上。会意字的产生表明中国汉字从重形开始走向重意,会意造字的方法也由此成为表意文字体系的重要基础。对于会意造字方法,许慎是这样解释的:"比类合谊,以见指㧑","比类合谊"中的"比"与"并"同义,也就是"合"的意

---

① 周臻,黎莉,华雪春. 中国传统文化 [M] 北京:航空工业出版社,2015:52.
② 叶碧,魏俊杰,刘小成. 中国传统文化概论 [M]. 杭州:浙江大学出版社,2017:97.
③ 韩秋月. 中国传统文化概论 [M]. 哈尔滨:哈尔滨工程大学出版社,2011:86.
④ 叶碧,魏俊杰,刘小成. 中国传统文化概论 [M]. 杭州:浙江大学出版社,2017:97-98.

思,"类"指字类,"谊"同"义";"以见指㧑"中的"指㧑"是"指挥"的意思,也就是"指向"。由此可见,会意是将意义相关的字类合在一起,以造就表示新意义的字。① 比如"盥"字,是盥洗、洗手的意思。甲骨文的写法下部是盆的形状(皿),上部是一只手的象形伸入盆内,表示在洗手,是"皿"和"手"两个象形字组合而成的会意字。金文和小篆表示得更为明白,左右双手在盆(皿)中洗,盆中还有水,是"皿""双手"和"水"三个象形字组合而成的会意字。隶变以后,已不再象形,盆的形状已写成"皿"字,如图10-33所示。

图10-33 "盥"字的演变

(四) 形声

形声字是由形旁和声旁两部分组成的字,其中形旁表示字的意思或类属,声旁表示字的相同或相近发音。《说文解字·叙》:"形声者,以事为名,取譬相成,江、河是也。"清代学者段玉裁解释说:"以事为名,谓半义也,取譬相成,谓半声也。"同前面几种造字法相比,形声造字法的最大特点是一个汉字中有表音的成分,汉字也因此而成为既能表意又能表音的完美符号。形声造字法的另一个特点是造字方法简单,只要选择一个同音或近音的字作声旁,再配上一个适当的形旁,就能造出一个新的汉字来。② 比如以"木"字为形旁,配上不同的声旁,就有"桥""棋""柱""植""村""机"等字;以"每"字为声旁,配上不同的形旁,就有"梅""酶""霉""莓""脢""海"等字。而且形旁与声旁在一个汉字中的位置也很灵活,大致有左形右声、右形左声,上形下声、下形上声,内形外声、外形内声等多种结构方式。

左形右声,如:唤、伙、转、理、淋、种;
右形左声,如:鹉、致、期、放、刨、颅;
上形下声,如:竿、篼、茅、简、芳、菲;
下形上声,如:智、想、婆、鲨、案、凳;
内形外声,如:问、闷、闻、庄、闽、床;
外形内声,如:间、座、廊、闺、圆、园。

在各种组合的形声字中,左形右声类型的字最多,几乎占现代常用形声字的80%,其次是右形左声类,约占6%,其余几种结构的形声字就比较少了。③ 一些常用的形旁,在形声字中的位置都有一定的规律。例如,"氵""亻""犭""忄""纟""衤""礻""扌"等一般在字的左边;"刂""戈""鸟""阝""欠""彡""攵"等一般在字的右边;"艹"

---

① 叶碧,魏俊杰,刘小成.中国传统文化概论[M].杭州:浙江大学出版社,2017:98.
② 叶碧,魏俊杰,刘小成.中国传统文化概论[M].杭州:浙江大学出版社,2017:98.
③ 周臻,黎莉,华雪春.中国传统文化[M].北京:航空工业出版社,2015:52.

"竹""宀""艹""孝""雨"等一般在字的上边;"心""皿""灬"等一般在字的下边。形声字本身的特点决定了它是一种高产的造字法,《说文解字》中所收录的形声字超过总数的80%(清代学者王筠的统计是7700个)。①

(五) 转注

明人杨慎提出"四书为经,二书为纬",清代学者戴震提出"四体二用"的说法,意思是"六书"中的象形、指事、会意、形声是造字之法,转注和假借是用字说法,因为这两种说法都没有产生新字形。

《说文解字·叙》:"转注者,建类一首,同意相受,考、老是也。"对于许慎给转注所下的定义,学界历来就有不同看法,提出过形转、义转和声转等不同主张。认同较多的看法是把相同事类的字归并在一起,建立同一个部首;同一部首下的意义相同的字可以相互解释。以"考""老"为例,它们同属"老"部,可以相互解释,《说文·老部》对"考"的解释是"考,老也",对"老"的解释是"老,考也"。这种相互解释就是"同意相受",它着眼的是字与字之间的意义关系,而不是造出新字,"考"不是因为"老"而产生的新字,"老"也不是因为"考"而产生的新字。因此,将其归入用字之法是有道理的。②

(六) 假借

《说文解字·叙》:"假借者,本无其字,依声托事,令、长是也。"意思是,语言中的某个词已经产生,但还没有代表这个词的文字符号,于是就依据这个词的声音找一个读音相同或相近的字来代表(即托事)。清代学者段玉裁注:"如汉人谓县令曰令、长……令之本义发号也;长之本义久远也。县令、县长本无字,而由发号久远之义,引申展转而为之,是谓假借。"也就是说生活中已经有了"县令""县长"这些词的说法,但其中的"令"和"长"却没有现成的具有县令之"令",县长之"长"含义的词,于是就把本义为"命令""号令"的"令"借过来,用在"县令"这个词中,把本义为"年长""久远"的"长"借过来,用在"县长"这个词中,不再另造新字。

由以上可知,假借所借的是声音相同或相近的字,与所借的这个字的本义没有什么关系。用已有的汉字去记录新词,这是假借的积极作用。但是,用了假借法之后,一字兼表数意,客观上造成了一些同音、同形而异义的词,使人不易掌握,这是假借的消极作用。它和转注一样,也属于用字的一种方法,而不是造字方法。但它也有和转注不一样的地方,那就是转注着眼于两个字"意义"方面的相互解释,假借着眼于"声音"相同或相近之字(与字的本义无关)的借用,它们都使已有字的应用得到了拓展,创造了同义不同音、同音不同义的文字,既可以说是造字,也可以说是用字。和象形、指事、会意、形声相比较而言,把转注、假借归入用字范畴更为妥当。③

综上所述,"六书"说实质上是汉字构造和使用的六条基本规律,也是汉字结构的基本原理。需要强调指出的是,"六书"是前人对已有汉字规律的总结,是先有汉字而不是相反。汉字在象形的基础上由"造"(象形、指事)到"构"(会意)到"借"(假借)再到

---

① 叶碧,魏俊杰,刘小成.中国传统文化概论[M].杭州:浙江大学出版社,2017:99.
② 叶碧,魏俊杰,刘小成.中国传统文化概论[M].杭州:浙江大学出版社,2017:99.
③ 叶碧,魏俊杰,刘小成.中国传统文化概论[M].杭州:浙江大学出版社,2017:99.

"注"（转注），不仅满足了人们表达和交流思想的需要，而且使汉字成为形、音、义统一的独具特色的文字。[①]

二、汉字的特点

（一）汉字具有独特的表意性

这是就汉字构造形体的依据来说的，世界上的文字分为两大类：表意文字与表音文字。这种分类是从文字形体直接显示的信息是语义还是语音来确定的。[②] 表意文字是一种用象征性书写符号记录信息的文字系统，这种象征性的图形符号只代表语意不代表语音。从象形造字法来看，最初的汉字是对有形事物的一种带有图画性质的符号表达。如，"日""月""山"等。从指事造字法来看，汉字是在象形意味的基础上对无形可象的事物添加符号来表达的方式。如，"刃"字在"刀"字的基础上补充关键的一点儿"丶"。从会意造字法来看，会意字是由两个及两个以上不同含义的字组合成一个新的汉字，不同汉字组合的关键是含义不同，由此可见会意字的基本精神仍是象形达意。如，"从"字表示两人前后相随，"比"字，表示两人接近并立等。从形声造字法来看，形声字包括形旁（意符）和声旁（声符），意符一般由象形或指事字充当，声符可以由象形字、指事字、会意字充当，所以形声字中也包含了表意的成分。

总而言之，从象形、指事、会意到形声，贯穿其中的一种基本精神就是象形达意，[③] 故而汉字是一种表意文字，其本身具有独特的表意性。从形声字开始，汉字在表意的基础上又增加了表音的效果，所以汉字也是一种音义结合体的符号。

（二）汉字属于音节——语素文字

这是就汉字记录汉语的单位而言的，从读音上看，绝大部分汉字是一字一音。每个汉字代表一个音节，如"一"这个字记录了"yi"这个音节，"树"字记录了"shu"这个音节；并且"一"和"树"这两个字都可以表示一个单独的意义，即语素。语素是语言中最小的音义结合体。汉字有四声，即同一个音节所表示的不同汉字有四种声调，包括阴平"-"、阳平"ˊ"、上声"ˇ"、去声"ˋ"。例如，音节"wu"，阴平"-"有"屋""乌""巫""污""戊"等汉字；阳平"ˊ"有"吴""吾""无""梧""芜"等汉字；上声"ˇ"有"五""午""舞""伍""侮"等汉字；去声"ˋ"有"物""务""勿""误""兀"等汉字。在汉字中还存在一种"多音字"的现象，即一字多音。如"和"字，有［hé］［hè］［huò］［huó］［hú］5种读音，"差"字有［chā］［chà］［chāi］［chài］［cī］5种读音等。现代汉语拼音中有26个字母，每一个字母都可以单独成字，不同的两个、三个或四个字母又可以组合成新的汉字音节，由汉语拼音组合成的汉字数量就已为数不少，加之汉字中不同的部件（即偏旁）可根据排列位置与其他汉字灵活搭配，又可组合成许多新字，这就决定了汉字强大的组词能力和无限的生命力。

【知识卡片】10－3
赵元任《语言问题》（节选）

---

① 杨敏，王克奇，王恒展. 中国传统文化通览（英汉版）[M]. 青岛：中国海洋大学出版社，2002：522.
② 王宁. 中国文化概论 [M]. 北京：外语教学与研究出版社，2015：235.
③ 邓天杰. 中国文化概论 [M]. 北京：北京师范大学出版社，2012：130.

(三) 汉字是在二维平面上构形

这是就汉字形体的特点而言的,汉字是在一个二维的空间中构形的,每个字都是独立的方块形状,即我们通常所说的"方块字"。汉字方方正正的结构不仅使构字部件的搭配规律性很强,而且在二维空间内确定了笔画或部件的组织范围,使一个字不论笔画多少都占有相同的二维空间。① 例如,笔画最少的"一"字和笔画较多的"𰻞"字,如图 10-34 所示,前者只有一画,而后者有 42 画,但是它们占据着同样空间的田字格。

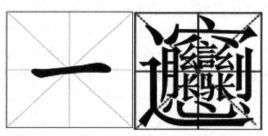

图 10-34 "一"和"𰻞"字笔画比较

二维空间的方块字为人眼的识别提供了极大的方便,这一点是拼音文字永远都无法实现的。从人们的注意倾向性来看,人类的视野总是一个平面,而不是一条线,所以方块排列一目了然,线性排列则不易辨认。拼音文字是线性文字,汉字是方块文字,所以汉字的识别速度要比拼音文字更高。请看下面的示意图:

线性符号排列示意图:
●●●●●●●●●●●●●●●●●●●●●●●●

方块汉字排列示意图:
●●●●
●●
●●●
●●●●
●●●

上面两个示意图,前者模拟的是拼音文字,后者模拟的是方块汉字。仔细观察,不难发现,方块汉字比线性的拼音文字更容易被人感知和记忆。这既是由人类眼睛的视野特征所决定,也是由人的注意力特点所决定。②

(四) 汉字富有音乐性、娱乐性

汉字富有音乐性,主要体现在汉字的押韵上。押韵,又作压韵,是指在韵文的创作中,在某些句子的最后一个字,都使用韵母相同或相近的字或者平仄统一,使朗诵或咏唱时,产生铿锵和谐感。这些使用了同一韵母字的地方,称为韵脚。一般在诗词歌赋中,某些句子的末一字用韵母相同或相近的字,使音调和谐优美,读起来朗朗上口。例如下面的古诗:

---

① 黄高才. 中国文化概论 [M]. 2 版. 北京:北京大学出版社,2016:83.
② 黄高才. 中国文化概论 [M]. 2 版. 北京:北京大学出版社,2016:83-84.

黄鹤楼
崔　颢

昔人已乘黄鹤去，此地空余黄鹤楼（lóu）。
黄鹤一去不复返，白云千载空悠悠（yōu）。
晴川历历汉阳树，芳草萋萋鹦鹉洲（zhōu）。
日暮乡关何处是，烟波江上使人愁（chóu）。

汉字富有娱乐性，主要体现在绕口令、猜字谜等文字游戏上。绕口令又称急口令，是一种中国传统的语言游戏，由于它是将若干双声、叠韵词或发音相同、相近的字词有意集中在一起，组成简单、有趣的语韵，要求快速念出，所以读起来使人感到节奏感强，妙趣横生。例如：

绕口令1：八百标兵

八百标兵奔北坡，北坡炮兵并排跑，炮兵怕把标兵碰，标兵怕碰炮兵炮。

绕口令2：扁担与板凳

扁担长，板凳宽，板凳没有扁担长，扁担没有板凳宽。扁担要绑在板凳上，板凳偏不让扁担绑在板凳上。

猜字谜是一种中国传统文字游戏，属于传统猜灯谜的一种形式。它是中国特有的一种语言文化现象。猜字谜主要是根据方块汉字笔画繁复、偏旁相对独立、结构组合多变的特点，运用离合、增损、象形、会意等多种方式来进行。它作为一种层次较高的娱乐活动在民间流行，受到广大群众喜爱。人们通过字谜这种形式，对楷体汉字进行了种种不依文字学原则的拆分离合，在这种变幻莫测的形体离析过程中，不仅突现了汉字本身所蕴含的形体结构特点，也充分表现了人们对汉字形体结构的直观认识。例如：

谜面：一点一横长，一撇到南洋，南洋有个人，只有一寸长。（猜一个字）
谜面：一边是红，一边是绿，一边喜风，一边喜雨。（猜一个字）

（五）汉字具有文化凝聚力

汉字，不论是当初刻在龟甲兽骨上的，还是铸在青铜钟鼎上的，无论是书在木筒竹简上的，还是写在麻帛纸张上的，几千年来其形态虽然发生了较大的变化，但是表意的性质始终没有变。汉字是中华民族独有的一种情结，无论是长城内外、大江南北，还是在沿海边疆、城镇乡村，说蒙古语也好，讲北京话也罢，用粤语沟通也好，用藏语交流也罢，总之在北方方言、吴方言、湘方言、赣方言、客家方言、粤方言、闽北方言、闽南方言这些不同的口音背后，永远不变的是相同的语言符号。正是这相同的语言符号，把九百六十万平方千米上的十四亿人的人心和精神凝聚在了一起。一句"举头望明月，低头思故乡"，不论是新疆人吟诵，还是东北人吟诵，或者是四川人吟诵，抑或是云南人吟诵，虽然音调不同，声腔不同，但情至深处，那泪水的味道是一样的。因为那几行字中寄寓的思乡之情是不会因为声调的不同而改变的。

【知识卡片】10-4
汉字故事
三则（节选）

上文提到，汉字属于表意文字，汉字的表意性突出了意义在汉字中的地位和作用，而意义又更具有共通性，汉字正是因为有此特点而成为民族统一的重要纽带。正因为这样，我们的历史永远是那样清晰，中华民族的根系永远是那么清楚。中国人不论走到哪里，只要看到方块字，就会想到自己是炎黄子孙，是中华儿女。

第三节　汉字的文化功能

文化指人类群体在社会历史实践过程中所创造的物质财富和精神财富的总和。文化概念的外延很广，人类实践活动及其成果都可纳入文化的范畴。从汉字的起源、演变、构形、使用等方面看，它始终都与人类的生产和生活实践紧密相连，是人类实践的直接产物。① 从这个意义上讲，汉字本身就是文化，是文化的重要组成部分。汉字使得人们的交流可以突破时空限制，帮助人们解决长时记忆难的问题。"口说无凭，立字为据""好记性不如烂笔头""不动笔墨不读书"等俗语都体现了汉字在人们日常生活及学习中发挥的重要作用。汉字作为中国文化的重要组成部分，是中国文化的重要载体，具有以下文化功能：

一、传承与传播功能

汉字的传承与传播功能是显而易见的。传承功能是就时间角度而言的，是一种纵向的传递；传播功能是就空间角度而言的，是一种横向的传递。汉字传承与传播的主要特点是跨时空，从古至今不间断，且能永续绵延；由内而外无阻隔，可以到达世界上的任何地方。

（一）汉字的传承功能

从时间角度看，汉字超越了几千年时间长河的限制，载着先民们的智慧一路踏歌而来。远古时期制耒耜种五谷的炎帝，发明创造房屋、衣裳、车船并统一华夏部落的黄帝，开创儒学、编纂《春秋》、修订《六经》、创办私学的孔子，编著《四书章句集注》的朱熹，带领中华儿女建立中华人民共和国的毛泽东，《山海经》《诗经》《春秋左氏传》《孙子兵法》《史记》"四书五经"等，无论是前人的事迹抑或是记载这些事迹的古书，现在能够清晰地呈现在我们眼前，这其中发挥了重要纽带作用的便是汉字。通过汉字的记录将这些浩如烟海的文学典籍呈现于后人的眼前，于后世之人而言不亚于是一场饕餮盛宴。从这些文学典籍中，后人可以发现先人们的伟大智慧，从中学习难能可贵的经验并指导我们现代的生产生活等。正是由于汉字的传承功能，使得古人的伟大智慧结晶不会因为时间的流逝而消散，从而使民族文化不断地积累，并得以更好地传承下去。可以自豪地说，汉字把古代灿烂的文明传递给了后人。

（二）汉字的传播功能

从空间角度看，汉字超越了某一地域的限制而在更广阔的地域上发挥着作用。汉字的传播是随着汉民族由黄河流域向长江流域、珠江流域的迁徙而展开的。从历史上看，汉族居住的地域广阔，方言众多，在这种情况下，汉字之所以能够在不同的方言区得以传播，根本的原因在于它是一种表意文字。不管人们说什么样的方言，其所表达的意思是一样的，表意汉字能使人们之间的交流得以顺利实现，从而促进了整个汉民族文化的形成和发展。②

---

① 叶碧，魏俊杰，刘小成．中国传统文化概论［M］．杭州：浙江大学出版社，2017：102.
② 叶碧，魏俊杰，刘小成．中国传统文化概论［M］．杭州：浙江大学出版社，2017：106.

汉字在境外的传播大约在公元1世纪就已开始，北起朝鲜半岛，南至越南，东至日本。这几个国家当时都没有自己的文字，于是就借用汉字作为记录语言的工具。越南曾在千余年的时间里把汉字作为官方文字。朝鲜曾把文言经典如"五经"、《三国志》等作为贵族子弟学习文化的基本教材。日本最初借用整个汉字作为音符，用以记录书写日本语。[①] 汉字的传播对这些国家产生了重大影响，以至于形成汉文化圈。所谓汉文化圈，实际就是汉字区域。由此可以看出汉字传播所带来的深刻影响。

二、教化功能

汉字不仅是学校教育的重要内容和载体，也是生活的有机组成部分和重要工具，对人的知识增长、视野拓展、思想成长、心理成熟、思维完善等都具有重要作用，这就是汉字的教化功能。

一直以来，在中国的学校教育中汉字教学都被摆在了首要位置。儿童入学后，低年级的学生往往要先学习一定数量的汉字，以为其以后阅读、接受教育奠定坚实的基础。应当看到，汉字教学的教化作用是明显而深刻的。汉字是一种形体独特的表意文字，认识汉字必然要认识其形体构造方法，以及这种方法在表意中的特殊作用。认识形体构造（即汉字构成的思维方法），理解思想内容（即汉字所表达的意义）是汉字教学的主要任务。掌握思维方法，把握思想内容是衡量一个人有没有掌握汉字的根本标准。通过独特形体表现特定的事物、特定的生活方式和丰富的社会信息是汉字的一大特点。一个"砭"字，许慎解释为："砭，以石刺病也，从石。"所谓"以石刺病"，就是后世所用的针灸疗法。从这个字看，这种治病方法在中国古代早就存在。一个"胤"字，《说文解字》解释说："子孙相承续也。从肉，从八，象其长也。从幺，象重累也。"对此，段玉裁注曰："八，分也，骨肉所传，支分派别，传之无穷。"由此不难看出，中国汉字的一个普普通通的符号中往往蕴含着丰富的人文信息。总之，汉字教学绝不仅仅是认识几个文字符号，而是要让人领悟其丰富的内涵，而当学习者领悟到这一切时，教化作用自然就发生了。[②]

三、反映功能

汉字的反映功能是指汉字能把人们认识到的自然事物和社会生活表现出来，从而使后人看到某个汉字就知道它所指的事物是什么，甚至还可以从中看出当时人们的生活是怎么样的。汉字为我们了解中国传统文化打开了一扇重要的窗户。这里就汉字所反映的中国古代人民的生活状况做一简单介绍。

我们的祖先在远古时期有过很长时间的狩猎生活经历。在狩猎生活中，人们经常要跟飞禽走兽打交道，因而对它们的观察十分细致，并用汉字将其表现出来。甲骨文中的"虎""熊""鹿""象""鸟""燕""凤"等字形，就十分形象地表现了动物的形态；而像"率""罗""为""狩"等字形在甲骨文中则传达了人们当时所采用的捕猎方式。《说文解字》在解释"罗"时这样说："罗，以丝罟鸟。"这里讲到了"罗"的用途和用材。"为"字在甲

---

① 叶碧，魏俊杰，刘小成.中国传统文化概论 [M].杭州：浙江大学出版社，2017：107.
② 叶碧，魏俊杰，刘小成.中国传统文化概论 [M].杭州：浙江大学出版社，2017：107-109.

骨文中呈手牵大象之形。进入农耕社会之后，人们的生产方式发生了重大改变，汉字中及时增加了不少反映农耕生活的字。以"农"字为例，它在甲骨文中从林、从辰、从手，反映了当时农耕生产的特点。除草伐木以开荒故从"林"，以蜃蛤之壳为农具进行耕耨故从"辰"，无论开荒还是耕耨都要用手操作，故而从"手"等，都从某个角度反映了当时农耕社会的生活状况。

汉字对古代社会的反映十分全面。它不仅反映古代社会的劳动生产状况，而且对社会生活各个方面的情况都有反映，借助汉字我们能够全面认识中国古代社会。衣食住行等日常生活方面，汉字用"裘""炙""舍""辇"等来反映；婚丧嫁娶方面，有表现女子在黄昏时出嫁的"婚"，也有人死后停放灵柩以供亲友吊唁的"殡"；社会形态方面，古代用"姓"表示立姓从母的习俗，以手抓女人的"奴"透露着古代男尊女卑的思想；社会制度方面，汉字中有表现分封制度的"封"，也有表现垂首屈服之形的"臣"；科学技术方面，古人通过观察和认识"日""月""星"等来指导农业生产，根据"山"的走势，"水"的流向等来安排生产生活，"骨""蛊"等字反映着古人对人体生理和病理的认识；思想观念方面，有表现崇祖观念的"祖"（《说文·示部》解释说，"祖，始庙也"，即祖先的庙），也有表现家庭伦理观念的"父"（《说文解字》解释说，"父，矩也，家长率教者。从又，举杖"），还有强调道德修养的"仁""信""忠""孝"等。①

四、确证功能

汉字的文化确证功能处于隐藏的层面，不太为人注意，但这种功能却在中国文化的发展过程中留下深深的印迹。所谓确证功能，就是以文字来证明文化。② 在中国文化发展的浩浩长河中，汉字能被用来证明一个朝代统治的合法，能够作为人们价值判断的依据，甚至被认为具有预卜凶吉、除妖祛病的功能。

在中国这样一个长期实行君主专制的封建国家中，君王享受着至高无上的权力，天下之大，莫非王土，率土之滨，莫非王臣，汉字也不例外。在中国历史上，秦始皇凭借权力统一更改文字，使得"书同文"；武则天依仗权势造字，以实现其政治目的和愚民政策。在武则天时期创制的新文字，被后世称为"则天文字"，如"曌"字，同"照"，是武则天为自己名字造的字。"曌"字为会意字，从明，从空，造字本义是日月凌空，普照万物，同时也暗含了武则天称霸宇内，统御天下的意味。"𥘿"同"君"，字形由"天""大""吉"三字组成，其中上面部分像"天"的篆书省写。此新字含有"天大吉"的意涵，既指武则天为人君乃天赐之大吉，亦预示着武则天为君能使天下大吉，百姓安居乐业。"𢘑"同"臣"，包含着臣子对君主忠心如一的美好憧憬。"𠝹"同"年"，由"千千万万"构成，包含武周皇朝"天授万年""千秋万岁"的寓意。但是在书写过程中上面的两个"万"往往会写成"刀"或"力"，该字是在小篆基础上变形而成的。再如"圀"字，同"国"，字形以"八""方""囗"三个部件会合成义，八方朝拜，天下一统就是国家的象征。由此可见，封建王朝的统治者将改字、造字作为攫取权力的手段，以证明其统治的合法性和合理性，汉字在获

---

① 叶碧，魏俊杰，刘小成. 中国传统文化概论 [M]. 杭州：浙江大学出版社，2017：107-109.
② 张海鹏，臧宏. 中国传统文化论纲 [M]. 合肥：安徽教育出版社，1996：37.

取权力、巩固统治方面起到了重要的辅助作用。不可否认的是,武则天创制的汉字有基于政治目的及愚民政策等因素的考虑,但是随着人亡政息,这批汉字亦因失去时代意义的支撑而随之被弃,后人遂用回本字。

自春秋以来两千多年的历史中,许多汉字被硬性附加上既定的道德内容,而且层层累积,许多汉字成为粘带着观念意义的道德符号。所谓汉字的"教化"功能往往是通过这种途径实现的。例如,人们常说的"人言为信""田力为男"等,已不自觉的为"信""男"等汉字添加了某种道德观念。再如"德"字,是形声字,由有行走含义的"彳(chì)"和"悳(dé)"或其变体构成;"悳"表声,兼表字义,有为人正直、心态正常的含义,加上表示行走的"彳",恰似心态正常的人往高处行走的形态。"德",由此产生登高、攀登的含义,可以引申为往社会高处攀登,向好的方向发展,要遵循人们共同的行为准则和规范等。人们在无形中已把这些符号当作判定是非的标准,汉字俨然成为价值判断的依据。人们通过接触汉字,总要或多或少地接受其中附带的观念,在潜移默化中接受熏陶感染。

在中国古代社会中,由于生产力水平低下,人们的生活经验不足,普通百姓乃至统治者相信鬼神的现象还是比较普遍的。测字这一广为流传的民俗形式,也是在汉字的独特形体以及人们对汉字独特的崇拜态度的基础上产生的,汉字被视为具有预测命运的功能。符箓则更被认为具有实在的功能,将写有迂曲回环的汉字的符烧成纸灰和水吞下,据说可以治好疾病;将符贴在床前门上,又可保佑平安,符成为祛妖除邪的工具。[①] 人世一切的痛苦创伤往往在"鬼画符"的荫庇下恢复了宁静和安康。在上述民俗形式中,汉字提供的确证作用是一种神的确证。

第四节 汉字的艺术价值

艺术的价值在于它的美学价值,艺术的内核是审美。那么,汉字美在何处呢?鲁迅在《汉文学史纲要》中对这个问题做过回答,他认为汉字"故其所函,遂具三美:意美以感心,一也;音美以感耳,二也;形美以感目,三也"。[②] 在这里,鲁迅从音、形、意三个方面高度概括、充分肯定了汉字的艺术美。闻一多在《诗的格律》一文中提到,"诗的实力不独包括音乐的美(音节)、绘画的美(词藻),并且还有建筑的美(节的匀称和句的均齐)"。细细揣摩,两位先生的观点有相近之处。首先,诗是由汉字组成的,诗的实力是由不同汉字造就的,并且两位先生都提到了音乐美;其次,闻一多在鲁迅提到的汉字形体美的基础上指出了由汉字组成的诗的建筑美(节的匀称和句的均齐),二者是相通的;最后,由不同词藻组成的诗的绘画美正是体现了汉字背后的意境之美,所以其二者也是相通的。这样看来,鲁迅的"汉字三美"与闻一多的"诗之三美"是相契合的。在这里,我们将汉字的艺术价值划分为音乐美、形体美和意境美三个方面,进行一一阐述。

一、音乐美

在前文中提到汉字的特点之一便是汉字富有音乐性与娱乐性,汉字的音乐美便是汉字富

[①] 张海鹏,臧宏. 中国传统文化论纲 [M]. 合肥:安徽教育出版社,1996:39.
[②] 鲁迅,汉文学史纲要 [M]. 北京:北京联合出版公司,2014:4.

有音乐性。汉字能因不同的情况，以不同的音律和音调，表达适当的思想感情。闻一多认为"诗之所以能激发情感，完全在它的节奏，节奏便是格律"。他还举了两个例子，莎士比亚的诗剧中在遇到情绪万分紧张的时候，便用韵语来描写；歌德的《浮士德》中也曾用到同样的手段。① 由此进一步发展抑扬、平仄、韵律等。唐诗宋词之所以朗朗上口，表情达意如此透彻，散文、游记之所以生动易于记诵，都是因为与汉字的音乐美有着不可分割的内在联系。

前文就汉字的押韵进行了介绍，这里再来看汉字的平仄抑扬和节奏搭配。古代汉语有平、上、去、入四种声调，诗歌节奏中的"平"指平声字，"仄"指上、去、入三声的字。平声长，仄声短；平声扬，仄声抑；平仄相间，可以形成抑扬交错；平仄相间和各个声调不同的音高变化，可以形成节奏的变化，构成一种声律的美。

杜甫的《春望》是一首五言律诗："国破山河在，城春草木深。感时花溅泪，恨别鸟惊心。烽火连三月，家书抵万金。白头搔更短，浑欲不胜簪。"其平仄和节奏为：

仄仄—平平—仄，平平—仄仄—平。
平平—平—仄仄，仄仄—仄—平平。
仄仄—平—平仄，平平—仄—仄平。
平平—平—仄仄，仄仄—仄—平平。

该诗上下两句的平仄、节奏相对，每一句有三个节奏点，平仄相间，抑扬顿挫。② （字外加框的，表示可平可仄）

汉字有着独特的韵律和优美的语感，所以中国古人很早就用汉字"宫、商、角、徵、羽"来标示音乐了，并且用汉字来区别各类乐器。例如，丝、竹、琴、瑟；弦、萧、管、笛、笙；锣、鼓、钟、磬、钹等。这些汉字，已经把吹奏乐器、弹拨乐器、打击乐器细细区分了，同时也就有了管乐、弦乐和打击乐的区分。"诗言志，歌咏言。"中国古诗佳作都讲求吟唱，吟唱出来才深切动人。"关关雎鸠，在河之洲。窈窕淑女，君子好逑。""昔我往矣，杨柳依依；今我来思，雨雪霏霏。""蒹葭苍苍，白露为霜。所谓伊人，在水一方。""青青子衿，悠悠我心。"这些脍炙人口的由方块字组成的诗篇，不都是吟唱出来的吗？不就是音乐吗？从"诗经"到"楚辞"，从汉乐府到六朝诗赋，从讲求格律的唐诗到满是各类词牌曲调的宋词，再到元曲、元杂剧，从北方的京东大鼓、信天游，到江南的丝竹、评弹。哪个不是汉字的韵？哪个不是汉字的歌？沉吟着汉字的韵律，高唱着汉字的佳音，那是多么的惬意与高雅，陶醉与忘我。③

二、形体美

汉字的形体美表现为汉字是方块字，形体活泼灵动，虽为点画组合，但组合错落有致，

---

① 闻一多. 诗的格律 [N]. 北京：北京晨报·副刊，1926-5-13.
② 王宁. 中国文化概论 [M]. 北京：外语教学与研究出版社，2015：251.
③ 吴宝森. 调侃汉字（五）美丽的汉字——汉字是音乐. 个人图书馆，2017-09-30. http://www.360doc.com/content/18/1120/08/32873476_796018279.shtml.

虽然笔画有多有少，但都嵌于同等大小的方块之中。东坡先生曾云："大字难于结密而无间，小字难于宽绰而有余。"这说的便是不同笔画的汉字在方块中的排列布局。

汉字笔画的书写起落有致，形态万千。晋代卫夫人论书法时在《笔阵图》中提到："点画如高峰坠石，磕磕然实如崩也；横画如千里阵云，隐隐然其实有形；竖画如万岁枯藤；撇画如陆断犀象；捺画如崩浪雷奔；斜勾如百钧弩发；横折如劲弩筋节；每为一字，各象其形，斯造妙矣，书道毕矣。"这段文字生动形象地对汉字的基本笔画"丶""一""丨""丿""乀"等进行了描绘。汉字中凡有重复笔画，其长短、位置必有变化，形成了既协调又富于变化的美感。如"挂"字横画较多，其长短富有层次且仰俯也有一定的变化；再如"世"字竖画较多，其长短有别且起笔位置左低右高。汉字笔画疏密匀称，或繁或简，但布局相对匀称，特别是横画或竖画较多的字，其疏密更讲究匀称，形成井然有序之美。如"晴"字右半部分多为横画，其间隔大致相等；再如"舞"字上半部分短竖间的距离也较为匀称。汉字的点画犹如谦谦君子，构字时互相避让，为笔画的嵌入或舒展留出适当的空间，形成融洽呼应之美。如"沧"字，三点水的第二笔和第三笔要略往左靠，为右边撇画的舒展留足空间；再如"惊"字，右边的横画要略靠上，扁口要略靠下，使得竖心旁右边的点正好处于此二者之间。[①]

汉字的形体美还体现在书法艺术上。中国的书法艺术与汉字密不可分，书法是汉字的艺术，汉字为书法艺术创作提供了基本的条件，感受书法艺术的美当着眼于汉字书写的笔法、结构布局和人文情怀。中国书法，能集中体现一个人的精神气质、文化修养等总体素质。无论是单字成幅或多字组合成幅，对于运笔的力度，起、承、转、合、收笔等技术的掌握配合，都必须适宜得当，恰到好处。如甲骨文要古朴，篆书要富有钟、鼎、籀之神韵，隶书要具秦、汉、魏诸碑之精华；楷书须含魏、晋苍松古柏之雄劲与俊美；行书与草书，要自然潇洒，飘逸秀丽，引发和给人以观赏的乐趣。书法的内涵包括以下几个方面：

其一，书法是指以文房四宝为工具抒发情感的一门艺术。工具的特殊性是书法艺术特殊性的一个重要方面。借助文房四宝为工具，充分体现工具的性能，是书法技法的重要组成部分。

其二，书法艺术以汉字为载体。汉字的特殊性是书法特殊性的另一个重要方面。中国书法离不开汉字，汉字点画的形态、偏旁的搭配都是书写者较为关注的内容。

其三，书法艺术的背景是中国传统文化。书法植根于中国传统文化土壤，传统文化是书法赖以生存、发展的背景。自汉代以来的书法理论，具有自己的系统性、完整性与条理性，既包括书法本身的技法理论，又包含美学理论，而在这些理论中又无不闪耀着中国古代文人的智慧光芒。

其四，书法艺术本体包括笔法、字法、章法、墨法、笔势等内容。书法笔法是其技法的核心内容。笔法也称"用笔"，指运笔用锋的方法。字法，也称"结字""结构"，指字内点画的搭配、穿插、呼应、避就等关系。章法，也称"布白"，指一幅字的整体布局，包括字间关系、行间关系的处理。墨法，是用墨之法，指墨的浓、淡、干、枯、湿的处理。

汉字是世界上独一无二的文字，中国的书法艺术也是世界上独一无二的艺术，是中国人独立创造，最具本土特色、最具民族代表性的艺术。汉字书法被誉为无言的诗，无形的舞，

---

① 辛心欣. 汉字形体美. 新浪博客, 2011-03-13. http://blog.sina.com.cn/s/blog_5d0d1d8f0100r2p1.html.

无图的画,无声的乐,在 2008 年 6 月被选入国家级非物质文化遗产名录。

三、意境美

每一个汉字都不是僵硬无情的线条符号,而是带有灵性的汉字精灵。作家刘湛秋曾说过:"我常常为面前这一个个方块字而动情。它们像一群活泼可爱的孩子在纸上玩笑嬉戏,像一朵朵美丽多姿的鲜花愉悦你的眼睛。它们可不是僵硬的符号,而是有着独特性格的精灵。你看吧,每个字都有不同的风韵。"① 是啊,这些独特古怪的小精灵,在最初映入眼帘时,是一个个笔画不同的方块字。但是很快,这些方块字与人的思想情感就会联结在一起,这些跳动的小精灵就变成了一幅幅优美的画面,震撼着人们的心灵。在这里引用一位大家都熟知的诗人兼文人又兼学人余光中的观点,或许更有说服力。下面这段话摘自他的名篇《听听那冷雨》:

杏花。春雨。江南。六个方块字,或许那片土地就在那里面。而无论赤县也好神州也好中国也好,变来变去,只要仓颉的灵魂不灭美丽的中文不老,那形象,那磁石一般的向心力当必然长在。因为一个方块字是一个天地。太初有字,于是汉族的心灵他祖先的回忆和希望便有了寄托。譬如凭空写一个"雨"字,点点滴滴,滂滂沱沱,淅沥淅沥淅沥,一切云情雨意,就宛然其中了。岂是什么 rain 也好 pluie 也好所能满足?翻开一部《辞源》或《辞海》,金木水火土,各成世界,而一入"雨"部,古神州的天颜千变万化,便悉在望中,美丽的霜雪云霞,骇人的雷电霹雹,展露的无非是神的好脾气与坏脾气,气象台百读不厌门外汉百思不解的百科全书。

余光中以诗人的敏感和深厚的中国情怀,讴歌了汉字与中国人的向心力,以泼洒"云情雨意"的大笔,感悟到汉字的神奇魅力。他是拿英文、法文与汉字做了比较之后说出这番话的。② 从这番话中,我们可以想象出这些方块字背后的豪放意境,一幅幅"烟雨蒙蒙""杏花春雨""和风细雨"的画面就展现在眼前,画面感很强,即闻一多先生所提倡的"绘画美",而这正是汉字的意境之美。

再如徐志摩的《再别康桥》:

轻轻的我走了,
正如我轻轻的来;
我轻轻的招手,
作别西天的云彩。

软泥上的青荇,
油油的在水底招摇;
在康河的柔波里,
我甘心做一条水草!

那河畔的金柳,
是夕阳中的新娘;
波光里的艳影,
在我的心头荡漾。

那榆荫下的一潭,
不是清泉,是天上虹;
揉碎在浮藻间,
沉淀着彩虹似的梦。

---

① 刘湛秋. 我爱你,中国的汉字. 百度文库,2017 - 01 - 01. https://wenku.baidu.com/view/3bb15c9d03d8ce-2f006623d2.html.

② 何九盈. 汉字文化学 [M]. 沈阳:辽宁人民出版社,2000:50 - 51.

寻梦？撑一支长篙，
向青草更青处漫溯；
满载一船星辉，
在星辉斑斓里放歌。

悄悄的我走了，
正如我悄悄的来；

但我不能放歌，
悄悄是别离的笙箫；
夏虫也为我沉默，
沉默是今晚的康桥！

我挥一挥衣袖，
不带走一片云彩。

这首《再别康桥》全诗共七节，每节四行，每行两顿或三顿，不拘一格而又法度严谨，韵式上严守二、四押韵，抑扬顿挫，朗朗上口。这优美的节奏像涟漪般荡漾开来，既是虔诚的学子寻梦的跫（qióng）音，又契合着诗人感情的潮起潮落，有一种独特的审美快感。七节诗错落有致地排列，韵律在其中徐行缓步地铺展，颇有些"长袍白面，郊寒岛瘦"的诗人气度。"轻轻的招手""西天的云彩""河畔的金柳""夕阳中的新娘""艳影""青荇""柔波""彩虹似的梦""一船星辉"等，这些华丽的词藻使我们感受到了诗人的留恋之情、惜别之情和理想幻灭后的感伤之情。闻一多曾提倡现代诗歌的"音乐美""绘画美"和"建筑美"，在这首诗歌里全都具备，同时，我们也能体会到鲁迅的汉字三美——意美、音美和形美。

【知识卡片】10-5 刘湛秋《我爱你，中国的汉字》（节选）

思考与探究

1. 汉字的形体演变经历了一个怎样的过程？
2. 汉字构造的"六书说"指的是什么？它们各自有什么样的内涵？
3. 汉字有哪些特点？请举例说明。
4. 举例说明汉字的文化功能有哪些。
5. 谈谈你对汉字艺术价值的理解。

拓展阅读

1. 《汉字里的中国》，王紫微、王木民著，华中科技大学出版社2017年出版。
2. 《汉字文化学》，何九盈著，辽宁人民出版社2000年出版。
3. 《汉字源流》，曾宪通、林志强著，中山大学出版社2011年出版。

第十一章

中国传统艺术

学习目标

1. 了解中国传统艺术的一般发展历程。
2. 理解中国传统建筑、书法、绘画、戏曲等艺术形式的特点和代表作品。
3. 认识中国传统艺术的民族特点和世界意义。

内容概要

中国特有的自然环境、经济结构、政治制度及文化观念孕育了中国传统艺术。发达的农业经济和建立于其上的成熟的宗法制度，创造了一个稳定的、有利于文化艺术积累和延续的环境，中国传统文化中对动态平衡和整体和谐的追求，催化了中国传统艺术蓬勃的生命力和天人合一的审美境界。中国传统艺术从最初传递着原始先民的图腾崇拜，发展到夏、商、周三代对宗教神权的崇拜以及对宴乐祭祀的重视，经历汉代艺术对理性和浪漫的融合，南北朝艺术对飘逸和超然的诠释，在隋唐时期不同门类的艺术的成就达至顶峰，随后不断变迁，在复古中创新，为世界艺术之林提供了丰富的、优秀的、风格独具的作品。

中国各类传统艺术从其发展历程看，同根同源；从其艺术追求看，通过对天人合一、物我合一境界的追求，呈现出高风劲骨；从艺术作品与现实生活的关系看，相当数量的艺术品都表现出现实主义的艺术特征。

第一节 中国传统艺术概说

一、中国传统艺术与中国人的智慧

中国的自然环境、经济结构、民族素质、心理观念、宗教观点、文字选择等方面孕育了中国传统文化艺术的种子。中国文化的发祥地地处内陆,主源流是中原文化,像关中平原和黄河中下游平原,这里气候变化规律恒定,土地肥沃,物产丰饶,决定了华夏民族以农为本的经济结构。早熟的农业经济和建立其上的宗法制度,创造了一个稳定的、有利于文化积累和延续的环境,也催发了华夏民族从对神的崇拜到对人自身力量的重视,由自然崇拜到图腾崇拜再到祖先崇拜,这一过程在中国进行得十分顺利和自然。

首先,出于农业民族对大自然天然亲和的心理,中国人清醒地利用这种"天人"联系来调节纷纭的人事,谋求一种动态平衡,整体和谐。在这种土壤上发育并成长起来的中国艺术更是视自然为酣畅生动的生命,与人类息息相通。这体现出中国人独特的智慧,即天人合一式的与自然的和谐。我国历史上流传下来的丰富的艺术成果,从古典系统论的哲学思想,到兵民医艺的实用文化,再到诗骚曲赋的文学精神,无一不闪烁着人与自然的亲和关系,具有天人合一的共同趋向,利用自然,为人造福。① 其次,中国智慧除了推崇人与自然的和谐,还重视人的节操和修养,注重人之所以成为人的那些道德素质进而追求人格的完美。中国文化是以人为中心的文化,以人为主体的文化,以人伦为核心的文化。强调人格高尚,道德完满不仅是士大夫文人的所求,也是很多艺术家的追求。再次,中国人的智慧还表现在对群体利益的崇尚。中国文化是尚群的文化,这是中华民族的价值观,与现代西方强调个体的文化很不相同。中国文化中,小到家庭,大到国家、民族都是"群"。个体是"小我",群体是"大我",群就是公。《礼记》中说:"天下为公。"中国有句古话:"敬业乐群。"中国人以众人群处为乐事,以合群为美德,以顾全大局为优点。中国人从实践中懂得了群体的力量超过个人的力量,个人只有集合成群才能生存并得到充分发展。中国文明推崇尚群美德,强调个体去从事有秩序的伦理生活,认识到只有这样个体才有可能驾驭自然,得以生存和发展,从而维系群体利益。②

所有的这些中国式的智慧,反映出中国的思维方式倾向于意象思维。与西方思维方法的概念确定、逻辑清晰相比,意象思维的许多概念不确定,缺乏系统完整严密的理论体系。中国式意象思维不重视对事物进行条分缕析的推理和概括,而是重视主体的感受和领悟。这种感受和领悟的结果也是一种朦胧幽远,只可意会不可言传的象外之象、韵外之致,其追求的意境不是对事物明确的认识,而是包含认识的内在的一种领悟。"道可道,非常道",中国人眼中永恒的真理,永远是模糊的,只可意会不可言传。直觉的、领悟的、体验的气质使中国传统艺术创作与中国哲学交融在一起。这种状态使中国艺术作品能够生动传达艺术真谛,呈现中国的根本精神方式和思维方式。

中国传统艺术重视人的感性,更重视生命生活,关注人与自然的相互交流,更关注人的心灵有所寄寓,事物可以通情,人的心灵可与万事万物相通。在这种思维方式和艺术追求的影响下,艺术家们较少去空想和追求宗教式的精神天国,而是把美学境界作为追求的最高目标,而这种审美的境界,总是呈现出一种愉悦地、充满积极乐观地眺望未来的状态。

例如,中国书法捕捉万物的灵光动态,笔底气通血畅,充满盎然生机;中国建筑与自然环境融为一体;中国画线条流畅、活泼、灵动;中国诗情景交融,意境空灵、淡远;中国音

---

① 张蓉,韩鹏杰,陆卫明. 中国文化的艺术精神 [M]. 西安:西安交通大学出版社,2001:3-8.
② 胡峰. 新编上下五千年中国文化艺术卷 [M]. 呼和浩特:内蒙古人民出版社,2001:5-7.

乐旋律与生命共振。这些都充分地表现出中国文化中人与自然、艺术与自然的息息相关，表现出人与自然建立的不是以概念为基本单位的认识关系，不是以外在征服为目的的实践关系，而是以形象为基本单位，以移情为基本特征的审美关系。对于中国哲学和美学来说，自然既不是神秘崇拜的对象，也不是仅仅满足感官欲望的对象，而是在时间和空间上极为悠远，充满永不衰竭的生命运动，并且和人处在和谐统一的无比壮丽的伟大形象。

二、中国传统艺术发展的一般历程

(一) 原始社会的艺术（约60万年前—4000年前）

中华民族的原始艺术是先民审美活动的产物。远古的原始社会，包括从元谋人算起的250万年的旧石器时代和大致七八千年的新石器时代。我们据考古资料和先秦典籍得知，远古先民的明显带有审美性质的意识活动，是在旧石器时代晚期和进入新石器时代以后。比如，我国曾在内蒙古阴山地区发现岩画和磴口格尔敖包沟发现鸵鸟刻绘，据专家测定，它们的年代也在一万年以前。中华民族先民的审美活动孕育了艺术，中华民族的艺术史也从这时开始了。原始社会的艺术传递出中华先民的图腾崇拜。这种图腾崇拜可以在各大文化遗址出土的玉石器、骨器、陶器等工艺品中找到。以绘画艺术为例，我们现在所能见到的中国最早的绘画，绝大部分是作为彩陶纹饰画而出现的，这些饰画或者是鱼、蛙之类的图腾，或者是可爱的孩童，或者是抽象化的几何图形的纹饰，或者是表意的符文。除绘画艺术外，远古时代的歌谣、音乐、舞蹈是结合在一起的。这些艺术作品对后世的影响是深远的。[①]

(二) 奴隶社会的艺术（前2070—前771）

中华民族的历史进入夏、商、周三代，已由原始社会步入奴隶社会。夏禹"传子不传贤"，使氏族共同体的社会结构发生本质的变化，奴隶制统治秩序逐渐形成，氏族成员分化为贵族、平民和奴隶，社会生产也有了较细的分工。意识形态领域的变化，以传说中的夏铸九鼎，揭开了具有浓厚宗教神权色彩的巫史文化的帷幕。巫术礼仪变成为奴隶主的宗教祭祀，原始乐舞也变化为奴隶主享乐的宴乐祭祀乐舞，在这样的文化背景下，艺术因素强烈的文化活动得到了较快的发展。各类文化活动从自娱的性质过渡到表演艺术的性质，特别是巫术活动中的宗教祭祀乐舞获得了空前规模的发展。商、周二代的青铜器艺术成为上古艺术的灿烂文化标志，而甲骨文和金文也开创了中国书法艺术的历史。

陶瓷是早期中国艺术的支柱，不可或缺，无处不在，反映和满足了社会各阶层的实用需要和审美情趣。古代陶瓷的形状和纹饰有时为金属工艺所模仿，偶尔也会借鉴金属工艺。商代最质朴的陶器是装饰绳纹、刻划纹，或者用压印的方法形成不断重复的方格或卷云纹的灰陶。卷云纹开创了后世雷纹的先河。陶器纹饰有时也包括铜器上常见的动物形纹饰的简化形式。在未干的陶胎上压印或刻划几何形纹饰的陶器在东南地区的新石器时代遗址中就有所发现。精美的商代白陶在中国陶瓷史上是独一无二的。由于太过精美，以至于有人误认为它是瓷器。实际上，它是由从西北沙漠吹到华北平原上的细腻的黄土通过陶轮加工，以1000℃高温烧制而成的一种非常脆弱的器物。很多学者已经注意到白陶纹饰与青铜纹饰的高度相似性。[②]

---

① 李晓，曾遂今. 龙凤的足迹中国艺术史[M]. 上海：华东师范大学出版社，2001：8-17.
② [英]苏立文. 中国艺术史[M]. 上海：上海人民出版社，2014：22-26.

（三）封建社会早期的艺术：理性与浪漫的交融（前770—220）

【知识卡片】11-1
玉器概述

春秋战国时期，是中国古代社会最急剧变革的时期。社会的变革，引起意识形态领域的活跃与开拓，诸子百家蜂起，思想争鸣，在相当程度上促进了先秦艺术的发展和繁荣。随着西周王朝的衰落而"礼崩乐坏"，王朝文化散落诸侯各国，发生了很大的变化。民间的文化艺术却得到了发展的历史机遇。在这一时期，北方和南方的音乐舞蹈呈现出两种不同的风格和面貌。北方以孔子为代表，崇尚理性精神；南方以屈原为代表，发扬浪漫精神。这两种审美思想的融合，可以看作是中华民族艺术性格和文化心理形成的基础。同时，金文传统的大篆在春秋战国时期得到了进一步的发展，并在民间孕育了古隶书体；楚地出土的文物表明，绘画艺术更多地体现了地域风格和幻想色彩。各种艺术文化竞放异彩，形成了绚丽灿烂的新景象。

当艺术进入秦汉时期，好比长河流入了大转折处，标志着艺术的新时期的到来。辉煌的中古艺术由这里发端，各艺术门类逐渐步入按各自的艺术规律发展的轨道，预示着门类艺术将通向辉煌的顶点。公元前221年，秦始皇结束了约400年的东周列国局面，建立了统一的封建帝国。秦王朝只存在了短短的15年，在集权政治专制的同时，在文化上也实行了专制统治，然而先秦文化艺术的影响力仍渗透在秦文化之中。到了西汉王朝，社会稳定，国力强盛，封建社会处于上升期，政治上的开明，使文化艺术得到了自由发展的良好社会环境。汉初统治者潇洒大度，又喜好南楚故地的乡土文化，尽管在政治经济上"汉承秦制"，但在意识形态的文化艺术方面，鲜明地继承了先秦的艺术传统，并继楚文化的浪漫主义后有新的发展。汉代的文化艺术在主题性格方面，极有魄力地表现了人对客观世界的征服。政治上的宽容以及艺术精神上的洒脱，又经中西文化的大交流和南北文化的大融合，形成了五彩缤纷的艺术世界，处处表现出一种气势和古拙的风格，散发着两汉艺术大气而浪漫的精神。

（四）飘逸超然的魏晋南北朝艺术（220—581）

魏晋南北朝的历史，是由统一走向分裂的过程。东汉末年的战乱，形成魏蜀吴三国鼎峙，及至晋武帝司马炎重新统一了中国，但西晋只维持了39年的小康局面。北方少数民族兴起，问鼎中原，"十六国"连年混乱，哀鸿遍野，于是又进入了分裂的时代。琅琊王司马睿于建康（南京）建立东晋王朝。公元5世纪初，北方由北魏拓跋氏统一，后为东魏、西魏、北周、北齐所更替；南方东晋发生相继篡位，即为宋、齐、梁、陈，与北方对峙，历史上称为南北朝时期。时局的动荡，带来经济的衰退。

在这样特定的历史条件下，出现了继先秦之后的第二次社会形态变异所带来的意识形态异乎寻常的变化。两汉的经学思想和谶纬经术被冲溃，代之而起的是门阀士族地主阶级新的观念体系，思想活跃，清谈成风，而且对人自身的命运普遍产生了一种忧患意识。人们感叹生命短促，人生无常，对人生、生命表现了特别的留恋。于是有些人外表放浪形骸，饮酒享乐，潇洒超然，处于一种自得自适的状态，但在精神、品性、才情方面，却又深刻地表现出对人生、对生活的极力追求，寄情于文学、艺术，以求脱俗超然的精神风貌。这就是后人津津乐道的魏晋风度。

当时，印度的佛教传入对备尝战祸苦难的人民来说具有很大的影响力，全国普遍建有佛寺，北魏和南梁还先后将它作为国教。在思想界一度出现儒、道、佛信仰混乱的状态，但在知识阶层乃以无为而无所不为的老庄思想为主导，并在美学思想上提出"以形写神""气韵生动"的美学原则，将艺术提高到一个新的境界。在这一时期，由于民族文化的交融和艺术思想的提升，无论音乐、舞蹈、书法、绘画，都得到了很大的发展，戏剧艺术也开始萌芽。

（五）辉煌多元的隋唐艺术（581—907）

隋文帝杨坚统一中国，结束了魏晋南北朝300多年的分裂局面，在政治、经济方面都作了重要的改革。随着新皇朝统治的巩固，文化艺术也相应得到了发展。隋统治者为了宫廷宴饮欢娱的需要，建立了一套中央音乐制度，燕乐得到了极大的发展。当时的统治者接受了北朝的音乐文化，少数民族的音乐文化进一步与汉民族文化结合，同时开始重视绘画、书法艺术的收藏活动。然而，隋统治者由于政治上腐败，生活上腐化，仅37年就被起义的农民军所推翻，但其在文化艺术上所建立的制度，为唐代艺术的空前发展提供了良好的基础。

唐代是中国封建社会中最为辉煌的时代。唐太宗李世民鉴于前朝的覆灭，施行了比较开明的政治，采取了一系列有利于封建经济发展的措施，社会秩序也因此而趋向稳定，开创了"贞观之治"（627—649）与"开元盛世"（713—756）的繁荣局面，经济、文化都达到了封建社会的鼎盛时期。唐太宗李世民和唐玄宗李隆基都对文化艺术抱有极大的兴趣，也重视其发展，他们在继承隋朝音乐制度的基础上，又促进燕乐歌舞的进一步发展。燕乐歌舞集秦汉、魏晋、南北朝以来乐舞艺术之大成，呈现出繁荣的新面貌。唐代重视人才的开发，削弱和冲垮了南北朝那种人身依附关系和门阀士族制度，新兴地主阶级势力得到了上升和扩大，使地主阶级知识分子的才能得到了极大的发挥。在开疆拓土的同时，南北文化交流又出现了一次大融合，"丝绸之路"不仅促进了贸易，也带来了异国的礼俗以及文化艺术，在空前的大融合中，出现了大胆的革新和创造。唐代的文化艺术处在一个自由开放的状态，艺术的种类不断丰富和拓展，艺术家的个性、风格得以抒发和彰显，唐代的艺术创作在初唐、盛唐、中唐、晚唐各时期呈现出前所未有的、多姿多彩的、各领风骚的风范。在审美的风尚和艺术趣味上，唐代艺术充满了对现实人世的关切和热爱，体现出对世俗美的追求，现实人世的生活及情感，也以多样化的形式展现在各类艺术作品中。

（六）雅俗分流的五代宋金艺术（907—1279）

唐朝后的五代，虽然只有50多年但承上启下，各艺术门类在继承中发生了风格渐变的趋势。"五代十国"的分裂局面，主要是由藩镇之间的兼并战争造成的，争夺的地区主要在中原一带，而南方则较少战事，局势也较稳定，经济也比较发达。所以，北方的一些贵族、商人、士大夫纷纷迁往江南或西蜀，因此南唐、吴越和西蜀不仅保存了唐文化的传统，还获得一定的发展，如书法、绘画、音乐、舞蹈相当活跃，书画艺术也出现了新的风格流派。

公元10世纪中叶后，宋代统一全国，结束了割据的局面。宋初的统治阶级对农业和手工业采取了新的政策和措施，使经济恢复到唐代的原有水平，甚至超过了历史上的任何时期，城市的商业、对外贸易也相当兴旺。到了南宋，南方经济和文化较北宋时期获得更大的发展，使中国艺术以繁荣发达的姿态和新的审美追求开启近古艺术发展的新篇章。

在这一时期，民族矛盾一直复杂而又尖锐地存在着，宋朝先后与辽、西夏、金发生频繁的战争，但在议和与战争的间息时期，各民族的文化也得到了交流。尤其在南宋与金对峙时期，金吸收了汉族的封建文化，创造了在艺术史上占有一定地位的民族文化艺术。汉民族的文化艺术表现出继五代以来渐开新风的趋势，得到进一步的发展。文人的书画艺术讲究意趣和个性，有浓烈的书卷气，变汉唐以来的雄浑气度而为秀媚、适意之风韵。这一时期的书画创作追求文人气质的诗意之美，并在艺术上达到了极致。与之相对应，音乐、舞蹈艺术则在民族、民间艺术方面发展，城市的市民文艺日趋繁荣。宫廷乐舞虽承袭唐制，但主要继承来自民间和少数民族的健舞、软舞，也有很大的改革和发展。自汉唐以来的表演性伎艺，经过漫长的演化历程，至北宋末已基本形成早期戏剧的两种形态——宋杂剧（金院本与宋杂剧同类）和南戏，具有浓厚的市民意识和民间色彩。音乐、舞蹈、戏剧等艺术形式与生活更为贴切，更多地表现为市民阶层的审美趣味和追求世俗的审美趋向，长远地影响着整个近古时期的艺术风貌。

（七）文人意识强烈的元代艺术（1279—1368）

13世纪初，塞北的蒙古族在成吉思汗的领导下，逐渐强盛起来。公元1279年，忽必烈统一了全国，结束了宋金南北分裂的局面。在元朝统治的百余年时间里，政治、经济及文化方面，曾一度陷于衰敝状态，艺术却发生了较大的变化，书画艺术方面的成就不容低估，戏剧艺术方面则出现了辉煌的元杂剧和繁荣发展的元南戏。

这一时期，民族矛盾和阶级矛盾比以前任何历史时期都要尖锐。元统治者将人分成四个阶层看待，社会上又有"九儒""十丐"的说法，南方的知识分子社会地位极为低下。"南宋遗民"入元不仕，有着强烈的民族意识。但是，在文化形态上却仍然表现为汉民族的文化形态，且呈现多民族文化交融的状态。元朝立国之际，在悠久博大的汉文化影响下，已逐步汉化，蒙古族和色目人的学者也用汉文著书立说，学习汉民族的书画艺术。而在当时兴起的杂剧艺术中也吸收了不少蒙古族和色目人的音乐和语言，在这种文化相互融化和转化的背景下，艺术依然取得了较大的发展。

但是，由于元统治者对汉族知识分子的歧视政策，又停止了近80年的科举制度，即使在后期曾恢复科举取士，仍对"汉人"和"南人"极为苛刻，因此，文人大多寄情于翰墨山水，"青山正补墙头缺"，不少有才华的文人从事于戏剧的创作。元代绘画在宋文人画思潮的影响下，又兴复古思幽之风，注重笔墨情致，从中寄寓着强烈的文人意识；在戏剧创作中，则强烈地表现着文人心中的郁积和对现实的不满。一种受时代压抑的文人意识，包括情感、思想、意趣等，通过不同的方式，借艺术创作若显若晦地表现出来，形成一代艺术的基本性格。

（八）审美艺术大变迁的明代艺术（1368—1644）

公元1368年，明太祖朱元璋汇集各地义军的力量，推翻了元朝的统治，在南京即位称帝，直到公元1644年明亡，立国276年。明初，由于政府采取了积极的措施，缓和了阶级矛盾，发展了城乡经济，加强了对南洋、中亚、日本、朝鲜的睦邻友好关系。浩荡的郑和船队七下西洋，在谋求国家关系的同时，又促进了文化交流。明中期而后，商品经济不断发展，城市经济趋于繁荣，资本主义生产关系开始萌芽，封建统治阶级的正统思想受到冲击，中国封建社会开始进入剧烈变革的时期。在意识形态领域出现了传统与反传统的尖锐思想斗争,资本主义的民主思想在激进的文人中间迅速传播,在文化艺术领域引起了审美意识的大变迁,提倡个性心灵的解放,反对传统观念的束缚,形成一股强大的不断变革的浪漫文艺思潮。这股思潮与建筑在世俗生活写实基础上的市民文艺相汇合,造成了明代艺术在继承宋元传统过程中重在演变,力创新风的发展趋势。山水画流派纷繁,各成体系,抒写画家的主观世界;花鸟画工笔院体与浪漫写意齐头并进,且以抒发心灵的写意为主流;戏剧艺术的变化更为巨大,扎根于民间的南戏"四大声腔"迅速发展,哺育了"传奇"新剧种,出现了追求个性解放的千古绝唱《牡丹亭》;民间的时调小曲以出于"本心"的自然率直风格,表达了冲破封建礼俗、争取自由解放的人性价值与意义。在明末"西学"渐来的骀荡春风推动下,近代文艺的新气息开始酝酿。

(九) 从封建末世的复古中走出清代艺术 (1644—1911)

清朝是中国历史上最后一个封建王朝,自1644年至1911年,历时268年。清政府在立国之初,曾以全部力量把封建秩序稳定下来。清初的几代君主以强制性的政策,巩固小农经济,压抑商品生产,扶持儒家正统理论,把明代中后期萌发的资本主义因素全面地压制下去。由于阶级斗争和民族矛盾异常激烈,清政府对民主性和反封建思想采取禁绝的政策,既全面接受汉民族文化,又对汉族知识分子严加控制。于是,从社会文化氛围、心理观念到文化艺术的各个领域,都反映出封建末世特有的文化形态。与明代那股寻求思想解放的潮流相反,清代盛极一时的是全面的复古主义,这在受政府控制的在朝士大夫文艺中尤为明显。然而在野的士大夫文艺,除了那些被迫消极避世、怀有颓唐的感伤情绪外,剩余的可以被归纳为从复古中走出的两股潮流。一部分文士采取隐晦的手法,在批判冷酷的现实中反映了进步的思想和要求,同时在艺术思想上以反传统的形式从复古主义的思潮中走出来,创造出一种带有鲜明的时代和思想印记的——既有感伤情绪又有批判精神的文化艺术;另一部分则以强烈的个性色彩,独特的审美方式,表现出与社会现实的不协调,与兴旺发达的民间艺术的潮流汇合,特别是在鸦片战争以后,受到新思潮的冲击,锐意求进,探求一种新颖的审美形式。这标志着古典艺术的终结,近代艺术的发端,把中国艺术的发展推进到一个全新的阶段。①

第二节 中国传统建筑雕刻

一、中国传统建筑艺术成就

在中国悠久的历史进程中,先人们创造了光辉灿烂的建筑文化。中国建筑在世界东方独树一帜,它和欧洲建筑、伊斯兰建筑并称世界三大建筑体系。中国古代建筑根植于中华大地,是由人们在社会生活的实践中创造出的具有审美功能和艺术价值的一种造型艺术作品。它的起源与发展与其他传统艺术门类一样,有着鲜明的地域、民族、气候、历史制度、文化等特点。中国传统建筑艺术的主要成就大体可以分为宫殿、陵墓、宗教、园林四大建筑类型。②

---

① 李晓,曾遂今. 龙凤的足迹中国艺术史 [M]. 上海:华东师范大学出版社,2001:62-222.
② 白全贵,师全民. 中国传统文化概论 [M]. 郑州:郑州大学出版社,2003:135-140.

宫殿是中国传统建筑技术和艺术最集中的代表，也是发展最为成熟、成就最高、规模最大的一类建筑，鲜明地反映了中国传统文化注重巩固社会政治秩序，强调统治者权威的特色。以中国传统建筑艺术精品之一的北京故宫为例，北京故宫又名紫禁城，是明清两代帝王的皇宫。它是中国传统建筑中保存最完整、规模最浩大的古代宫殿建筑。北京故宫始建于明永乐四年（1406年），历经14年，于永乐十八年（1420年）基本建成。中经明清两代多次重修和扩建，但仍保持初建时的格局。故宫建筑群共有9000余间，主要分两大部分，即外朝和内廷。在建筑布局上，它强调所谓"中正无邪"，即中轴对称的方式，宫殿里最尊贵的建筑放到中轴上，较次要的放在两边，成为它的陪衬。

陵墓建筑是帝王和王公贵族们寿终正寝的地方，也是向人们显示其尊贵和威严神圣的标志。在古代陵墓建筑方面，最有代表性的要数明十三陵。明十三陵是指明代十三位皇帝在北京建造的庞大陵区，代表了封建帝陵的最高成就，其主要特色是成团布置方式。十三陵所在的天寿山在北京以北45千米的昌平区境内，山岭逶迤相连，呈向南敞开的马蹄形，在马蹄最北中央，其山麓下即是明成祖的长陵。以长陵为主体，其他十二陵则错落其东西之间，并共用一条神道，构成一个统一的、规模宏大的陵园。整个陵区方圆约40平方千米。十三座陵背山而筑，面对盆地，各陵除面积大小、建筑繁简不同外，在布局、规制等方面则基本一样。这些巨大的建筑虽然耗尽了民脂民膏，也记录了帝王们的罪恶，但它留下的具有很高艺术价值的古代建筑，现已成为宝贵的世界历史文化遗产。

宗教建筑是仅次于宫殿建筑和陵墓建筑的另一重要建筑类型。中国有影响力的宗教主要是佛教、道教和伊斯兰教。从建筑的角度讲，中国的宗教建筑主要分为寺、塔、观三种形式。寺原是侍奉皇帝近臣的官署，佛教初入中国时其建筑多由官署改建而成，故称为寺。塔是佛教传入后的建筑形式，是印度的"浮图"与中国楼阁相结合的产物。观本来是可观四方的建筑，因道教崇尚自然，多建于山林高地之上，故多称为观。

以佛寺为例，中国最初的佛寺建筑特点与印度、西域的佛寺相仿，为四方式院落，主体建筑佛塔位于正中。南北朝是佛教的全盛时期，北魏有佛寺3万多座，其中洛阳城有佛寺1360座，规模之大，令人惊奇。其建筑形式发展为前塔后殿式，即在方形院落中，除主体建筑佛塔外，在其后面还有一座佛殿。后来，佛寺逐渐吸收了中国传统的建筑布局样式，体现出鲜明的民族特色，在中轴线上从前至后有一至三座殿堂，常见的有天王殿、大雄殿等，两侧设置配殿。

中国古代园林建筑是以传统文学和绘画艺术创作构思，将山、水和玲珑典雅的木构建筑结合起来，形成一个富有情趣的、饱含艺术意境的园林景观。它与欧洲或伊斯兰园林等世界其他园林体系相比，有着鲜明的民族特色。首先，中国古典园林重视自然美。在造园的总原则上，必须以天然景物为基础，即使是改造和模拟自然，也必须遵循"有若自然"的原则。其次，追求曲折多变。在布局方面，一般不用宫殿的中轴对称手法与完整的格局，而是在师法自然的基础上，采用灵活多变的自由方式。再次，强调意境。受传统山水画的影响，中国园林不仅重视园林的形式美，而且要求能通过外观的景致体现出人的内在精神世界。中国古典园林一般分为皇家园林和私家园林两大流派。皇家园林规模宏大、景点多、气势奢豪，具有宫廷和园林的双重功能。在布局上一般分为宫和苑两个部分，宫在前，苑在后，宫廷区是严格的对称布局，苑囿区是灵活的自由布局。私家园林一般建于市内或城郊，与住宅紧密联系，有大、中、小三种形式。小型园林多围绕客厅或书房布置花木湖石，叠石引水，架桥建亭，规模虽小而曲折有致，如苏州的艺圃、扬州的小盘谷等。中型园林以池为主体，沿池点缀山石、亭树及走廊，园林有较多的景物和大小空间的变化，如苏州网师园、环秀山庄等。大型园林占地面积较多，布置较复杂，由许多不同空间组成，有的甚至水中有岛，岛上植树建亭，如苏州拙政园、上海豫园等最为著名。

二、中国传统雕塑艺术成就

中国传统雕塑主要分为陵墓雕塑、宗教雕塑和劳动生活及民俗雕塑。艺术门类有圆雕也有浮雕，功能包括纪念性雕塑、案头雕塑、建筑及器物装饰雕塑等。雕刻材料也丰富多彩，除了青铜、石、砖、泥、陶等材料，还有玉、牙、木竹等。[①]

中国传统雕塑艺术的特点可以归纳为重实尚用、无象有象、二三之间、措意同画、以天合天、儿随娘走六个方面。当然，这些原则并不是为中国传统雕塑所独有，但只有中国将这些精神贯穿在几千年的雕塑作品里而成为它的显著特色。

重实尚用即实用性，是指制作雕塑的目的，总是将用的功能放在第一位。无象有象即象征性，主要是指艺术上的追求，即雕塑不重在追求肖形像物，而是以某件雕塑所代表的特有意义为主要目的。雕塑的象征性，实质是人的心态的物化形式。二三之间，指的是中国传统雕塑不像西方雕塑那样注重体积感，总是悠游于二维和三维之间，即使用许多平面的手段来体现立体。换句话说，中国传统雕塑的体积是由若干个平面叠加而成，这种叠加里最重要之处是线条感。因此，中国传统雕塑可以看成是线条、体积的一种奇妙混合。措意同画，指中国传统雕塑泥塑、彩绘的雕塑技艺。可以这样说，许多中国传统雕塑的最后完成手段是彩绘，即这些雕塑的细节往往是由画绘来表达的，这就是许多传统雕塑今天看起来简略、模糊的原因。这里面往往不是技法高低问题，而是失去了彩绘使之重回半成品的缘故。以天合天，第一个"天"指主观构想，第二个"天"指自然物天生性状。以天合天，就是艺术构想和材料性状的高度统一，尊重材料，尽量保持材料的原有性状。儿随娘走，即客体（艺术手法）服从于主体（艺术追求）。这一不约束艺术家，充分发挥艺术家情思的创作原则，在民间艺术中处处可见，在中国传统雕塑中也如此。[②]

最能代表中国传统雕塑成就，影响最大的主要是明器雕塑、陵墓雕塑和佛教造像。明器亦称冥器、盟器，指古代用于陪葬的代替实物的模型。它包括用雕塑手法制作的人像及动物、建筑和车船模型等。中国古代明器雕塑源远流长，蔚为大观，其中成就最高的当属秦汉和隋唐两个时期，尤其是秦、唐两代。被誉为"世界第八大奇观"的秦始皇兵马俑是秦代明器雕塑的杰出代表。秦陵一、二、三号坑共有武士俑 7000 个左右，驷马战车 100 辆，战马 100 多匹。秦陵兵马俑具有鲜明的写实特征，武士俑形象酷似北方农民，生动逼真，尤其是面部表情极富个性，或威武庄重，或沉着刚毅，或木讷老成，或稚气活泼，栩栩如生，且无一雷同。在雕塑手法上，秦陵兵马俑采用模塑和手塑相结合，大的部件为模塑统一范制，细部则用手作"堆""捏""贴"的具体刻画，这种统一性和差异性的有机结合，为后世陶

[①] 徐子方. 世界艺术史纲 [M]. 南京：东南大学出版社，2016：146.
[②] 顾森. 中国雕塑 [M]. 北京：中国国际广播出版社，2011：3-14.

俑的繁复制造与多样表现，提供了有益的经验。隋唐是中国明器雕塑的全盛时期，在明器雕塑的题材上更为宽泛，选择性更强，摈弃了汉代那种意欲模仿现实生活中的各种事态物象的特点，主要表现盛唐时中国作为世界大国的风采。在工艺上，唐人发明了三彩釉并将它作为明器雕塑上的妆彩，使明器雕塑异彩纷呈。将高超的技法与工艺完美结合的此类唐代明器，实际上代表了中国古代明器雕塑的最高成就。

陵墓雕塑与明器雕塑一样，也是古代厚葬制的产物。它主要是指陵墓周围设立的石人、石兽等仪卫性雕塑，具有一定的纪念夸示功能，亦称"石象生"。陵墓雕塑早在汉代以前就有记录，但无实物遗存。汉以后，每个朝代都有自己时代特色的陵墓雕塑，但就气势和影响而言，当属汉唐两代。汉代盛行厚葬，营造帝王之陵墓可以无所不用。作为汉武帝茂陵的陪葬墓——霍去病墓前的一组石雕群，是一组宝贵的民族雕刻艺术遗产，其价值足以与秦陵兵马俑相提并论。这些雕塑均是用秦岭山区硬度很强的花岗岩石雕成。尤其是墓前的"马踏匈奴"主题的石雕群，马的形象高大直立，四蹄之间封锁一匈奴武士形象，以一块整石将这一马一人雕刻出来，造型与其他动物石雕和谐统一，突出表现了霍将军抗击匈奴的赫赫战功。"马踏匈奴"在艺术表现上既重写实又具浪漫，被后人誉为中国古代首件具有记功碑性质的石雕精品，在中国雕塑史上具有重要地位。唐代国力强盛，历任帝王及皇亲国戚皆将陵墓雕塑视为纪念功绩和夸示权威的手段，因此，唐代石雕规模空前巨大，气魄宏伟，艺术风格雄浑威猛。

佛教造像兴盛于魏晋南北朝。佛教造像的样式有很多种，但最主要的是石窟造像和寺庙造像。石窟，又名石窟寺，是佛教寺庙建筑的一种，就石窟内部设置的佛教造像来说，它又是一种雕塑。中国古代石窟众多，其造像也难以统计，但主要还是集中在敦煌莫高窟、大同云冈石窟、洛阳龙门石窟以及天水麦积山石窟等几大著名的石窟中。佛教造像的另一样式是寺庙造像。寺庙造像产生的年代与石窟造像大致相当，其题材也基本一致。所不同的是，由于寺庙大多为木结构建筑，不像石窟那样可以永久保存，再加上历次战乱浩劫，现已毁失无余。目前所能见到的寺庙造像也只能是出土文物。宋代较为发达的商品经济推动了寺庙造像的发展，寺庙造像众多，技术十分精湛。寺庙造像的题材以罗汉和菩萨像最为常见，其代表性作品是山东长清灵岩寺罗汉群像和苏州甪直镇保圣寺的罗汉群像，前者采用写实手法，刻画极为细腻，后者体现了中国传统雕塑重内在气韵的民族特色。明清时期，虽然留存下来的寺庙造像不少，但由于已过了鼎盛期，其总体水平自然不及前代。相对较有价值的当属山西平遥双林寺的明代造像和昆明筇竹寺的清代罗汉塑像。前者现存1500余尊雕塑，艺术处理富有创造性，具有较高的艺术价值。[①]

第三节　中国传统书法绘画艺术

一、中国传统书法的艺术成就

书法字面上是指书写的法度。生活中，书法一词另具备以下含义：第一，某幅书写作品

---

① 白全贵，师全民. 中国传统文化概论 [M]. 郑州：郑州大学出版社，2003：145 – 152.

的代称或者所有书写作品的统称；第二，一种艺术类别，一般指书写汉字的艺术。中国汉字是劳动人民创造的，开始以图画记事，经过几千年的发展，演变成了当今的文字；又因祖先发明了用毛笔书写，便产生了书法，古往今来，均以毛笔书写汉字为主。书法艺术是中华民族文化宝库中的一枝奇葩，它不仅深受我国人民的喜爱，而且引起世界各国艺术家的重视，对世界艺术发展做出了重要贡献。①

（一）中国书体演变及代表作

中国书法历史悠久，书体沿革流变。从甲骨文、金文演变而为大篆、小篆、隶书，至东汉、魏、晋的燕书、草书、楷书、行书诸体，每一类都有自己独特的风貌。

篆书出现最早，并有大篆、小篆之分。大篆包括殷代甲骨文、钟鼎文和周代的石鼓文。小篆是在大篆基础上简化和发展而来的，李斯是小篆的鼻祖。当时毛笔已经产生，所以较之大篆风貌自是不同，字体更加抽象化、规范化。从现存李斯的《泰山刻石》与《峄山碑》中可以看到，李斯的小篆，笔笔中锋，藏头护尾，行笔不疾不徐，写出的笔线圆匀劲健，刚柔相济，将南方人的审美趣味和流媚的书风融合进端庄、雄浑的秦国大篆中去。自两汉开始，篆书已逐渐失去实用价值，仅应用于特别庄重和特别需要加以美化的场合。后来，书写篆书变成纯艺术创作。

隶书首创于秦，在汉代蓬勃地发展起来。汉隶的出现，使笔画上具有波磔之美，为书法艺术的发展开拓了广阔的前景。在汉代，书法除表达文字意义之外，其审美特性逐渐成为人们关注的中心。汉代碑文在全国多有发现，汉代碑刻中最具典型意义的是阵容庞大、风格各异的隶书碑刻，或方整挺劲、爽利痛快，如《张迁碑》，或端庄典雅、法度森然，如《礼器碑》《华山碑》，或拙朴厚重、大气磅礴，如《石门颂》和《西狭颂》等，展示了汉代书法的辉煌成就和高超的艺术水平。隶书至清代又现高峰，大家辈出，风格各异，著名者有郑簠、金农、邓石如、伊秉绶等。

草书又分章草和今草。章草是隶书的草体，是因隶书写得草率、简捷而成，虽笔画或省略或连缀，但字字独立。现在可以看到的最早章草作品是西汉史游的《急就章》，其他传世名作有西晋索靖的《出师颂》、陆机的《平复帖》。今草，是章草的进一步"草化"，上下字之间的笔势往往牵连相通，偏旁作了许多省略假借，即今天通称的草书，其创始人是汉末的张芝。张芝的草书，笔势连绵奔放、变化莫测。东晋王羲之因其书法诸体备精，成就非凡，被尊为"书圣"，他的今草，用笔锋藏势逸，流畅俊美。唐代的张旭，他的草书完全突破了前人樊篱，异军突起，奇状谲态，纵横跌宕，气势雄伟，一改东晋以来温雅妍美的书风，把书法艺术的抒情性升华到前所未有的高度，人称"草圣"。唐僧怀素为张旭之后的又一狂草大家，他的狂草笔墨飞舞奇逸，气势变幻跌宕，富有音乐的节奏旋律之美及舞蹈的翩然多姿之态，传世名作有《自叙帖》。

楷书，脱化于隶书和章草。楷书的历史发展颇为复杂，孕育于汉代，开始于三国，盛行于魏晋南北朝，唐代是其鼎盛时期。楷书与隶书相比，点画形式更加丰富，从而引起结构上的变化，极大丰富了汉字结构的艺术性。初唐欧阳询、虞世南、褚遂良、薛稷四大家，均以楷书见长。欧阳询的书法笔力遒劲，结构险中求稳，法度森严，真所谓增一分太长，减一分

---

① 盛昶砚. 谈中国书法与绘画［M］. 成都：电子科技大学出版社，2016：4.

太短，极尽精致之能事。他的书法在当时即影响到国外，并为后世历代推崇，代表作为《九成宫醴泉铭》。虞世南的书法外柔内刚，点画圆润，给人以恬淡之气，代表作《孔子庙堂碑》被后人赞为"有唐第一楷"。唐朝后期最重要的书法大家是颜真卿，他的楷书天下第一。颜真卿出身于一个书法之家，得到张旭的指导，又广泛地学习王羲之、王献之、褚遂良等名家书法，开创了自成一家的"颜体"。颜体字结构方正饱满，端庄严整，气势宽博，形成了雄强、浑厚、朴茂、端庄的特有风格。颜体书法的出现，具有划时代的伟大意义。颜书的价值在于突破了自"二王"至初唐四百年间流美趋逸的书风，开创了雄强刚健、大气磅礴的新风格，形成了"二王"以后的第二大流派，强烈地表现出盛唐的时代风貌。颜体书法对后世的影响极大，一千多年来长盛不衰。颜真卿之后的主要楷书家还有柳公权，他的书法兼容欧、颜，笔力险劲似颜而结字紧凑似欧，后人以"颜柳"并称，代表作有《神策军碑》。楷书历经五代、宋、元、明、清各朝，名家辈出，如五代的杨凝式，北宋的蔡襄、苏轼、黄庭坚、米芾四大家，南宋的张即之，元代的赵孟頫，清代的翁方纲、刘墉、梁同书、王文治四大家。他们大都取法晋唐，相承沿袭。

行书，是介于草书与楷书之间的一种书体。行书是人们日常生活中最常使用的书体，自汉代以来一直风行于世，形成了一个又一个艺术高峰。晋代是行书第一高峰，王羲之是最杰出的代表。他的行书代表作《兰亭序》，表现了其书法艺术的最高境界。这件作品在用笔上，遒媚劲健，自然精妙；章法上则疏密斜正，大小参差，承接呼应，神采焕然。作者的气度、风神、襟怀、情愫，在这件作品中得到了充分的表现，无怪乎后人一直把"兰亭"奉为"天下第一行书"。唐代是行书发展的第二高峰，唐代书法家在晋代隽秀妍逸的基础上，由楷入行，开拓了雄伟壮美、气势恢宏的书风。宋代掀起行书发展的第三个高峰，开启了"尚意"的一代新风，代表者是苏、黄、米、蔡四大家。苏轼的行书用笔圆润含蓄，结字自然生动，笔墨浑厚而爽朗有神。黄庭坚的行书运笔起伏逸放，线条遒劲洒脱，且有既酣畅淋漓又沉着稳健的辩证艺术效果。米芾的行书，笔调飘逸洒脱中见雄健宕落，结构欹侧相依中见体势鲜明，节奏强烈而气势磅礴。蔡襄行书则以温淳婉媚为特色。之后，元代赵孟頫、鲜于枢，并称"元代二妙"，前者行书风格同楷书一样以秀雅见长，后者擅长行草。明代行书主要有文徵明、董其昌两家，尤其是董其昌，书风温雅秀媚，影响了整个清代前期。

（二）中国书法艺术的审美价值

中国书法作为艺术还反映了整个时代的审美风貌和文化特征。晋人尚韵，从以王羲之的行书为代表的书法风貌中可以领会晋人的诗歌、散文、绘画、园林的韵味；唐人尚法，颜真卿、柳公权的楷书可为代表，从中亦可联想到杜甫的诗、韩愈的文、吴道子的画；宋人尚意，苏轼、黄庭坚、米芾、蔡襄可为代表，因其字可以贯通到宋诗的平淡、宋画的远逸、宋词的清空；明清尚态，无论是浪漫派徐渭、帖学派董其昌，还是碑学派郑燮都有明显表现，又与戏曲小说中的市民性、世俗风相暗通。[①]

中国书法艺术的审美价值，体现在以下三个方面：

1. 整体形态美

中国字的基本形态是方形的，但是通过点画的伸缩，轴线的扭动，也可以形成各种不同

---

① 白全贵，师全民．中国传统文化概论［M］．郑州：郑州大学出版社，2003：153－162．

的动人形态,从而组合成优美的书法作品。结体形态,主要受两方面因素影响:一是书法意趣的表现需要,二是书法表现的形式因素。就后者而言,主要体现在三个方面:一为书体的影响,如篆体取竖长方形;二为字形的影响,有的字是扁方形,而有的字是长方形的;三为章法影响。书法作者只有在上述两类因素的支配下,进行积极的形态创造,才能创作出美的结体形态。

2. 点画结构美

点画结构美的构建方式主要有两种:一是指各种点画按一定的组合方式,直接组合成各种美的独体字和偏旁。二是指将各种部首按一定的方式组合成各种字形。中国字的部首组合方式无非是左右式、左中右式、上下式、上中下式、包围式、半包围式等几种。这些原则主要是比例原则、均衡原则、韵律原则、节奏原则、简洁原则等。这里特别要提的就是比例原则,其中黄金分割比又是一个非常重要的比例,对点画结构美非常重要。

3. 墨色组合美

结体墨色组合的艺术性,主要是指其组合的秩序性。作为艺术的书法,它的各种色彩不能是杂乱无章的,而应是非常有秩序的。这里也有些共同的美学原则,要求书者予以遵守,如重点原则、渐变原则、均衡原则等。书法结体的墨色组合,主要涉及两个方面:一是对背景底色的分割组合。人们常说的"计白当黑",就是这方面的内容。二是点画结构的墨色组合。从作品的整体效果来看,不但要注意点画墨色的平面结构,还要注意点画墨色的分层效果,从而增强书法的表现深度。①

二、中国传统绘画艺术成就

传统绘画是中国艺术宝藏中一颗璀璨的明珠,与中国社会同步成长,在中国社会深厚而博大的胸怀中熔冶成具有独特传统风格的瑰宝。作为中国传统文化的组成部分,它又对中国的社会生活起着潜移默化的作用。

中国的绘画有着与西方绘画极为不同的特点。中国画的特点是以书法为骨干,以诗境为灵魂,诗、书、画同属一境层。中国画引书法入画,融诗心、诗境于画境,在画幅上题诗写字,借书法以点醒画中的笔法,借诗句以衬托画中的意境,却又并不使人觉得它破坏画景。而西方绘画的特点是注重透视法,注重解剖学,注重以光线明暗、色彩浓淡衬托出立体感,以求形式的和谐美。西方绘画以建筑空间为间架,以雕塑人体为对象,建筑、雕塑、油画同属一境层。②

中国绘画艺术的洪流与中国文化一样从未中断过,而且有着自己清晰的发展轨迹。中国绘画历史悠久,以丰富而深厚的文化底蕴和独特的美学追求,成为东方绘画的杰出代表。中国传统绘画在其数千年的发展过程中,就其题材内容上看,形成了人物画、山水画、花鸟画三大类。

汉以前的绘画具有装饰和辅助教化的工艺性质。三国至唐代,由于中国经历了魏晋四百年的战乱,在社会动荡中人们无法把握自己的命运,将精神寄托于宗教,因而自西域传入中

---

① 盛昶砚. 盛昶砚谈中国书法与绘画 [M]. 成都:电子科技大学出版社,2016:82-83.
② 童教英. 中国古代绘画简史 [M]. 上海:复旦大学出版社,1991:1-14.

国的印度佛教大盛,绘画也日益宗教化。宗教宣传的需要,使道佛人物画大盛。不过,佛教在中国兴盛的同时,也与中国的文化融合,逐渐地中国化。强大的唐帝国建立后,经济发达,政权巩固,文化昌盛,疆域辽阔,社会安定,魏晋以来佛教兴盛的社会基础消失,人们更注重现实,宗教化的绘画日渐世俗化,人物画中仕女画的兴盛就是这种倾向的反映。人物画在唐代达到顶峰,其中阎立本就是初唐画坛上杰出的代表,尤以擅长画帝王人物画,譬如他的《历代帝王图》共画了从汉至隋的63位帝王。其中在历史上有作为的皇帝大都表现得威严端庄,而一些败国的昏君则被画成形象萎靡之辈,画中每个帝王又都具有自己鲜明的个性和气质,这使阎立本的帝王画极具艺术魅力。又如,有"画圣"之称的唐代画家吴道子,他的画气势恢宏,构图丰富生动。他擅长的宗教变相人物作品不仅想象丰富,而且因其熟悉人体解剖,因而所画人物形象准确。此后北宋的李公麟完善了白描人物画,南宋的梁楷创简笔人物画和泼墨人物画,两宋的风俗画和历史画亦有很高成就。明清之际,版画、年画、书刊插图中的人物画也颇具特色。不过,从总体来说,人物画在唐以后再没形成很突出的高峰。

魏晋时期的动乱使士大夫文人的意趣转向自然,山水画开始兴起。隋唐以后,随着庶族地主通过科举进入政权,士大夫文人在政权中占统治地位,失意文人则在大自然中游弋,人们的审美意趣更加转向自然,盛唐、中唐时山水画成熟,花鸟画兴起,绘画逐渐哲学化、文学化。

五代、两宋时期,山水画、花鸟画都发展到顶峰。山水画分南北两派,开始是北方派山水画占优势,荆浩、关同、李成、范宽等都是北方派山水画大师。北方派山水画以北方大自然为描绘对象,用笔刚劲,用墨厚重,设色明艳,布局阔大。到北宋后期,欧阳修、苏轼等提倡文人画,米芾将董源、巨然的具有江南风味的画推崇备至,江南派山水画有所发展。经元代赵孟頫全力提倡,元四家黄公望、倪瓒、吴镇、王蒙等将江南画派推向高峰。此后,文人气息浓重的江南画派始终执山水画坛牛耳。

元代的山水画是中国古代山水画发展中一个主要的转折点,从此山水画成为中国画中最大的画科,其艺术成就超过其他画科。赵孟頫不但是元代大书法家,还是画坛极有影响的人物。他的山水画以江南真山真水为描写对象,在工细中透露出潇洒出尘的气息,在精索中能见一丝不苟的功夫。《秋郊饮马图》是他的代表作之一,画中描绘清秋郊野放牧情景,生动地反映了马的各种矫健之态,有的奔驰追逐,有的在水中嬉戏,显示了色彩凝重华滋,构图疏密有致的艺术特色。赵孟頫的山水画开一代新风,他培养的元四家是元代水墨山水画最杰出的代表,他们的山水画,或苍茫沉郁,或潇散洒脱,或简洁疏朗,或墨气沉厚,各致其极,对后世影响极大。江南派山水画以江南大自然为描绘对象,用笔柔和,用墨淡雅,设色逐渐不重要,即使设色,也只设青、赭淡色,布局简化,意境之文学气息浓郁。

明清继续这种风格,技法日渐提高,至"四王"(即王时敏、王鉴、王翚、王原祁)之时,江南派技法达到笔墨交融、恰到好处的境界。不过"四王"后学固守流派,弊病丛生,江南画派气象日渐衰微。明末清初形成以石涛、八大山人等人为代表的革新派,强调从大自然中直接吸取画意,强调在画中表现自我,表现个性。到乾隆之时,扬州八怪将此革新的风气大加发扬,一直影响到清末和近代画坛。

花鸟画产生于唐代,兴盛于五代,有徐、黄二体之分。徐熙之体重勾勒,设色清淡,具有野逸之气。黄筌之体用轻劲之线勾出轮廓,设色浓艳,具有富贵之气。到北宋之时,徐崇嗣将黄筌初创的没骨花发展至完善境界。北宋时期黄体一直占花鸟画坛的统治地位,但自黄筌之子黄居寀起,黄体画格本身也在不断改革,至宋徽宗时,花鸟画构图、意境、画幅之改革方完成。元明清三代是花鸟画的繁荣期,水墨写意与工整艳丽的画风争胜斗艳,名家辈出,流派纷呈。《墨梅图》是元代著名画家诗人王冕的代表作,描绘风姿绰约的折枝梅花,构图简洁,形象清丽生动,笔墨精练淡润,画风清绝脱俗,这与王冕胸怀韬略却隐迹山林,常常借画梅来表达自己的心态密切相关。《荷花小鸟图》是清代号称八大山人的画家朱耷的代表作,它描绘了一只缩颈小鸟,危立于败荷残茎的池中一块怪石上的情景。其画构图简洁奇险,造型又孤傲夸张,寥寥数笔而神韵绝佳,对后世写意花鸟画的发展有巨大的影响。扬州画派是清代乾隆时期最具生命力、最为活跃的花鸟画派,其代表人物是号板桥的郑燮。郑板桥在绘画中善画兰、竹、石,尤精墨竹,注重"瘦与节"的结合,其作品往往是自己思想和人品的化身。《悬崖兰竹图》用几乎一半幅面作一巨大的倾斜石壁,数丛幽兰和几株箭竹,同根并蒂生于峭壁,迎风摇曳于碧空,生动表现了兰竹虽然生于峭岩壁缝,却豪气凌云、不为俗屈的活力。不过,花鸟画要求逼真,所以始终重视设色。至清代恽格形成"纯没骨体"画法,全然不用线勾,但设色舍弃浓艳而力求清丽,成为清代花鸟画的正统。

第四节 中国传统音乐戏曲

一、中国传统音乐的发展与艺术成就

中国是一个礼乐之邦,音乐文明源远流长。中国传统音乐的时间上限可以追溯到迄今发现的九千年前的贾湖骨笛,下限至清王朝灭亡的 1911 年,音乐文化的空间遍及亚洲东方古代中国广阔的疆域。几千年的音乐历史叙述着这个民族的欢乐与悲哀,也叙述着这个民族的兴盛和衰败;几千年的音乐历史积累了无数音乐艺术的宝贵财富,也积累了这个民族认识音乐、创造发展音乐的经验与教训。

许多的考古发现说明,中国的祖先很早就在亚洲东方这块富饶的土地上生息、繁衍。迄今考古工作者已发现新石器时代的骨哨、骨笛、陶埙、陶钟等古老乐器,有的乐器经过测音,能吹奏出准确的音高或音阶。此外,中国古代文献中有许多关于原始氏族部落的传说,如"钻木取火"的燧人氏,"构木为巢"的有巢氏,"教民耕种"的神农氏以及黄帝、炎帝、尧、舜等部落首领。这些传说中,也涉及他们所创作的音乐作品,发明制作乐器和乐律体制,以及认识音乐的思想观念,这些在一定程度上也反映出远古时期先民音乐生活的面貌。根据已知的史料来分析,可以初步知道人类在从原始落后的低级阶段逐渐进化发展的过程中,与生俱来的创造音乐和接受音乐的能力也是与日俱增。中国古代先民至迟在新石器时代创造了音乐,在夏朝以前已经产生了一些音乐作品和乐器。[①]

夏、商、西周是中国进入奴隶社会的历史时期。夏朝以后,随着生产工具的改进,生产

---

① 郑祖襄. 中国古代音乐史 [M]. 北京:高等教育出版社,2008:1.

力水平的逐渐提高,整个社会发展取得了很大进步,社会组织结构也越趋复杂。商、周时候,出现了中国奴隶社会时期的辉煌文化,由石器和青铜器制作的钟、磬乐器在这一时期极为发达。高超的工艺技术为适应音乐发展的需求,把单个的钟、磬发展为成套的编钟和编磬,单音钟又发展为双音钟。由它们组成的钟磬乐队音乐,在音乐史上具有一定的代表性。乐器除在数量上的增多,在种类上也有许多发展,并出现了"八音"乐器分类法。随着音乐实践不断发展,音乐基本理论也逐渐趋于体系化。西周时期,在"礼乐"治国的政治思想下,宫廷"礼乐音乐"制度由此产生。其时,音乐在一定程度上得到重视和发展,但同时也被束缚在"礼"的规范之中。此外,作为统治阶级文化一部分的音乐教育也越趋完善。春秋战国时期奴隶制社会解体,封建制社会形成,新的社会关系逐渐形成,社会组织结构发生了深刻的变化。音乐方面,西周以来的礼乐制度瓦解了,民间音乐则广泛受到人们的喜爱而蓬勃地发展起来,雅乐的衰落和俗乐的兴盛成为这一时期音乐文化发展的主要特征。由于俗乐的兴盛,音乐作品、乐器、音乐表演艺术、音乐基本理论得到了长足发展,积累了丰富的音乐艺术成就。在诸子百家学说中,各家各派的音乐思想也相继产生。在几千年的中国古代音乐史中,春秋战国时期是中国音乐一个发展繁荣的时期。①

汉武帝时扩建乐府,吸收了大量的民间音乐和民间乐工入宫廷,对音乐的发展和繁荣起了积极的作用。由于秦楚矛盾的历史原因,以及以刘邦为首的汉朝统治阶级对"楚声"的偏爱,汉朝楚声音乐的发展达到了相当高的艺术水平,出现了以相和歌为代表的楚声音乐。同时,由于汉武帝派张骞出使西域,以及扩展疆域等措施又吸收进来许多外来音乐和少数民族音乐,因此在汉朝历史上音乐发展基本呈现出一个华夷并茂的局面。及至唐代,音乐与其他文化艺术的发展一样都达到了极其辉煌的阶段。唐代音乐文化从唐初起,随着国势的上升而不断发展起来,到了唐玄宗开元天宝(713—756)的时候,宫廷音乐极其繁盛。

宫廷音乐是指历代统治者在宫廷内部或朝廷仪式中为宫廷统治者演奏的音乐,它具有功利性、礼仪性和旋律优雅的特点。唐朝的燕乐是宫廷音乐的代表。唐初燕乐沿袭隋朝九部乐,唐太宗时增加一部,形成十部乐,基本上是按照不同民族及国家的音乐特点来划分种类,组成声乐系列。唐燕乐中最突出、最辉煌的是大曲,它集中代表燕乐的全部艺术成就,将中国的宫廷音乐推向了顶峰。唐玄宗创作的《霓裳羽衣曲》就是其中最有名的一首乐曲,全曲共分有36段,汇聚了唐代及前代音乐舞蹈的艺术精华,曾使无数的诗人赞叹不已,并传入朝鲜、日本等国,对这些国家的音乐产生了重大影响。

北宋建立以后,随着农业生产的恢复和发展,城市里的商业和手工业也迅速发展起来,城市里逐渐形成了以市民阶层为主体的市民文化。市民音乐的发展成为宋代时期音乐发展的主要潮流,产生了丰富多彩的形式体裁和大量的作品,甚至是优秀精湛的艺术,唱曲、说唱、词调、戏曲、器乐演奏等各种音乐活动十分活跃。至元代,各种体裁形式的市民音乐继续发展。社会矛盾的激烈,还促进了戏曲艺术及其音乐的发展成熟,杂剧和南戏已具有相当高的艺术成就。此外,蒙古族还带来了一些外来乐器和音乐。宋元市民音乐的发展一直延续到清代。

---

① 郑祖襄. 中国古代音乐史 [M]. 北京: 高等教育出版社, 2008: 16-37.

二、中国传统戏曲的发展与艺术成就

"戏曲"是中国的传统戏剧,包括宋元南戏、元明杂剧、明清传奇、近代的京剧和所有的地方戏,与话剧、歌剧、舞剧、哑剧等同属于戏剧艺术的一个门类。戏曲综合了文学、音乐、舞蹈、美术、武术、杂技等各种艺术,成为享誉世界的民族戏剧艺术。中国古代戏曲从远古走来,经历了千百年的发展,创造了无数的辉煌。①

(一)早期戏曲

远古社会的原始歌舞,是孕育中国传统戏曲的肥沃土壤。最初的舞蹈、歌唱均是在劳动过程中逐渐萌发形成的,舞蹈动作和歌唱内容也常常是劳动过程的再现。为庆祝捕猎胜利、谷物丰收,人们手舞足蹈,就是最原始的舞蹈;人们劳动中所哼唱的号子,就是最原始的歌唱。

在古代,君王、贵族的身边,有被称为"优"的男性,他们往往通过幽默机智的语言、惟妙惟肖地模仿他人,为君王排忧解闷。他们可以被视作戏曲表演或创作者最初的形态。比如,《史记·滑稽列传》中,就记录了楚国优孟的事迹。当时的楚相孙叔敖死后,其后人一贫如洗,生活困窘。优孟是个正直的人,他通过反复思考和练习,穿戴着孙叔敖的衣帽去见楚王,提醒楚王孙叔敖为国家做出的贡献以及他的后人窘迫的生活状态。结果楚王被他感动,下令改善了孙叔敖后人的生活。这个故事也被称为"优孟衣冠",其中已经有了装扮、表演和导演的成分,这是戏剧艺术不可或缺的重要因素,成为中国戏曲发展史上一个很重要的史料记载和例证。到了汉代,宫廷的百戏演出,初步融合了主要的戏曲元素,如舞台背景、人物角色、音乐、舞蹈、表演、故事情节等,这成为孕育中国戏曲的摇篮,对后代戏曲的发展,产生了很大的影响。

三国两晋南北朝时期,因为长期的战乱,中原的汉族人民大量迁移到南方,北方的各族人民也逐渐与汉族融合,他们的歌舞艺术与汉族的民间歌舞、角抵相结合,出现了《踏摇娘》《兰陵王》等故事性较强的歌舞节目。在这些节目中,戏曲艺术中不可或缺的重要因素如人物、故事情节、歌舞表演等艺术成分发展得更为成熟,向着戏曲艺术的形成又迈进了一步。

后赵的国君石勒在位的时候,军队中发生了一件军官贪污的渎职案件。石勒为了教育广大官员要忠于职守、廉洁奉公,让身边的"优"穿上官服扮演贪污的军官,其他的"优"在一旁用各种恶作剧或滑稽可笑的话语讽刺嘲弄他。后来,这种表演形式被继承下来,并演变为"参军戏",开始具有了较为完整的戏剧故事。表演时,一般是两个角色,被戏弄的人称为"参军",戏弄他的人称为"苍鹘",内容以滑稽调笑为主。参军戏在唐代发展为多人共同演出的形式,故事情节也比较复杂,除了男性演员,还有女性演员上场表演。由于西域歌舞、杂技等艺术形式的传入,唐代还发展出被称为"钵头"(又称"拨头")的歌舞戏。这些歌舞戏的情节与前代表演大体相同,但已加入了为专门表现故事而服务的歌唱和舞蹈,人物的服装、表情也有了规定,对人物心理情绪的刻画也向细腻化方向发展,类似于后来的歌舞小戏。这表明唐代歌舞戏在由歌舞向戏曲艺术发展的道路上,较前代作品又迈进了一步。

---

① 柳绪为. 古代戏曲 [M]. 重庆:重庆出版社,2016:2-16.

宋代文学有了进一步发展，唐、五代时期产生的词，到了宋代已经趋于成熟。在唐代变文的基础上，出现了一种被称为"鼓子词"的说唱艺术形式，用来表演一个完整的故事。例如，根据唐代元稹的传奇小说《莺莺传》所创作的《蝶恋花鼓子词》，叙述的是崔莺莺与张生的故事。在演出时，表演者边念边唱，直到讲完整个故事。但是，这种演出形式从头到尾，反反复复只在演唱同一首歌曲，时间久了，就会令人感到乏味。为了改变这种情况，有个叫孔三传的艺人，吸收了当时的音乐成就，按照一定要求，把各种不同的曲子组合在一起，来说唱一个完整的故事。这种全新的艺术形式，被称为"诸宫调"。这标志着说唱艺术无论是在文学上还是音乐上都已经完全成熟，为戏曲的产生铺平了道路。北宋时期，随着商业的繁荣和城市的发展，在城市有很多被称为"勾栏""瓦舍"供人休闲娱乐的场所。在这些场所中，人们可以欣赏到各种艺人的多种艺术形式的演出。如诸宫调、小说、讲史、武术、杂技、傀儡戏、影戏、说笑话、猜谜语、舞蹈、滑稽表演等。艺人之间的观摩竞争，吸收融合，促进了他们各自技艺的发展，慢慢地各种艺术走向了综合趋势。宋杂剧是在继承唐参军戏、歌舞戏等艺术成就的基础上，又广泛吸收了民间说唱、杂耍、武艺和唐宋大曲而形成的一种新的歌舞与故事表演初步结合的戏剧艺术形式。因为当时还常与杂技、乐舞等艺术形式同时演出，虽然丰富多彩却稍显杂乱，故被称为"杂剧"。宋杂剧是中国最早的戏曲形式。

【知识卡片】11-2
"瓦子"唱曲

（二）南戏和元杂剧

宋金时代戏剧演出的是有头有尾的完整故事或故事片段，滑稽表演占有重要地位，还有歌唱、念白、舞蹈等多种成分，音乐是其中不可缺少的成分，演出时与多种艺术形式同时演出或单独演出，为我国成熟戏曲样式"南戏""元杂剧"的产生起到了重要作用。北宋末到元末明初，在中国东南沿海一带流行的戏曲艺术形式被称为"南戏"，又称"戏文"。因为最先产生于浙江温州（一名"永嘉"），所以又称为"温州杂剧"或"永嘉杂剧"。很多文人注意到南戏，开始成立"永嘉书会""古杭书会""九山书会""敬先书会"等创作剧本的民间团体，专门从事南戏创作。后来，马致远等一些著名的杂剧作家也开始创作南戏。早期南戏剧目有《张协状元》《小孙屠》《宦门子弟错立身》（简称《错立身》），后期剧目有"荆刘拜杀"（即《荆钗记》《刘知远白兔记》《拜月亭记》《杀狗记》）和高明的《琵琶记》。

元代废除科举，文人社会地位较低，面对社会的黑暗与不公，很多文人投身到杂剧剧本的创作中来，处于社会底层的杂剧演员以精湛的表演艺术，将杂剧剧本搬上了戏曲舞台。因为舞台上表演的故事与人民生活息息相关，表达了广大人民的喜怒哀乐、理想和愿望，赢得了人民的喜爱。于是，与"唐诗""宋词"并称的"元曲"（元曲又称"北曲"，严格地说，元曲包括元杂剧和散曲，元杂剧主要指北杂剧）产生了，成为代表元代最高成就的艺术，在中国文学史和艺术史上，占有极其重要的地位。

元代产生了众多优秀剧作家，他们贴近下层劳动人民，熟悉舞台规律，作品通俗易懂，非常适合舞台演出，因而得到广大人民的喜爱，许多作品直到今天还活跃在舞台上，散发着永久的艺术魅力。这些作品题材广泛、风格多样，为我们描绘了一幅生动的元代社会风情画卷。在这些作品中，有的反映了被压迫人民的愿望，深刻揭露封建黑暗统治对人民的迫害，提出了社会生活中迫切需要解决的一些重大问题，如关汉卿的《窦娥冤》《蝴蝶梦》、武汉臣的《生金阁》；有的写地方官吏和地痞流氓相互勾结，欺压人民，最后在清官审理下受到应有惩处的公案戏；有的写风尘女子所遭受的痛苦，如关汉卿的《救风尘》；有的写科举制度和高官厚禄对知识分子、下层兵士的灵魂腐蚀，如杨显之的《潇湘夜雨》和石君宝的《秋胡戏妻》；有的写封建家庭内部为争夺遗产的生死斗争，如武汉臣的《老生儿》；有的揭露统治集团的腐朽无能，投降卖国，歌颂人民和爱国将领反抗民族压迫的斗争，塑造了春秋、两汉、三国等历史时期的英雄人物，如关汉卿的《单刀会》、孔文卿的《东窗事犯》、马致远的《汉宫秋》、高文秀的《渑池会》；有的歌颂男女之间的真挚爱情，如关汉卿的《拜月亭》、白朴的《墙头马上》、李好古的《张生煮海》和王实甫的《西厢记》等。元末明初，北杂剧开始衰落，更多的文人加入南戏创作中来，并对南戏进行了很多改革，使其艺术水平有了很大提高。

（三）明清戏曲

明清两代，杂剧已无法再现当年雄风，南戏占据了戏曲舞台的重要地位，并流传到各地。在流传过程中，由于各地方言方音及欣赏习惯不同，为了适应当地观众的欣赏口味，南戏就不得不做出相应改变，与当地的语言、民间艺术相结合，各地民间艺人采用当地的方言土语，来演唱具有同样旋律的曲调，由此形成了各种不同的声腔。其中，产生于浙江的海盐腔、余姚腔，产生于江苏的昆山腔，产生于江西的弋阳腔较为有名，被称为"四大声腔"。此外，还产生了义乌、青阳、徽州、乐平等声腔。南戏的名称也分别被各种声腔代替，或统称为"传奇"。

各种声腔在发展的过程中，有的日渐强大，有的渐渐消亡。魏良辅和梁辰鱼对昆山腔的改革，使其艺术成就得到很大提高，受到上层社会普遍欢迎，流传范围遍布全国各大城市，最终成为享誉世界的"昆曲"。后来，昆曲在传播过程中，由于各地欣赏习惯、方言的影响，也在一定程度上出现了地方化的趋势，衍变为地方昆曲，如现在的湘昆、北方昆曲、永嘉昆曲等；有的被吸收，成为多声腔剧种的一个组成部分。这些地方化的昆曲，构成了戏曲艺术的昆曲声腔系统，成为各新兴地方剧种的吸收借鉴的对象。弋阳腔流传到各地，也形成了各种新的声腔（例如，流传到北京形成了京腔），发展演变为一个庞大的弋阳腔系统，在民间广为流传，甚至远达东北的辽阳。

戏曲是人民大众的艺术，产生于明代的昆曲，因其文辞典雅、雍容华贵，故被称为"雅部"。虽然有着无数的辉煌，但到了后期，轻歌曼舞的表演方式，严谨工整的曲牌联套音乐，格律严格，过于文雅的长短句曲词创作，一般人很难驾驭和掌握。虽然音乐唱腔婉转好听，但由于曲文渐渐变得晦涩艰深，以致观众如果没有看到曲文，根本不能理解演员所唱的到底是什么，这已成为制约其发展的沉重枷锁。这时，就产生了被称为"花部"的民间地方戏曲。

民间地方戏曲最初大多流行于乡村，一开始是由小生、小旦或者再加小丑的"两小"或"三小"戏，采用的是当地流行的山歌小调来演出一个比较简单的故事，往往不被重视。后来继承了弋阳等声腔的传统，吸收了昆曲的艺术成就，表演的故事也开始变得复杂，并对原有的戏曲形式进行了革新和创造，逐渐成熟起来。因政治、军事、经济等原因造成的人口迁徙，都市商品经济的发展和商贾的流动，政府官吏的离任升迁，民族传统的社会观剧习俗等诸多因素的影响，花部戏曲艺术得以蓬勃发展，并在全国各地形成了皮黄、梆子、弦索、民间歌舞戏、多声腔剧种五大系统的地方戏曲剧种,并从乡村走向了北京、杭州等较为发达的城市。在清代,有"南昆、北弋、东柳、西梆"的说法,"南昆"指南方的昆曲,"北弋"指源于江西弋阳的弋阳腔,"东柳"指发源于山东的"柳子腔",此时也已传播到江南,"西梆"指发源于山西、陕西的梆子,已流传到全国大部分地区。花部戏曲继承了宋元南戏、元杂剧、明清传奇等诸多作品的战斗精神,又继承、改编了前代作品、小说、说唱中的大量历史故事和民间传说,剧目所反映的社会领域大为拓展。不断发展的花部,与曾经盛极一时的雅部的"昆曲"展开了激烈竞争,在戏曲史上被称之为"花雅之争"。在"花雅之争"的过程中,花部既冲击着雅部,又借鉴吸收了雅部的艺术成就,使自身不断发展和完善,最终走向了艺术殿堂。

第五节 中国传统艺术的民族特色与世界意义

如果把中国传统艺术置身于世界艺术发展的大背景下进行考察,那么我们就不难发现,其所特有的民族特色不仅是中国传统艺术内在精神的体现,而且也是它独具魅力从而对世界产生影响的根据之所在。中国传统艺术在数千年的发展演变中,流派林立,风格迥异,个性鲜明,内容丰盈。我们只有了解了中国传统艺术的民族特色,才能真正理解中国传统艺术何以能在整个世界艺术发展史上占据重要的地位。[①]

一、中国传统艺术的民族特色

(一) 中国传统艺术的共生性

中国传统艺术形式往往存在同根同源的内容,这就是艺术的共生性。首先,一切艺术都在文化的土壤里孕育生发,文化的递变映现在一切艺术形式中。而各种艺术形式表层结构的千变万化、百花争艳又构成某一时期特定的文化景象,成为文化精神实质的感性载体和直接表达,艺术与诸文化因素相互渗透、影响,构成了连锁反应。比如,在我国魏晋南北朝时期,文学从文史哲综合性学术中分化出来,促进了文体美学的发展,文学独立门户,向纯文学发展迈进了一大步;而这时期对文学审美特性的追求及永明体、宫体诗、骈文的出现和繁荣都鲜明地强调了文学的形式美,而消解了自汉而来的文学道德功能,使文学卸下了过于沉重的载道负累,文学由经学的附庸渐渐向"以气质为体""以气为主"并最终"以情纬文"的路线转化,向着更纯、更独立的艺术审美方向前进。文学艺术的这些特点也恰巧与魏晋南北朝时期舞蹈的特点相通,这一时期的各种表演性舞蹈的风格和审美特征大多是富于抒情性的,舞姿轻盈柔曼,情调缠绵婉转。两种艺术形式都从道德美向艺术美转化,都更注重其自身的独立性,即注重其艺术形式美而淡化其实用功能。[②]

其次,传统艺术的共生性,还表现在塑造完整人格的过程中都能起到互为补充的作用。中国古代众多的艺术形式,都被赋予了陶冶人的情操,提高人格魅力的功能,呈现出独特的

---

① 李乾夫,李鸿昌,杨更兴. 中国传统文化概论[M]. 昆明:云南大学出版社,2015:221-232.
② 徐慧. 魏晋南北朝舞蹈的文化内涵阐释——兼论古典舞与文学的共生性[J]. 文史博览,2009(4):26-28.

文人审美倾向。时至今日，越来越多的人重视艺术教育，重视艺术教育对提高情商和智商所发挥的双重作用。在唤醒人的积极因素方面，艺术具有共同性，承担着人的自身解放和发展，共生于人的全面塑造。

再次，传统艺术的共生性还表现在不同艺术形式的创作手法的贯通圆融中。中国古代历来就有"书画同源"之说。"书画同源"说至少有两层意思：一是史实的同源；二是两者均为线条艺术，有其共同特征。首先，从文化源头来看，中国的字、书、画本自同根，它们均根植于原始文化的土壤之中。汉字是由象形发展而来，而象形就是对客体的描绘。书写者在书写象形汉字时，常常带着情感化和艺术化的倾向，便进入了"书"的境界；与此同时，绘画也源自对自然的描摹，与象形汉字是同出一源的。因此说，书画同根而生，难分你我。其次，书画都是线条艺术，其工具也都是笔墨纸砚，在表现技法上又相互融通，极具共性特征。清代艺术大师吴昌硕年过二十才学画，但由于他深厚的书法、篆刻功夫，不仅画中有书法，且书中有刀法，其画中书法、篆刻、绘画融会一体，画风苍劲挺健，自成一体，并因此而成就斐然，名扬四海。

（二）中国传统艺术追求天人合一、物我合一的审美性

艺术最大的一个特点就是审美性。艺术来源于现实又高于现实，艺术作品的本质属性是审美属性，人们通过欣赏艺术作品满足审美的精神需求，激发出人趋善的能量。无论是绘画、书法还是音乐都具有很强的审美价值，这也是艺术家追求的目标之一。在西方古代艺术发展中，主要强调艺术是人对自然客体的模仿，因而艺术审美的本质就是"摹写""移情"，从本质上说，这是一种天人、物我分离的艺术审美观。但中国传统艺术从《易经》开始就讲究一种包举天、地、人三才于一体的审美理念，因而中国传统艺术从整体上就是追求天人合一、物我合一的审美境界。

比如，中国古代知名画家大多重视游山玩水，而游山玩水的目的是充实自己的心性，以期感悟自然之神气，为更好地在作品中表现山水之精神或变化之道打下基础。因此，在古代艺术家那里，继师法自然之后，艺术创作更重要的一步是必须进入神与物游阶段。此处之"游"是指创作主体的精神、心理活动，具有丰富的想象意义和主观创造功能。这时，创作主体乘兴而捕捉相应的客体物象，在内心世界浮想运思，发现新的审美意象。在此，艺术家在心师造化所积累的各种素材均联翩而至，在脑海中一一浮现，并最终在艺术作品中达到天人与物我的融合之境。[①]

（三）中国传统艺术的现实性

现实性是艺术作品对现实世界的真实反映，它首先表现为题材的真实性，即艺术作品反映的是现实生活。艺术作品是人类文明和知识的载体。艺术作品往往记录一些现实生活的事件和场景，通过欣赏艺术作品，人们可以认识作品所反映的现实生活，了解当时的社会现实。艺术创作题材大多来源于现实，而艺术作品本身又具有很强的现实指向性。比如，传统中国画讲究师法自然，其含义之一就是以现实生活作为创作素材。自魏晋之始，直到元代少数民族统治中国之前，现实主义是传统中国画的主流艺术形态，并在中国美术史上留下了蔚

---

① 白全贵，师全民.中国传统文化概论 [M].郑州：郑州大学出版社，2003：159-163.

为壮观的现实主义作品。比如隋代展子虔的《游春图》,唐代阎立本的《步辇图》、韩滉的《五牛图》、张萱的《虢国夫人游春图》、周昉的《捣练图》,五代顾闳中的《韩熙载夜宴图》以及宋代张择端的《清明上河图》等,所有这些作品,其创作素材都是画家对现实生活的采集,画面所讲的故事都是对当时现实生活的记录。这些绘画作品的艺术风格皆具鲜明的现实主义性质,所以成为中国画现实主义风格的代表而流传下来。特别是南宋时期的许多风俗画,其内容题材丰富广泛,包括了市街、城郭、游艺、货郎、耕织、村牧、村学、村医、童戏等诸多现实生活内容,而且许多作品是对当时下层平民现实生活的客观描写,更加具有现实主义的艺术特征。[①]

(四)中国传统艺术的高风劲骨

中国传统艺术在世界艺术之林中独树一帜,还有一点极其鲜明的特征是其对"风骨"的追求。"风骨"理论来自中国古代文学评论家刘勰(约465—520)的《文心雕龙》一书,它既指艺术作品(特别诗文书画)雄健有力的风格,也指艺术家所具备的刚正端直的品格。"风骨"可以说是中国艺术的精髓。

首先,"风"与"骨"一动一静,动静相宜。中国传统艺术中"风骨"的动与静,在历史悠久的书法与绘画中最为突显。从某种意义上说,书与画都通于舞,其结构、气势乃至力透纸背的效果,都是"风"与"骨"作用的结果,也都是动与静配合的效果。"风"给人以一种生动活泼的动态审美感受,而"骨"则给人以一种沉稳凝练的静态审美感受。"风"与"骨"动静相宜,方能创造出独特的美的境界。再以中国雕塑为例,汉代的青铜雕塑"马踏飞燕",正是用异乎寻常的"静"表现了异乎寻常的"动"。这种动与静的辩证关系在其他中国传统艺术中也俯拾皆是。比如音乐的延续与停顿,舞蹈的飞扬与沉寂,戏剧的武打与亮相,无一不体现出动与静的关系。其实动与静总是相宜的,动中有静,静中有动,风暴中会有屹立的山,春色里会有呼吸的莺,自然界本来就没有绝对的动和绝对的静。

其次,"风"与"骨"一虚一实,虚实相生。无论是中国的书法、绘画、雕塑,还是音乐、舞蹈、戏剧,都极其重视空白。其实空白并非真无物,空白乃自然之风、生命之气流动之处。风气在虚处,表现的是神韵;骨力在实处,表现的是思想。诗与画都可以虚实相生,以烟霞写日月,以草木写春秋,在有与无之间显现风骨,从有限中看出无限来。如唐朝诗人岑参(715—770)描写的雪景"忽如一夜春风来,千树万树梨花开",真是诗中有画,画中有诗,动中有静,静中有动。再如中国传统戏曲,其表演"三五步行遍天下,七八人百万雄兵"就是虚实相生的最好表现,而以鞭代马、以桨代船更是以虚代实。虚拟性的表演使中国戏曲舞台上逐渐形成了演员注重身段动作的美,而并不在意模仿的真实性特征,观众更多的是对表演程式的欣赏,并不去刻意对演员的表演求真求实,真实自然在观众心中了。

再次,"风"与"骨"一柔一刚,柔刚相济。"风"有声而无形,柔婉百转;"骨"有形而无声,刚劲强健。"风骨"的刚与柔在中国书法、绘画、雕塑、音乐、舞蹈、戏剧等方面都表现得淋漓尽致。比如,书法的用笔最能表现出刚与柔的对立和统一。笔锋未着纸时,刚与柔者或不存在;笔锋一着纸,则刚与柔共生,互相依存,互相转化。章法上的欹正,布局上的黑白,行气上的擒纵,结体上的险稳……无一不是柔刚相济的结果。东晋王献之

[①] 惠剑. 论中国画的现实主义 [J]. 江苏师范大学学报(哲学社会科学版),2014(2):158-160.

(344—386)的字被评为"既雄且媚"。"雄"是刚,如山石嶙峋,岿然不动;"媚"是柔,如水波潺潺,温婉动人。王献之的《鸭头丸帖》《洛神赋》等都是柔刚相济的传世之作。再如,唐代舞蹈便有健舞与软舞之分。健舞节奏明快,动作力度大,表现出一种矫捷雄健的风格;软舞节奏舒缓,动作轻柔,表现出一种优美柔婉的风格。健舞与软舞一刚一柔,在风格上形成鲜明的对照,刚柔相济地展示出唐代舞蹈的风貌。①

二、中国传统艺术的世界意义

中国传统艺术历史悠久,在世界艺术之林中独树一帜。从世界范围来说,中国传统艺术的意义主要体现在两大方面:一是其本身的特异性为世界艺术花园增色,成为不可或缺的瑰宝;二是以其特有的思想价值和技巧技法对世界文化艺术起到了积极的促进作用。前文总结了中国传统艺术鲜明的民族特色和具体成就,这里重点介绍中国传统艺术对世界其他民族艺术的发展起到了哪些推动作用。②

早在秦汉时期,中国传统艺术就同其他文化一道,从东、南、西三个方向向外传播。在东方国家中,日本受到的影响最大。弥生时代的日本在吸收中国技术的同时,其造型艺术也深受中国造型艺术的影响,铜铎就是这方面的杰作。在西方,由于中国丝绸传到罗马,也使西方人的造型与服饰艺术有了明显的改变。

至隋唐,中国出现了太平盛世,国力强大,艺术辉煌,与世界各国的经济文化交流也达到了空前的程度。其中与日本的交流尤为密切,中国使者东渡,日本留学生西进,双向交流极为频繁。在这一过程中,唐代的建筑、书法、工艺瓷器、绘画对日本古代艺术的发展起到了举足轻重的作用。建筑上,日本的藤城京、平城京、平安京与唐长安城极为相似,其总体设计思想是体现中央集权的加强,强调以朱雀大街为中轴线,平面布局呈棋盘式格局;书法方面,唐朝人喜爱的王羲之书体在日本风行,日本书法史上三大名家之一的空海和尚的作品,因极具王羲之韵致,被列为日本的国宝;工艺瓷器方面,日本的"奈良三彩"即是模仿著名的唐三彩而烧制的;绘画方面,奈良前期的代表作法隆寺金堂壁画与盛唐壁画如出一辙。

其他周边国家对唐代艺术的接受与吸引也与日本相仿。此外,由于唐代开辟了由中国南海经印度洋到非洲的"陶瓷之路",随着陶瓷大量运到东南亚,甚至远及波斯、叙利亚、埃及乃至非洲东南岸,中国陶瓷中体现出来的艺术风格,特别是唐三彩丰富的色彩、生动的造型深深地影响了当地艺术的发展。从9世纪起,埃及制陶业已模仿唐三彩制作多彩陶器。在波斯,所谓波斯三彩、白釉蓝彩陶和青色陶器,也都是在中国陶瓷的影响下定型着色的,是中国陶瓷艺术和波斯风格的结合。

宋元时期,民族冲突加剧,但中外文化的交流却由此在深度和广度上都出现了前所未有的规模。在中国科技迅速外传的同时,中国艺术特别是绘画艺术也传播到东亚、俄罗斯、阿拉伯和欧洲。宋元时期,日本派了许多僧人,这些僧人回国时带走不少宋元名画,对日本禅林影响很大,使日本绘画深染了中国绘画淡泊、潇洒而又雄浑的风格。中国元代的统治者在

---

① 刘谦功. 中国文化艺术[M]. 北京:五洲传播出版社,2014:5-7.
② 张应杭,蔡海榕. 中国传统文化概论[M]. 上海:上海人民出版社,2013:398-404.

西征的过程中，把中国的美术带到了中亚和西亚，波斯的细密画就受到中国古代绘画很深的影响。这一时期，在中国陶瓷中逐渐占有主流地位的青花瓷也开始向外流传。在国外，发现元代青花瓷的国家和地区有日本、菲律宾、印度尼西亚、马来西亚、印度、土耳其、伊朗和东非。据一些学者研究，青花瓷之所以行销东南亚、南亚、西非和东非的一些地方，可能是因为当年伊斯兰文化对白底青花纹饰有浓厚的审美情趣。这些国家和地区自行仿制青花瓷的艺术明显留下了中国艺术的痕迹，这是中国艺术对异域艺术产生影响的又一明证。

明清时代，中国有不少画家去日本，把中国绘画艺术进一步传到日本，其中伊孚九、沈南苹对日本画风影响最大。16世纪初，随着中国与欧洲之间频繁贸易活动的兴起，远销欧洲的中国瓷器、漆器、珐琅等工艺品，引起了欧洲诸国的浓厚兴趣。至17、18世纪的洛可可运动期间，更是在欧洲艺术界出现了一股追求"中国趣味"，崇尚"中国风格"的热潮，中国的瓷器是当时欧洲最受青睐的工艺品。随着中国热的升温，欧洲人没有简单地停留在欣赏、使用和收藏上，他们纷纷仿效中国的瓷器制造。荷兰人捷足先登，其瓷器制造中心德尔夫特在1580年以后的200余年时间里竟先后冒出759个瓷窑。而驰誉欧洲的德国麦森窑其特色就是制造中国趣味的瓷器。法国人虽起步较晚，但他们后来居上，从17世纪开始就成为欧洲的制瓷中心，烧制出了著名的尚蒂伊瓷。

中国绘画对欧洲绘画艺术的影响，也可以追溯到文艺复兴时期。著名的意大利画家达·芬奇的不朽名画《蒙娜丽莎》，其背景就是中国式的山水。到了17、18世纪，着力表现中国山水画、风俗画的独特风韵已成了欧洲绘画的一种时尚。荷兰画家扬·丹·凯塞尔的作品《亚洲》，画面上似一修女在向印度或阿拉伯人介绍远东文化，背景是巴洛克式建筑，而在其细节描绘中可以分辨出印有中文的《崇祯历书》、弥勒佛和其他雕像或陶偶，以及昆虫标本和织毯等物。特别有意思的是，画家借用中国技法，在画面靠前部位描画了一扎扎各色丝线、桑叶和从幼虫到作成茧再变成飞蛾的蚕的各种变化形态，使整幅画散发出浓浓的"中国味"。法国的瓦托是法国绘画史上较早表现中国趣味的画家，其作品《海南岛的女神》从人物服饰到有岩洞的假山，都是中国式的。到19世纪后半期，中国画更是普遍引起了西方绘画界的重视，甚至在印象派、后期印象派一些大师的画中也不难发现中国画的影响。

18世纪中叶，英国的园林建筑中也呈现出一股明显带有个性倾向的"中国风"，其基本特征是崇尚自然主义的田园风味。当时最有名的园林建筑师是曾两度考察过中国的威廉·钱伯斯，他先后写过《中国建筑、家具、衣饰、器物图案》《丘园设计图》和《东方园艺》三本关于中国建筑的书，极力推崇中国园林建筑，影响很大，特别是《东方园艺》一书几乎成为18世纪末欧洲园林设计可以借鉴、参考的经典。钱伯斯不仅是园林理论家，而且有着成功的园林建筑实践，他亲自为当时英太子孀妃建造了欧洲第一座中国式的庭园，园中假山、瀑布、曲径、丛林，无不依中国园林样式布局设计，且有九层宝塔一座。由于当时此园轰动了全欧洲，影响很大，后来法、德、荷等国竞相仿效。

中国戏曲也对欧洲戏剧艺术的发展产生了影响，这种影响力最突出地表现在纪君祥《赵氏孤儿》的传播中。法国耶稣会传教士纳瑟夫·普雷马雷于1732年把该剧译为法文，取名为《赵氏孤儿：中国悲剧》；法国著名的启蒙学者伏尔泰于1755年将其改编为《中国孤儿》，同年8月在巴黎上演；英国戏剧家阿瑟·莫夫改编了该剧，并在德鲁里、莱思皇家剧院上演；意大利戏曲家皮埃特罗、安东尼奥、麦塔斯塔西奥则把该剧改编为歌剧，题名为

《中国英雄》。此外,王实甫的《西厢记》同样也在国外影响很大。18世纪末日本就出版了冈岛咏舟翻译的《西厢记》;朝鲜不仅翻译了《西厢记》,而且众多学者进行了专门研究;《西厢记》还在英、法、德、美各国引起了很大的反响。

当然,在中国传统艺术外传的过程中,也不断受到外来艺术文化的影响,近代以来尤其受到西方艺术的影响。除书法之外,其余艺术种类从形式到内容无不出现深刻的变革。这一方面使中国艺术不断与其他民族的艺术相融合,但另一方面也对中国传统艺术原有的艺术特色提出了挑战。中国传统艺术面对的时代问题是整个中国传统文化命运的一个重要组成部分。值得欣慰的是,在当代,随着人们对现代性的反思,人与自然关系的重新定位,中国传统艺术"天人合一"的意境和人文精神又一次受到了人们的重视。譬如中国画中所包含的人与自然的和谐关系较之感官刺激的、欲望的西方现代艺术更显出无穷的感召力。一些学者甚至断言,中国传统文化艺术中那种超越苦难、欲望、激情和冲突之上的平淡恬静、天人合一、物我两忘的境界有可能成为未来世界艺术中的主流。从这个意义上,我们可以自豪地说,中国传统艺术既是传统的又是现代的,既是中国的又是世界的。

思考与探究

1. 中国传统艺术在不同的历史时期呈现出哪些特征?这些特征是如何形成和发展的?
2. 中国传统书法与绘画艺术存在哪些内在的联系?
3. 与以欧洲艺术为代表的西方艺术相比,中国传统艺术表现了哪些民族特征?

拓展阅读

1. 《中国艺术史》,苏立文著,上海人民出版社2014年出版。
2. 《全球景观中的中国古代艺术》,巫鸿著,三联书店2017年出版。
3. 《中国美学思想史》,于民著,复旦大学出版社2010年出版。

第十二章

中国传统科学技术

学习目标

1. 了解我国传统科学技术发展的基本历程。
2. 理解我国传统科学技术发展的特点。
3. 认识我国传统科学技术在"四大学科""四大发明"和"四大技术"方面所取得的重要成就。

内容概要

古代中国人凭借其聪明才智,创造了诸多的科技成就,不仅对中国文明而且对世界文明发展都产生了深远的影响。本章概要介绍了中国传统科学技术的基本情况。首先,梳理了中国传统科学技术经历了孕育与萌芽、发展与完善、停滞与转型三个时期,并具体介绍了上述三个时期中国传统科学技术的发展概况;其次,介绍了中国传统科学技术在农学、医学、天文学、数学以及技术等方面取得的伟大成就;最后,归纳整理中国传统科学技术发展的特点。回顾中国传统科学技术的发展历程、梳理中国传统科学技术取得的成就和研究中国传统科学技术的特点,对于中国现代科技文明的发展具有重要启示意义。

第一节 中国传统科学技术的发展历程

科学技术的发展并非源于凭空思辨,而是基于广泛的社会生活实践,古代中国科技文化的辉煌灿烂则是源于成熟的农耕文明。在中国上下五千年连绵不断的历史进程中,科学和技术的发展大致经历了三个时期:孕育与萌芽时期,时间大约相当于中国的原始社会后期和奴隶社会；发展与完善时期，时间从春秋、两汉、三国、五代直到宋和元代；停滞与转型时期，时间为明清两代和鸦片战争以后。对这一发展过程进行回顾，能够使我们更明确地了解与认识中国传统科学技术的本质特征及其所面临的问题，并对未来科技的发展做出分析与评价。

一、中国传统科学技术的孕育与萌芽时期

在中国，最早被发现的技术是距今约 180 万年西侯度文化时期的石器技术，这表明最迟从那时起，中国先民就已经掌握了技术。[1] 考古学还表明，距今 170 万年前元谋人除了会制造各种石器、骨器和木器等原始工具，还掌握了用火的技术，这可以说是中国先民支配的第一种自然力。在距今约一万年前，中国先民进入了新石器时代，人们制造的生产工具更加精致，原始的耕作技术和动物驯养技术也得到发展，并逐渐出现了制陶、纺织等原始手工业。在新石器时代中期，我们的祖先已开始观测天象，并用以定方位、定时间、定季节，相传黄帝时代已有了历法。他们还学会用陶器蒸煮食物，减少食物污染，使营养吸收更全面，随着陶器烹食，我们祖先可能已养成喝开水的习惯。远古时代人类的生存环境极其恶劣，我们祖先在艰苦的生活环境中体会到，如果不加强身体的运动必会"气郁淤而滞着，筋骨瑟缩不达"，为此他们创造了"为舞以宣导之"的体育疗法。[2] 中国伟大的医药学正是从这里迈开第一步的。

在原始社会里，我们的祖先虽然在技术上取得了不少进步，科学知识也在萌芽，但人类相对于自己的生存环境毕竟还是太弱小，刚刚成长起来的理性意识还不能理解自然的博大与奥秘。尽管如此，人们还是借助于幻想，表达了与自然抗衡的愿望，这就形成了中国最早的神话——夸父追日、精卫填海，这种愿望也许正是中国科技文化不断发展的原始精神动力。

二、中国传统科学技术的发展与完善时期

远古时期之后的夏商周时期，是中国古代科学技术真正的诞生时期。随着社会财富的增长，出现了脑力劳动者。古人在这一时期不仅创造了文字，而且使科学从生产技术中分化出来，走上了独立发展的道路。中国第一个奴隶制国家是夏朝，夏代在科学上最大的成果是确立了以正月为岁首的历法，这表明了天文学乃是中国科学的开端。夏王朝延续了 400 多年后为商朝所取代，商代使夏代开始的青铜器文明达到了高峰。1939 年在河南安阳出土的后母戊鼎（图 12-1），是商王为祭祀其母——戊而铸造的，它高 1.33 米，重 875 千克，制作工艺十分精良，是世界上罕见的青铜器贵重文物，而且是迄今为止所有出土的鼎中最大、最重的青铜器，反映了那个时代人们青铜铸造的技术水平。[3] 到了商代后期，铁的开发和利用也逐渐开始了。商代还在夏代天干纪日的基础上进一步使用干支纪日法，将夏代开始的历法发展成为初步完备的阴阳合历（殷历）。商代数学也产生和发展起来，十进制的位值记数法已

---

[1] 白寿彝编. 中国通史（第二卷）[M]. 上海：人民出版社，1994：3.
[2] 吕不韦. 吕氏春秋通诠 [M]. 王晓明，译注评. 南昌：江西人民出版社，2010：98-99.
[3] 张应杭，蔡海榕. 中国传统文化概论 [M]. 上海：上海人民出版社，2000：455.

经出现，人们已有了奇数、偶数和倍数的概念。

继商而起的周代是中国历史上极其重要的朝代，是中国传统文化奠基的朝代。西周科学领域进展最快的是天文学和医学。西周初年，周公在洛邑（今河南洛阳）附近的嵩山之阳（大禹的故里，今河南登封告成镇）建立了观星台（图12-2），这是我国最古老的天文台，也是世界上最重要的古代遗迹之一。① 与天文学密切相关的数学在这一时期已发展为独立学科，西周数学家已发明了用算筹进行简单的四则运算，还能将这些知识用于土方工程计算等生产应用活动。而医学正经历一个革命性的变化，医疗术开始和巫术分开，出现了专职医生并建立了最早的医事制度。

图12-1　后母戊鼎

图12-2　观星台

春秋战国时代，是中国古代科技发展的第一个高潮期。随着封建社会取代奴隶制社会的激烈变革，知识分子作为"士"阶层而成为独立的社会群体。中国在学术上出现了诸子百家争鸣的繁荣景象，揭开了中国文化史上最为光彩夺目的篇章。百家争鸣不仅为中国建立世界文明史上最完备的封建制度奠定了思想基础，也为中国科技文化发展提供了各种可能性。春秋战国时代作为中国古代科学技术发展的第一次高潮，技术上的成就首推铸铁技术的出现和铁制工具的使用。与此同时，科学成就方面更是硕果累累。在天文学方面，对行星和恒星观测开始数量化，产生了古四分历，这一历法在当时世界上是十分先进的，标志着我国历法已经进入比较成熟的阶段；在数学方面，十进制的位值记数法和在这基础上以筹为工具的各种运算更加成熟；在医学方面，中国古代的医学传统也基本形成，战国晚期成书的《黄帝内经》奠定了中国传统医学的理论基础。这一时期新发展出来的科学学科是物理学和地理学，墨子和他的学生通过实验和思考，对光学和力学的一些原理作了正确的阐述；中国古地

---

① 张应杭，蔡海榕. 中国传统文化概论［M］. 上海：上海人民出版社，2000：457.

理学著作中现存最早的《山海经》《尚书·禹贡》《管子·地员》等均已出现，反映了那时人们随着活动区域扩大，对地理知识有了更加迫切的需要。

秦汉两代，中国封建社会如日东升，国家空前的统一和中央集权的形成，都为生产力迅速发展奠定了基础，从而促进了科学和技术上新的进步。秦汉时代技术上的成就首推冶铁术的成熟，铁不仅在农具和武器的制造上基本上取代了铜，而且还出现了炒钢技术。秦汉时代还是建筑、交通及陶瓷、纺织技术迅速发展的年代，修筑万里长城，开凿灵渠，不仅促进了各地经济文化交流，更直接带动了车、船技术的发展。汉代出现的造纸术，对整个人类文明史更是产生了极为深远的影响。在秦汉时期，中国古代科学技术已形成自己成熟而独特的体系和研究风格。在同一时期，西方正是希腊科学衰退，罗马文明兴起和发展时期，因而中国科技发展超过西方的态势正在形成。

三国两晋南北朝是中国历史上社会动荡和政治混乱的时期，也是中国历史上难得的精神比较自由，文化多元化发展的特殊时期。社会动荡，战争不断，使这一时期的武器制造技术有了较大的发展，从而也带动了机械技术向精巧化方向发展。与此同时，佛教和道教的蓬勃发展，打破了汉代儒学一统天下的局面，道教以长生成仙为目标，炼丹术的发展不仅推动了化学的进步，而且带动了医药学的进步。三国两晋南北朝时期的数学研究和数学教育又有了显著的发展，这一时期还出现了刘徽和祖冲之两位数学大家。农学最突出的成就是北魏时期贾思勰所著《齐民要术》的问世。

从隋唐而至宋元，随着国家的空前统一，封建社会制度的高度成熟和中外文化的广泛交流，中国古代的科学技术也达到了辉煌的顶点。隋代很短暂，但在中国医学、天文学、建筑学史上却留下了几项非常光彩的记录，尤其是工匠李春设计的河北赵县的安济桥（即举世闻名的赵州桥，图12-3），无论是从工程力学角度还是从建筑美学角度看，都在建筑史上留下了一座丰碑。在欧洲，同样类型的敞肩拱桥到19世纪中叶才出现，与赵州桥相比要晚1200多年。

图12-3 赵州桥

盛唐时代，从整体上看唐代的手工业和农业技术无长足的进步，然而与生活密切相关的技术却有了明显的进展。唐朝长安城的设计和建设、雕版印刷都是这一时期突出的成就。同时，陶瓷技术也有了很大的发展，出现了著名的"唐三彩"。

宋代是中国封建文化鼎盛时期，指南针、印刷术和火药在军事上的运用是科技最为突出的成果，与科学上辉煌成就交相辉映的是各种技术发明层出不穷，还出现了许多优秀的金属工匠；织锦技术也有很大发展，出现了著名的苏州的宋锦、南京的云锦和四川的蜀锦。

三、中国传统科学技术的停滞与转型时期

明清时期是我国封建社会的后期，科学技术发展在僵化的封建体制和日益强化的文化专

制的双重压迫下，日渐缓慢，在总体上开始落后于西方。然而商品经济的萌芽，实学思潮兴起和西学的传播，还是给明清科技发展提供了新的动力，使中国古代科技出现了转型的趋势。

在郑和七下西洋这一背景下，域外地理学取得了较大成就，除此之外明代还出现了不少旅行家，如徐霞客，其代表作《徐霞客游记》在中国地理学史上具有划时代的意义。明代的医药学在各个方面也都有新的进展，特别是发明了预防天花的人痘接种技术，这是人类第一次通过免疫法获得预防天花的抵抗力。同时，医药学领域还出现了李时珍的《本草纲目》。明代科技发展的总结性特征，表明中国古代科技已高度成熟，除医药学和少数技术学科外，科学技术在原有的框架中已无重大发展的可能性。

这一时期，正是欧洲近代科学技术诞生和发展的时期，文艺复兴、地理大发现和宗教改革，使欧洲迅速走出中世纪的黑暗向近代资本主义文明飞奔而去。从那时起，中国逐步由先进的技术输出国变成了潜在的技术输入国。其实，清朝的统治者在开国后一段时间内，对西方科学技术还是有兴趣的，民间的科学研究也没有遭到禁止，所以中国清代的科技虽然相对欧洲已完全丧失了优势，但在继承传统和接受西方科技的结合上仍有一定的发展。

康熙之后，清政府闭关自守的政策日益加强，而欧洲社会变革和科学发展却以一日千里的速度前进着。牛顿力学建立，工业革命蓬勃兴起，到鸦片战争爆发，欧洲已进入资本主义机器大工业时期。

1840年的鸦片战争以后，国门被迫打开，西方文化以居高临下的姿态开始冲击中国，西方工业技术首先传入以上海为中心的各大城市。近代工业的兴起，为近代科学技术的发展奠定了物质基础，而西学著作的翻译和出版成为推动中国近代科技产生的直接动力。正是在这样的社会历史条件下，中国科技开始了由古代科技体系向近代科技体系艰难而意义非凡的转变。中国近代科技出现的最重要的标志是西方科技知识体系的输入和职业科学家群体的崛起，这些科学家在时代意识、知识结构、科学家角色自我认同等各个方面，都与古代科学家有了明显的区别。其一是对科学职业的选择表现了自觉性，其二是在科学活动中表现出鲜明的近代科学风格，其三是唯科学为重的求真精神。晚清科学家的这些人格特征，无疑标志着职业科学家群体的崛起和中国近代科技时代的到来。

第二节 中国传统科学技术的伟大成就

中国是人类文明的重要发源地之一，是科技萌生最早的国度。在5000多年悠久的文明发展史中，中国人创造出了丰宏精粹而又辐射辽远的科技文明，极大地推动了人类文明的发展。美国科学史家罗伯特·坦普尔（Robert Temple）认为："现代世界赖以建立的基本的发明创造，可能有一半来自中国。"有统计显示，中国古代诸多的科技发明中属于世界首创的发明就多达270多项。中国传统科学技术取得的伟大成就是多方面的，其门类涉及天文、医学、农学、数学、物理学、生物学等科学，以及建筑、纺织、冶金、陶瓷、造纸、印刷等多方面。尽管进入近代以来，中国科技发展相对衰落，相较于西方的科技发展，中国传统科技相对落后。但是，正如英国著名学者、科技史专家李约瑟（J·Needham）所说，中国人"在许多重要方面有一些科学技术发明，走在那些创造出著名的'希腊奇迹'的传奇式人物的前面,和拥有古代西方世界全部文化财富的阿拉伯人并驾齐驱,并在公元 3 世纪到 13 世纪之间保持一个西方所望尘莫及的科学知识水平"。① 令世人惊叹的中国传统科学技术,显示了先辈的天才和智慧,成为世界科学宝库中的珍贵财富。

一、中国传统科学"四大学科"方面取得的伟大成就

中国传统科学技术取得的伟大成就是多方面的,其门类涉及天文、医学、农学、数学、物理学、生物学等诸多学科,其中中国传统的科学门类中成就最为突出的当属农学、医学、天文学以及数学四大学科。

(一) 农学

中国古代以农业立国,农业是中国社会的经济基础,因而,历来统治者都非常重视农业生产,我国因此很早就发明了一些农耕新技术,形成了独具特色的农学体系。历代农学相关著作也有五六百种,记载了我国古代农耕、园艺、畜牧、蚕桑、林业、养殖、农械等诸多方面的杰出成果。

1. 农耕技术

中国在西周时代已发明"三圃制",每年把耕地的 $\frac{1}{3}$ 用于休耕,依次轮换,以养地力。西汉时出现的"代田法"和"区种法",以在田间轮番利用垄沟播种、深耕、密植、集中有效施用水肥等措施大幅提高农业产量。西汉时还发明了田间选种的穗选法、用肥料处理种子的溲种法等农业新技术。北魏时期,贾思勰在农书《齐民要术》中提出包括施肥、换茬、复种等技术的绿肥轮作制,欧洲直到 18 世纪才使用同样的耕作法。

中国古代领先于世界的农业技术还有温室栽培、套种法种植蔬菜、植物嫁接、禽畜去势催肥、驴马杂交生骡子、人工低温催青制取生种养蚕、以杂交法选育优良蚕种等。农械方面,西汉赵过的耧车(图 12-4)、东汉杜诗的水排、三国马钧的翻车都是闻名于世的卓越成就,其中马钧改进的翻车又名龙骨水车,是近代水泵发明之前世界上最先进的提水灌溉工具之一。

图 12-4 汉代耧车模型与耧车的铁犁铧

2. 农学著作

在历代农学著作中最著名的当属"中国古代四大农书"——《氾胜之书》《齐民要术》《农书》和《农政全书》,它们代表了中国古代农业科技所达到的水平。元代王祯所撰的《王祯农书》,强调风土之风,综合了黄河流域旱地耕作和江南水田耕作两方面的生产经验,全面系统地解释了广义农业生产所包括的内容和范围,在中国农学史上占有极其重要的地位。综合性科学技术著作《天工开物》中也有涉及农学的内容。

---

① [英]李约瑟. 中国科学技术史(第 1 卷)[M]. 北京:科学出版社,1990:3.

(1) 氾胜之与《氾胜之书》

《氾胜之书》是目前留传下来的最早的农书。氾胜之在汉成帝时官拜议郎，曾在包括整个关中平原的三辅地区推广农业，教导种植小麦，许多热心于农业生产的人都前来向他请教，关中地区的农业因此取得了丰收。正是在总结农业生产经验的基础上氾胜之写成了农书18 篇，也就是《氾胜之书》。该书总结了我国北方地区主要是关中地区的耕作经验，提出了农业生产六环节理论，即及时耕作、改良和利用地力、施肥、灌溉、及时中耕除草、及时收获六个环节，并对每一个环节都做了具体的说明。

(2) 贾思勰与《齐民要术》

《齐民要术》是一部综合性的农书（图12-5），号称中国五大农书之首①，其作者是北魏的贾思勰。全书共 10 卷 92 篇，系统地总结了 6 世纪以前黄河中下游地区劳动人民农牧业生产经验，农作物、蔬菜、林果的栽培方法和牲畜、鱼类的饲养技术，详细介绍了季节、气候和不同土壤与不同农作物的关系，反映了那个时期我国北方农业科技的水平。此书的问世，标志着我国古代农学体系的基本建立，奠定了我国农学发展的基础。它是现存最早、最完整的传统农学著作②，也被誉为"中国古代农业百科全书"。

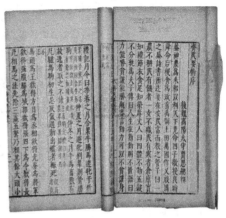

图12-5 齐民要术

(3) 陈敷与《农书》

南宋陈敷的《农书》是现存第一部全面探讨南方水稻区域农技的专著，书中详细总结了我国南方种植水稻以及栽桑、养蚕、养牛等农业生产技术。

(4) 徐光启与《农政全书》

明末杰出科学家徐光启，从小对农业技术就很有兴趣，在博取功名的漫长时间里，深感陆王心学祸国害民，因而竭力主张经世致用，后成为明末清初学术界实学思潮的一位有力推动者。徐光启编写的《农政全书》，主要包括农政思想和农业技术两大方面，具体内容分为农本、田制、农事、水利、农器、树艺、蚕桑、种植、收养、制造和家政等，不仅对我国古代的农学成就做了系统总结，而且提出了许多新的思想，受到同代和近代学者较高的评价。

(5) 宋应星与《天工开物》

《天工开物》是中国古代一部综合性的科学技术著作，全面系统地总结了明代以及此前历代农业和手工业生产技术的巨著，全书共计 3 卷 18 篇。该书详细地总结记载了各种农作物和工业原料的种类、产地、种植、加工的生产技术、工艺装备、制造过程，以及组织管理生产的经验，提供了大量确切数据，并附有 100 余幅插图（图12-6）。在撰写此书的过程中，宋应星十分重视调查、试验，虚心向农夫、工匠请教，对一些关键技术和操作要点总是要亲自实践体会。他对金、铜、银比重的描绘和对黄金成色的测定、对油料出油率的统计以及对生产器具和产品长、宽、高、深、重量、容积、比率等技术指标所做的精确记述，均是其运用数量、比重等数学、物理方法亲自试验的结果，并由此把劳动者生产实践中积累的经验，总结上升到科学的理论概括阶段。作为反映资本主义萌芽时期工农业生产技术的科技百

---

① 中国古代五大农书是指《氾胜之书》《齐民要术》《陈敷农书》《王祯农书》和《农政全书》。
② 陈江风. 中国文化概论 [M]. 2 版. 南京：南京大学出版社，2005：286.

科全书,《天工开物》是中国科技史上里程碑式的著作,对世界科学技术发展也影响深远。因而,有国外学者称其为"中国17世纪的工艺百科全书"。

图12-6 《天工开物》中的水转翻车

(二) 医学

中国医学是世界医学宝库中独具特色的瑰宝。如果说中国古代自然科学理论现已基本上被当代科学体系所代替,那么拥有数千年历史的中医药学,作为传统学科,依然屹立于现代世界科学之林,维护和增进人们身体健康和身心健全,为中华民族的繁衍昌盛和世界医学的发展做出了巨大的贡献,成为中华文化史上一份极其宝贵的遗产。

1. 中医学

古老的中医学可以追溯到四五千年前甚至更远的时期。很早以前人们就已经知道用植物茎、叶或动物的毛皮,把烧热的石头或砂土包住,放在身体的某些部位,能消除或减轻因受风寒而引起的腹痛和因冷湿引起的关节痛,这是最早的"热熨法"。① 商代的甲骨卜辞中关于疾病记载就达500条之多,涉及的疾病有头、眼、耳、口、牙、喉、腹、鼻、足、趾等十多个部位。商代时医与巫还混合在一起,到了西周,二者就已经分开了,官职分类已属不同系统。到了春秋战国时期,在总结无数医家临床实践的基础上,出现了一部内容丰富的医学理论著作《黄帝内经》(图12-7),它包括《素问》和《灵枢》两部分,以论述人体解剖、生理、病理、病因、

图12-7 黄帝内经

---

① 廉永杰. 中国传统文化概论 [M]. 2版. 西安:陕西人民出版社,2002:219.

诊断等为重点，兼述针灸经络、卫生保健等方面的内容。其内容涉及中医学的五大核心理论——阴阳五行学说、脏象学说、经络学说、形神学说和天人学说等，全面奠定了中医理论的基础。书中指出"头者，精明之腑""心者，生之本""心主身之血脉""经脉流行不止，环周不休"，这是世界医学史上对神经和循环系统最早的正确记载。《黄帝内经》还记载了贫血、咳嗽、浮肿、黄疸、腹泻等 300 多种症状和疾病，涉及临床各科。两千多年间，《黄帝内经》成为中医必读的经典著作之一。

在中医学的发展中，东汉张仲景（图 12 - 8）的《伤寒杂病论》是我国最早的中医辨证论治专著。书中将理、法、方、药（即有关辨证的理论、治疗法则、处方和用药）融为一体，用来治疗当时流行的伤寒和各种内科杂病。书中提出"四诊""六经辨证""八纲辨证"等原则和方法，阐述了汗、吐、下、和、温、清、补、消等治疗"八法"，奠定了中医临床医学的基础。此书后经整理成为《伤寒论》和《金匮要略》二书，与《黄帝内经》《神农本草经》并称为"中医学四大经典"。① 唐代医学家孙思邈编成的《千金要方》和《千金翼方》，是两部百科全书式的医学巨著，载方 6000 余个，涉及医学几乎所有门类。到宋元时期，中医学进入一个全面发展的时期，中医分科增加一倍以上，由唐代的 4 科发展到宋代的 9 科，到元代又增至 13 科。这时医书的编纂、临床经验的总结又有新的进步，

图 12 - 8　东汉名医 张仲景

并产生了金元时期的四大医学学派，即所谓"金元四大家"，其代表人物是刘完素、张从正、李杲、朱震亨等人，他们在继承了《黄帝内经》的医学体系的同时，从不同侧面继承并发展了《黄帝内经》的医学理论，使我国医学体系发展到新的高度。

2. 中药学

在传统医学中，中药学同样取得了举世瞩目的成就。中国的古老传说中，就有"神农尝百草，始有医药"的故事。在漫长的用药实践中，人们对药的认识逐渐深入。中国最早的药物学专著首推汉代成书的《神农本草经》（图 12 - 9），它是战国、秦汉以来药物知识的总结。书中共收载药物 365 种，其中植物药 252 种，动物药 67 种，矿物药 46 种。书中详细记载了药物的主治疾病、性味、产地和采集。唐代由苏敬等人修编的《新修本草》，共 54 卷，分药图、药经、本草三部分，收载药物 9 类 844 种，考证了过去本草经籍所载有差错的药物 400 余种，增补新药百余种。该书于 659 年颁行，这是我国也是世界上由国家颁行的最早的一部药典，比外国最早的药典——1494 年成书的意大利佛罗伦萨药典早 835 年。中国古代药物学的最高成就，是明代李时珍的巨著《本草纲目》（图 12 - 10），全书 52 卷，190 万字，共收药物 1892 种，医方 11096 个，插图 1160 幅。该书先后被译成多种文字，在国外

---

① 廉永杰. 中国传统文化概论 [M]. 2 版. 西安：陕西人民出版社，2002：220.

流传很广。

图12-9 《神农本草经》

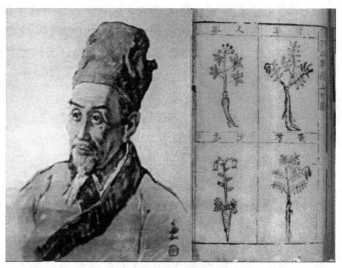

图12-10 李时珍与《本草纲目》

3. 针灸学

针灸学在中国医学中占有重要地位，在国际上也有重要影响。在中国历史上，人们早就发现用砭石、骨针、竹针刺激人体的某些部位，可以治疗某些疾病。战国时名医扁鹊（秦越人）在行医时，熟练地掌握了砭石、针灸、按摩等多种方法。三国时的名医华佗不仅发明了"麻沸散"，创立了医疗体育锻炼的方法，而且在针灸方面，也颇有建树。在选用穴位方面，他创用的脊柱两侧的穴位，后世称之为"华佗夹脊穴"，具有很好的疗效。关于针灸学的研究，在长沙马王堆三号汉墓中出土的帛书中发现的《足臂十一脉灸经》和《阴阳十一脉灸经》，是已知最早的经脉学，也是最早的灸疗学著作。晋代的皇甫谧在总结以往针灸理论的基础上，结合自己的治病心得撰写的《针灸甲乙经》，是我国针灸学的经典著作。他纠正了晋以前经穴纷乱的现象，统一了穴位，并具体指明了针刺深度、留针时间和艾灸时间，并对针灸的适应症和禁忌症作了明确的说明，对后世针灸学产生了重大影响。

针灸学到了宋元又有了较大的发展，王惟一著的《铜人腧穴针灸图》3卷出版，统一了各家对腧穴的不同说法。他还设计和监制了世界上最早的两具针灸铜人（图12-11），铜人构造精巧，造型逼真，受到国内外医学界的重视。

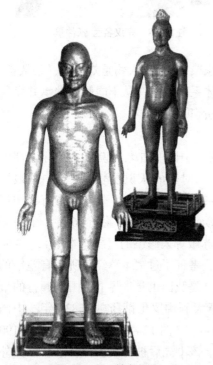

图12-11 针灸铜人

(三) 天文学

中国有着悠久的农业传统，由于古老的农业对日月递昭、四时交替的自然节律有着天然的亲和力，因此，历代官方皆十分重视对天文的研究，从而促进了中国古代天文学的早熟和辉煌。我国天文学方面的成就主要表现在天象记录、天体测量和历法三个方面，在很长的时间中，中国远远领先于世界其他国家，为天文学的发展做出了重要贡献。

1. 天象记录

中国古代的天象记录是世界上最完备、最准确、最具有连续性的天象记录。关于日食和月食的最早记录，出现在《尚书·胤征》中。书中记载了公元前2137年，掌管天文的羲和因荒酒失职没有预测出当年发生的日食受到夏王征伐的事。① 古老的甲骨文中曾有五次日食记录，也有月食的记录。公元前13世纪的一块甲骨清楚地记载：壬申这天晚上有月食。春秋战国时期，日食记录就有约50次，其中仅《春秋》一书就记载37次日食，其中33次是可靠的。从汉代起，日食的观测记录，已经有了日食时太阳的方位、初亏和复圆的时刻、亏起方向方面的详细描述。从汉初到公元1785年，我国共记录日食925次、月食574次，这些日食记录的数量之多及其准确程度，在当时世界上是无与伦比的。

中国关于太阳黑子的记载也是非常详细的。《汉书·五行志》记载了西汉成帝河平元年（前28年）三月所见的太阳黑子现象——三月乙未，日出黄，有黑气，大如钱，居日中央，这是世界公认最早的太阳黑子记录，比欧洲记录黑子最早的时间早800多年。实际上，中国关于太阳黑子的记录不仅早而且多，据云南天文台在20世纪70年代的一个统计，从公元前43年至公元1638年，中国关于太阳黑子的文字记录达106条之多。

中国古代天文学一直重视对彗星的观测，其记载也显得格外详细。最早的记录发生在周昭王19年（前1034年）："有星孛于紫微"②。我国的历史文献《春秋·文公十四年》记载了公元前613年的一次彗星出现："秋七月，有星孛入于北斗。"这是世界公认最早的一次哈雷彗星的记录，比欧洲最早记录彗星的时间（前11年）早了1000多年。从春秋到清代的两千多年间，中国关于哈雷彗星的记载共有31次，关于其他彗星的记载达500多次，这为现代天文学研究提供了一份宝贵的历史资料。

中国古代还有一些对新星、超新星的记录。甲骨卜辞中记载：七日（己巳）黄昏有一颗新星接近"大火"（心宿二），辛未日新星消失了，这是世界上最早的新星记录。《汉书·天文志》记载的公元前134年夏历六月"客星见于房"，是中外历史上都有记载的第一颗新星，但西方记录未注明月、日及方位，不如我国的简明、准确。又如《后汉书·天文志》记载："中平二年（185年）十月癸亥，客星出南门中，大如半筵，五色喜怒，稍小，至后年六月消。"这是世界上最早的超新星记录。中国还有大量流星雨的记载，据不完全统计，中国史书关于流星雨的记录，至少在180次以上。中国详细而又系统的天象观测记录，为世界天文学的发展做出了贡献。

2. 天体测量

天体测量是天文学中最古老、最基本的一个分支。中国在天体测量方面的贡献主要集中于天文仪器的创造、发明和改进。文献记载，中国远在五六千年以前的葛天氏、黄帝、尧、

---

① 廉永杰. 中国传统文化概论［M］. 2版. 西安：陕西人民出版社，2002：222.
② 《竹书记年》.

舜时代，就创制了世界上最早的测天仪器——浑仪（图12-12）。约在公元前1000年的西周初期，就出现了用垂直于地面的标杆去测定日影长度变化的仪器——圭表，其被直接用于观测天象的仪器始于汉代。汉武帝元封七年，民间天文学家落下闳应召到长安，参加修订历法工作，他改进了浑仪。据记载，这个仪器是铜制的，直径8尺，十分精密。张衡制造的水运浑象仪（图12-13），在天文仪器制造史上具有重要地位。他利用水力来推动齿轮，使之转动，而且正好一天一周，某星刚从东方升起，某星已升到中天，某星快要下落，浑象上所表演的和实际的天象完全吻合。它不但是一个天文表演仪器，而且是一个天文钟，这说明中国古代天文仪器制造工艺达到相当高的水平。

图12-12 明代天文仪器——浑仪

图12-13 水运浑象仪

早在五六千年以前，中国先民开始把天体黄道、赤道附近的恒星分为28个星区，每个星区各取一星为主，称为28宿。战国时，甘德著《天文星占》8卷，石申著《天文》8卷，分别记载了许多恒星的位置。这是世界上最早的星表。三国时吴国的陈卓把甘德、石申和巫咸三家所观测的恒星用不同的方式绘在同一图上，共计1464颗星。而欧洲从公元前2世纪开始，到公元15世纪止，著录于星图和星表的星只有1022颗，可见我国古代对恒星的认识超过其他国家。全世界14世纪以前的星图，只有我国的保存下来了。最著名的是苏州石刻星图（图12-14），它高8尺，宽3.5尺，上部绘一圆形星图，下部刻有文字说明，图上共有星1440颗。它在公元1193年绘成，是为了给年轻的宋朝皇帝宁宗讲解天文学而刻制的。这张图在公元1247年刻在石碑上，一直保存到现在。唐代著名天文学家僧一行进行了人类历史上第一次子午线长度的实测，为后来的天文大地测量奠定了基础。元代郭守敬更是在"东至高丽，西至滇池，南逾朱子崖，北尽铁勒"的广大地区内设立了26个观测所，进行了规模空前的天文观测。

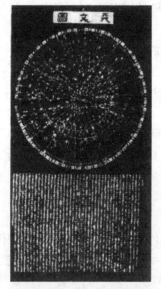

图12-14 苏州石刻星图

3. 历法

由于农业生产的需要，人们尽可能准确地掌握寒来暑往、四季交替的规律，因此制定历法成为必需。古代天文学保留下来的最古老的典籍之一《夏小正》据传就是夏代的历书。该著作按12个月的顺序记述了每个月的星象、气象、物候以及应做的农事和政治活动。夏代已有十进位的天干纪日法，商代在夏代天干记日法的基础上，进一步使用干支记日法，周代已发明了用圭表测影的方法，确定冬至和夏至等节气。

自汉代起，我国就有完整系统的历法著作流传于世。现存最早的一部完整历法——《三统历》，已初步具备后代历法的基本内容，唐代僧一行写成的《大衍历》，对后世历法影响颇大。在西历传入前，各次修历都仿效《大衍历》的结构。宋代颁布的《统天历》（1199年），以365.2425日为一年的长度，和现代世界通用的《格里历》完全一样，但比《格里历》颁布的时间（1582年）要早383年。元朝郭守敬集历法之大成，于1280年编写的《授时历》也采用了这一数值，这个数值比地球绕太阳公转一周的实际时间只差26秒，3320年才差一天。它使中国古代历法的推算达到很高的精度，在当时世界上处于领先地位。

（四）数学

数学是一切自然科学的基础，也是衡量每个国家科学技术发展水平的一个标志。早在遥远的新石器时代，我们的祖先就已经懂得结绳记事，这便是"数"的运用，而对"数"的应用和发展就构成了"数学"。明代中叶以前，中国传统数学在许多分支领域中一直走在世界的前面，取得了众多重大的成就。

1. 十进制

早在5000年前，中国就有了数学符号，到3000多年前的商朝，刻在甲骨或陶器上的数字，已十分常见。这时，自然数计数采用了十进位制。甲骨文中有从1到10到百、千、万这13个记数单位（图12-15）。筹算是很早就创造出的一种方便、准确、迅速的计算方法，在运算过程中用的是算筹（图12-16）。以后又发明了更为简捷的珠算，大大地推动了古代计算技术的进步。筹算产生于何时，无可靠记载，不过《老子》称"善记者不用筹策"，说明在公元前8世纪到公元前5世纪的春秋时代，筹算已经很普遍了。筹，就是指制作匀称的小竹棍、小木棍，将其纵横布置，可以表示任何一个自然数。用算筹表示一个单位数目，可以分为纵式和横式两种。用来记数的时候，遵循纵横相间的原则：个位用纵式，十位用横式，百位又是纵式，千位用横式，遇零则空位。筹算严格遵循十进制位值记数法。九以上的数就进一位，同一个数字放在百位就是几百，放在千位就是几千。这种方法除所用的数字写起来不如现今世界通用的阿拉伯数字方便之外，与现在的记数思想没有两样。负数出现以后，算筹又分成了红、黑两种，红筹表示正数，黑筹表示负数。这样可以方便地进行代数运算了。筹算在我国古代用了大约2000年，发挥了很大作用；但天长日久，也暴露了许多缺点：位数一多，运算所占面积增大，要受场地限制；用算筹示数速度难以提高；稍微复杂的四则运算就十分困难，乘方、开方还容易出错。为了克服这些缺点，唐宋时期数学家一方面改革计算口诀，另一方面改革计算工具。改革工具的结果就发明了珠算。珠算盘采用上二珠、下五珠的形式，上一珠是当五，下一珠是当一，沿用至今已有500多年。中国是名副其实的十进制位值记数法的故乡，以算筹为工具的各种运算和它所体现的十进制位值记数法，是我国古代对世界的一项重要贡献，比古巴比伦、古埃及和古希腊等文明古国所用的计算方法要优越得多,印度直到 7 世纪才采用十进制位值记数法。明朝时中国珠算传到了朝鲜、日本,推动了这些国家计算技术的发展。

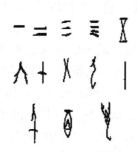

图 12-15 甲骨文中的数字

图 12-16 算筹

2. 圆周率

在解决涉及圆或球类图形的计算问题时,都要用到一个重要的数据,这就是圆周长与直径的比值——圆周率。圆周率的精确度可以作为数学发展水平的标志。中国三国时代的刘徽和南北朝时的祖冲之在这方面做出了杰出的贡献。在两汉之前,一般采用的圆周率是"周三径一",也就是圆周率等于3。公元 1 世纪初制造的律嘉量斛(一种圆柱形测量器)所取得的圆周率是 3.1547。公元 2 世纪初,东汉天文学家张衡在《灵宪》中取圆周率是 3.1466,在球体积公式中取圆周率是 3.1622。这些圆周率近似值,比"周三径一"精确度有所提高,但毕竟是直接经验的结果,因此发明一种科学的推算方法,将圆周率计算真正纳入科学轨道成为必要。

图 12-17 南齐祖冲之

三国时魏人刘徽,为证明圆面积公式,发现圆内接正多边形边数无限增加的时候,多边形周长无限接近于圆周长,从而创立了割圆术。① 刘徽根据割圆术从圆内接正六边形开始算起,边数逐步加倍,最终得出更精确的圆周率等于 3.1416。刘徽方法的独到之处在于他以边数逐次倍增的圆内接正多边形的面积去逼近圆面积,用计算圆内接多边形面积就能求得圆周率,比当时西方由圆内接和圆外切多边形计算简便了许多。刘徽的方法中所蕴含的直线向曲线转化和用近似值向精确值逼近的思想是难能可贵的,为 200 年后祖冲之的圆周率计算提供了理论与方法上的准备。南北朝杰出数学家祖冲之(图 12-17)循着刘徽的思路将圆周率准确到小数点后 7 位,这在当时世界上是非常先进的。直到 1427 年,阿拉伯数学家阿尔·卡西和 16 世纪法国数学家韦达采用了

---

① 白全贵,师全民. 中国传统文化概论 [M]. 郑州:郑州大学出版社,2003:309.

新的思想方法，计算出的圆周率精确值超过8位，才打破了祖冲之的纪录。

3. 《九章算术》

《九章算术》（图12-18）的作者已无从查考，成书年代大约在公元前2世纪到公元1世纪，在较长时间内经过多人修改完善，成为现今流传的版本。《九章算术》全面系统地总结了中国古代数学的成就，记载了当时世界上最先进的分数四则运算和比例算法，还记载了解决各种面积和体积问题的算法，以及利用勾股定理进行测量的各种问题。《九章算术》最有意义的成就是在代数方面，书中记载了开平方和开立方的方法，在此基础上又提出了求解一元二次方程的数值解法，而且用整整一章的篇幅讲述了联立一次方程组解法。该书在世界数学史上第一次记载了负数概念和正负数的加减法运算法则。《九章算术》的许多成就居世界领先地位，奠定了此后中国数学长期居世界前列的基础，对世界数学的发展做出了重要贡献。

图12-18　《九章算术》

4. 宋元算学

到了宋元时期，中国数学发展又取得了许多伟大成就。11世纪上半叶，北宋著名数学家贾宪在《黄帝九章细草》中提出指数为正整数的二项式定理系数表，又称为贾宪三角，可以求出任意高次方程的数值解，比欧洲的阿皮纳斯系数表还早400年。

1247年，南宋数学家秦九韶在《数学九章》中提出大衍求一术（即一次同余组解法）和正负开方术（即高次方程求正根法），遥遥领先于世界。大衍求一术被国际数学界称为中国剩余定理。欧洲的研究比秦九韶晚500多年。

南宋数学家杨辉著有《详解九章算法》等专著，在《乘除通变算宝》中，他列出了九归口诀（即筹算或珠算从一到九的一位除数的除法口诀，经后人整理，现在用于珠算），介绍了筹算乘除的各种简捷算法。

元代朱世杰在《四元玉鉴》中进一步创四元术（四元高次方程组），提出与现代基本一致的消元解法。欧洲直到1775年才讨论高次方程组的消元法问题。朱世杰把计算近似值的招差术运用于高等级数计算的高次招差法，比英国牛顿等人早近400年。秦九韶、李冶、杨辉、朱世杰号称宋元四大数学家。

二、中国传统科学"四大发明"方面取得的重要成就

"四大发明"是指中国古代劳动人民创造的，对世界具有重要影响的四种发明，具体包括造纸术、指南针、火药以及印刷术。"四大发明"这一提法最早始于英国汉学家李约瑟，后被中国的历史学家所接受和继承，并延传至今。英国哲学家弗兰西斯·培根曾经说过，印刷术、火药和指南针这三种东西改变了世界的面貌，"没有一个帝国，没有一个宗教教派，没有一个赫赫有名的人物，能比这三种发明在人类的事业中产生更大的力量和影响"。"四大发明"对古代中国的政治、经济、文化起到了巨大的推动作用，而且经由各种途径传至西方，对世界文明的发展也产生了持久而深远的影响。

(一) 造纸术

自有文字以来,人们以不同的东西作为书写材料,但没有比纸更方便和实惠的了。我国的造纸术起源很早。根据地下发掘可知,早在公元前2世纪西汉初期,已经有了纸,其原料主要是大麻、苎麻等植物纤维。公元2世纪,东汉的宦官蔡伦革新了造纸术。在原料上,采用比较经济的树皮、麻头破布和旧渔网等;在工艺上,可能已用石灰对原料进行碱性烹煮,从而改善了纸的质量。这种被称为"蔡侯纸"的新产品,因其质地好、成本低,被很快地推广开来。① 到了公元3世纪,纸张已为人们普遍使用,完全取代了简、帛的地位,成为我国主要的书写材料。从公元6世纪开始,中国造纸术相继传入朝鲜、越南、印度和日本。8世纪传入阿拉伯地区,而且许多中国工匠赴该地区亲自操作并传授造纸技艺。到了大约12世纪,造纸术又经阿拉伯传入欧洲。西班牙、法国、意大利、德国相继设厂造纸。16世纪,中国造纸术传遍欧亚大陆并传入美洲,取代了当地传统的羊皮纸。到了近代,中国造纸术传遍五大洲,为整个人类科学、文化的繁荣昌盛做出了杰出的贡献。

(二) 指南针

指南针的发明与应用,在我国有悠久的历史。相传黄帝战蚩尤的时代,就出现了指南车,黄帝凭借它在大雾中辨别方向。大约在战国时期,出现了所谓"司南"。司南是磨制成汤勺形状的天然磁石,将其放在平滑的"地盘"(用铜和涂漆木料制成)上,静止时勺柄恒指南。司南也曾作罗盘或罗盘针。北宋时代则发明了人工磁石,人们用它制成指南鱼(图12-19),让"鱼"浮在水面自由转动,静止时鱼头便指向正南。后来人们将鱼片改成细小的磁针,真正的指南针便诞生了。② 沈括在《梦溪笔谈》中详细记载了用人造磁钢制作指南针的技术过程,并列出水浮法、指甲旋定法、碗唇旋定法和缕悬法等四种装置指南针的方法。中国的指南针大约在11世纪中叶用于航海,北宋末年朱彧在《萍州可谈》卷二中写道:"舟师识地理,夜则观星,昼则观日,阴晦则观指南针。"这是世界航海史上使用指南针的最早记录。由于指南针技术的大规模应用,使船只能够在茫茫大海上进行全天候航行,从而对宋元明时期中国航海事业起了巨大的推进作用。以后这项伟大发明相继传播到波斯、阿拉伯和欧洲,又对世界范围内近现代的航海事业起到了奠基作用。

图 12-19 指南鱼

(三) 火药

火药的发明很可能起源于中国古代炼丹家的炼丹实验。唐代的炼丹家孙思邈在《丹经要诀》中最早记录了黑色火药的配方,即把硫磺、硝石粉末放进锅里,加入点火的皂角子就会起焰生火。北宋曾公亮在《武经总要》中最早使用"火药"一词,并记述了三种复杂的火药配方和各种火药武器。火药的主要用途是制成火器应用到军事方面。我国在唐代就开

---

① 陈江风. 中国文化概论 [M]. 2版. 南京:南京大学出版社,2005:292-293.
② 陈江风. 中国文化概论 [M]. 2版. 南京:南京大学出版社,2005:293.

始出现火药武器。宋代以后，人们相继发明了"火枪"、"飞火枪""突火枪"（图12-20）、"火炮"等火药武器。① 明代还出现了"飞弹"和"两级火箭"之类较复杂的东西。我国的火药以及制造使用技术在南宋时由商人外传，14世纪传到欧洲，遂成为资产阶级革命强有力的武器。

（四）印刷术

被称为"文明之母"的印刷术是古代中国人的又一伟大发明。最初的雕版印刷是在印章和碑拓的基础上产生的。到了隋唐时期，人们把反手字雕刻在木板上，用刷子把墨汁刷在凸起的字上，敷上纸张即印出文字，然后将之汇集成册。这种雕版印刷在当时已流通较广。唐咸通九年（868年）雕版印刷的《金刚经》是世界上目前发现最早的印刷品（图12-21）。逮至北宋，毕昇发明活字印刷，完成了印刷史上的一次伟大变革。他用胶泥刻单字，然后烧硬作活字，再按照需要把活字排在铁框板上进行印刷，这便是排版印刷的开始。以后，又有人用锡、铜等金属制成活字。中国印刷术最先传

图 12-20　南宋突火枪

入朝鲜，8世纪又传到日本。后来，又经欧亚大陆北部传入欧洲。雕版与活字印刷在欧洲的流行，逐渐改变了当地文化落后的状况，把学术、教育从宗教贵族手中解放出来，使之在平民百姓中得到普及，从而为当时欧洲的宗教改革运动、反封建斗争和思想文化的交流传播提供了有力的武器，产生了巨大的作用。

图 12-21　唐印版《金刚经》

总而言之，指南针、火药、造纸术和印刷术这四大发明，不仅是中国古代科学技术高度发展的重要标志，而且也是整个人类文明发展的重要里程碑，特别是对欧洲文艺复兴时代的科学文化、生产技术的发展，社会政治的进步，产生了巨大而深远的影响。

三、中国传统科学"四大技术"方面取得的重要成就

（一）建筑

中国古代建筑是中华民族以其聪明和智慧，创造出光辉灿烂的人类文明的最有说服力的

---

① 陈江风. 中国文化概论 [M]. 2版. 南京：南京大学出版社，2005：293.

历史见证。它反映出浓厚而又丰富的中国文化内涵,在世界建筑艺术史上享有独特的价值和地位。① 中国古代建筑既属于科技上的重要成就,也表现出卓越的艺术性。总体而言,在中国古代数千年的历史发展过程中,大体形成了宫殿、园林、陵墓、宗教四大类建筑类型。我国古代建筑的典型是宫殿和园林。陵墓、寺庙等是宫殿建筑的延伸和变异,是强大的政治统治力量的形象化。

1. 宫殿建筑

宫殿是中国古代建筑中发展最为成熟、成就最高、规模最大的一类建筑,它鲜明地反映了中国传统文化中注重巩固人间社会政治秩序,特别强调统治者权威的特色。② 我国宫殿建筑的雏形最早出现于商代初期,那时的宫殿建筑相对比较简单,总体而言,在高台基上,由房屋环绕成一个广场,场中有一四坡屋顶和两重屋檐的殿堂。秦始皇统一全国后,为炫耀自己的权势,先后建造了咸阳宫、信宫、兴乐宫、阿房宫等。直至汉代,高台建筑仍是我国宫殿建筑的主流形式,建筑群的总体布局尚未形成理想的组合方式。至隋文帝营建大兴宫时,始将宫殿建筑依纵向排成序列,使空间序列取得了整齐、庄重、威严的艺术效果。这一布局方式直接为唐宋等朝代继承并得到发展,如唐代大明宫建造时创造了门、阙合一的承天门,宋东京的宫殿中发明了千步廊,明清两代则将以往的实践经验兼收并蓄,创造出一系列宫殿艺术珍品。在宫殿建筑中,最为著名的,也是最辉煌的代表作品非北京故宫莫属(图12 – 22)。

图12 – 22 北京故宫

北京故宫,又名紫禁城,明清两代帝王的皇宫。它是中国古代建筑中保存最完整、规模最浩大的古代宫殿建筑,也是世界古代建筑群体的精品。北京故宫从明永乐四年(1406年)开始修建,历经14年,于永乐十八年(1420年)基本建成,中间虽经明清两代多次重修和扩建,但仍保持初建时的格局。故宫建筑群共有9000余间,主要分两大部分,即外朝和内廷。外朝的主要建筑是太和殿、中和殿、保和殿。内廷也有三大宫,即乾清宫、交泰殿、坤宁宫。故宫是一座辉煌的建筑艺术殿堂,集中体现了中国古代建筑的最高成就。首先在建筑布局上,它强调所谓"中正无邪",即中轴对称的方式,宫殿里最尊贵的建筑放到中轴上,较次要的放在两边,成为它的陪衬。北京的皇家建筑从永定门开始,经前门、天安门、端

---

① 王新婷,金鸣娟. 中国传统文化概论[M]. 2版. 北京:中国林业出版社,2010:264.
② 张应杭,蔡海榕. 中国传统文化概论[M]. 上海:上海人民出版社,2000:357.

门、午门、太和殿、景山、地安门、鼓楼、钟楼形成一条长约 8 千米的中轴线,贯穿北京城的南北。故宫在这条中轴线的中部,其中最重要的建筑外朝三殿和内廷三宫都落在这条中轴线上,其余建筑则对称布置左右,形成强烈的反差与对比。其次以层层推进的空间处理手法突出故宫主题。从天安门、端门、午门再到太和门,门与门之间均有笔直的中轴线大道相连,这长长的大道和一道道大门,层层推进,步步深入,给人以深远、悠长之感。同时,修建故宫的匠师们,还把正阳门和太和门之间的 1700 米距离分成 6 个空间,采用大小不同、纵横有别的设计,形成了雄伟壮阔的天安门广场、长方形的午门广场及太和殿前气势森严的正方形广场。设计者们通过这一系列的变化来凸现太和殿的威严无比,从而暗示天子在上、臣民在下的封建等级思想。

2. 园林建筑

中国园林在世界园林中自成体系,它与意大利式、法国式、英国式、伊斯兰式园林被称为世界上五大园林体系。① 与欧洲或其他国家的园林体系相比,中国的园林建筑遵循"有若自然"的原则,以天然景物为基础,在布局上,与宫殿建筑强调中轴对称手法与完整的格局不同,更多强调师法自然,采用灵活多变的自由方式,特别是受到中国传统山水画的影响,不仅追求园林建筑的形式美,也非常强调通过外在的景观体现一种内在的精神世界。因而,园林建筑也就成为中国人沟通人与自然的一种精神通道。②

中国古典园林一般分为皇家园林和私家园林两大流派。从其发展过程来看,皇家园林发展较快,在秦汉和隋唐就掀起过两次高潮,而后者直至唐宋才有较大的发展;但从艺术水准的高低看,集中于江南一带的私家园林则更胜于皇家园林。应该指出的是,现存园林大多是两大流派均得到高度发展的明清两代所留存。

(1)颐和园

颐和园是皇家园林的典型代表,充分体现了皇家园林规模大、景点多、气势奢华的特点。它位于北京西郊,建成于清乾隆十五年(1750 年)。19 世纪与 20 世纪之交,颐和园曾两次被英法联军和八国联军侵略者破坏,后经两次重修,仍比较完好地保存至今。颐和园占地近 300 公顷,其中水面占四分之三。园内殿、堂、楼、阁、廊、榭、亭、桥等建筑拥山抱水,绚丽多姿,构成了一幅优美的图画。整个园区由政治活动区、生活区和游览区三大部分组成,其中游览区以北京西山为背景,把自然景色和人工建筑巧妙地结合起来,③ 显得山外有山、景中添景。游览区又可分为万寿山前山、昆明湖、后山后湖三部分,其中万寿山前山最显皇家气势,自山脚的排云殿到山顶的佛香阁,层层推进,层次分明。这一线建筑采用金色琉璃瓦屋顶,两侧的建筑则皆为绿色琉璃顶,起陪衬作用,显示出皇家园林应有的特色。

(2)拙政园

与皇家园林相比,江南的私家园林规模较小,以怡情养性为其主要功能。苏州的拙政园、留园、沧浪亭及网师园都是私家园林的杰出代表,其中尤以拙政园最为著名。苏州拙政园,始建于明正德初年(16 世纪初),位于苏州城东北隅,占地 5.2 公顷(约合 78 亩),与

---

① 王新婷,金鸣娟. 中国传统文化概论 [M]. 2 版. 北京:中国林业出版社,2010:271.
② 廉永杰. 中国传统文化概论 [M]. 2 版. 西安:陕西人民出版社,2002:298.
③ 张应杭,蔡海榕. 中国传统文化概论 [M]. 上海:上海人民出版社,2000:362.

北京颐和园、河北承德避暑山庄、苏州留园一起被誉为中国"四大名园"。拙政园以水为中心，全园山水萦绕，亭榭精美，花木繁茂，具有浓郁的江南水乡特色。全园共分东、中、西三部分，中部是全园精华所在。拙政园中部花园的主体建筑是远香堂，远香堂建在园中心水面的南岸，这里的堤堰简洁明快、坦坦荡荡，如同一只巨大的山石盆景作品，与水面北岸藤萝牵挂的村郊野趣形成鲜明的对比。水面之中，堆土成岛，将水面自然划分成不甚规则的几块。与远香堂相对的岛上建雪香云蔚亭，是远香堂的主要对景。水面的设计安排十分自然流畅，一条沟渠蜿蜒南下至园子的尽端，并在此园子的尽端建水阁"小沧浪"作为收尾。值得一提的是，建于空中的"小沧浪"并不截断水流，使此水体仍显活水的动感和连续性。"小沧浪"的北面架设一道略呈拱形的风雨桥"小飞虹"，在增加空间层次方面起到了绝妙的作用。如果从"小沧浪"向北望去，透过"小飞虹"可见深远的水面、宽大的空间，还有北部的荷风四面亭与见山楼遥遥相望的场景，层次之丰富、意境之深邃，令人叹为观止。中国古代园林建筑的基本精神是表现人的情性，在取法自然之时，汲取造化生机，融通天人境界，园林家通过微型化的宇宙去洞见大千奥秘，超越纷扰红尘，从这个意义上讲，园林是沟通人与自然的中介。①

3. 陵墓建筑

宫殿建筑是为了显示现世帝王的威严，陵墓建筑则是为了表现已逝帝王的尊严。古时的墓葬有隆起封土的叫坟，与地面齐平的叫墓，后来都统称为墓。我国商代以起，陵墓尚不垒坟。春秋战国时期，陵墓建筑始筑土垒坟，植树，并且设计供人祭祀用的殿堂。秦始皇统一六国后，在继承秦国陵寝制度的基础上，吸收了六国陵寝的一些作法，创新陵寝制度，仿照都城宫殿的规划布置，陵寝的规模更加宏大，设施更加完备，体现出中央集权制封建皇权的至高无上。受此影响，秦汉时期的陵墓大多规模宏大，仿照皇宫的前朝后寝布局，陵中设庙和寝两部分。西汉开始，帝王陵墓除掘地起坟之外，还出现了一种"凿山为陵"的形制，这种形制在唐代的陵寝制度中得到突出体现。唐代皇陵因山为陵成为定制，体现出如下特点：一是以山为陵，凿山为穴，以山为阙，不采用人工夯筑的封土方式，而开"山陵"之先河；二是陵区内设有很多殿宇楼阁组成的地面建筑。此外，陵区内还设有陪葬墓。明代陵墓继承唐宋因山为陵、陵区集中、神道深远的做法，但基本放弃了先前的正方形布局，陵墓型制更为自由，同环境的结合更为密切，地面建筑更加高大，各陵神道合一，其气势更加壮阔。明十三陵就是这方面最典型的例子。② 清陵大体沿袭明代传统，稍有不同的是各陵神道分立，后妃另建陵墓。

明十三陵是明朝明成祖朱棣及其后共十三位皇帝陵墓的总称。它坐落于今北京昌平区境内的天寿山麓。该陵园始建于1409年，距今已有600多年历史。陵区占地面积达40平方千米，是中国乃至世界现存规模较大、帝后陵寝最多的一处皇陵建筑群之一。陵区周围群山环抱，中部为平原，陵前有小河曲折蜿蜒，山明水秀，景色宜人。十三座皇陵均依山而筑，分别建在东、西、北三面的山麓上，形成了体系完整、规模宏大、气势磅礴的陵寝建筑群。长陵是明成祖朱棣和皇后徐氏的合葬陵寝，是明十三陵的首陵，明十三陵也以长陵为主体。其

---

① 廉永杰. 中国传统文化概论 [M]. 2版. 西安：陕西人民出版社，2002：298.
② 张应杭，蔡海榕. 中国传统文化概论 [M]. 上海：上海人民出版社，2000：359.

他十二陵错落其东西之间,十三座陵墓共用一条神道,除建筑大小、繁简不同外,各陵墓在布局、规制等方面基本一样。明长陵始建于明永乐七年(1409年),占地约12万平方米。长陵的主体建筑为三进院落。最南为陵门,入此门就进入一面积不大的第一进院子,院子的尽头是棱恩门,棱恩门很类似紫禁城的太和门。穿过棱恩门便进入第二进院子,迎面为棱恩殿(图12-23),棱恩殿形制类似紫禁城太和殿,是中国现存规模第二的大殿。绕过棱恩殿便进入第三进院子,院内一条甬道直通至一座二层楼的建筑——方城明楼,此建筑上为明楼,下为方城。上层中间立"大明成祖文皇帝之陵"大碑。明楼后即为直径约250米的宝顶,即长陵的陵体。长陵的主要建筑包括宝城、宝顶下深埋着陵寝的墓室(即玄宫)、明楼、棱恩殿(祭祀用殿堂)、棱恩门、左右廊庑等。其中楠木结构的棱恩殿和棱恩门是明代陵寝中仅存的殿门建筑,规制宏阔,用材考究,堪称我国古建筑中的瑰宝。

图12-23 明十三陵的棱恩殿

4. 宗教建筑

宗教建筑是我国古代建筑中仅次于宫殿建筑和陵墓建筑的另一个重要的建筑类型。在中国各类宗教中,颇具影响的有佛教和道教。佛教是由印度传入中国的,而道教是中国的本土宗教。佛教的主要建筑包括佛寺、佛塔和石窟。道教的主要建筑则包括道观。佛教和道教尽管互相竞争,互相排挤,但同时又互相渗透,道教建筑在许多方面模仿佛教建筑就是明证。佛教的寺、塔和石窟集中体现了中国古代宗教建筑的成就。[①]

(1) 佛寺

中国早期的佛寺为四方式院落,主体佛塔位于正中,这与印度、西域的佛寺结构相仿。有史书记载,中国第一座佛寺白马寺(图12-24)即是这种结构形式。到了北魏时期,佛寺发展成为在方形院落中,建有佛塔,在佛塔后面还建有一座佛殿,即所谓的"前塔后殿"的形式。再后来,在融合了中国传统的建筑布局样式的基础上,佛寺的结构日益呈现出鲜明的民族特色。整个寺院一般会分为若干院落,主要建筑布置在中轴线上,在中轴线上从前至后依次设有1~3座殿堂,常见的如天王殿、大雄宝殿等,中轴线两侧的厢房则被设置为客堂、斋堂、祖师堂等配殿。现今留存下来佛寺较多集中于山西五台山、四川峨眉山、浙江普

---

① 张应杭,蔡海榕. 中国传统文化概论[M]. 上海:上海人民出版社,2000:361.

陀山、安徽九华山四大佛山中。其中，现存最古老的佛寺当属建于唐代的山西五台山的南禅寺和佛光寺。

南禅寺位于今山西省五台县城西南约22千米的李家庄，其始建年代不详，重建于唐建中三年（782年），是我国现存寺庙中历史最久的一处唐代原建建筑物。南禅寺大佛殿（图12-25）是中国现存最早的木结构古建筑。南禅寺主殿外观秀丽，形体俊美、古朴，殿内17尊唐塑佛像，仍然保持原貌，都是唐代珍，是除甘肃莫高窟外内地现存最早的佛教塑像，极其珍贵。

图12-24　河南洛阳的白马寺

图12-25　五台山南禅寺大殿

佛光寺位于今山西五台县城东北约32千米的佛光山腰，创建于北魏孝文帝时期（471—499），在隋唐时期，寺院发展兴盛，声名远扬，在日本、东南地区都颇有影响。唐武宗时期禁止佛教，寺宇被毁，唐宣宗继位后又复佛法，至唐大中十一年（857年）重建。整个寺院因势建造，坐东向西，三面环山，寺院内松柏苍翠，殿阁巍峨，环境清幽。寺院现存的六角形祖师塔（图12-26），形制古朴，是北魏遗物。山腰的东大殿，雄伟壮丽，为唐代所建，前院文殊殿为金代建筑。其余山门（即天王殿）、伽蓝殿、万善堂、香风花雨楼及厢房等建筑，皆为明清时期重建。佛光寺是古建筑中的杰作，在中国乃至世界建筑史上都有重要地位。20世纪30年代，由梁思成、林徽因等人组成的营造学社调查组，在山西省五台县豆村镇附近发现了佛光真容禅寺东大殿，证实了佛光寺东大殿是我国境内现存唯一的唐代殿堂式（单檐庑殿顶）木结构建筑，历史价值、文物价值极大。

（2）佛塔

佛塔起源于印度，是佛教建筑中一种颇具特色的建筑类型。佛塔最初是供藏佛骨（舍利）之用，后随着宗教的发展，佛塔遂发展成为一种宗教纪念建筑。佛塔这一建筑类型随佛教一起传入中国，在受到中国传统文化的影响后，佛塔在内涵、形式等方面都发生了较大的变化，呈现出多样化的形态，常见的有楼阁式、密檐式以及金刚宝座式等，其中楼阁式是中国佛塔的主流形式。我国楼阁式佛塔最具代表性的是山西应县的佛宫寺释迦塔（图12-27）。该塔位于今山西朔州市应县西北部的佛宫寺内，俗称应县木塔、应州塔、释迦木塔或应县释迦塔等，建于辽代清宁二年（1056年），于金明昌六年（1195年）增修完毕，是我国现存最高的，也是最古老的一座木结构塔式建筑，也是唯一的一座木结构楼阁式塔。木塔位于佛宫寺南北中轴线上的山门与大殿之间，属于"前塔后殿"的布局。塔建造在四米高的台基上，塔高67.31米，底层直径30.27米，呈平面八角形。第一层立面重檐，以上各层均为单檐，共五层六檐，各层间夹设暗层，因此，整座塔实为九层。因底层为重檐并有回廊，故塔的外观为六层屋檐。各层均用内、外两圈木柱支撑，每层外有24根柱子，内有8根，木柱之间使用了许多斜撑、梁、枋和短柱，组成不同方向的复梁式木架。塔内各层均塑有佛像，佛像雕塑精细，各具情态，有较高的艺术价值。

图12-26　六角形祖师塔

图12-27　山西应县木塔

（3）石窟

石窟原是印度的一种佛教建筑形式，指的是一种依山开凿的特殊佛寺，也称作石窟寺。它随佛教一起从印度传入中国。中国早期的石窟出现在新疆，后经河西走廊传入内地。目前中国现存石窟较多集中在北方地区，如新疆、甘肃、山西、河南等地，甘肃敦煌莫高窟、山西大同云冈石窟、河南洛阳龙门石窟和甘肃天水麦积山石窟是中国最著名的四大石窟。

敦煌莫高窟（图12-28），又名千佛洞，坐落于今甘肃敦煌市东南25千米处，大泉沟河床西岸，鸣沙山东麓的断崖上。它始建于十六国时期的前秦时期，后历经十六国、北朝、隋、唐、五代等的兴建，日益形成巨大的规模，现有洞窟735个，壁画4.5万平方米、泥质彩塑2415尊，是世界上现存规模最大、内容最丰富的佛教艺术之地。

图12-28　敦煌莫高窟

云冈石窟（图12-29）位于今山西大同市以西16千米处的武周山南麓。石窟始凿于北魏兴安二年（453年），大部分完成于北魏迁都洛阳之前（494年）。石窟依山而凿，东西绵亘约1千米，气势恢宏，内容丰富。石窟中菩萨、力士、飞天形象生动活泼，塔柱上的雕刻精致细腻，是世界闻名的石刻艺术宝库之一。现存主要洞窟45个，大小造像5100余尊，为中国规模最大的古代石窟群之一。云冈石窟按其开凿的时间不同，可划分为早、中、晚三期，不同时期的石窟造像风格各异。早期的石窟气势磅礴，具有浑厚、纯朴的西域情调；中期石窟以精雕细琢，装饰华丽著称于世，显示出复杂多变、富丽堂皇的北魏时期艺术风格；晚期窟室规模虽小，但人物形象清瘦俊美，比例适中，是中国北方石窟艺术的榜样和"瘦骨清像"的源起。云冈石窟体现了多种佛教艺术造像风格的融合，形象地记录了印度及中亚佛教艺术向中国佛教艺术发展的历史轨迹，反映出佛教造像在中国逐渐世俗化、民族化的过程。云冈石窟标志着石窟艺术"中国化"的开始，创造的中国建筑式样雕刻风格，对于后世的石窟寺建造产生了重要影响。

龙门石窟（图12-30）位于今洛阳市东南，分布在伊水东西两岸的峭壁上，南北长约1千米，始凿于北魏年间，后又历经东西两魏、北齐、北周、隋唐以及宋等朝代连续大规模营造，现存窟龛2300多个，雕像10万余尊，是中国古代雕刻艺术的典范之作，体现了中国古代劳动人民很高的艺术造诣。龙门石窟尤以宾阳中洞、奉先寺和古阳洞最具有代表性。

图12-29　云冈石窟

图12-30　龙门石窟

麦积山石窟（图12-31）位天甘肃省天水市东南45千米处的秦岭山脉西段北麓，因其山形酷似农家的麦垛，因而被称为麦积山石窟。石窟始凿于后秦时期（384—417），大兴于北魏明元帝、太武帝时期。后历经唐、五代、宋、元、明以及清各代不断的开凿扩建，渐渐成为中国著名的石窟群之一。唐开元二十二年（734年）大地震，麦积山石窟的中部洞窟塌毁，使现存洞窟群被分成东、西两部分。麦积山石窟以其精美的泥塑艺术闻名中外，被称为"陈列塑像的大展览馆"。石窟的窟龛凿于高20~80米、宽200米的垂直崖面上，非常壮观。石窟系统地反映了中国泥塑艺术的发展和演变过程。这里的泥塑大致可以分为突出墙面的高浮塑、完全离开墙面的圆塑、粘贴在墙面上的模制影塑和壁塑四类，其中数以千计的与真人大小相仿的圆塑，极富生活情趣，被视为珍品。麦积山的塑像有两大明显的特点：世俗化的趋向和强烈的民族意识。除早期作品外，从北魏塑像开始，差不多所有的佛像都是俯首下视的体态，都有着和蔼可亲的面容，虽是天堂的神，却像世俗的人，成为人们美好愿望的化身（图 12 - 32）。从塑像的体形和服饰看，也逐渐在摆脱外来艺术的影响，体现出汉民族的特点。总的来说，麦积山石窟保留了大量的宗教、艺术、建筑等方面的实物资料，丰富了中国古代文化史，同时也为后世研究中国佛教文化提供了丰富的资料和史实。

图 12 - 31　麦积山石窟

图 12 - 32　麦积山石窟塑像

（二）纺织

中国古代纺织技术具有悠久的历史。中国古代的诗歌集《诗经》中就有不少篇章描绘了古代劳动人民养蚕织帛的劳动情景。在浙江吴兴钱山漾遗址中所发掘出的一段丝带和一小块绢片，也有力地证明了中国的纺织技术在距今 5000 年左右已经形成。春秋战国时期，葛麻纺织技术已得到了普及，秦汉之际又出现了棉织品。三国时魏人马钧曾对丝织机作了重大改进，进一步提高了生产效率。宋末元初黄道婆发明了三锭棉纺车（图 12 - 33），并革新了轧棉和弹棉工具。这次新技术的成功应用，大大推动了我国手工棉纺织业的发展，对明代中叶以后首先在东南沿海一带出现资本主义萌芽起到了促进作用。①

丝绸是中国的特产，中国是世界上最早饲养家蚕和织造丝绸的国家。相传，早在黄帝时，其正妃嫘祖"教民养蚕"，被尊为"先蚕"（即始蚕之神）。② 新石器时代晚期，我们的祖先就已开始利用蚕丝织作。商周时代，丝织技术有了很大的提高，出现了提花技术，从而能够织作比较复杂和华美的提花织物。至汉代，中国丝织技术更加精湛。从长沙马王堆汉墓中发掘出的大量丝织品（图 12 - 34）来看：当时的丝织品从品种上讲，有绢、罗纱、锦、绣、绮；从颜色上讲，有茶褐、绛红、灰、黄棕、浅黄、青、绿、白；从制作方法上讲，有织、绣、绘等。这些丝织品的图案亦很丰富，有动物、云彩、花草、山水以及几何图案。

---

① 陈江风. 中国文化概论 [M]. 2 版. 南京：南京大学出版社，2005：291.
② 陈江风. 中国文化概论 [M]. 2 版. 南京：南京大学出版社，2005：294.

图 12-33　三锭棉纺车

图 12-34　马王堆出土的素纱禅衣

图 12-35　南宋沈子蕃缂丝梅

唐代在丝绸染色、印花和纺织机械方面也有很大的改进，所产丝织品更为精美。唐代诗人白居易曾这样称赞道："应似天台山上明月前，四十五尺瀑布泉。中有文章又奇绝，地铺白烟花簇雪。"宋代织锦技术发展很快，南宋时锦的品种已有40多种，著名的"苏州宋锦"和南京"云锦"都是这个时期出现的。宋代还发展出一种缂丝技术（图12-35）。① 它可以用简单工具，在一根纬线上分段设色，然后用各色小梭分别织造，织出与原作几乎完全相同的织物。缂丝织制品多以唐宋名画作底本，有很高的艺术性。元代则发展出了"织金锦"，继元之后明清两代又发展出了"妆花"，可谓异彩纷呈，美不胜收。随着丝织品的外传，我国的养蚕法和丝织技术也相继传往世界各地，大大促进了西方纺织业的发展。丝织品贸易还形成了著名的"丝绸之路"，成为古代中国与世界交往的重要通道。

（三）冶金

早在商周时期，中国先民就已经掌握了青铜冶炼技术。中国冶炼青铜的时间虽然晚于西方千余年，但是后来居上，冶炼技术很快就超过了西方，后母戊方鼎、精美的曾侯乙尊盘、随县编钟群，以及大量的礼器、日用器、车马器、兵器、生产工具等，都显示当时的人们已经熟练地掌握了浑铸、分铸等先进的铸造技术。在生产过程中，人们又逐渐探索出铜和锡的比例规律，为中

---

① 缂（kè）丝，又称"刻丝"，是中国传统丝绸艺术品中的精华。它是中国丝织业中最传统的一种挑经显纬，极具欣赏装饰性的丝织品。宋元以来一直是皇家御用织物之一，常用以织造帝后的服饰、摹缂名人书画等，织造过程极其细致，常有"一寸缂丝一寸金"和"织中之圣"的盛名。苏州缂丝画、杭州丝织画、永春纸织画以及四川竹帘画并称为中国的"四大家织"。

国率先跨入铁器时代奠定了基础。春秋时期，则出现了生铁冶炼技术。进入战国早期，中国智慧的古人又发明了生铁柔化技术，并在此基础上出现了炼钢技术。此后在进一步的实践中逐渐总结出百炼钢、炒钢、灌钢等多种方法。冶炼技术的发达，为中国封建时代其他技术的发展开辟了道路。① 总的来说，青铜冶炼、铸铁冶炼、生铁加工的炒钢技术以及始于魏晋南北朝时期的灌钢技术，都表明中国古代冶炼技术的先进（图12-36）。

图12-36 战国铁器

（四）陶瓷

中国瓷器驰名世界，西文中"中国"（china）一词又指"瓷器"，这充分反映了陶瓷技术在中国古代科技中的重要地位。②

1. 陶器

我国的制陶艺术始于新石器时代，古代先民在烘烤肉食时，经过火烧烤的土会变得坚硬，后经反复实验，学会用泥土烧制陶器。早期的陶器多为日用器皿，如饮器、炊器、食器以及盛贮器等。至战国时期，人们学会按照青铜礼器的图案纹饰制作陶器，主要用于随葬。这一时期，也出现了一些陶制工具，如陶刀、陶锉以及陶纺轮等。总的来说，我国陶器的发展经历了三次高峰。陶器制作第一次高峰当属秦汉时期的陶俑制作。陶俑最早出现于青铜时代晚期，主要是奴隶主贵族放弃活人、活马殉葬习惯后使用的替代品。至战国时期，陶俑殉葬已颇具规模，但远不及陕西临潼秦始皇陵秦俑坑所发现的兵马俑的规模（图12-37）。秦俑胎质细腻，将手模制作方法与模制制作方法相结合，塑制精细，形态栩栩如生，秦俑是迄今发现的制作最精细、规模最壮观的陶俑。陶器制作的第二高峰是唐三彩俑的出现（图12-38）。唐代三彩俑是一种在陶制品上涂釉烧釉的工艺，这种工艺最早始于西汉，但是当时只能烧制以铜为呈色剂的低温铅釉陶器，多呈现黄绿色，色彩比较单调，而且还不稳定，烧成率也不高。至唐代，制陶工匠开始用白色黏土制胎烧胎，然后在半成品陶胎上以多种金属氧化物为着色剂敷涂，再入窑烧制。③ 常使用三种着色剂，氧化铜烧成绿色，氧化铁烧成黄褐色，氧化钴烧成蓝色，采用铅作为釉的溶剂，利用铅在炼制过程中的流动性，可在同一器物上烧成黄、赭黄、翠绿、深绿、天蓝、褐红等多种色调，烧制的成品色彩斑斓绚丽。比较有代表性的作品有唐三彩马、唐三彩骆驼等。宋代以后，陶三彩的烧制逐渐衰落，江苏宜兴的紫砂陶制作兴起，这掀起了中国陶器制作的第三次高峰。紫砂陶是一种人釉细陶，用质地细腻、含铁量高的特殊陶土紫砂泥制作，成品常呈赤褐、淡黄、紫黑或墨绿等颜色，常见器皿包括壶、杯、瓶、文具用品以及艺术雕塑等，其中尤以茶壶最为突出，为文人雅士所珍爱。

---

① 陈江风. 中国文化概论 [M]. 2版. 南京：南京大学出版社，2005：290.
② 张应杭，蔡海榕. 中国传统文化概论 [M]. 上海：上海人民出版社，2000：486.
③ 廉永杰. 中国传统文化概论 [M]. 2版. 西安：陕西人民出版社，2002：291.

图12-37 秦始皇兵马俑一号坑

图12-38 唐三彩骆驼载乐俑

2. 瓷器

在陶器生产的基础上，古代先民又创造并提升了瓷器制作技术。商代开始出现瓷器制作，东汉时期，我国已有优质瓷器产生。唐代，瓷器制作工艺比较成熟，中国的陶瓷开始风靡西方，中国也被称为"瓷国"。至宋代，全国已出现五大著名烧制陶瓷的名窑，包括定窑（位于今河北省保定市）、汝窑（位于今河南省宝丰县）、官窑（位于今江苏省扬州一带）、哥窑（疑似位于今浙江杭州一带）和钧窑（位于今河南禹州一带）。宋代"五大名窑"在配料、制胎、釉料、施釉、焙烧工艺等方面都达到了极高的技术水平。南宋时期，景德镇瓷器更是远近闻名，至今还是我国著名的瓷器烧制中心之一，被人们誉为"瓷都"。我国瓷器制作大致经历了"青瓷—白瓷—彩瓷"这样的发展阶段。青瓷主要采用含铁的釉料，瓷器烧成后釉色青绿，胎质细腻，如冰似玉。青瓷发展在宋代达至高峰，浙江越窑、河南汝窑、汴京官窑以及陕西的耀州窑等都非常著名。

图12-39 斗彩瓷器

与青瓷相比，白瓷的烧制要求更高，从制胎土到上釉再到入窑烧制，稍有不注意，就有可能出现颜色驳杂，甚至造成瓷器通体变形报废。白瓷在唐代就已经比较成熟，到宋代达到巅峰，明代永乐白瓷则突破以往工艺，取得了划时代的进步。白瓷制品釉色洁白，胎薄质细，造型优美。河北邢窑、定窑等烧制的白瓷都非常有名。历史上，河北邢窑与浙江越窑的青瓷并称"南青北白"。

彩瓷的出现较晚。彩瓷依其不同工艺，可以划分为釉下彩、釉上彩、斗彩以及颜色釉四种类型。

釉下彩主要是在瓷胎上彩绘后一次烧成，又分青花和釉里红两类。釉上彩则是在已经高温烧制成功的瓷器上彩绘，然后再低温烘烧而成，因而色彩细腻明艳，非常适宜表现工笔细绘的风格，有釉上单彩和釉上多彩之分。

斗彩（图12-39）是结合了釉下彩中的青花和釉里红两种工艺而成的一种新的类别，可以更好地表现色彩的层次感。斗彩需要首先在瓷胎上用钴料绘出花纹，加白釉烧成，再在釉上按青花的轮廓填绘红、黄、绿、紫等多彩并加以烘烧，其成品釉上釉下层次分明，色彩明丽，相映生辉。清时又发明了在釉上施蓝彩的技术，把斗彩工艺推上顶峰。

与前几种制作工艺不同，颜色釉是指在瓷胎上直接着各种不同金属釉料入窑烧制，多呈天蓝、豆青、娇黄、紫金、孔雀绿等色，在清代尤其盛行，康熙时期艳丽的郎窑红和素雅的豇豆红都是非常著名的颜色釉的代表作。这两种瓷器均以铜为呈色剂，郎窑红色泽红艳，如初凝牛血一般，器物内外开片，如同莲花，釉而透亮，口沿处因红釉流淌下垂出现轮状白线，洁白整齐；豇豆红又称吹红，呈淡粉色，浅淡娇柔，如婴儿之红脸，三月之桃花，又如美女微醉之红颜，因此又称娃娃脸、桃花片和美人醉。上述两种颜色釉由于烧成难度大，很少有大件器物，传世作品极少。康熙末期，又出现了"粉彩"工艺，即把含砷的玻璃料掺入含铅的彩料中，由于氧化砷有乳浊作用，烧成后不透明，中和了原来艳丽的色彩，显得柔和、淡雅、温润，且便于堆色，适于层层渲染，造成立体感。这大大丰富了彩绘的表现力，具有浓厚的中国传统绘画特色。[①]

第三节 中国传统科学技术的民族特色

在上千年的历史发展过程中，中国古代的科学家们凭借其惊人的智慧，创造出了辉煌的科技成就，而且中国传统科学发展体现了浓郁的民族特色。

一、注重实际应用，轻视理论构建

与西方国家的科学技术相比，中国传统科学技术一开始便具有鲜明的实用性取向。所谓实用取向是指中国传统科学技术研究不是以探索大自然的奥秘为目的，而是以满足人们的生产和生活上的实际需要为目的，表现在古代中国的科学家、发明家们的科学研究和技术发明大都以实用为最高准则，围绕着人类的生产和生活而进行。[②] 科学技术所要解决的问题，也大多是实践中急需解决的重要问题。

古代农学强调土地丈量、地图绘制等，古代数学明显偏重于算术和代数，计算的内容与方式都与当时社会生产密切相关，中医学和中药学的创立，十进制和二进制的创立，天文学中制定历法、都江堰的设计与修建等，所解决的也都是古代中国人现实中所面临的生产和生活中的重大难题。[③] 李时珍的《本草纲目》、宋应星的《天工开物》、贾思勰的《齐民要术》、徐光启的《农政全书》等都具有很强的实用性。[④]

"四大发明"中的火药最初是炼丹家们在炼制"长生不死"之药的过程中无意发明的，指南针曾经引领中国创造了领先世界的航海奇迹，但由它制造出的罗盘却长期被用来"看

---

① 廉永杰. 中国传统文化概论 [M]. 2版. 西安：陕西人民出版社，2002：294.
② 郜江海. 中国传统科学技术取向研究 [D]. 广州：广州中医药大学学位论文，2011：8.
③ 白全贵，师全民. 中国传统文化概论 [M]. 郑州：郑州大学出版社，2003：316.
④ 廉永杰. 中国传统文化概论 [M]. 2版. 西安：陕西人民出版社，2002：235.

风水"。① 又比如，针灸，在中国历史上，人们很早就发现并熟练运用骨针、砭石等刺激穴位，治疗人们的某些疾病，但是对与针灸密切相关的经络以及针灸的作用机理等缺乏深入探讨。此外，造纸、印刷、纺织、陶瓷、冶铸、建筑等中国人引以为豪的发明创造也无不带有鲜明的实用烙印。

所以，尽管中国古代的科学家们在天文学方面拥有丰富的观测资料，但是却只是为制定历法服务，极少尝试理论构建，自然也就未能形成系统的理论体系。② 中国古代的科学家们之所以在科学研究和技术发明中如此强调实用性取向，一方面是因为受到中国传统文化中"经世致用"观念的影响，另一方面是因为与中国古代"重本抑末"经济思想影响密切相关。③

二、重视直观经验，缺乏理性探讨

中国古代科技的实用取向，在人类社会早期，对促进生产力的发展和推动科技的进步无疑起到了积极作用，但是过分偏重功能和实用，也带来一些负面影响，最显著的影响有两点。其一，导致中国古代科学技术发展的不平衡。凡是与国家事务、人们的生产生活密切相关的学科和技术就会得到迅速发展，反之，则发展缓慢。如农学、医学和天文学等学科因与人们的生产生活联系紧密，就一直备受重视，取得了丰富的科技成果。其二，经验层次上的研究较多，理论体系形成受限。由古代科学研究重视实用性，导致那些不能满足实用需要的科学研究往往被轻视，导致古代科学技术发展多滞停于经验层次，经验层面的研究有余，理论层面的探讨不足。

在中国传统的哲学思想中，无论儒家抑或道家，都持反观内省的直觉主义认识论，忽视对客观事物做具体深入的逻辑分析和系统科学的实验，只求其然而不求其所以然，停留表面，不求甚解，都含有很强的主观臆测成分。④ 例如，对于气象观察，古人最信奉的是农家谚语之类的经验性的知识，关于宇宙结构论的"盖天说""浑天说"和"宣夜说"也是理论模糊不清，相互矛盾。上述都是中国古代科学技术重直观经验，缺乏理性探讨的典型例子。中国古代科技所表现出的这一"直观经验性"，成为约束中国古代科技发展的羁绊，致使它对自然的研究只能停留在直观的表层，难以进入理性思考的范畴。

三、强调整体研究，弱化个体分析

传统文化的各个方面都会深受思想观念和理论哲学的影响，中国古代科学技术的整体观特征就深深植根于中国哲学的土壤之中，深受古代中国"天人合一"的自然主义哲学观的影响。由于不同的地理环境、生活习惯以及其他一些原因，中西方形成了迥异的自然观。正如李约瑟在其《中国科学技术史》一书所说的"在希腊人和印度人发展机械原子论的时候，中国人则发展了有机宇宙哲学"。⑤ 西方古代的自然观以机械原子论为代表，中国则形成了以元气论为代表的有机自然观，也就是李约瑟所谓的有机宇宙哲学。不同的自然观促成不同

---

① 田广林. 中国传统文化概论 [M]. 2版. 北京：高等教育出版社，2011：297.
② 田广林. 中国传统文化概论 [M]. 2版. 北京：高等教育出版社，2011：299.
③ 张应杭，蔡海榕. 中国传统文化概论 [M]. 上海：上海人民出版社，2000：497.
④ 田广林. 中国传统文化概论 [M]. 2版. 北京：高等教育出版社，2011：299.
⑤ 李约瑟. 中国科学技术史（第三卷）[M]. 北京：科学出版社，1975：337.

类型的科学思维方式的形成。在西方，原子论建立后，还原论的思维方式日渐形成。还原论认为，世界由实体构成，作为整体的实体是由不同部分构成的，因此，人们要正确地认识世界，有必要把整体分解成部分加以认识。在西方，物理学最能反映还原论思维。

中国经过漫长的发展过程，形成了完备的系统的思维方式，它认为整体不仅是由部分构成，而且也是由部分之间的关系所构成。① 世界就是由若干关系构成，整体与部分、内在与外在、源与流以及天与人之间，息息相通，往复循环。"天地生于自然，万物生于大地""天人之际，合而为一""人法地，地法天，天法道，道法自然"，因此，人们要正确地认识世界，必须将认识对象置于事物之间的关联中去加以认识，把认识对象作为整体的一部分加以掌握。

系统论思维方式在中医学中表现得尤为明显。中医理论认为，人体五脏肝、心、脾、肺、肾对应五行中的木、火、土、金、水，对应五时中的春、夏、长夏、秋、冬。由于五行存在着木生火、火生土、土生金、金生水的相生关系，中医气功学在修炼五脏时，要求的顺序是肝、心、脾、肺、肾，不能随意颠倒次序，而且保养的重点顺序亦要遵循如下顺序：春天在肝，夏天在心，秋天在肺，冬天在肾。由于四季变化是春生、夏长、秋收、冬藏，人的活动规律也应与之保持一致。又由于五行中存在着木克土、土克水、水克火、火克金、金克木的相关关系，五脏也存在着相应的相互次序。如诊断为肝病，则认为肝克脾，肝病可能传之于脾，于是在治疗用药上，便注意先实其脾气，防止疾病的转变。很显然，中医学将人体视为一个有机整体，认为任何局部的病变，都将对全身的气血运行和阴阳平衡关系产生影响。因此，中医学一直强调要注意局部病变的治疗，也要注重整体的调治。② 这种比类取象、直观外推的科学方法论③，保持了整体思维的优势，使中国古代科学在医学、生态环境保护等方面有高于西方科学的地方。

中国古代科技思想体现了"整体性"的哲学理念，古代的科学家们在探索自然时，把对人的考察与对社会的考察结合起来，追求人与天、人与社会以及人与自然的和谐统一。④ 整体性的哲学观念始终把所研究的对象当作一个整体来看待，把研究对象放在一个大的整体中去研究，同时，把研究对象自身也作为一个整体，这与西方那种把整体割裂成一个个部分加以研究的方法存在实质上的不同，反映了朴素的古代系统论观点。⑤

整体性哲学理念的积极影响在于推动了中国古代科学技术的发展，使其一开始便具有了全面、系统、辩证的特点。消极的影响表现在：第一，整体性的哲学理念易使人忽视自然与社会、天与人之间的区别，忽视自然界是独立的观察对象，从而使人对自然的考察发生偏差，使科学技术的发展被打上深深的伦理道德的烙印；第二，过分强调整体性势必会影响人们对具体细节的深入思考，易导致中国古代科技文化停留于对自然界笼统、模糊的认识，不

---

① 张应杭，蔡海榕. 中国传统文化概论 [M]. 上海：上海人民出版社，2000：495.
② 张应杭，蔡海榕. 中国传统文化概论 [M]. 上海：上海人民出版社，2000：496.
③ "比类取象"语出《周易》，是易学五行学说的一个重要研究方法，即按照事物的不同性质、作用与形态，分别归属于木、火、土、金、水无形的项目之中，借以阐述人体脏腑组织之间的生理、病理的复杂关系，以及人体与外界环境之间的相互联系。对这种事物属性的归纳方法，称为比类取象。
④ 田广林. 中国传统文化概论 [M]. 2版. 北京：高等教育出版社，2011：298.
⑤ 陈江风. 中国文化概论 [M]. 2版. 南京：南京大学出版社，2005：295.

利于科学、具体、精确地阐释自然界的变化规律。①

四、官方推动科技发展，突显权力取向

中国传统科学技术发展除了实用性取向、经验取向以及整体性取向，还有一个重要的特征，即权力取向，也就是说中国传统科学技术深受权力的影响。中国传统科学受权力影响最大的当属天文学。"希腊的天文学家是隐士、哲人和热爱真理的人，他们和本地的祭司一般没有固定的关系。中国的天文学家则不然，他们和至尊的天子有着密切的关系。他们是政府官员之一，是按照礼仪供养在宫廷之内的。"② 从上述这段话中，我们可以认识到，从某种意义上讲，中国的天文学深受王朝政治的影响。③ 古人对头顶之上的天（星）空有着独特的认识，认为国家治乱与天象变化是相对应的，天文现象是统治秩序的一种表征，是对政治结果的一种检验，天降异象，是对统治者的一种警示。观察天文现象的目的在于帮助统治者了解信息，以便及时采取措施。"天文者，序二十八宿，步五星日月，以纪吉凶之象，圣王所以参政也。"④ 正常的天文现象被赋予了神秘的色彩和独特的内涵。

中国传统科学受权力影响，主要表现在以下几个方面：

第一，推进技术进步。以青铜器为例，青铜冶炼技术的不断精进，与王朝政治关系密切。青铜器是统治权力的象征，权力交替的胜利者会铸造青铜器记录历史，"作彝器，铭其功烈，以示子孙"。青铜器象征财富，象征盛大的仪式。青铜礼器的数量、大小还是权势大小的重要衡量尺度。在这种权力欲望的刺激下，青铜器的冶炼、铸造技术不断发展。《考工记》载有"六齐"，对钟鼎、斧斤、戈戟、大刃、杀矢、鉴燧等六类物件的合金配比作了科学的规定。对制模、翻制泥范、刮制泥芯、范芯的高温处理、范芯的组装、浇注铜液、出范芯以及最后的加工与修整程序等铸造技术作了说明。⑤

第二，引发对专职人员的需求，促使一些重要的实用性的科技工作成为稳定的社会职业，保证了这些科技事业在当时能够得到持续稳定的发展。与其他国家此时期的民间科技活动相比，中国古代科技发展优势明显。这些专职人员除掌握天文、历法诸事的天文学家之外，还包括掌水利的司险、掌工程的司空、掌祛病的医师等。

第三，设置专职机构。由天文学、青铜技术的发展导致了专职人员和"工"的出现，在古代国家机构渐为严密之后，专门的科技机构开始出现。《周礼·天官·冢宰》中记载有掌医之政令的医师，并设有食医、兽医等专门医疗机构；《周礼·地官·司徒》中记载有掌识别土壤和根据不同土壤施肥的"草人"，掌农田排灌和耕作的"稻人"等等。后来，历朝历代也都在国家机构中设立类似的科学技术机构和职能部门。专职机构的设置使科技活动可以大量的、长期的、系统的积累相关科技资料。

第四，集中力量，进行大规模的科技活动。例如，测量子午线的长度，成都都江堰、郑

---

① 田广林. 中国传统文化概论 [M]. 2版. 北京：高等教育出版社，2011：299.
② 李约瑟. 中国科学技术史（第四卷）[M]. 北京：科学出版社，1975：2.
③ 邰江海. 中国传统科学技术取向研究 [D]. 广州：广州中医药大学学位论文，2011：13.
④ 出自《汉书·艺文志》，这句话的意思是：天文用来测定星辰位置和日月五星运行规律，记录吉凶的征兆，让圣明的君主作为施政的参考。
⑤ 杜石然. 中国科学技术史稿 [M]. 北京：科学出版社，1982：42－47.

国渠和南北大运河的建设以及清代康熙、乾隆年间进行的大规划的测绘活动，解决了当时许多科技难题，取得了领先于其他国家的科技成果，而这些大规模科技活动的有效开展均离不开封建统治者的支持。

权力对科技活动的重视，在一定程度上推动了中国古代科技的发展，但由于当权者只重视科技为其统治和农业生产服务，所以这就导致了古代实用科学技术在世界科技发展史上处于领先地位，自然哲学、理论性自然科学知识方面则较为落后，使得我国古代科技发展缺乏潜力。至近代，中国科技发展到一定高度后趋于停滞，进而落后于西方科技发展也就很容易理解了。

思考与探究

1. 简述中国传统科学技术三个时期的发展概况。
2. 中国古代的科学为什么以天文、数学、农学和医学最为发达？
3. 为什么说中国古代的"四大发明"推动了世界文明的进步发展？
4. 中国古代科学技术的发展体现了哪些特点？
5. 中国古代的科技发展领先于世界的原因有哪些？中国传统科技在近代又为什么落伍？

拓展阅读

1. 《中国科学技术史》，李约瑟著，科学出版社 1975 年出版。
2. 《中国古代科学史纲》，卢嘉锡、路勇祥编，河北科学技术出版社 1998 年出版。
3. 《中国科学技术史稿》，杜石然著，科学出版社 1982 年出版。

第十三章

中国传统生活日常

学习目标

1. 了解中国传统的岁时节令及其与日常生活的联系。
2. 理解中国传统衣饰文化的变迁及礼制内涵。
3. 认识中国各民族丰富多样的饮食结构及习惯。
4. 认识中国传统的医药、武术的发展及成就。

内容概要

中国是一个统一的多民族国家,各民族都有自己悠久的历史和优秀的文化传统,形成了各具民族特色的日常生活习俗。本章介绍了有中国特色的岁时节令、传统服饰、传统饮食习惯以及医药武术等与日常生活息息相关的内容。这些内容既涉及物质层面的表征,也存在礼仪层面的规定,既体现了旧时上层社会的风雅追求,也涵盖了普罗大众的生活日常。总体而言,这些生活气息深厚的传统文化分支彼此交融,构成了丰富多彩、生动有趣的民众生活,并对我们今天的生活日常产生着丝丝缕缕的影响。

第一节 中国传统岁时节令

一、中国传统岁时节令概说

甲骨文中出现的"岁"字,其字形像一把石斧,代表着上古社会的一种斧类的工具。卜辞中将杀牲称为"岁",这符合古人用工具来指称某项行为的思维习惯。后来"岁"又发展成为一种特定时节的祭祀的名称,所以"岁"也就延伸为年岁之"岁"。① 中国岁时节令具有极强的内聚力和广泛的包容性,成为中华民族一份珍贵的历史文化遗产,其深刻的精神内涵和丰富的礼仪形式,展示着中华民族的精神世界和理想追求。

中国传统岁时节令的由来是多方面的。首先是原始先民从事春耕夏种,秋收冬藏等农事活动需要把握时间,就需要观察天时,制定历法。相传尧帝时形成了春夏秋冬的概念,夏朝时用天干纪年,形成夏历。殷商时历法相对完备,用天干与地支相搭配来纪年。天干是甲、乙、丙、丁、戊、己、庚、辛、壬、癸10个字,地支是子、丑、寅、卯、辰、巳、午、未、申、酉、戌、亥12个字。这样的纪年方法,60年为一轮,称为一甲子。周代继续用干支纪年,加上了以天上星宿大火的位置来表示寒来暑往,节令更替。周朝之前,一年在唐尧虞舜时为一载,夏时称岁,商代称祀,周时始称年。其次,中国传统节日与月亮的朔望圆缺也有密切关系。远古时代没有文字和日历,只能通过观察天上的太阳、月亮和星星来划分时间季节。月亮有升有落,有圆有缺,而且光线柔和,成为人们晚上反复观赏的对象,于是在岁时周期的基础上有了月的概念。朔日或元日是初一,望日或圆日是十五,也就是月圆的日子。古代的很多节日都在朔日或圆日,比如正月初一是元旦,上元节是正月十五,中元节是七月十五,寒衣节是十月初一。由于上古先民有一些数字信仰,数字与数字结合,也产生了一些传统的岁时节日。比如,上古先民认为一月一、二月二、三月三、七月七、九月九等数字重叠是吉月吉日,所以形成了像正月正或大年初一这样的大节。而五月五则被视为恶月恶日,在这一天需要驱鬼辟邪才能保证全家安康,于是也形成了一个大节。②

除上述观察日月星辰等自然现象而产生的传统岁时节日之外,还有一些岁时节日与大山大河、花草树林、飞禽走兽等自然崇拜,氏族部落的图腾崇拜以及人神崇拜有关。人神主要是民族人文始祖、民族英雄和各种功德人物。人文始祖包括如伏羲、女娲、炎帝、黄帝等;民族英雄中被广泛祭祀的有苏武、岳飞、文天祥和戚继光等;功德人物主要是指那些维护百姓利益,进行发明创造改善百姓生活的人,如工匠祖师爷鲁班、毛笔祖师爷蒙恬、造纸祖师爷蔡伦、医药祖师爷华佗,以及香粉祖师西施等。虽然传统节日在初始时期多是由民间约定俗成,但也有节日是在上层统治者的率先垂范、下诏提倡之中加速形成。比如,汉文帝继位后确定了正月十五为元宵节,这一节日受到汉武帝、隋炀帝、唐玄宗等历代君王的重视,所以有元宵夜"灯火家家市,笙歌处处楼"的盛景。

二、中国传统节日

(一)春节

春节这天是正月初一,为农历一岁之首,俗称"大年"或"新年"。这是全世界华人心目中最为重要、隆重,同时也是持续时间最长,内容和礼仪形式最多的一个传统节日。

春节和新年的概念,最初的含义与节令和农时有关。古人把谷子的生长周期称为"年",《说文·禾部》:"年,谷熟也。"夏代实行的夏历,以月亮圆缺的周期为月,一年划分为12个月,每月以不见月亮的那天为朔,正月朔日的子时称为岁首,即一年的开始,也

---

① 海上. 中国人的岁时文化 [M]. 长沙:岳麓书社,2005:2-3.
② 袁学骏. 中国民俗风情丛书·岁时节日 [M]. 石家庄:河北人民出版社,2009:2-5.

叫年。但古代的官方一般都把正月初一称为"元旦"或"元日"。

传统意义上的春节是指从腊月初八的腊祭或腊月二十三的祭灶,一直到正月十五。其中腊月三十的除夕和正月初一是最高潮,通常要举行各种庆典活动,主要内容包括礼拜神佛、祭奠祖先、迎禧接福、祈求丰年等。为了庆贺吉祥,家家都要贴春联、贴窗花和贴"福"字,并要打扫庭院,整饰居室。除夕之夜,是中国人阖家团圆的重要时刻,全家人欢聚一起"守岁",吃"年夜饭"。大年初一,亲友和邻里之间要"拜年",相互问候,相互祝愿。此间,民间最为普遍的文娱活动内容是带有浓郁民族特色的狮子舞、龙灯舞、划旱船和踩高跷等。

(二) 元宵节

农历正月十五为元宵节,又称"上元节"或"灯节"。古代称这一天为"上元",其夜称"元夜""元夕"或"元宵"。早在汉初,正月十五便被立为元宵节,其时要祭祀天帝,以祈求福佑。隋、唐、辽、宋之际,元宵节曾经盛极一时。《隋书》卷15《音乐志》:"每岁正月,万国来朝,留至十五日,于端门外,建国门内,绵亘八里,列为戏场。百官起棚夹路,从昏达旦,以纵观之。至晦而罢。"当时身着盛装的歌舞演员人数多逾3万。随着社会和时代的变迁,过元宵节的许多风俗习惯早已发生若干变化,但吃元宵和观灯的习俗,一直在流传。元宵以糯米粉为皮,内裹果料糖馅,这是"团圆"的象征。

(三) 清明节

农历三月初八(公历4月5日前后)是二十四节气中的清明,这一天是中国传统的祭祖和扫墓的日子,即清明节。在中国传统的二十四节气中,既是节气又是节日的只有清明。汉族和其他一些少数民族大多是在清明时节扫墓祭祖,这是中华民族尊祖敬宗、孝亲敬贤传统美德的具体体现。唐人杜牧的诗句"清明时节雨纷纷,路上行人欲断魂。借问酒家何处有?牧童遥指杏花村。"客观地描述了清明节的特殊气氛。清明时分,天气转暖,春光明媚,草木复萌,人们常常结伴到郊外野足踏青,欣赏春光,所以清明节有时也称"踏青节"。

(四) 端午节

农历五月初五日为"端午节",俗称"五月节"。"端午"本名"端五",端是初的意思,"五"与"午"互为谐音而通用。一般认为端午节是为纪念中国古代诗人屈原而立。屈原(约前340—前278)是战国时期楚国人,他因自己的政治理想无法实现,又无力挽救楚国的灭亡,当秦国灭楚后,遂于五月初五这一天抱石投汨罗江自沉而死。后世为纪念这位伟大的诗人,把这天定为端午节。每逢此节,民间有戴香袋、吃粽子、赛龙舟的习俗。香袋寓意屈原的品德节操万古流芳;粽子原是用来喂鱼以防鱼儿咬食屈原的尸体,后成为节日食品;划龙船原是由于营救屈原这种美好愿望的寄托,如今已经成为极富中国传统特色的体育运动项目。

(五) 中秋节

农历八月十五为中秋节,又称"团圆节"。八月十五居秋季之中,故名"中秋"。中秋节的起源与古代帝王秋天祭月礼俗密切相关,汉、魏、唐、宋以来,逐渐演变为赏月的民间风俗。"中秋"一词,最早见于先秦时代成书的《周礼·司裘》,所谓"中秋献良裘"。唐宋之际，正式定为传统节日。宋人孟元老《东京梦华录》卷八《中秋》曰："中秋夜，贵家结饰台榭，民间争占酒楼玩月。丝篁鼎沸，近内庭居民，夜深遥闻笙竽之声，宛若云外。闾里儿童，连宵嬉戏。夜市骈阗，至于通晓。"至明清时期，中秋节发展成为仅次于春节的传统节日。明清两朝的中秋赏月、祭月活动，盛行不衰。

（六）重阳节

重阳节为农历九月初九日，又称为"双九节""老人节"。古人以"九"为阳数，九月初九，两九相重，故曰重阳，也称重九。又以"九"与"久"同音，有长久长寿的寓意，因此有了老人节的内涵。中国以重阳为节，至少不晚于汉魏之际。重阳之际，民间的庆祝活动一般包括出游赏景、登高远眺、观赏菊花、采摘茱萸、吃重阳糕、饮菊花酒等。此时正值秋高气爽，风轻云淡，野外登高，既可以陶冶情趣，又有益于健康。由于登高的"高"字与"糕"同音，所以重阳节又有吃"重阳糕"的习俗，寓意"步步登高"。茱萸气味辛辣，属性温热，可以御寒驱毒。古人认为重阳之际采摘茱萸插在头上，可以辟除恶气而抵御初寒。因此唐代大诗人王维作《九月九日忆山东兄弟》，诗曰："独在异乡为异客，每逢佳节倍思亲。遥知兄弟登高处，遍插茱萸少一人。"九月时节，草木转黄，唯有菊花迎风怒放，此时饮酒赏菊与敬老活动相映互动，可谓意蕴深重。

三、二十四节气

（一）二十四节气的由来

二十四节气是我国古代人民为适应"天时""地利"，取得良好的收成，在长期的农耕实践中，综合了天文与物候、农业气象的经验所创设的。外国的历法只有春分、夏至、秋分、冬至四个节气，而中国历法是以"四立"作为四季的开始。[①]

中国古代利用土圭实测日晷，将每年日影最长的那一天定为"日至"（又称长日至、长至、冬至），日影最短的那一天为"日短至"（又称短至、夏至）。在春秋两季各有一天的昼夜时间长短相等，便定为"春分"和"秋分"。在商朝时只有四个节气，到了周朝时发展到了八个。战国后期成书的《吕氏春秋》中，就有了立春、春分、立夏、夏至、立秋、秋分、立冬、冬至这八个节气名称。这八个节气，是二十四节气中最重要的节气，它们标示出季节的转换，清楚地划分出了一年四季。

到秦汉年间，二十四节气已经完全确立。二十四节气名称首见于《淮南子·天文训》，《史记·太史公自序》的"论六家要旨"中也提到阴阳、四时、八位、十二度、二十四节气等概念。汉武帝时，由邓平等制定的《太初历》正式把二十四节气编入历法，明确了二十四节气的天文位置。

有人认为二十四节气从属农历，其实，它是根据阳历划定的。人们根据太阳在黄道上的位置，把一年划分为24个彼此相等的段落，也就是把黄道分成24个等份。太阳从黄经零度起，沿黄经每运行15度所经历的时日称为"一个节气"。每年运行360度，共经历24个节气，每月两个。其中，每月第一个节气为"节气"，即立春、惊蛰、清明、立夏、芒种、小

[①] 余耀东. 二十四节气 [M]. 合肥：黄山书社，2012：1-2.

暑、立秋、白露、寒露、立冬、大雪和小寒 12 个节气；每月的第二个节气为"中气"，即雨水、春分、谷雨、小满、夏至、大暑、处暑、秋分、霜降、小雪、冬至和大寒 12 个节气。"节气"和"中气"交替出现，各历时 15 天，现在人们已经把"节气"和"中气"统称为"节气"。由于太阳通过黄道每等份所需的时间几乎相等，二十四节气的公历日期每年大致相同，上半年在 6 日、21 日前后，下半年在 8 日、23 日前后。

（二）二十四节气的具体含义

为方便记忆二十四节气，中国流传着多种版本的二十四节气歌，其大致内容如下："春雨惊春清谷天，夏满芒夏暑相连。秋处露秋寒霜降，冬雪雪冬小大寒。每月两节不变更，最多相差一两天。上半年来六廿一，下半年是八廿三。"二十四节气的具体含义为：

立春：这是二十四节气中的第一个节气，其含义是开始进入春天。过了立春，万物复苏，一年四季从此开始了。

雨水：这时春风遍吹，冰雪融化，空气湿润，雨水增多，所以叫雨水。

惊蛰：这个节气表示"立春"以后天气转暖，春雷开始震响，蛰伏在泥土里的各种冬眠动物将苏醒过来，开始活动，所以叫惊蛰。

春分：这是春季 90 天的中分点，这一天南北两半球昼夜长度相等，所以叫春分。这天以后太阳直射位置便向北移，北半球昼长夜短。到了春分前后，中国进入早稻的播种时期。

清明：清明含有天气晴朗、草木繁荣茂盛的意思。此时气候清爽温暖，草木开始长出新枝芽，万物开始生长，农民忙着春耕、春种。在清明节这一天，有到郊外踏青、祭扫坟墓的习俗。

谷雨：由于雨水滋润大地，五谷得以生长，所以，谷雨就是"雨生百谷"的意思。谷雨后，气温回升很快，天气转暖，春雨滋润着田野，农业生产进入繁忙时期。

立夏：这是夏季的开始，从此进入夏天，万物生长旺盛。人们习惯上把立夏当作气温显著升高的开始。

小满：从小满开始，大麦、冬小麦等夏收作物已经结果，籽粒饱满但尚未成熟，所以叫小满。小满时节，自然界的植物都比较丰满和茂盛，春种作物正值生长的旺盛期。

芒种："芒"指有芒作物，如小麦、大麦等，"种"指种子。芒种即表明小麦等有芒作物成熟了。这时最适合播种有芒的谷类作物，如稻、黍、稷等。如过了这个时候再种有芒的农作物，就不好成熟了。

夏至：这一天是北半球白昼最长、黑夜最短的一天。从这一天起，进入炎热季节，大地万物在此时生长得最旺盛。过了夏至，太阳逐渐向南移动，北半球白昼一天比一天缩短，黑夜一天比一天加长。

小暑：此时天气已经很热了，但还不到最热的时候，所以叫小暑。这段时期，大雨常与大风、雷暴相伴，有时还有冰雹等灾害性天气发生。

大暑：这是一年中最热的节气，正值中伏前后，是喜温作物生长速度最快的时期。

立秋：从这一天起开始进入秋天，此后气温逐渐下降，秋高气爽。不过，许多地方仍然处于炎热之中，有"秋老虎"的说法。

处暑："处"含有躲藏、终止的意思，"处暑"表示炎热的暑天要结束了。它是温度下降的一个转折点，是气候变凉的象征。

白露：此时天气转凉，由于温度降低，水汽在地面或接近地面的物体上凝结成露珠，白露实际上是天气已经转凉的象征，一般白露前后会有段连绵阴雨天气。

秋分：这一天同春分一样，阳光几乎直射赤道，昼夜几乎相等。这一天刚好是秋季90天的一半，因而称秋分。

寒露：白露后，天气转凉，开始出现露水，到了寒露，露水开始增多。由于气温更低了，白色的露珠好像要凝结一样。

霜降：霜是近地面空气中的水汽在地面或近地面物体上直接凝华而成的冰晶，此时天气已冷，开始有霜冻了，所以叫霜降。

立冬：在我国古代的甲骨文中，"冬"表示"终了"的意思。立冬是指一年的田间操作结束了，作物收割之后要收藏起来。

小雪：这时气温下降，开始降雪，但还不到大雪纷飞的时节，所以叫小雪。小雪时节，大地呈现出初冬景象。

大雪：大雪前后，我国黄河流域一带渐有积雪；在北方，已是大雪纷飞了。在农业上，有"瑞雪兆丰年"的说法。

冬至：冬至这一天，阳光几乎直射南回归线，北半球地区白昼最短，黑夜最长。我国民间习惯自冬至起"数九"，每九天为一个九。到三九前后，地面积蓄的热量最少，天气也最冷，所以有"冷在三九"的说法。

小寒：小寒以后，开始进入寒冷季节，小寒是天气寒冷但还没有冷到极点的意思。此时我国北方经常会下大雪，使农作物遭受严重的损失。

大寒：这时天气寒冷到了极点，也是一年中最冷的时候。大寒以后立春接着到来，天气渐暖。至此地球绕太阳公转了一周，完成了一个循环。

第二节　中国传统衣饰文化

一、中国传统衣饰文化的演变

（一）早期服饰材料及制作工艺

中国自古就有"衣冠上国，礼仪之邦"的美誉。唐朝的大学者孔颖达在《左传·定公十年》条下疏曰："中国有礼仪之大，故称夏；有章服之美，谓之华。"中国传统衣服的进化，可以从两方面来探讨：一是材料，二是裁制的方法。

衣服的起源，从前多以为最重要的原因分别是御寒和蔽体。比如，距今1万多年以前的山顶洞人，就已经使用骨针缝制兽皮遮体蔽身。通常是先有下体衣物，再有上体衣物；衣物先用于遮蔽前面的身体，后用于蔽后。有些学者认为这就是衣服的源起，反映当时的先人以裸露为耻，需要蔽体。还有一些学者对此持不同意见，他们认为古人冬则穴居，并不借衣服为御寒之具。至于裸露，则野蛮人并不以为耻，此观点社会学上有相当多的证据。于是，他们强调衣物的源起不是由于以裸露为耻，而是"藉装饰以相挑诱"[①]。比如，至迟在旧石器

---

① 吕思勉. 吕著中国通史 [M]. 北京：新华出版社，2016：41.

时代晚期阶段，先人以石子、兽牙等串成项链，以为装饰。这说明中华先民的衣着穿戴，已经具有了装饰自己、美化生活的意蕴，并由此产生了独具特色的中华衣饰文化。衣服的初兴，虽不一定以蔽体为唯一目的，但到后来，穿衣服成了习惯，就要把身体的各部分都遮蔽起来，以为恭敬了。所以《礼记》的《深衣篇》说"短毋见肤"。

中国在进入有文字记载的历史以前，人们已经能够普遍熟练地制造和利用各种服饰生产工具，而且懂得加工多种天然材料。古人衣服材料，最初有羽毛、皮革和草。《礼运》中说"未有麻丝，衣其羽皮"。《礼记·郊特牲》说："野夫黄冠。黄冠，草服也。"古人农耕之民的衣服冠履，较多采用草制的。渔猎之民，以皮为衣服的材料。[①] 牲畜毛织品也在新石器时期就已出现，考古工作者曾经在我国新疆、青海等地的文化遗址中，发现了用羊毛、驼毛、马毛、牦牛毛、兔毛及禽羽毛编成的毛织品。

（二）丝麻的使用及服饰制作工艺的发展

丝麻的使用，是一个大发明。从许多考古发掘的新石器时代遗址中，人们发现了专为纺线织布使用的石纺轮、陶纺轮、骨梭、木机刀及机具卷布轴等。而在服饰质料中，野麻是古人最早发现具有衣用价值的材料之一。麻的种类较多，其中有大麻及苘麻等，在许多文化遗址中，人们发现了不少各类麻织品残片及麻织品印迹。葛也是一种具有相当韧性的纤维植物，用葛编织的布品也在一些遗址中被发现。[②] 在春秋时期，各种麻和葛已经能够被加工成许多种类的纺织品。由于当时还无棉花可资利用，所以麻和葛成为重要的服饰质料。

人们平素所说的"布"，其实就是指麻布或葛布而言的。麻布和葛布，从其质地、光泽、手感、纤维等方面来看，显然不如丝类织品，于是其价值、价格比丝织品也低廉许多。也正因此，它们就成了庶民百姓服饰制品的物质来源，穿麻、葛者大多被人们称作"布衣"。麻、葛制成的布，单从审美的角度看，不像丝织品显得那样华贵，所以奴隶主之类的剥削者是不会穿这类服饰制品的，只有精细的麻葛制品才会偶尔例外。凭着奴隶主独有的特权地位，他们势必会占尽服饰实用和审美方面的所有优势。在当时看来，丝类纺织品才可以满足他们的基本需要。丝麻发明以后，皮和草的用途，自然渐渐少了。兽皮逐渐从人们的日常服饰质料中退了出来，转而成为军事领域中一种重要的服饰质料。人们发现一些兽皮坚固耐磨、厚度适中、富有韧性，刀剑极难割刺破，很适合用来作战服盔甲的材料。于是，许多动物的皮革被用来加工成战服盔甲。至于裘，其意义则不仅在于取暖，而兼于美观。所以古人着裘，都是把毛着在外面，和现在人的反着一样。穷人穿毛织品，谓之"褐"。褐倒是专为取暖用的。

蚕丝线品，是中国服饰艺术中具有独特意义的服饰质料，也是中国服饰史上的重大进步。蚕丝的生产和加工要比麻和葛复杂。但即便如此，古代中国人还是早在新石器时代，就已学会了蚕丝的生产、加工和编织，在我国南方和北方都曾经发掘出了一些尚未炭化或已经炭化的绢片及丝带、丝线等。用蚕丝制成的纺织品，不管是在种类上，还是在质量上，在当时已经相当丰富发达。到了两汉时期，服饰质料和工艺技术更是有了长足的进步。两汉时期的布类、丝类甚至毛类纺织品的品种，比以往更为丰富，仅丝织品中的缯和帛就包括以下许

[①] 吕思勉. 吕著中国通史 [M]. 北京：新华出版社，2016：41.
[②] 徐清泉. 中国服饰艺术论 [M]. 太原：山西教育出版社，2001：50.

多品种，它们是纨、绮、缣、绨、绌、缦、縈、素、练、绫、绢、縠、缟、锦、绣、纱、罗、缎等。汉代布品则以麻、葛为代表，另有绨、绐、纼、缚等许多品种。汉代服饰质料的丰富和发展，不仅在很大程度上满足了中原地区的社会生活需要，而且也在极大意义上带动了西域地区及其他一些地区的服饰艺术的发展。

与之相应的是，汉代的印染工艺也获得了相当好的发展，仅染料在植物及矿物方面的开拓就比前朝有大的进展。在早期服饰的加工生产中，由于受服饰质料及加工工艺的限制，服饰的颜色大多以质料的本色为主。后来人们很快发现某些植物富有色彩艳丽的浆汁，可以用来为编织物上色，于是慢慢就有了服饰质料的印染技术。汉朝时人们懂得从红花、紫草、青芦、蓝靛、黄栀子、五倍子等多种植物的叶、茎、根、果中提炼染料，还懂得从绿矾、朱砂等天然矿物中制取染料。人们还制造出了染掊、染炉等成套的印染工具。懂得印染服饰质料，这是古人在服饰艺术发展史上的一大进步。这表明，古人已将先前处于孕育状态的审美意识，转化为了一种积极追求审美效应的现实行动。这就意味着服饰的实用和审美，在质料及工艺等方面实现了初步的结合。

（三）汉服与胡服

源远流长的中国传统衣饰文化在漫长的历史发展过程中，一方面在空间上存在着差异，另一方面，在时间上又呈现出彼此影响，相互交融的趋势。古时穿在上半身的谓之衣；其在内的、短的谓之襦。长的内装棉的称作袍，长的没有内里的称作衫。上古时代，上衣多为交领斜襟。大体说来，长城以南的古代中原人尚右，习惯上衣襟右掩，称为右衽；而长城以北的北方民族尚左，衣襟左掩，是谓左衽。右衽传统和左衽传统，成为古代中原人和周边诸族在衣饰文化上的显著区别。为了便于骑射，北方民族的衣袖也不似中原服饰衣袖那样宽大，而是裁制得窄小便利，是为箭袖。除上衣左衽以外，北方民族的所谓"胡服"的下衣和足衣也与中原服饰明显有别。上古之际中原的传统服饰为上衣下裳制。裳者，裙也，男女皆通服。为了穿着方便，人们通常又把上衣和下裳缝接在一起，这就是所谓的深衣。而北方民族的鞍马生涯则不便穿裙，因此，胡服的下衣是长裤。在中原地区，流行的足衣是我们今天所说的鞋，而在北方民族中，则是靴子。古人称靴子为胡履，就是这个道理。衣饰文化的差异，不仅存在于南北民族之间，就是在中原一带，也存在有鲜明的区域差别。《墨子·公孟》记载："昔者齐桓公高冠博带，金剑木盾，以治其国，其国治。昔者晋文公大布之衣，牂羊之裘，韦以带剑，以治其国，其国治。昔者楚庄王鲜冠组缨，绛衣博袍，以治其国，其国治。昔者越王勾践剪发文身，以治其国，其国治。此四君者，其服不同，其行犹一也。"[①]

由于"胡服"在现实生活中比中原传统服饰更为实用便利，于是中原人便纷纷效仿胡服。战国时赵武灵王的"胡服骑射"已经成为中国文化史上的千载佳话。至东汉末年，胡化之风，在中原渐盛。及至魏晋，中原动荡，北方少数民族趁势纷纷南下，出现了所谓"五胡乱华"的历史局面。此时的黄河流域，已经成为北方少数民族驰骋出没的活动区域。于是，一场规模空前而意义深远的民族文化大融合运动在北方和中原地区出现。这样的时代背景，决定了魏晋隋唐之际的社会习尚出现了胡风漫卷的势头。此间的中原服饰，虽曰"汉服"，但已经趋于胡服化了。唐朝之际，胡服尤为盛行风靡。史言"开元初，从驾官人

[①] 田广林. 中国传统文化概论 [M]. 北京：高等教育出版社，2011：248-249.

骑马者，皆著胡帽，靓妆露面，无复障蔽。士庶之家，又相仿效，帷帽之制，绝不行用"，而民"太常乐尚胡曲，贵人御馔，尽供胡食，士女皆竞衣胡服"。甚至是国家官服，也"多参戎狄之制"，"其常服，赤黄袍衫，折上头巾，九环带，六合靴，皆起自魏周，便于戎事"①。此时中原地区固有的交领宽衣大袖装束已经为胡化装束所取代，社会上普遍流行的是各式圆领或折领的窄袖上衣和小口的长裤，头衣则是各式胡帽或乌纱软巾。时日既久，习以为常，以至于人们再也不把这种新兴款式的装束视为胡服，而以汉服自许了。针对这个问题，北宋学者沈括曾在所著《梦溪笔谈》中指出，"中国（原）衣冠自北齐以来，乃全用胡服。窄袖、绯绿短衣、长靿靴、蹀躞带，皆胡服也"。这段话对于我们深入地了解魏齐以来，中原衣饰的演化大势极为有益。但也应注意，中原衣饰的高度胡化，并没有达到"全"的程度。源远流长的右衽传统仍然保留，没有"化"掉，这一点又明显区别于北方少数民族的左衽衣饰。明亡以后，随着清兵的入关和清朝统治在全国范围的确定，满族传统的马褂和旗袍经过中原文化的改造，应时而兴，成为全国男女的通服。

（四）唐以后编织业的发展及服饰特点

唐朝的建立，将中国古代纺织业的发展，推向了更为发达的程度。唐朝既有发达的官办纺织手工业系统，更有发达的私营纺织手工业系统。官办纺织业不仅体系庞杂，组织细密，而且作坊规模及从业人数均超过前朝。私营纺织业与之不相上下，在一些城市甚至还出现了民间的纺织行会组织。在此局面下，唐代的服饰质料及工艺技术的发展，出现了空前的繁荣。品种繁多的纺织品，不但满足了人们日常生活需要，而且成了国家贡赋及商贸往来中不可缺少的物品。宋、元、明、清时代，是中国纺织工艺技术达到成熟和繁荣的时期。

在宋代，丝织工艺技术超越了前代，丝纺织品的种类、花色非常丰富，棉花的种植及加工纺织等已扩大到了江南及闽粤地区，水转大纺车之类的纺织工具也被发明了出来。在元代，棉花种植已经遍及全国，棉纺织工艺技术更是发展到极高的水平；受蒙古族畜牧业生产生活传统的影响，对羊毛、牛毛、驼毛之类的加工也比以前更加普遍和成熟。

在明代，随着城市化程度的增强，随着资本主义的萌芽，纺织业获得了很大的发展，仅纺织工具的发明及改良就获得了较大进展。《天工开物》中介绍了一种在当时丝织工艺中已广泛使用的机械，这就是"花机"；《农政全书》则记述了用于木棉加工的四足木棉搅车和无足木棉搅车，另外还有麻织机、毛织机等。

在清代，纺织业同明代一样，也是国家赋税的一个重要来源。清政府为了加强对纺织业的控制，甚至在京城设有内织染局，在江宁、苏州、杭州设有织造局。江苏就是当时重要的棉纺织基地之一，其中江苏松江府的棉纺织业就相当有名，可谓"纺织不止村落，虽城中亦然"。道光时期，四川作为另一个棉纺织基地，其产品竟然"有贩至千里外者"②。总之，纺织业的蓬勃发展，等于在服饰质料及服饰工艺技术方面，为中国"古典阶段"服饰艺术的内部整合运作，奠定了坚实的物质基础。

康有为在其所著的《欧洲十一国游记》一书中，尤极称赞中国服饰之美。首先，中国的气候有寒、温、热三带，所以其材料和制裁的方法，能适应多种气候，合于卫生。其次，

---

① 田广林. 中国传统文化概论［M］. 北京：高等教育出版社，2011：250.
② 徐清泉. 中国服饰艺术论［M］. 太原：山西教育出版社，2001：57.

丝织品的美观,为五洲所无。第三,脱穿容易。第四,贵族平民,服饰有异,为中西之所同。从前,中国平民是衣白色的,欧洲则衣黑色。欧洲革命时,革命者痛恨人与人之间等级的不平等,所以强迫全国上下都穿黑色,即强迫欧洲贵族穿平民的衣服。中国的情况又有所不同,"采章遂遍及于氓庶",即中国平民可以穿贵族的衣服。

二、中国传统衣饰主要组成部分

中国传统衣饰从具体的功用上看,可以大体上分为头衣、体衣和足衣三个部分。①

1. 头衣

头衣也就是帽子。不过,"帽子"一词是汉代以后才出现的。先秦时代,饰于头上之服,称为头衣,又称元服。上古头衣各有专名,主要为冠、冕、弁、帻四种。其中,前三种为贵族所戴,平民只能带帻,等级森严,不容混同。

冠是贵族通常的头衣,《礼记·曲礼上》记载,"男子二十,冠而学"。即男子长到20岁时,要举行加冠之礼,同时起别名,意味着从此成年,可以外出谋事做官了。当时,贵族男子戴冠是一种礼仪规定,不戴则视为非礼与不敬。最早的冠,并不像后世的帽子那样把头顶全罩住,只有很窄的冠圈,戴起来像一根带子,套在发髻上。冠的主要作用是把头发束住,同时也是一种装饰。冠圈两旁有缨(丝绳),在颔下面打结,使冠固定;缨打结后余下的部分垂在颔下,可起装饰作用。《论语》记载,子路认为冠所代表的是君子形象,所谓"君子死,冠不免",他在与卫人的战斗中,因冠缨被砍断,就停止战斗去系冠带,结果被对方杀死。汉代带冠从属于礼制,是身份、官阶以及官职的象征。文官戴的黑布冠叫作进贤冠,武官戴的薄麻布制的武弁大冠叫作惠文冠。进贤冠前部高耸,后面倾斜,外形类似斜三角形的跛足小板凳。冠都有梁,梁的多少代表身份的高低。

冕是黑色礼冠,是天子、诸侯和大夫典礼、祭祀时戴的。所谓"冠冕堂皇",正是指这种端正体面之态。冕由延、旒、瑱、纮等部分组成。盖在冠顶上的长方形的板叫作延;延的前沿垂挂着一串串小玉珠,叫作旒;旒上的玉珠串叫作"繁露",意如繁密的露水珠;固定冕的长簪子(先秦叫笄,汉代以后又叫簪)穿过发髻,簪上有一根小丝带,从簪的一端绕过颔下连向另一端,这根丝带叫作纮;帝王和贵族喜欢在簪子的两端各用一条丝绳垂下一颗玉来,这丝绳名叫纮,玉名叫瑱,又叫"充耳"或"塞耳",因为它垂下来正挡左右两耳旁。古制天子十二旒(一说冕前后各十二旒),诸侯九旒,上大夫七旒,下大夫五旒。到唐代,五品以上的官在祭祀时仍戴不同颜色和形制的冕,但除祭祀外,其他场合都不能戴。唯独皇帝,凡正式场合都戴着冕旒,于是皇帝又有"冕旒"之代称。不管哪种冠,古代都是贵族和官僚专用的,所以后来人们用"衣冠簪缨"来代表贵族门第或官宦世家,或用"冠冕"来称呼达官贵人。

弁也是贵族戴的头衣,它是用几块鹿皮拼接而成的,样子类似瓜皮帽,在皮块衔接处还缀有五彩玉石。皮子如果是白色的,就叫皮弁。红中带黑的皮子,与雀头相似,就叫爵(雀)弁。庶人百姓只能戴巾。巾原来是挂在身边用来擦东西或擦汗的,后来人们一物两

---

① 田广林. 中国传统文化概论[M]. 北京:高等教育出版社,2011:251-257.

用，裹在头上当作帽子，叫作帻。这种类似便帽的帻，通常都是黑色或青色的，所以秦朝称农民为"黔首"，汉朝称奴隶为"苍头"。帻主要的作用是盖住发髻，它从后脑向前兜，在额头上打结，称为陌头，又叫缲头，很像今天陕北一带民间的羊肚手巾包头。汉末"黄巾军"，戴的就是黄巾陌头。从汉代开始，皇帝、贵族也带帻，住往戴冠之前，先用帻把头发裹起来。据说，最早戴帻的皇帝是汉元帝，他因为额角有头发，不想让人看到，就开始用帻，后来群臣纷纷效仿，不同的冠配以不同的帻，表示不同的身份和地位。后来，隐士头上戴角巾，以为雅。

相传南北朝时，北周武帝为了便于作战，制作了专给军人戴的"幞头"。以三尺皂绢出四脚，向后幞发，二脚系在脑后垂之，另二脚反系头上，曲折附在头顶，又叫折上巾；前面两个巾脚朝前系往发髻，后面两个巾脚在脑后打一个结，多余的部分自然垂下，叫作"软脚幞头"。隋代时期，已用桐木为骨子，使顶高起。唐代，又有人将四脚改为两只脚，又把两个软脚用铜丝、铁丝撑起来，就变成了"硬脚幞头"。皇帝的幞头硬脚上曲，大臣的下垂，五代时渐渐平直了。后来人们根据幞头的形状，分别命名为"翘脚幞头""展脚幞头""弓脚幞头""卷脚幞头""交脚幞头"等，又叫"顺风巾""朝天巾"等。到宋代，幞头发展成内衬木骨，外罩漆纱，又称之为"幞头帽子"，已具备明代乌纱帽的式样了，它通常用黑色的纱做成。

2. 体衣

体衣包括上衣和下裳。先秦时期，男女服装形制基本相同，都穿上衣下裳或深衣。一般平民所穿上衣为襦，短款只及腰部，长款达于膝盖；士阶层以上的人平时穿深衣，长至踝部，连衣、裳为一体。汉代妇女的礼服也是深衣。

上衣部分有领、袂、裾、袖、袪、袂之分。这些部分受民族、世风的影响，都有不同程度的变化。例如，受北方少数民族服装的影响，上衣由宽衣博带变成窄袖紧身式样，交领斜襟上衣逐渐演变为圆领小袖袍衫。裳，就是裙子。古代中原人男女都穿裳，它由七幅布联结而成，前面三幅，后面四幅。至汉代，女子所穿之裳，专名为裙。下衣还有裤和裈，即今天的裤子。裤没有前后裆，只有两个裤筒，类似现在的套裤，所以又称"胫衣"，即腿上的衣服。裈和今天的裤子相似，前后有裆。用纨做成的裤，一般只有富贵人家才穿得起，所以人们常常将富家子弟称为"纨裤"。而劳动人民干活时只穿短裤、裤衩。因为这种裤衩的形状像个牛鼻子，所以称它为"犊鼻裤"。六朝以后，文人受魏晋名士的影响，夏天也往往穿一条犊鼻裤，逍遥自在。古书里时常提到的"蔽膝"也是下衣，它与后代的围裙相似，主要功用是装饰，系在束腰的"大带"上。

古代的体衣有一些具体的称谓。比如衮衣，亦称衮服，是古代帝王及王公大臣穿的绣龙礼服。西周时已有其制。《周礼·春官·司服》中说，"王之吉服，……享先王则衮冕"。注曰：衮，卷龙衣也。天子大裘冕，十二章，绣日、月、星辰、山、龙、华虫、宗彝、藻、火、粉米、黼、黻于裳。衮冕，只绘山龙以下九章。西周以降，历代因袭衮冕之制。又如，蟒衣是明代创制的一种绣蟒的官服。蟒，形似龙而少爪，故有"五龙四蟒"之说。一般以金线绣于衣上。明初只限于皇帝左右宦官及得宠亲信大臣所服，后遍赐于群臣。至嘉靖年间，礼部奏定，文武官不许擅用蟒衣、飞鱼、斗牛，违禁华异服色。清代蟒衣称作"蟒袍",并正式定为官服。皇帝以下,七品以上文武官,俱可服蟒,蟒数九至五,按品级为差。清代蟒服的使用范围较广,命妇、喇嘛、命官父母、子弟也可穿。①

又如,直裰是古代士大夫家居的便服,是一种斜领大袖、四周镶边的袍子,其样式与襕衫相近,在晋代已经出现了。襕衫,也称襤衫,它是古时士人、儒生的服装。《宋史·舆服志》中有提到,"襕衫,以白细布为之,圆领大袖,下施横襕为裳,腰间有襞积,进士及国子生、州县生服之"。明清时,襕衫为秀才举人公服,通常用蓝绢制作,用青色材料镶边,因色蓝所以称"蓝衫"。还有亵衣,即贴身内衣。《荀子·礼论》中提到:"说(设)亵衣,袭三称,缙绅而无钩带也。"这里的亵衣,指的就是亲身之衣。后来将家居便服也叫"亵衣"。②

3. 足衣

足衣,包括鞋和袜。鞋有屦、舄、屐、鞮等名目。早在先秦时期,古人就已普遍穿鞋了。周武王伐纣之时,是穿着鞋子去打仗的。战国的春申君所养的3000宾客中,一等人都穿以珍珠镶嵌的鞋子。汉代时,鞋称为屦,用草、麻、皮、丝制作。草屦是贫苦人常年所穿的,也用于贵族的丧服。舄是加了木底的屦,也泛指一般的鞋。屐是木拖鞋,据说在春秋时就普遍流行,孔子当时有一双与众不同的木屐,长度竟达一尺四寸。到魏晋时,南方更时兴穿木屐,士大夫所穿的屐往往是高跟的,底上前后有齿。到了宋代,京师长者都穿木屐,仕女出嫁,亦以漆画制彩屐为妆奁。鞮,是皮制的鞋,高筒的称靴。隋代以后,人们逐渐在社交场合穿礼服时配服靴子,只有闲居在家时,才穿鞋子。明清时,妇女的鞋子都讲究绣工精巧,满族妇女的鞋子非常别致,鞋底高达两寸,又称"花盆底",木质结构,穿上这种鞋,使人显得娉娉多姿。

鞋子当中比较有特色的还有皂靴,是古代官吏士人穿的黑色靴子,有皮和布两种料子。靴是长筒鞋,原为胡人履,隋唐时期十分流行。至元朝的时候,靴被定为百官公服,以皂皮为之。明朝以后,皂靴之制沿用,亦作公服。清朝满族本善于骑射,故男子一般都穿靴子。入关后则规定,官吏许穿方头靴,民间男子一律穿尖头靴。另一种是弓鞋,从名字可知,这是一种弓形的鞋,旧时缠足妇女所穿。缠足陋习大约起于唐五代。唐宋以下,文学作品时常述及。比如,郭钰的《美人折花歌》写道:"花刺钩衣花落手,草根露湿弓鞋绣。"这是歌咏美人带露折花的情形。明清小说写弓鞋的,更是不胜枚举。《西游记》第五十九回,述那罗刹打扮:"凤嘴弓鞋三寸,龙须膝裤金销。"《儿女英雄传》第四回,说安公子见一绝色女子,其绝色的标志之一就是"脚下穿一双二蓝尖头绣碎花的弓鞋,那大小只好二寸有零,不及三寸"。清代满人禁缠足,但身为满人的安公子也欣赏小足弓鞋,可见晚清世风所好。③

古代的袜子是用布帛、熟皮缝制的,古书中的"袜"字有韤、韈、襪等多种写法。韤、韈从"革"从"韦",革和韦都是兽皮。上古时候,袜子是分前后两截的,套在脚上,中间用绳子系结起来。唐宋时,平民穿的袜子叫作鸦头袜,就是大拇指与其他四个脚趾分开成丫形的袜子。古代所谓丝袜、罗袜,是用丝织品剪裁之后缝制的,并不是织的。

---

① 申士垚,傅美琳. 中国风俗大辞典 [M]. 北京:中国和平出版社,1991:627 - 628.
② 申士垚,傅美琳. 中国风俗大辞典 [M]. 北京:中国和平出版社,1991:639 - 641.
③ 申士垚,傅美琳. 中国风俗大辞典 [M]. 北京:中国和平出版社,1991:673 - 676.

三、中国衣饰与传统礼制文化

（一）衣饰与等级

衣装饰物不仅因人的社会地位的不同而有别，而且也因时因事因地的不同有着种种的差异。《周礼·春官·典命》规定："上公九命为伯，其国家、宫室、车旗、衣服、礼仪皆以九为节；侯伯七命，其国家、宫室、车旗、衣服、礼仪皆以七为节；子男五命，其国家、宫室、车旗、衣服、礼仪皆以五为节。"《周礼·春官》中小宗伯的职责就是"辨吉凶之五服"。郑玄注："五服，王及公、卿、大夫、士之服。"这只是宏观上的等级原则，具体展示开来就很繁杂了。比如，帝王服饰不仅划分凶吉，吉服还要分成九等。作为帝王服饰内在的等级，主要是视其祭祀对象的不同而定。帝王的吉服有九种，祭祀皇天上帝则穿大裘并着冕服，礼祀五方大帝也是这样；祭奠先王则穿衮冕，祭先公及飨宾客及与诸侯骑射则服鷩冕；祀四望山川之神则服毳冕；祭五谷之神及五色之帝则穿希冕；祀林泽坟衍四方百物则服玄冕。在这里，就服装而言，可能仅是款式的稍许差异、图案的多少有别、面料质地及用量的不同，这一切都强有力地规范和排定了外在对象的等级与秩序。

至于君臣之间，上下级之间，不仅因级别而穿戴不一，而且所执所佩之饰也以等差量化来区分。以玉圭为例，其名称上不仅君臣有别，而且公侯伯等因级别不同而亦有差异；在形制上，自天子而下公侯伯等由大到小，呈现出明显的降幂式等差序列。具体到服饰款式，《礼记》说得简洁明确："天子龙衮，诸侯黼，大夫黻，士玄衣缥裳。"公可以像王一样戴衮冕，但公所戴的冕旒虽也是九旒，但每旒是用九玉而不是王所用的十二玉，且所用玉为苍白朱三彩。这样，公的衮冕旒前后共用玉为 162 颗，比王少 126 颗玉。侯伯七旒，旒用七玉；子男五旒，旒用五玉；卿、大夫则有六旒、四旒、三旒、二旒之别。因孤、卿、大夫中有属于王者，其所得命数各有不同，因此所服冕旒之数也有不同。

【知识卡片】13－1
佛珠的长短
与意义

大约从西周初年开始，帝王和官员都以冕服为朝服，即头戴垂旒的冕，身穿绘绣十二章纹的衣裳，腰束革带，下穿舄。依身份和用途的不同，垂旒、花纹的多少和带、舄的质料和色彩都有所不同。冕服自创立以来，经历代数百个帝王的沿用、改制和补充，在历史上流传了两千多年，直到民国才被废止。周代以后，冕服一直是历代祭服的主要形式。到了明代，唯天子、皇太子、亲王、郡王、世子可着冕服，其他公侯以下都不用冕服了；到了清代，皇帝用于祭祀的冕服仍绣有十二章纹，以示等级。后来的朝服款式多变，但表示等差的精神却一直延续着。

唐代实行品色衣制度，即以服色区分官品尊卑，皇帝赭黄，官员一品至九品以不同色彩为等差。此后，品色衣一直是我国官服制度的一大特色，不过历代具体规定不同而已。比如革带，官员所带革上饰有不同的饰片，依官职的不同而分别以玉、金、犀、银、铁制成；章服，唐代官员出入宫门必带鱼符，作为身份的证明，且随身鱼符左右各一，左进右出，三品以上衣紫者鱼符袋饰以金，五品以上衣绯者袋饰以银，此即章服制度。唐章服制度为宋明所沿袭，明清又增加了以补服区分官品的方法。清代分服的等级区别除补子而外，还有冠帽上顶珠的色彩与质料不同;朝珠须五品以上及内廷官员才可用,且依品级而质料不同;腰带不同,皇帝本支用黄带,伯叔兄弟之支用红带,其他均用石青或蓝色;蟒袍纹饰不同,三品以上九蟒,四至六品八蟒,七至九五蟒,等等。①

(二) 衣饰礼仪与社会统治

在服饰中讲究上下,上下有序,君臣有别,这正是"礼"的全方位落实措施之一。服饰成了礼治的物化状态之一。服饰制度有两个层次:一是将贵族的服饰与平民的服饰严格区分为两个系统;二是将上层社会的服饰组织成一个有鲜明级差的系统,形成与宗法——专制社会相适应的官场秩序。

帝王和官员的服饰都强调威仪庄重、富丽华贵、雍容典雅,因为它是皇权的物化象征。帝王服饰是其中的核心内容,这是因为帝王服饰,作为一种独特的服饰文化系列,以其独具和专享的政治、文化和艺术的特性,显示皇权的巨大和高层次文化的审美效应。中国古代,帝王服饰在整个封建国家的诸多盛大、威严、神圣的政治、军事、文化活动(如祭祀、宴饮、赐宴、婚嫁、丧葬、出巡、庆典年节)中,以其自身至尊、至荣、至华、至贵、至雅的独特风格,用礼的物化状态展示在人们面前。各种系列帝王服饰的每式每件,无论在形体制式设计、色彩搭配、饰物的装潢、加工工艺上,均无一落入俗套。百官群臣和人们在各种场合中,用敬畏的目光和心情,审视其庄严、华贵皇装的同时,在其特定的服饰文化氛围下,不知不觉感受到了皇权的存在。

正因为帝王服饰和官服都渗透了等级尊卑的观念,历朝累代都对不同官品的服饰有严格的规定,不准民间和下级僭用,违制者要受到严厉的惩治。这就是严于"下僭上"的禁例。"下僭上"即"僭越""逾制",也就是使用超越身份的服饰。这种现象也发生在官场中,是凡权臣、重臣若有非分之想,服饰僭越甚至侵犯皇帝的特权,多获死罪。除此之外的禁例还包括平素的衣装不能超越祭祀的礼服,寝室的华丽应让位于祖庙的辉煌;拄着拐杖,白衣素装,粗疏透露装及种种衣冠不整者,不得随意进入公门;不从教化,为老百姓所苦而又未入五刑的人,不许他们冠饰以表明是社会的罪人。又比如,对于奇装异服以死罪来制裁,似乎在强调既定服制不可冒犯的威严和尊位。与上层社会相对应的平民阶层,其服装则是无等级差别的"同衣服",平民仅可以用上层社会的常服(深衣)作为礼服。

服饰不仅可以区分君臣等级,也可以用以区分华夷,别异同。这意味着服饰可以作为维护中原传统文化,增强民族凝聚力的工具。比如在上古时,地处中原的华夏农耕文明已远远高出周边的游牧民族文明,中原地区民族形成了"内华夏,外夷狄"的观念。所以,中国不但被称为"礼义之邦",也被称为"声明文物之邦",其中的"明"即指光彩、色彩,包括绘画和五彩的服饰。中原的服饰至晚在商代已形成上衣下裳、束发右衽的基本制式,礼祭冠服更是绣绘精美。而所谓"四夷"的服饰与中原差异很大,且难有礼制之说。对这些相对落后的文化,儒家持强烈的排斥态度。《礼记·曲礼上》中说,"人而无礼,虽能言,不亦禽兽之心乎",儒家是"尊周攘夷"的积极拥戴者。一次,孔子与弟子讨论齐国大夫管仲

---

① 张志春. 中国服饰文化 [M]. 3 版. 北京:中国纺织出版社,2017:94-96.

是否"仁"的问题。管仲原为公子纠的大夫，桓公杀公子纠时他没有以死相报，反而做了桓公的相。所以，子路、子贡认为这是不仁。孔子却认为，管仲辅佐桓公富国强兵，尊周室，抗狄夷，是仁。孔子说，如果没有管仲，中原人都成狄夷，我们只能披发左衽了。"微管仲，吾其被发左衽矣"。① 束发还是披发，左衽还是右衽，都成了分辨华夷的标志。②

【知识卡片】13-2 遮住"马"脚的长裙

第三节 中国传统饮食文化

一、中国传统饮食文化概说

"民以食为天"，古往今来，饮食问题始终是社会和人生的第一要事。在取食问题上，人类与动物的根本区别在于，满足生理需要之余，人们还把饮食作为整个生活方式的一个重要组成部分而赋予其一定的文化形式和内涵，因此形成了人类特有的饮食文化。饮食文化主要研究食物原料、饮食器具、饮食制作、饮食消费、饮食礼仪、饮食方式、饮食养生、饮食理念等内容。③ 我们可以把这些内容划分为三个层面：其一是物质层面，包括饮食结构和饮食器具；其二是行为层面，包括烹饪技艺、器具制作工艺、食物保藏及运输方法等；其三是精神层面，包括饮食观念、饮食习俗以及蕴含其中的人文心理、民族特征等文化内涵。中国传统饮食文化有着独特而丰富的内容，直观地反映着中华民族的生活状况、文化素养和创造才能。④

饮食与穿衣不同，穿衣一开始便是一种文化创造，而饮食首先是出于人类的天然本能。人类饮食经历了采集时代的生食阶段、狩猎时代的熟食（烤食）阶段和农耕定居之后的煮食为主兼具烤食的熟食阶段。人类饮食生活的发展过程，大致经历了两个阶段：其一是自然饮食状态，其二是调制饮食状态。

所谓自然饮食状态，是指早期的人类和其他猿类一样寻觅动物、植物等可食的东西，来满足自己与其他动物相似的饮食需要。我国古书记载，人类最原始的生活是"茹毛饮血""食肉寝皮"，这大概是渔猎时代的状况。那时烹调还不存在，人类饮食以生食为主。生食，往往对人的健康不利。正如《韩非子》所说："上古之世……民食果蓏、蚌蛤，腥臊恶臭，而伤腹胃，民多疾病。"这时的饮食习俗并没有形成，因为它仍然没有进入原始文化阶段。只有当人类进入调制饮食状态的新阶段，饮食文化才产生了，而火的使用是饮食文化起源的关键。

烹调，烹在先，调在后，"烹"即熟食法，起始于火的利用。恩格斯指出："火的使用，第一次使人支配了一种自然力，从而最终把人同动物分开。"古代人所住的森林，常常因遭受雷电的袭击而引起火灾。当火熄灭后，人们偶然吃到被火烧烤的野兽，觉得这种烧熟的兽肉，比生的兽肉好吃得多，而且滋味鲜美。经过无数次的反复，人们逐渐懂得食物是可以用

---

① 《论语·宪问》。
② 诸葛铠. 文明的轮回：中国服饰文化的历程 [M]. 北京：中国纺织出版社，2007：101-102.
③ 谢定源. 中国饮食文化 [M]. 杭州：浙江大学出版社，2008：1.
④ 田广林. 中国传统文化概论 [M]. 北京：高等教育出版社，2011：259.

火烧熟了吃的，于是便开始保留火种。后来，人们又在劳动实践中，发明了钻木取火和击石取火的方法，这时就正式吃熟食了。火的发现与运用，使人类进化发生了划时代的变化，从此结束了茹毛饮血的蒙昧时代，进入了人类文明的新时期。火化熟食，使人类扩大了食物来源，减少了疾病，有利于营养的吸取，从而增强了体质。这就是"烹"的起源。"烹"是饮食文化的真正肇端，是人类进入原始文化阶段的主要标志。①

最初的烹以烧、烤为代表。在我们祖先最初学会用火熟食的阶段，并没有炊具，也不懂什么叫作煮、炒、熘、扒、炖……只知道把猎取来的兽肉直接放在火上去烧烤，这种"炰生为熟"的生活，至少持续了几十万年之久，一直到人类发明烧制陶器时才出现了新的变化。在此之前，人们用以熟食的，只有那保持常年不息的火堆。别小看这一堆堆的篝火，它却是如今一切炉灶的始祖。而当时人类使用"炰生为熟"的烤肉方法，就算是烹饪方法的起源了。烧、烤之后出现了煮法。煮法有二，一是把烧热的石块放到水里去煮，晚些时候才有第二种，用火烧石器或后来的陶器、铜器煮其中的肉类或粟类。就在这种煮法兴起之后，人类第一次创制了饭菜混合食物，人们把粟类或研碎的粮食粉与肉类、菜类混煮，出现了新的饮食结构。这时，人类使用火创造了原始的烘干贮存方法，这是比自然饮食阶段的晾干、冷冻的贮存更为进步的方法。②

食具的发展和演进，也随着时代的变迁，人们生活习俗的改变和文明程度的不同而产生变化。如在桌椅板凳问世之前，人们的生活习惯是席地而坐，食具也都放在地上使用。由于跪坐习俗的需要，食具的底足一般均较高，如盛放食物的豆，即带有一个细长的高足，使上面的圆盘位置增高，便于食用。至战国时期，开始出现了可起桌子作用的案。案是从商周时期的"俎"演变而来，形体较矮，轻便易于搬动，有方、圆两种样式，可置于席上使用，各种食具均陈放于案上，这样比食具置于地上要讲卫生。同时食具的造型发生新的变化，如原来无盖的豆变为有盖，足底由高变矮，以后即演变成平底的盒，连名称也改变了。此外，也有些器物如"盘"的名称，虽然自商周时期即有，但在当时盘却是洗手的工具。大概从战国时起，盘开始作为食具使用了。

到唐代，又从案发展到桌子，普遍流行使用桌子就餐，出现了高足长桌、长凳等家具，食具的造型便向平稳方面发展。过去所使用的一些食具在唐朝被淘汰了，但是盘却一直流传下来，至今也仍然是我们的主要食具之一。这时的饮食情况发生了变化，从敦煌473窟唐代壁画中，我们可以看到，在帷幄中置一张长桌，桌子的四边铺着桌围，上面摆放着勺、筷、杯、盘等餐具、食器。桌子的两边各列一条长凳，男女数人分坐两边。自此，高桌大椅的进餐方式取代了席地而坐的就餐形式。在圆凳或者高椅上垂足而坐，围坐桌旁共餐，这种饮食方式相沿成习，直到今天都是中国人最具代表性的饮食形式。③

二、中国传统饮食文化的特征

中华民族饮食文化的形态特征及其演变轨迹，若从纵横贯通的历史大时空来考察，则明

---

① 万建中. 中国饮食文化 [M]. 北京：中央编译出版社，2011：3-4.
② 万建中. 中国饮食文化 [M]. 北京：中央编译出版社，2011：9.
③ 万建中. 中国饮食文化 [M]. 北京：中央编译出版社，2011：10-12.

显地存在着食物原料选择的广泛性、进食心理选择的丰富性、肴馔制作的灵活性、区域风格历史的延续性和各区域间文化交流的通融性等五大特性。①

(一) 食物原料选取的广泛性

由于中国幅员辽阔，北南跨越寒温带、中温带、暖温带、亚热带、热带，东西递变为湿润、半湿润、半干旱、干旱区，高原、山地、丘陵、平原、盆地、沙漠等各种地形地貌交错，形成自然地理条件的复杂性和多样性特征。中华民族很早就产生了"食为民天"的思想，在"吃"的压力和引力作用下，中国人开发出来的可食原料极为广泛，是世界各民族中所罕见的。中国人不仅使许多其他民族禁忌或闻所未闻的生物成为可食之物，甚至还使其中许多成为美食。当然，在这种原料开发过程中，与下层民众的无所不食的粗放之食相对应的，是上层社会求珍猎奇的精美之食。正是以上两个方向、两种风格的无所不食，造成了中国历史食文化民族性的食物原料选取的异常广泛性。

早在距今3000年左右，以动物血液制作的各种"醢醯"、鲲鱼子制作的"卵醢"、蚁卵制作的"蚳醢"即已成为贵族平日常食。此外，包括蚕、蚕蛹、蝉，甚至蜘蛛在内的各类昆虫也是中国人自古吃到今的食物。就连令人生厌的老鼠、蝗虫，令人生畏的毒蛇、蝎子等也成了中国人的盘中餐。总之，一切可以充饥、能够入馔的生物，甚至某些对人有害无益的非生物也相继成了中国人的腹中之物。

(二) 进食选择的丰富性

与广泛性互为因果、相互促进的则是进食心理选择的丰富性。这种进食心理选择的丰富性表现在餐桌上，就是肴馔品种的多样性和多变性。在上层社会，尤其是那些"食前方丈"的贵族之家，这一特性尤为突出。他们每餐有尽可能多的肴馔品种：远方异物、应时活鲜、山珍海味、肥畜美禽，同时还要勤于变化，不断更新。即便如此，贵族人士还时常感慨"日费万钱犹言无下箸处"。饮食不满足于习常，力求丰富变化，是中国历史上上层社会的主要饮食习惯。对于上层社会成员来说，饮食早已超越果腹养生的生物学本义而跃上了口福品味、享乐人生的层面。不仅如此，他们的食生活还大大超越了家庭的意义而具有一定的社会学功能。官场上的迎来送往，社交往来的酬酢以及为了声势地位、礼仪排场的需要等，都使上层社会成员的餐桌无限丰富，都使得他们的进食选择具有永不厌足的多变性与多样性追求。而下层社会受到政治、经济、文化诸方面明显劣势的限制，进食心理选择的丰富性就要受到极大的制约。这也决定了下层民众更多地以廉价或无偿（如渔捞采集）的低档粗疏原料及可能的变化来调剂自己粗陋单调的饮食，许多流传至今的民间风味小吃、家常菜与此不无关联。

中国人关于食物的想象、追求与创造没有什么禁忌。中国人主张的是与自然和谐相处的生存原则，提倡取之有时，用之有度，反对暴殄天物。这种取食原则既不限制中国人索取自然的自由，又使中国人对自然之物的利用充分发挥了物尽其用的创造性才智。这一点，从中国人对食物原料的加工利用几乎到了毫无弃遗的地步就可窥一斑。早在周代天子常膳的食谱中，仅肉酱"醢"和各种酸味的"齑"便各有百余种之多。上层社会豪侈之宴的"炙牛

---

① 谢定源. 中国饮食文化 [M]. 杭州：浙江大学出版社，2008：30 – 34.

心""烧象鼻""燔熊掌""烧驼峰""扒豹胎""啜猴脑""煨鱼翅""烩鸭舌"以及鱼骨、燕窝、犴鼻、猩唇,甚至各种名堂古怪、创意离奇的虐食、怪食等纷纷登场亮相。任何一种未曾品尝过的食品,都极大地吸引中国人的食兴趣,每一种风味独特之馔,都鼓动中国人的染指之欲,中国的确是一个尚食而又永不满足于既有之食的民族。

【知识卡片】13－3 古八珍及其时代演变

(三) 肴馔制作的灵活性

上述食材的广泛性和丰富性以及中国人对饮食、烹饪的独特观念,再加上富于变化的传统烹调方法,从根本上决定了中国人肴馔制作的灵活性。

对于饮食,中国人以追求由感官而至内心的愉悦为要,追求的是一种难以言状的意境。对于那种"只可意会,不可言传"的美好感觉,人们设法从感观上把握,用"色质香味形器"等可感、可述、可比因素将这种境界具体化,其中的美味又是人们最为珍视和津津乐道的。中国烹饪界流行"千个师傅千个法"的宽松标准和"适口者珍"的准则,菜点制作缺乏严格的、统一的量化指标,多信奉"跟着感觉走",将食之快乐列为优先考虑的要素。高明的厨师能匠心独运,有章法而无规矩。

中国肴品的制作,总是厨者依人们的尚食习惯以及本人的传习经验,依据不同原料随心应手地操作而成。其中每一个参数都不是严格不变的,它们几乎都是变量。一切都在厨师每一次具体烹制的即兴状态下完成。人们很难一成不变地把握每一道菜肴的量和质,菜肴的制作都在厨者经验的眼光和灵巧的手的掌握中。近数十年来,尤其近二十年来,人们试图用西餐的工业化模式来规范中餐厨师的手工操作,但是效果一直不尽如人意。关键在于,这种量化操作忽略了中国文化与西方文化之间质的差异。中国菜肴大都是灵活制作的,而灵活性是它们因地、因时、因人诸多具体特异因素而成的。

(四) 区域风格的历史传承性

中国封建社会的长期存在,使得一切古老的、适应封建社会经济基础的习俗得以比较稳定地保存下来。即使经济基础变了,一些古老的生活习惯也依旧延续着,其中,有的与某些新俗并行而存,有的则呈现出新中有旧、旧中有新的情况。

我国疆域辽阔,各地气候、自然地理环境与物产存在着较大的差异,加之各区域民族、宗教、习俗等诸多情况的不同,在中国版图内历史上形成了众多风格不尽一致的饮食文化区。这种从食文化角度审视的文化区域风格的形成,是在漫长的历史过程中缓慢实现的,它的存在和发展,都体现了食文化的封闭性、惰性和滞进性。这些特性,在以自给自足小农经济为基础的、封闭性很强的封建制时代尤为典型。从某种意义上说,某一人群的社会生活越是孤立和封闭,其文化的地域性便越明显,该种文化的民族性和历史性,即传统的色彩便越典型,个性特征便越强。

(五) 各区域间文化的通融性

饮食文化因其核心与基础是关乎人们养生活命的基本物质需要,即以食物能食的实用性为全体人类所需要,便具有不同文化区域彼此间的天然通融性。无论历史上封闭是如何的高垒深浅、关梁阻断,也无论各地域内人们的生活是怎样单纯的自食其力,绝对的自给自足和完全的与区位外隔绝都是不存在的。饮食文化乃至更广泛意义的文化交流史上,商旅的作用都非常大。商人活动之外,官吏的从宦,士子的游学,役丁的徭戍,军旅的驻屯,罪犯的流配,公私移民,荒乱逃迁,甚至战争,都是食料食品通有无和食文化融会的渠道。而战争往往是更大规模、更迅速、更积极、更广泛和深刻有力的食文化交流。

中国饮食第一次大规模引进异质饮食文化,是在东汉时期。据文献记载,张骞出使西域时,从西域带回了葡萄、苜蓿、石榴、胡桃、大蒜、胡麻、胡豆、胡荽、胡葱、胡瓜、无花果等食物及葡萄酒的酿造技术,从而极大地丰富了中国饮食文化的内容。第二次是在唐代。在这一时期,波棱(菠菜)、浑提葱自尼泊尔传入中国;熬糖法自摩伽陀王国(今印度比哈尔邦南部地区)传入中国。第三次是明清时期。在这一时期,玉米、甘薯、花生、烟草、菠萝等食物从邻近的越南、菲律宾等国传入中国沿海地区;向日葵、西红柿等食物由西方传教士引种到中国;冰激凌、汽水、啤酒等西方食品及饮食方法也传到了中国。这些对近代中国人的饮食生活产生了极大的影响。

史料中也记录了饮食文化在中国区域内融通的过程。胡饼于汉代进入中原地区,汉代长安等内地食用焙烤的胡饼已渐成风习。茶之作为饮料,其饮用风习最初形成于西南地区。汉以后,茶的种植沿长江而下至大江南北推广开来,并于唐代形成普遍种植与全社会广泛饮用的局面。唐代这种通国嗜饮之风又很快流行于西北广大地区。与中土盛行饮茶之风相辉映的,是西藏地区的饮茶之习,那里因与西南的川、滇地区早有商道相通,饮茶风习的传播或更早于唐代。其后的茶马互市更是中央政府或中原政权同周边少数民族的经济交流。

三、中国传统饮食结构

食物结构,又称饮食结构、膳食结构,是指人们饮食生活中食物种类和相对数量的构成。它不仅关系到一个人的身体素质和健康长寿,而且关系到一个民族或国家的健康发展。而饮食科学思想直接影响着人们对食物结构的选择。中国人从天人相应、食治养生与五味调和的思想观念出发,选择了一个独特的食物结构。①

(一) 五谷为养

"五谷",在中国古代既有具体所指,如粳米、小豆、麦、大豆、黍,或麻、黍、稷、麦、豆等,也有泛指,即"粮食"的泛称。成语中如"五谷丰登""五谷不分"的"五谷"都泛指粮食;而李时珍在《本草纲目》"谷部"更列有麻麦稻类、稷黍类、菽豆类等,其"五谷"也是指包括谷类和豆类在内的各种粮食。因此,五谷为养的"五谷"也应该泛指粮食,也就是指包括谷类和豆类在内的各种粮食是人们养生所必需的最主要的食物。它强调杂食五谷,以五谷为主食,抓住获取营养的根本。

五谷为养的原则在中国饮食烹饪中的运用,主要体现在三个方面:一是在中国古代的食谱中,大多将"五谷"排在首位。二是在中国的饮食品中,拥有众多以"五谷"为主体的主食和豆制品。中国的主食包括饭、粥、面点等,至少有上千个品种,十分丰富,而它们基本上都是用粮食作为主要原料的。中国的豆制品包括豆腐、豆豉、豆花、千张等类别,而仅仅用大豆豆腐作为原料,就制作出了成百上千的豆腐菜肴,可见其品种非常繁多。三是在中国的饮食制作和格局上,形成了养与助、益、充结合的传统。在用粮食作为主要原料的饭、

---

① 杜莉,姚辉. 中国饮食文化 [M]. 北京:旅游教育出版社,2005:44-50.

粥、面点中加入肉食品和蔬果，成为中国人约定俗成的食品制作方式。如中国著名的粥品皮蛋瘦肉粥、海鲜粥、南瓜粥、红薯粥、杏仁粥、八宝粥等，都是将分属于养、助、益、充的各类原料结合在一起制成的，营养和口感都非常丰富。而中国的饮食格局特别是筵席格局，长期以来都包括菜肴、点心、饭粥、果品和水酒五大类，谷、肉和蔬果齐备。人们在日常生活中，在经济条件允许的情况下，总是把酒、菜、饭、点及果品等配合食用，几乎不会只吃饭而不吃菜，只喝酒而不吃饭菜。

（二）五果为助

"五果"在中国古代，不仅指具体的五种果品，如桃、李、杏、栗、枣等，也指具体的五类果品，如核果、肤果、壳果、桧果、角果等，还泛指所有果品。而从饮食烹饪科学的角度看，五果为助的"五果"也应该泛指各种果品，包括水果和干果等。五果为助的含义就是指食用少量的果品作为对粮食和肉、蔬品的辅助、调节，对维护人体健康有很大帮助。

一方面，果品是中国普通菜点的重要原料。比如，果品尤其是新鲜水果常常是甜菜的主要原料，像用苹果制作苹果糊、酿苹果、拔丝苹果，或用鲜桃制作桃羹、桃冻、蜜汁桃脯等，都是中国人餐桌上常见的以水果为原料的菜肴。另一方面，许多果品成为食品雕刻等花色菜肴的造型材料，也是厨师施展烹饪技艺的重要加工对象。食品雕刻作品是烹饪艺术最直观的体现，而它的核心原料就是果品。古代的盘钉、攒盒、雕花蜜饯等，是用果品雕刻、拼摆而成；现代的西瓜盅、椰子盅，也是用相应瓜果雕刻而成。此外，还有用核桃仁堆叠的假山，用橘子镂空的灯笼等，非常精致、美妙。

（三）五畜为益

"五畜"在中国古代，也是既有具体所指，如牛、羊、猪、狗、鸡，或马、牛、羊、猪、狗等，也有泛指，指家禽及其副产品乳、蛋的泛称。而如果从饮食烹饪科学的角度看，五畜为益的"五畜"应该更广泛地指整个动物性食物原料。五畜为益强调必须食用肉、乳、蛋类食品，但是又只能适量食用，把它们作为一类副食品，不能与主食品五谷颠倒，过度食用。

五畜为益的原则在中国饮食烹饪中的运用，主要表现在两个方面。一是动物性原料成为中国菜肴原料的核心之一。在中国菜肴中，用动物性原料作为主料或辅料而制作的菜肴超过一半以上，品种繁多、风味各异。每一类、每一种原料都可能制作出几十个，甚至数百个菜肴，使得中国菜异常丰富。如猪、牛、羊，从头到尾，从肉、骨到内脏，都可以制成上百个菜肴，制作出全猪席、全牛席或全羊席。二是动物性原料成为中国厨师施展烹饪技艺的主要加工对象。在日常菜肴的制作中，多种多样的刀工刀法，会围绕加工对象的质感展开；多种多样的烹饪手法，是针对不同质地和口感的动物原料而出现的；多种多样的调味手段与方法，也是针对不同动物原料的味道和特质而加以采用。中国人能够做到一年365天，一天三顿，每天的菜不同，每顿的菜也能变化无穷。

【知识卡片】13－4
越王后误创
"西施舌"

（四）五菜为充

"五菜"即特指如葵、藿、薤、葱、韭等植物，也泛指一切人工种植的蔬菜和自然生长的野菜。中国厨师遵循"益""充"配合、互补等原则，利用蔬菜创制出众多荤素结合的菜肴。以孔府菜为例，在47种猪肉菜中，用素食原料为辅料的有30个品种。而在山东、四川、江苏、广东四大地方风味流派中，荤素配合制作的菜肴都占整个菜肴的50%~70%。另外，对蔬菜原料进行粗菜细做、细菜精做、一菜多做、素菜荤做，也是中国饮食文化的一大特色。如无土栽培的蔬菜豆芽，早就成为寻常的蔬菜，而孔府的厨师却将它掐头去尾，在豆茎中镶入肉末，制作出名为"镶豆莛"的菜肴，令无数食客赞叹不已。这可以说是粗菜细做、细菜精做的典范。而对于素菜荤做，最值得称道的是寺院、宫观的厨师和食品雕刻师，他们用竹笋、菌菇、萝卜等素食原料，通过精心加工处理，制作出众多以素托荤的美妙菜肴，令人眼花缭乱，真伪莫辨。

需要指出的是，中国传统食物结构也存在着不足，主要涉及它的模糊性及由此而来的随意性。在传统食物结构中，只有质的区别，而缺乏量的规定。比如《黄帝内经》提出以素食为主、肉食为辅。但是，这个食物结构的叙述十分模糊，历代养生家和医学家也没有进一步提出明确的量化标准，使得人们在配搭食物时在数量和比例上有极大的随意性，乃至影响了这个食物结构发挥良好的作用。比如，当动物性食物原料在饮食中搭配的数量、比例过低，则有可能出现优质蛋白质、无机盐、B族维生素缺乏，造成相应的疾病。

四、中国传统日常饮食习俗

（一）汉族的日常传统食俗

食俗，是指广大民众在平时的饮食生活中形成的行为传承与风尚，它基本能反映出一个国家或民族的主要饮食品种、饮食制度以及进餐工具与方式等。食俗是特定的自然因素和社会因素对某个区域或某个民族长期影响和制约而自发形成的一种生活习惯，具有调节和规范群体内部成员之间的相互关系和行为的作用。中国是56个民族的大家族，每个民族都有自己比较独特的日常食俗。中国家庭的传统是主妇主持中馈，菜品多选用普通原料，制作朴实，不重奢华，以适合家庭成员口味为前提，家常味浓。

在上古时期，人们采用的是早晚二餐制。这种餐制是为了适应"日出而作，日落而息"的生产作息制度而形成的。早餐后，人们出发生产，男狩猎，女采集；日落后，人们劳动归来，一起用餐。《孟子·滕文公上》中说："贤者与民并耕而食，饔飧而活。"赵岐注："饔飧，熟食也，朝曰饔，夕曰飧。"古人把太阳行至东南方的时间称为隅中，朝食就在隅中之前。晚餐称飧，或称晡食，一般在申时，即下午四点左右吃。晚餐只是把朝食吃剩下的食物热一热吃掉。大约到了战国时期，开始有了三餐制。那时，天子诸侯这些上层社会的食制是一日三餐，早上称为朝食，中午和晚上两餐称燕食。在一日三餐中，朝食最为重要。大约到了汉代，一日三餐的习惯渐渐在民间普及，但在上层社会，特别是皇帝饮食则并非如此，按照当时礼制规定，皇帝的饮食多为一日四餐。而就一般的文化习惯而言，人们的日常餐制主要是由经济实力、生产需要等要素决定的。总体上看，直到今天，一日三餐食制仍是中国人日常饮食的主流。①

汉族的食品从日常的三餐来看基本上是以植物为主，动物为辅。这是因为长期以来，中国是农业大国，在广大的汉族地区，种植技术较为发达，生产出了众多的植物原料，各种粮

---

① 马健鹰. 中国饮食文化史［M］. 上海：复旦大学出版社，2011：124-127.

食、蔬菜等品种多、质量好、产量大、价格低廉，而动物的养殖相对较少，价格较贵。人们把谷物与蔬菜、果品和各种动物原料组合，制作出了内容丰富的系列品种。如清代黄云鹄《粥谱》中记载有237种粥品，其中谷类粥品54种，蔬菜类粥品50种，瓜果类粥品53种，花卉类粥品44种，草药类粥品23种，动物类粥品13种，非常丰富。汉族各地的面条更是数以百计，令人目不暇接，仅四川就有纤细如丝的金丝面、银丝面，猫耳形的三鲜支耳面，菱形的旗花面，韭菜叶形的铜井巷素面，还有风味别致的担担面、甜水面、牌坊面、豆花面、炉桥面、杂酱面，以及砂锅面、鳝鱼面、鸡丝凉面、叙府燃面等数十种。

（二）少数民族的日常食俗

中国的少数民族众多，由于其所处的自然环境和社会环境不一样，使得他们在日常生活中形成了各自独特且丰富多彩的饮食习俗，主要表现在饮食品的选择、烹调加工、饮食爱好等方面。同时，随着时代和社会的发展，各民族之间的频繁交流，各个少数民族的饮食习俗尤其是日常食俗还在发生或大或小的变化。这里仅概括介绍若干少数民族的日常食俗。[①]

1. 满族食俗

满族主要居住在东北三省、河北省和内蒙古自治区。其先民最初主要以游猎和采集为谋生手段，战国时开始种植五谷，到南北朝时定居于松花江上游和长白山北麓，已饲养家畜。明朝以后，满族先民女真人大举南迁，定居东北三省，从事农业经济，基本上形成了以杂粮为主食，猪肉为主要肉食的饮食习惯，到清朝满族入关后仍然保持着这种习惯。满族通常是一日三餐，日常的主食是高粱、小米和玉米，也间有麦面和稻米，呈现着黏、凉、甜三大特点。其常见品种有酸汤子、水饭、饽饽、小米饭、豆包等。

在日常的副食方面，满族人最突出的特点是喜食猪肉和秋冬季食用腌渍菜。满族人喜欢养肥猪，爱吃猪肉，最常见的烹饪方法是白煮，白片肉、白肉血肠是其著名品种。另外，由于北方冬季寒冷没有新鲜蔬菜，人们便在秋冬季以腌渍的大白菜（即酸菜）为主要蔬菜，常用的烹饪方法是熬、炖、炒和凉拌，也可以做火锅或包饺子。用酸菜熬白肉、粉条是他们入冬以后常吃的菜肴。

2. 朝鲜族食俗

朝鲜族主要居住在东北三省，吉林的延边是其最大的聚居区，地处北方著名的"水稻之乡"，形成了以稻米为主食和以猪、牛、鸡、鱼为主要肉食的饮食习惯。朝鲜族曾经有一日四餐的习惯。在一些农村地区，除早中晚三餐外，有时在晚上劳动后还要加一餐。朝鲜族日常的主食是稻米，也有麦面等。他们喜食并且擅长制作米饭，所用的铁锅要求底深、收口、盖严，受热均匀，制作出的米饭不仅颗粒松软，而且可以有质地不同的多种层次，如双层米饭、多层米饭等。此外，冷面、打糕等也是常见并且著名的品种。在日常的副食方面，朝鲜族最突出的特点是喜食狗肉、咸菜和泡菜等，菜品具有麻辣香的风味特点。

3. 蒙古族食俗

蒙古族绝大多数聚居于内蒙古自治区，也有一部分居住在新疆、青海、甘肃和东北三省，有马背上的民族之称。蒙古族在很长时期内主要过着逐水草而居的游牧生活，畜牧业生产历史悠久，出产的牛、羊、马、骆驼等牲畜及畜产品名声远扬，因此也形成了以肉、奶制

---

① 杜莉，姚辉. 中国饮食文化 [M]. 北京：旅游教育出版社，2005：64-71.

品为主食的饮食习惯。蒙古族通常是一日三餐,几乎餐餐都离不开奶与肉。以奶为原料制成的食品蒙古语称为"查干伊得",意思是圣洁纯净的食品,即"白食"。他们食用得最多的是牛奶,其次是羊奶、马奶、鹿奶和骆驼奶等,除一部分做鲜奶饮用外,大部分加工成奶制品。常见的有酸奶干、奶豆腐、奶皮子、奶油、稀奶油、奶油渣、酪酥、奶粉等,这些奶制品都被视为上乘的珍品。以肉类为原料制成的食品,蒙古语称"乌兰伊得",意思是"红食"。蒙古族人的肉类食物主要是牛和绵羊,其次是山羊、骆驼和少量的马,狩猎季节也捕食黄羊。在蒙古族日常食俗中,与白食、红食占有同样重要地位的是"炒米"。人们常常用炒米做"崩",加羊油、红枣、糖等拌匀,捏成小块,当作饭吃。此外,蒙古族的饮品主要是茶和酒。茶是他们每天不可缺少的饮料,而奶茶最具特色。蒙古族人都喜欢饮酒,常常豪饮,而最具特色的是奶酒和马奶酒。

4. 回族食俗

回族主要聚集在宁夏、甘肃、青海、新疆等西北地区,其他地区也有分布,是中国较早信仰伊斯兰教的少数民族之一。受伊斯兰教的影响,回族禁食猪、马、驴、骡、狗和动物血以及一切自死动物,禁食一切形象丑恶的飞禽走兽。无论牛、羊、骆驼或鸡禽,必须经阿訇诵经后方能屠宰并且食用。这是《古兰经》规定并经历千百年而逐渐形成的习惯。回族日食三餐,由于分布较广,各地的饮食品及烹饪加工等有一定差异。宁夏回族以米、面为日常主食,喜食面片、面条(如拉面),也喜食调和饭,即在煮好的饭粥中加羊肉丁、菜丁和煮熟的面条或面片,或在面条或面片中加米饭和熟肉丁、菜丁等。甘肃、青海的回族则以玉米、青稞、马铃薯为日常主食。在肉食方面,回族喜食牛肉和羊肉,居住在北方的回族特别善于制作牛羊肉,常用的烹饪方法是烤、炸、爆、烩、炒、煎等,常见而著名的品种有涮羊肉、烤牛肉、烤羊肉串、羊筋菜、牛羊肉泡馍等。他们在日常生活中不饮酒但重茶,不仅有奶茶、油茶、茯砖茶、绿茶,还有著名的八宝茶,由绿茶、冰糖、枸杞、红枣、桂圆、核桃仁、葡萄干、芝麻、甘草等制成,有补虚强身之功。

5. 维吾尔族食俗

维吾尔族主要聚居在新疆维吾尔自治区,主要从事农业生产,也有一定的畜牧业,因此形成了以粮食为主,以肉类和果蔬为辅的饮食结构。维吾尔族信仰伊斯兰教,其禁食种类和饮食行为与回族的相同。维吾尔族日食三餐,以面食为主食,常见且著名的品种有馕、羊肉抓饭、薄皮包子、面条徹子、曲连等。在副食方面,维吾尔族人特别喜欢牛、羊肉和果品。他们吃菜必须有肉,而且常用胡椒、孜然、洋葱、辣椒、黄油、蜂蜜、果酱、奶酪等调味提香,著名品种有烤全羊、烤羊肉串等。维吾尔族的日常饮品也是茶,有奶茶、油茶、茯茶等。

第四节　中国传统医药武术

一、中国传统医药武术的基础理论

传统医药武术具有强身健体、防病治病的特点,其机理与中医基础理论密切相关。许多传统医药武术功法的动作编排和设计,乃至功理和作用的阐述,都是以中医基础理论为指导思想。这是因为数千年来,两者在发展的过程中,相互渗透,潜移默化的结果。因此,我们以中医基础理论来对传统医药武术的机理进行探索。①

(一) 阴阳学说

阴阳,原属古代哲学范畴,是对宇宙间万事万物、各种状态中存在的两种对立的组成形式的概括。阴阳学说强调世界上的一切事物都是由阴阳二气衍化而来的,阴阳代表了事物的两个不同属性,是矛盾对立的统一体。中医学中引入阴阳概念,广泛用于解释人体生命的形成、生长、发育、衰老、消亡的生理过程以及疾病的发生等病理过程,从而用于防病治病,健身延年。

人体正常的生理活动是阴阳平衡。然而人体因经常受到来自体内外的各种致病因素的影响,导致人体阴阳平衡的失调,产生疾病。传统医药武术通过各种保健养生的套路运动,调动体内积极因素,及时调整人体阴阳,使之保持动态平衡。

(二) 五行学说

五行学说认为,宇宙间的一切事物,都是由木、火、土、金、水五种物质的运动与变化所构成。它们具有相互滋生、相互制约的关系,而且处在不断地运动和变化之中,故称为"五行"。

五行学说主要以五行相生、相克来说明事物之间的相互关系。相生关系即相互滋生和助长,相克关系即相互制约和克制。相生与相克,是不可分割的两个方面,相反相成,以维持人体内部的平衡,因此,相生相克是生理的概念。五行学说的"相乘"与"相侮"是病理概念。"乘"即相克太多,"侮"即反克之义,会致使人体内部平衡失调,影响健康。

(三) 脏腑学说

脏腑是中医对人体内部器官的总称。脏腑包括五脏,即心、肝、脾、肺、肾;六腑,即胃、大肠、小肠、膀胱、胆、三焦;奇恒之腑,即脑、髓、骨、脉、胆、女子胞(子宫)。除"三焦"腑外,其他的脏器名称都沿用至今,所指器官实体也与现代解剖学完全吻合。只是对脏腑功能的认识,古今、中西有所不同。脏腑理论也称"藏象学说",这来源于《黄帝内经》中讲述脏腑功能的"六节藏象论"篇名中的"藏象"一词。藏,即"脏"字,泛指人体的各个脏器;象,是指表现于外的各种现象。"藏象"二字,简单地说,是指人体内各个脏器所表现于体外的各种现象。中医一般所提到的脏器,虽然在某些地方有现代所说的脏器含义,但它更主要的方面,却不是指脏器的本身,而是指体内脏器所表现于体外的各种现象。换句话说,也就是在人体表面的各种生理病理现象,都可以根据它的特点,把它归纳到各个不同脏器的作用范围。正因为中医一般所谈的脏器名称,不一定是指各脏器的本身,而主要是指藏象,所以,我们便不能够硬用现代所说的脏器概念来衡量它。②

(四) 经络学说

传统中医经络,指的是联系全身、运行气血的通路。它们纵横交叉,循行于人体内外,组成了一个有机联系的系统。经络学说中,形如主干的纵向气血通道被称为"经",其中最

---

① 虞定海. 中国传统保健体育 [M]. 上海:上海科学技术出版社,1990:20-24.
② 廖育群. 中国传统医药 [M]. 北京:五洲传播出版社,2011:37-38.

主要的是与各脏腑紧密相连的"十二正经"。这些经脉首尾相连,形成一个如环无端的循环圈。各经脉的名称包括三个组成部分,即相关脏腑之名、手或足、三阴三阳属性。例如,肺手太阴之脉、膀胱足太阳之脉等。

络脉则是次一等的经脉分支,由此构成经脉间的横向联系。大的络脉有15条,周身所布无数细小络脉,称浮络和孙络。《黄帝内经》将"十二正经"比作江河的基础,《难经》将一些"脉"比作自然界中蓄积江河之水的湖泊,谓之"奇经脉",但后世对其属性的描述有根本性的改变。无论是医家还是习练武术气功者,都对其中位于人体正中线的"任脉""督脉"赋予了比"十二正经"更为重要的意义。气血出入、经脉交会之点则被称为腧穴,但也有与经络无关的"经外奇穴"。由于现代解剖学并不能在人体上找到这些经络、腧穴存在的踪迹,所以中医的经络学说成为最具神秘色彩,最能体现自身特色,并受到最多关注的古代医学文化知识。①

二、中医诊病方法、治疗及特点

中医诊病方法有望、闻、问、切四种。望诊,即观察病人形体、面色、舌体、舌苔,根据形色变化确定病位、病性。闻诊,包括听声音和嗅气味两方面。一方面是从病人发出的各种声音的高低、缓急、强弱、清浊,测知病性的方法;另一方面是从嗅气味诊病,即从病人身体的气味和病室内的气味辨别病情。问诊,即询问病人及其家属,了解现有征象及其病史,为辨别病症提供依据的一种方法。切诊,是指用手触按病人身体,借此了解病情的一种方法。切脉又称诊脉,是医者用手指按病人腕后桡动脉搏处,借以体察脉象变化,辨别脏腑功能盛衰、气血津精虚滞的一种方法。②

中医治疗方法主要分为三大类。首先,中药治疗。中药除了草药外还含有动物和矿物成分。经验丰富的医生通常给病人配制草药,以恢复人体平衡,因为中医认为人体失衡是其致病的原因。传统中草药有补虚药、解表药、清热药、理气药、消食药、祛风湿药、化痰止咳平喘药、安神药、止血药、泻下药、驱虫药等。其次,针灸疗法。中医师按人体十四体表经脉循行常用穴位针灸,根据病情的不同和穴位的不同而选取不同的进针手法和进针深度及角度。十四经脉为,任脉、督脉、手太阴肺经、手少阴心经、手厥阴心包经、手阳明大肠经、手太阳小肠经、手少阳三焦经、足阳明胃经、足太阳膀胱经、足少阳胆经、足太阴脾经、足少阴肾经、足厥阴肝经。第三,拔火罐疗法。用罐状器,借火热的作用,使罐中产生负压,吸附在皮肤的穴位上,造成局部充血、瘀血来治疗疾病的一种方法。

中医学完全是在中国传统的"整体观""辩证观"哲学指导下,根据阴阳五行思想,在总结提炼并升华临床医疗实践的基础之上产生的,集科学与技术于一体的医学体系。中医认为,人与自然界是一个统一的整体,即"天人合一""天人相应",人的生命活动规律以及疾病的发生都与自然界的各种变化如季节、气候、地区、昼夜、晨昏等息息相关,人们所处的自然环境不同及人对自然环境的适应程度不同,其体质特征和发病规律亦有所区别。因此,治疗疾病时,中医强调因时、因地、因人制宜。人体各个组织、器官共处于一个统一体

---

① 廖育群. 中国传统医药 [M]. 北京:五洲传播出版社,2011:41-42.
② 董俊峰,沈乐敏,姚佩芝. 中国文化 [M]. 长沙:湖南师范大学出版社,2012:182-183.

中，不论是在生理上还是在病理上都是互相联系、互相影响的，因此不能孤立地看待某一生理或病理现象，不能"头痛医头，脚痛医脚"，而要从整体的角度来对待疾病的治疗与预防，即要有"整体观"。同时，人是自然界的一个组成部分，由阴阳两大类物质构成，阴阳二气相互对立而又相互依存，并时刻都在运动与变化之中。在正常生理状态下，两者处于一种动态的平衡之中，一旦这种动态平衡被打破，遂呈现出病理状态。所以，治疗疾病，必须从纠正阴阳失衡入手，从动态的角度出发调养人体。

【知识卡片】13-5
药柜里的学问

三、中国传统武术的特征、分类及作用

（一）传统武术的特征

武术起源于人类生存和自卫的需要，武术的最基本特征就是它的技击性。武术技击方法的实现要求习练者拥有强健的体魄，各武术拳种也都普遍强调身体素质的锻炼以及健康体魄的养成，所以武术的另一个特点是与传统的保健养生文化发生了共融与共参，既能养生，又能治病。① 比如，武术动作具有的健身康体作用得到了保健养生领域的密切关注与广泛应用，武术也积极地引进、吸纳一些保健养生领域的功法与技能，丰富自身的技理体系。武术界一向有"拳起于易，理成于医"之说，这句格言生动地说明了道家的阴阳学说和中医的养生理论不仅构成了武术体系的技理基础，而且对于武术的历史发展发挥了非常重要的作用。过去武医不分，不少武术家既精武术，又通中医，尤其是在跌打损伤与按摩治病方面，一些武术家往往还能自成体系。相应地，也有不少中医大家兼习武技，武医皆能。

（二）传统武术的分类与流派

一般而言，传统意义上的武术分类方法，主要有地域分类法、内外家分类法、姓氏分类法，以及技术特点分类法等几种。② 传统的按地域分类之法，最为典型的则是以长江为界，人们习惯上通常把流行于长江流域以南地区的架势较小、动作紧凑、拳势刚烈的拳术俗称为南派武术；把长江以北地区流行的相对架势较大、动作舒展、腿法丰富的拳术俗称为北派。也有按名山大川进行分类的，如按名山分类，将武术划分为少林、武当、峨眉、昆仑等派，按大川分类，又可将武术分为黄河流域武术、长江流域武术及珠江流域武术等。

内外家分类法大约形成于明代中期。一些武术家创造出"以静制动，后发制人"的顺势借力的拳法，而自称"内家"。他们认为少林拳法存在"主于搏人，人亦得而乘之"的不足，而将少林拳称为"外家"。这一分类方法沿用到今天，一些人士仍习惯于把以太极拳、形意拳、八卦掌等为代表的武术拳种称为内家拳法，而以少林拳为代表的动作刚健有力，窜跳闪躲灵便的通背拳、六合拳、八极拳等通称为外家拳法。

姓氏分类法在各门各派的武术中均有存在，如太极拳就有陈、杨、吴、武、孙、和等氏（式）。而上文提到的主流传统拳种名称，如少林拳、太极拳、形意拳、八卦掌等，基本上都是根据这些拳种不同技术特点不同，而划分为不同的门类，如分别称为少林门、太极门、

---

① 申国卿，邓方华. 中国武术导论 [M]. 重庆：重庆大学出版社，2016：12-16.
② 申国卿，邓方华. 中国武术导论 [M]. 重庆：重庆大学出版社，2016：52-53.

八卦门等,各门类都包含有本门类的拳术、器械以及练功方法、攻防技术等。①

中国传统武术发展至今,内容极为丰富,流派之多不胜枚举。如果抛开门派分类,按照中国武术研究院所编的《武术之光》的分法,可分为三大类:第一类是基本功和基本动作,如腿功、腰功、肩功、桩功和各种单势练习,它们既是套路运动和对抗运动的基础,又可长期单独练习。第二类是套路运动,这是目前武术的主要内容。套路运动是按照一定的规律和要求把许多动作编成套来练习。套路运动分为四个部分,它们分别是:拳术,包括长拳、南拳、形意拳、八卦掌、太极拳、通臂拳、劈挂拳、戳脚、翻子拳、象形拳、地躺拳等百余种;器械,包括短器械,如刀、剑等,长器械,如棍、枪等,双器械,如双刀、双剑等,软器械,如九节鞭、三节棍等;对练,包括徒手对练、器械对练和徒手与器械对练,如对拳、对擒拿、单刀对枪、空手夺刀等;集体项目,即各种六人或六人以上的徒手或持器械的集体演练,如集体基本功、集体剑、集体鞭等。第三类是对抗项目。对抗项目是两人互为对手,按照一定的规则,使用武术中的攻防方法进行实战性的搏斗运动,如散手、推手、短兵、长兵等。②

(三) 中国传统武术的作用

中国传统武术的作用主要有疏通经络、调和气血以及强身健体。经络遍布全身,是人体气、血、津液运行的通道,是联络五脏六腑的生理结构。经络有运行气血,营内卫外,联络脏腑等重要的生理作用。传统医药武术在疏通经络时,一是通过肢体的活动,并配合意念循经络运行来进化;二是直接沿经络的意识导引或按摩拍打来实现。气血是构成人体的重要组成部分,是维持人体生命活动不可缺少的精微营养物质。气具有推动、温照、防御、固摄和气化等作用,血具有营养和滋润等作用。传统医药武术对患者有很好的医疗作用,对健康者来说,也是一种极好的强身健体锻炼项目。

思考与探究

1. 中国传统饮食习惯与西方的饮食习惯有哪些差异?
2. 中国传统的服饰文化对今天的潮流文化有哪些影响?
3. 中国传统的医药武术文化应该如何更好地传承和发展?

【知识卡片】13-6
武术流派的
传承规则

拓展阅读

1. 《中国饮食文化史》,马健鹰著,复旦大学出版社2011年出版。
2. 《礼制与风俗》,叶国良著,复旦大学出版社2012年出版。
3. 《中国民俗风情丛书·岁时节日》,袁学骏著,河北人民出版社2009年出版。

---

① 虞定海. 中国传统保健体育 [M]. 上海:上海科学技术出版社,1990:7.
② 刘峻骧. 中国武术 [M]. 北京:京华出版社,1994:28-32.

结 语

中国传统文化的传承与发展

学习目标

1. 了解中国传统文化的现代价值和世界影响。
2. 认识传承与发展中国传统文化，实现中华民族伟大复兴的意义。
3. 理解中国传统文化的创造性转化是传承和发展的实现。

内容概要

中国传统文化经过几千年的传承与发展，塑造了中国人的心理和性格，培育了中华民族的精神风貌，形成了强大的民族凝聚力。中国传统文化与社会主义物质文明和精神文明建设更有着相辅相成的关系。正确评价中国传统文化的历史地位，是认同与传承的前提。传统文化的现代化助力中国现代化的实现，是认同与传承的动力。立足于21世纪中华民族伟大复兴这一基点，中国传统文化的认同与传承决不是传统文化的全面复归，而是立足现实理解传统，从传统文化中汲取有益的成分进行创造性转化。正如党的二十大报告所指出的，中华优秀传统文化"是中国人民在长期生产生活中积累的宇宙观、天下观、社会观、道德观的重要体现，同科学社会主义价值观主张具有高度契合性"。中国传统文化的世界影响和现代价值，是继承和发展的前提。中国传统文化的创造性转化，是继承和发展的实现。不仅要重视中国传统文化精髓的传承和发展，还要广纳博采现代西方文化中的先进成果，在继承的基础上实现人类精神文明和物质文明的新突破、新发展，实现中华民族的伟大复兴。

人类历史上形成的观念形态的知识和精神，以文化的形式在历史演进中发挥着不可替代的重要作用。中华民族创造的传统文化，以其独特的风貌、灿烂辉煌的成就著称于世。中国传统文化在几千年的传承与发展中，塑造了中国人的心理和性格，培育了中华民族的精神风貌，形成了强大的民族凝聚力。中国传统文化与社会主义物质文明和精神文明建设更有着相辅相成的关系。

我们不仅要广纳博采现代西方文化中的先进成果，还要重视中国传统文化精髓的传承和发展，在继承的基础上实现人类精神文明和物质文明的新突破、新发展，实现中华民族的伟大复兴。

第一节　中国传统文化的认同与传承

任何一个民族或一个国家的文化，要想屹立于世界多元文化之林，在其历史发展过程中既要认同自己的民族传统，传承本民族文化的特色，又要吸收外来文化以发展壮大自己。

我们的祖先创造了辉煌的中华文明。然而，具有几千年文明的古老中国，在走向近代时为什么远远落伍于西方？在中华民族伟大复兴之际，有必要从认同与传承的视角对中国传统文化进行理性的观照与审视。

一、正确评价中国传统文化的历史地位，是认同与传承的前提

从文化学的视角来看，民族是人们在历史上形成的一个有共同领域、共同语言、共同经济生活以及稳定的共同心理素质的人类共同体。基于此，任何民族都有区别于异民族的文化传统。文化传统是一个民族世代积累的精神财富，是该民族持续发展的力量源泉。文化传统是一个民族自强精神、自尊心和自豪感的根源。当一个民族处于危难时刻，文化传统可以唤起历史记忆，激发民族活力，勇敢面对并解决复杂问题，使民族获得新生。因此，认同并传承本民族的文化，对任何一个民族来说都非常重要。

相比之下，在中国传统文化形成的过程中，地理环境的隔离机制以及历史上长期的领先地位，产生了强烈的文化优越感和以自我为中心的文化心态。

有些文化保守主义者认为，"华夏"文化高明而精微，"外来"文化低劣而粗浅。在对待外来文化上，难以摆脱自我本位的文化心态，繁衍出"文化本位论""国粹主义"的种种论调。

中华文明长期领先的事实，使对中国传统文化的认同一度形成过于自信、保守的痼疾，以致孤芳自赏、闭关锁国，对中国文化的发展以及民族性格的形成产生了深远的影响。中国人民和中国文化为此付出了惨痛的代价，以致半个多世纪以来，在中国的文化建设实践中曾经出现过这样一种论调：中国文化建设的出路在于文化传统的"断裂"和"自我超越"。持此论者只看到了传统文化存在的积弊，充满义愤，渴望与传统决裂，弃之如敝履。

任何一个民族的文化传统都是不能强行"断裂"的，任何一个民族成员也不可能"超越"本民族的文化传统。因主观随意性而过于夸张、激烈的言辞，不能给本民族传统文化找到正确的出路，也掩盖不了对传统文化传承与创新的软弱无力和束手无策。真正有生命力的文化一定是具有包容性的，既能坚守民族主体性和民族文化的优良传统，又能广泛吸纳异文化的精华。只有如此，才能建设中国社会主义新文化，提高中华民族的科学文化水平和文明素质。这就是所谓的"古为今用""洋为中用"的选择和继承原则。

要建设21世纪中国社会主义文化体系，必须正确认识传统文化的价值，正确估价它的历史地位。要正确估价中国传统文化的历史地位，就要客观区分精华与糟粕。

中国传统文化中有待认可和传承的精华有很多，例如，理智的无神论传统，独特的人文

取向与人道原则,唯物主义的思维方式,以人为本的德性伦理,等等。同时,也要看到传统文化在历史发展过程中积淀下来的大量糟粕,它们已成为"历史的堕力",阻碍中国社会历史向前发展,例如,以家族为本位的宗法等级观念,对自给自足、安于现状手工业生产生活方式的坚守,故步自封、抱残守缺、夜郎自大的思想观念等。

因此,立足于 21 世纪中华民族伟大复兴这一基点,中国传统文化的认同与传承决不是传统文化的全面复归,而是立足现实理解传统,从传统文化中汲取有益的成分进行创造性转化。①

二、传统文化的现代化助力中国现代化的实现,是认同与传承的动力

进入 21 世纪,中国社会发展的时代主题是全面实现社会主义的现代化——经济、政治、文化等各方面都实现现代化,其中最重要的一个方面,是实现中国文化的现代化。中国文化的发展要反映新的时代要求,创造新的时代内容,走向辉煌。

中国的现代化经历了一个曲折的历程。中国人在探索中国现代化进程时,从现代化的物质层面到政治制度层面,再到思想观念层面,付出了艰苦的努力和巨大的代价。先是学习西方的科学技术,当时却没能实现物质层次的现代化;之后引进西方的政治思想,发起了资产阶级政治改革运动,辛亥革命后的中国没能走上现代化强国之路;后来从文化思想方面学习西方,也没能真正实现国民心理的现代化。我们应该很好地总结经验教训,探讨现代化的规律。

现代化是一个含义非常广泛的概念,既是过程又是目标。现代化不仅指科学技术的高度发达,生产力的极大提高,经济的快速发展以及物资财富的极大丰富,而且还包括现代化的人所具有的思想观念、思维方式、价值标准和行为准则等。现代化的实现,体现在文化结构的三个层次——物质文化、制度文化和精神文化,其中,精神文化的现代化是最高层次的现代化,是指人的现代化。因为没有人的现代化,前两个层次的现代化就很难实现,并获得持续发展。人是现代化的主体,又是现代化的归宿。

没有人的现代化,就不可能实现社会的现代化。人的现代化,最重要的是人的思想、行为的现代化。人的思想、行为与社会现实生活息息相关。在中国这样一个崇尚传统,尊重祖先的国度里,中国的传统文化对人思想、行为的影响最大甚至是根深蒂固的。所以,现代化首当其冲的是文化的现代化。文化问题有其自身的规律性,不以人的主观意志为转移。

中国传统文化与中国现代化有着千丝万缕的联系,关系到现代化的进程和实现。因此,离开了中国传统文化来谈现代化是不现实,也是不可能的。中国现代化的实现,必然包括中国传统文化的自觉更新,中国优良文化传统的延续。中国传统文化的现代化是中国现代化得以实现的必然前提。中国传统文化的现代化涉及的范围极其广泛,主要包括传统思想观念的现代化,传统思维方式的现代化和传统行为方式的现代化。②

进入 21 世纪,中国政府和国家领导人呼吁,哲学社会科学界要加快社会科学对现实社会的解释性,努力建设有中国特色社会主义的政治、经济和文化,并把它规定为国家建设的

---

① 陈江风. 中国文化概论 [M]. 2 版. 南京:南京大学出版社,2005:319-322.
② 王新婷,金鸣娟. 中国传统文化概论 [M]. 2 版. 北京:中国林业出版社,2004:393-396.

基本纲领。由此可知,社会主义的现代化建设事业,不仅仅表现在经济高速度发展上,社会主义文化建设的速度也将会加快。

在经历了近两个世纪的挫折,积累了一定的经验之后,以社会主义精神文明建设为中心的社会主义新文化事业将在全国广泛地开展起来。社会主义新文化建设的根本任务仍将是,围绕着现代化建设事业提高整个民族的思想道德素质和科学文化水平,培养有理想、有道德、有文化、守纪律的社会主义新公民,创造以马克思主义为指导,批判继承历史传统又体现时代精神和先进文化发展方向的,立足本国面向世界的高度发达的社会主义新文化。

建设有中国特色社会主义新文化任重道远。要完成这一艰巨的历史任务,必须整合文化来源。因此,在考察社会主义新文化的来源时,应该有自己的原则和准绳。首先,社会主义新文化必须继承中国传统文化精华。这是中华民族赖以生存发展的基础,也是社会主义新文化的起点。社会主义新文化不能割断自己的历史传统。要正确认识中国传统文化,区分精华与糟粕。在社会主义现代化建设中,要让中华优秀传统文化获得新的生命,放出新的光彩。① 但是,对待传统文化必须运用科学的精神和求实的态度,真正筛选出能为今天和未来建设服务的精神遗产。其次,社会主义新文化建设,要有借鉴地吸纳世界各国的思想文化成果和先进科学技术,赋予社会主义新文化以时代性和世界性的双重意义。社会主义现代化建设,不仅要继承和发扬中华民族优秀文化传统,还要学习和吸收世界各国人民创造的优秀文明成果。② 社会主义新文化体系建设,要在立足中国具体实际的基础上,实现中西优秀文化的融会贯通。

第二节　中国传统文化的继承与发展

进入 21 世纪,人类一面享受着物质文明带来的福祉,一面在经受精神文化矛盾炼狱的煎熬,如人工智能、生物工程等对人的本性和道德伦理的巨大冲击,全球性问题的凸现,反文化潮流的涌动,普遍的精神危机等。在这风云莫测、杂沓纷纭的时代变化背后,更为深刻的变化还是文化的嬗变。所有这些似乎在警告人们,人类对自然的改造越成功,人自身就越成为人类生活的主要矛盾;文化越向前发展,由此产生的矛盾就越深刻尖锐。

在这希望与忧患交织,成就和危机并存的新世纪里,人类文化的航船将驶向何方?在未来世界文化坐标中,应该如何继承和发展中国传统文化?这是我们应该回答也必须回答的问题。

一、中国传统文化的世界影响和现代价值,是继承和发展的前提

作为中华民族几千年社会历史的积淀,中国传统文化必然负载历史的尘埃,有许多陈旧腐朽、滞后时代的内容,需要我们予以扬弃、更新。不可否认的是,中国传统文化作为中华民族智慧和创造力的结晶,蕴含着恒久的精华,不仅在历史上对中国乃至世界的发展产生过深刻的影响,对当下中国现代化仍然具有积极的价值和指导意义,也能够为人类的文明进步做出自己的贡献。

---

① 江泽民. 在首都青年纪念五四报告会上的讲话 [N]. 人民日报, 1990 – 05 – 03.
② 江泽民. 在首都青年纪念五四报告会上的讲话 [N]. 人民日报, 1990 – 05 – 03.

（一）中国传统文化的世界影响

在历史上，中国传统文化曾为世界上很多的人所乐意接受，对世界各国的发展做出过巨大的贡献，产生了世界性的广泛影响。中国传统文化尤其对东亚和东南亚各国产生了广泛而又深刻的影响。

中国与日本、朝鲜、越南等东亚国家的来往和交流，可以追溯到3000多年以前。这些国家大都以中国为文化母国，多次派遣人员来中国学习和研究中国文化，回国后进行传播。中国传统文化的广泛传播，也有力地推动了这些国家文明的进步和文化的发展。

中国的汉字曾经是这几个国家的主要文字，儒学和佛教在这几个国家享有与在中国相当重要的地位和影响。中国的文化典籍和文学艺术作品，在这几个国家也得到广泛传播。中国的典章制度和社会思潮在这几个国家也被借鉴和追捧。

中国传统文化很早就传播到泰国、马来西亚、柬埔寨、新加坡、印度尼西亚等东南亚国家。在公元8世纪前后，中国传统文化在东亚、东南亚国家的广泛传播，使这些国家与中国在思想意识、社会组织、语言文字和物质文明等方面具有共同的特点，形成了一个在地理上以中国本土为中心，在文化上以中国文化为轴心的中华文化圈。中国传统文化深刻地影响并改变了东亚、东南亚国家的文化格局，也推动了它们的社会发展和文明进程。

中国传统文化对西方世界的发展也产生过巨大的影响。历史上中国传统文化在西方的传播有过两次高潮。

第一次高潮在13至14世纪期间。元朝的建立者蒙古人，远征西亚和欧洲大陆时，带去了中国灿烂的文化。其中指南针、印刷术、造纸术和火药等四大发明的传播和应用，对于欧洲文明的振兴和发展——从黑暗的封建社会走上文艺复兴时期，有着无法估量的意义。马克思在《机器、自然力和科学的应用》中对此给予了高度评价，火药、罗盘针（指南针）、印刷术这三大发明助力资本主义社会的到来。火药把骑士阶层炸得粉碎，罗盘建立了殖民地并打开了世界市场，印刷术变成新教的工具，成了科学复兴的手段，变成了创造精神发展的最强大的推动力。

第二次高潮在16世纪末至17世纪初。利玛窦等西方传教士来到中国，不仅带来了西方文化，也促进了中国传统文化在西方的传播。这些传教士对中国的瓷器丝绸、园艺服饰、城市建筑等物质文化感兴趣，也对中国社会生活的政治制度、哲学艺术、文物典籍、风俗风情等进行了考察和研究，先后撰写并出版了介绍中国伦理道德、宗教信仰、历史文化、风俗礼仪的著作，翻译并出版了儒家经典著作，介绍并评价了儒家思想学说。儒家思想在西方的传播，对18世纪欧洲的思想启蒙运动起到了推波助澜的作用。例如，德国启蒙思想家莱布尼茨在其哲学体系中吸收了中国儒家和理学的思想，把中国古代朴素辩证法思想融入德国古典思辨哲学中；法国启蒙思想家伏尔泰借助儒家的道德理性主义，抨击欧洲宗教非理性的狂热；现代政治经济学的创始人魁奈在启蒙运动中，受中国"天人合一"思想的启发，强调人类生活要与自然法则相吻合，企图实现人道与天道合二为一。由以上可知，中国传统文化对欧洲启蒙运动产生了不可忽视的作用。总之，在历史上中国传统文化对西方世界产生了广泛而深刻的影响。

在人类社会已进入了21世纪的当下，西方世界的物质文明已经高度发达。中国传统文化并没有因为时代的变迁而失去魅力，对西方世界的吸引力非但没有减弱而且在增强。

现代工业文明给人类带来富足和幸福的同时，也产生了一些负面的影响，诸如环境污染、人口爆炸和现代疾病等。西方世界希望能从中国传统文化中寻觅到医治"现代病"的良药,希望借助中国传统文化的力量来解决世界性的难题,促进人类社会的正常发展。例如,第二次世界大战以后,东亚的经济发展取得了令人瞩目的成就,被称为"经济奇迹""东方的崛起",其根本原因不仅在于这些国家都实行了促进经济发展的市场经济体制,还有一个不可忽视的因素,就是这些国家经济奇迹背后的文化根源——儒家文化在东亚地区经济发展中发挥了特殊的作用。有经济学家认为,东亚社会的儒家伦理是工作勤奋、敬业乐群、尊上敬长、注重协调与合作,而不像西方人那样突出个人或个人利益、人与人关系建立的前提是利益和金钱,并指出这些儒家思想比西方的新教伦理更适合现代经济发展。

(二) 中国传统文化的现代价值

中国传统文化的现代价值和世界意义,早已得到有识之士的认同。1988 年,诺贝尔奖获得者在巴黎举行会议并发表宣言指出,人类如果要在 21 世纪生存下去,就必须汲取 2500 年前孔子的智慧。由此可知,在新的世纪里,中国传统文化仍然具有强大的生命力,中国传统文化的现代价值已得到充分的认识。

中国传统文化的现代价值,可以从两个方面来分析。其一,是具有普适性意义的方面,即传统文化能为广大人民所理解和运用。例如,中国古代文学和古代艺术成果的现代价值不能被忽视,所蕴含的美学和社会价值具有永恒性;王羲之的书法,李白、杜甫的诗,苏东坡的词,曹雪芹的《红楼梦》,等等,不但被古代人所喜爱而且也被现代人所欣赏,并没有因为历史的演进而失去了它们的价值。在现代社会,随着人们生活水平的提高,游览名胜古迹,了解民俗风情,欣赏民族音乐和书画展览等,已经成为人们日常工作生活中的一部分,这都充分体现了传统文化在当下社会的现代价值。其二,是传统文化更加深层次的现代价值,具体指精神上、科学上的价值,这需要进行深入研究和积极探讨。例如,中国传统文化天人合一与以人为本,刚健有为与自强不息,厚德载物与中庸尚和等基本精神,必须经过研究和思考,加以继承和发扬,使之能够与现代化的发展需要相适应。

总之,随着时代的变迁和社会的进步,中国传统文化蕴含的许多优秀历史文化传统,必须使它们得到弘扬和发展。这是中国文化发展的需要,也是中国现代化建设的需要。①

二、中国传统文化的创造性转化,是继承和发展的实现

传统文化具有历史性、动态性,能随事推移,与时俱进。每个时代都能发现传统文化新的意义并做出新的解释。同时,传统文化对于现实社会又能提供历史借鉴。因此,人们一致认为,一切历史都是现代史。

从这一角度讲,对传统文化的创造性转化,是对中国传统文化的继承和发展。下面从中国传统文化的发展前景和面临的现代化挑战两个方面,来阐述传统文化的创造性转化。

(一) 传统文化的发展前景,是实现创造性转化的前提

迈入 21 世纪,在人类文化日益交融的大背景下,中国文化面临新的历史性转折。毋庸置疑,中国的崛起已成为一个不争的事实,中国文化也必将以崭新的面貌呈现在世界面前,为人类文化宝库贡献自己的财富。

应该怎样理解和对待传统?我们能从传统文化中得到什么启示,并为它创设怎样的发展

---

① 王新婷,金鸣娟. 中国传统文化概论 [M]. 2 版. 中国林业出版社,2004:398-402.

前景呢？我们对待中国传统文化应该秉持客观和辩证的态度，既要正视存在的局限，也要看到未来的发展前景。

传统文化存在惰性的一面。传统文化惰性的一面，体现在人头脑中的传统思想观念形成的思维定式，渗透并表现在人的心理和行为等社会生活的各个领域，既妨碍自身的发展也阻滞着他人的进步，要在反思与重建中实现历史性的超越。必须明确，超越是在原有基础上的超越，超越绝不意味着走向反面。

传统文化惰性的一面具有因循保守的特点，负面影响表现为对人创造力的束缚以及对人个性尊严的漠视。处在这种传统文化氛围中的人，既以传统自我评价、自我约束，又以传统评价别人、规范别人。但是，审视传统文化的惰性问题，会发现社会的存在需要秩序来维系和保障，人的解放便永远只能是相对的。只要社会要进步，人就需要理智、理性，人就需要皈依精神家园。人不能成为绝对自由理念支配下的感性人。

人作为社会关系的总和，决定了人性对动物性的超越，决定了以文化的形式展现人类文明的表征。基于此，传统文化以人的内心信仰和自我约束为基础，蕴藏着丰富的精神资源，为我们当下文化建设和文化实践提供了历史借鉴。因此，我们要正视传统，给传统文化应有的历史地位，在理解传统的基础上超越传统，在综合古今中外优秀文化遗产的平台上，建设属于现在和未来的新文化。

中国传统文化以其独具特色的精神和品格，吸引了越来越多国际友人的学术注意力。越来越多的学者以极大的热情，努力推动中国文化与各种形态的文化的对话与交流，产生了广泛的国际影响。这为中国传统文化的创造性转化提供了良好的环境。传统文化的创造性转化也预示着它良好的发展前景。要实现中国传统文化良好的发展前景，就必须做到：

其一，深入挖掘传统哲学的智慧和精神，融入现代生活之中。例如，运用中国传统文化中人与自然关系的思想观念，解决环境污染和可持续发展的问题；运用传统文化中人与人、人与社会之间和谐共生的理念，解决因现代竞争和现代生活节奏过快，让现代人陷入尴尬的各种现实问题。

其二，在传承与发展中国传统文化精神的同时，要以包容的胸怀借鉴、吸纳西方文化体系中的积极内容和优秀成果，对当下国际思潮中提出的世界性问题做出有创建的反应。还要将传统文化的自强不息、厚德载物、刚健有为的基本精神，不断赋予新的内容，以弘扬中华民族的伟大精神。[①]

（二）传统文化面临的现代化挑战，是实现创造性转化的动力

客观地讲，任何传统都只能说明过去，而不能代表未来。但是，这丝毫磨灭不了传统所蕴含的未来精神和普世性价值。掌握了这一对立统一的辩证法，在现实中传统的确可以发挥重要的作用。但是，不能否认的是在现代化这一客观现实面前，即使是再优秀的传统也面临着考验和挑战，必须面向未来实现创造性转化。

例如，吃苦耐劳，艰苦奋斗包括两层含义。其一，是指生活消费方面能勤俭节约，艰苦朴素，有吃苦精神。在自然经济条件下，节俭、朴素的消费方式有利于生产资料的积累和发展，有利于维持或扩大简单再生产。而在社会化大生产条件下，仍以维持自给自足和简单再生产为目的的传统消费，则会压抑、阻碍社会生产力的发展。因为消费可以刺激再生产，没

---

① 陈江风. 中国文化概论 [M]. 2版. 南京：南京大学出版社，2005：323-324.

有消费，社会生产力就不可能发展。其二，是指在劳动实践中有不畏辛劳、勇于克服困难的精神。该精神是永远都要发扬的。但在现代化建设的今天，如果再继续倡导"锄禾日当午，汗滴禾下土"式的艰苦奋斗方式，农业现代化的实现就不可能。既不能用封建时代农业文明的观念理解艰苦奋斗，也不能用"大跃进"时"蛮干"的观念理解艰苦奋斗。在现代化进程中，艰苦奋斗更多地表现为坚忍不拔的意志，以及研究新情况，解决新问题，勇于创新的拼搏精神。这就是对吃苦耐劳，艰苦奋斗认识上的超越。传统观念是从体力和耐力的支出、耗费上赋予艰苦奋斗的意义，现代化则赋予了艰苦奋斗以科学性、智能性和创造性的特征。

这种变革与发展不是消灭传统，而是助力实现传统创造性转化，使中国传统文化在发展中获得了现代内涵，形成现代化的民族传统或民族传统的现代化。离开了传统的创造性转化，只是对中华民族优秀传统进行赞美和欣赏，不仅会抑制优秀传统文化力量的正常发挥，而且将堵塞传统文化的发展。

必须提及的是，中国传统文化在经受了马克思主义新文化的洗礼之后，已发生了很大的变化。20世纪40年代创立的毛泽东思想，在某种意义上可以说是马列主义思想和中国传统文化既冲突又融合的产物。毛泽东思想作为中国化了的马克思主义，与传统文化有着千丝万缕的联系。马列主义和毛泽东思想给中国传统文化注入了生机与活力，使其获得新生与空前的发展。

进入20世纪80年代，传统文化再一次成为研究的热点。国内学术界突破狭隘眼界，广泛接受文化的多元方面，已经取得可喜的成就。尤其是在探讨民族文化共同价值方面，"现代新儒家"的代表杜维明呼唤不同文化的对话和探讨普世性价值问题；以张岱年为代表的"综合创新"论学派试图从不同流派综合的角度，建立新的文化价值体系。该学派认为，价值观是人类最重要的评价性观点，由一系列价值原则组成。价值原则凝聚了人们对善恶、美丑最基本的看法。正是相互关联的价值原则，构成了文化的价值体系。① 该学派通过对中国传统文化中儒、道、墨、法、佛诸家价值原则中相斥又交融，相反又互补思想的分析，最终形成多元一体的价值体系，得出"如果对中国传统文化作一整体系统分析，我们则不能忽略其中所包含的多元价值取向"的认识。② 这种对中国传统文化所做出的以儒家价值取向为主，诸家思想交融，多元一体价值体系的分析给了我们很大启示。

现今社会古今中外多元文化的共存与交汇，是历史提供的难得的文化整合和获得新生的机会。因此，在这个伟大时代里，伴随着马列主义、毛泽东思想的深入研究和西方乃至世界各种先进文化的传入，中国传统文化的创造性转化，新文化体系的综合创建必将跃上一个新的阶段。③

中国现代化作为世界现代化的重要组成部分，离不开世界文明背景的参照，更离不开对本民族文化传统进行现代意义的弘扬，也有赖于对当下人类实践精神和文化发展的积极吸纳。从世界文化一体化的视角审视，中国现代化进程中传统文化创造性转化的实现必须对文化背景有一个全面的把握。中国传统文化走向现代化的背景有三个最基本的层面：

---

① 张岱年. 中国文化概论 [M]. 北京：北京师范大学出版社，1994：400.
② 张岱年. 中国文化概论 [M]. 北京：北京师范大学出版社，1994：400.
③ 陈江风. 中国文化概论 [M]. 2版. 南京：南京大学出版社，2005：324-326.

其一，西方工业文明背景下的科学理性精神。西方近代理性文化的基本要素有理性至上、人性至善、个人主义、征服自然和商品经济等五个方面。近代西方是一个用理性审判一切的时代，到19世纪人类对理性的崇拜达到登峰造极的程度。理性揭掉了中世纪宗教神学的面纱，还人类以理性思考的权利。当人性从神性的束缚下解放出来，注重个人价值，强调自我实现、个人利益和个人自由的个人主义，成为近代西方社会理性文化的重要标志。西方近代文明高扬个体存在的价值，把肯定自我存在的合理性作为人生的追求，强调人应该在自然与生活中弘扬至善天性。建立在等价交换原则基础上的商品关系，成为近代西方社会经济生活的最根本特征。由商品经济所导致的市场观念、利润观念、竞争观念和效率观念成为人们的共识。西方的文化思想认为，人在面对自然、认识自然、改造自然的过程中打败了自然，征服了自然，理所当然地成为自然的主宰。

其二，以反思理性为核心的20世纪文化精神。20世纪的文化发展，表现形态各异，但是对理性进行反思的总体价值取向是一致的。从总体上来看，检讨反思理性是该世纪人类文化的突出特征之一。现代西方非理性主义思潮的上扬，人文思潮的兴起都是反思理性的结果。人类工业文明对自然的征服与破坏受到了自然的报复，人类如何协调人与自然的关系，就成为20世纪文化的又一特征。协调人与自然的关系，也成为生态伦理学、核伦理学、文化哲学等的重要研究议题。人们深切地感到，人类生存危机的根源是精神危机，重建人类精神文化家园是必须的。注重精神文化价值成为20世纪文化的又一特征。全球一体化的到来，使20世纪文化具有了全球意识的特征。人们开始树立，人类只有一个地球，地球是我们共同家园的观念。

其三，中国传统文化的基本精神（参见"第四章 中国传统文化的基本精神"，不再赘述）。

以上三种文化背景是中国传统文化在本世纪必须面对的。面临现代化挑战的中国传统文化，要实现创造性转化，必须冷静地分析所处的文化背景。只有如此，才能富有成效地建设具有民族性和时代性的中国特色社会主义新文化，才能使中国传统文化走向民族性与现代性互相诠释、互相融合的新阶段。[①]

思考与探究

1. 联系社会生活实际，谈谈中国传统文化传承面临的困境，并举例说明。
2. 思考在多元文化背景下，中国传统文化的现代化如何保持民族特色？

拓展阅读

1. 中共中央办公厅 国务院办公厅印发《关于实施中华优秀传统文化传承发展工程的意见》（2017-01-25）https：//baike.baidu.com/item/关于实施中华优秀传统文化传承发展工程的意见/20400855？fr=aladdin.

2. 《中华优秀传统文化传承体系的构建：理论、实践与路径》，李先明、成积春发表在《南京社会科学》2016年第11期。

---

① 白全贵，师全民. 中国传统文化概论［M］. 郑州：郑州大学出版社，2003：400-401.

参 考 文 献

[1] 白寿彝. 中国通史（第1~12卷）[M]. 上海：上海人民出版社，1989-1999.
[2] [法] 布留尔. 原始思维 [M]. 丁由，译. 北京：商务印书馆，1987.
[3] 蔡尚思. 中国文化的优良传统 [M]. 北京：北京大学出版社，2012.
[4] 曹顺庆. 中华文化概论 [M]. 北京：高等教育出版社，2015.
[5] 陈鹏. 中国婚姻史稿 [M]. 北京：中华书局，1990.
[6] 陈勤建. 中国民俗学 [M]. 上海：上海文艺出版社，1988.
[7] 成中英. 论中西哲学精神 [M]. 北京：东方出版中心，1991.
[8] 崔锡章. 自然之道 中国医药 [M]. 北京：北京教育出版社，2013.
[9] 杜莉，姚辉. 中国饮食文化 [M]. 北京：旅游教育出版社，2005.
[10] 杜石然. 中国科学技术史稿 [M]. 修订版. 北京：北京大学出版社，2012.
[11] [美] 杜维明. 论儒学的宗教性 [M]. 段德智，译. 武汉：武汉大学出版社，1999.
[12] 方东美. 中国哲学精神及其发展 [M]. 北京：中华书局，2012.
[13] 冯天瑜. 中国文化史 [M]. 上海：上海人民出版社，1990.
[14] 冯友兰. 中国哲学简史 [M]. 北京：北京大学出版社，2013.
[15] [法] 福柯. 知识考古学 [M]. 谢强，译. 北京：三联书店，1998.
[16] 葛兆光. 禅宗与中国文化 [M]. 上海：上海人民出版社，1986.
[17] 辜鸿铭. 中国人的精神 [M]. 上海：三联书店，2010.
[18] 顾森. 中国雕塑 [M]. 北京：中国国际广播出版社，2011.
[19] 郭齐勇. 中国儒学之精神 [M]. 上海：复旦大学出版社，2013.
[20] [美] 哈里斯. 文化的起源 [M]. 黄晴，译. 北京：华夏出版社，1988.
[21] 海上. 中国人的岁时文化 [M]. 长沙：岳麓书社，2005.
[22] 韩鉴堂. 走近中国传统艺术 [M]. 北京：华语教学出版社，2001.
[23] 何九盈. 汉字文化学 [M]. 沈阳：辽宁人民出版社，2000.
[24] 何九盈. 中国汉字文化大观 [M]. 北京：北京大学出版社，1990.
[25] 何星亮. 中国图腾文化 [M]. 北京：中国社会科学出版社，1992.
[26] [美] 亨廷顿. 文明的冲突与世界秩序的重建 [M]. 侯井天，译. 北京：新华出版社，2002.
[27] 胡德海. 教育学原理 [M]. 3版. 北京：人民教育出版社，2013.
[28] 胡兆量. 中国文化地理概述 [M]. 北京：北京大学出版社，2001.
[29] 惠西成，石子. 中国民俗大观 [M]. 广州：广东旅游出版社，1988.
[30] 吉尔嘎拉. 游牧文明史论 [M]. 呼和浩特：内蒙古人民出版社，2001.
[31] [英] 加德纳. 宗教与文学 [M]. 沈弘，译. 成都：四川人民出版社，1998.

[32] 翦伯赞．中国史纲要［M］．北京：人民出版社，1983．

[33] 姜义华，瞿林东，赵吉惠．史学导论［M］．上海：复旦大学出版社，2010．

[34] 李勤德．中国区域文化［M］．太原：山西高校联合出版社，1995．

[35] 李申．中国儒教史（上下卷）［M］．上海：上海人民出版社，1999．

[36] 李晓，曾遂今．龙凤的足迹 中国艺术史［M］．上海：华东师范大学出版社，2001．

[37] 李学勤．中国古代文明与国家形成研究［M］．昆明：云南人民出版社，1997．

[38] 李印东．武道神艺：中国武术［M］．北京：北京教育出版社，2013．

[39] 李泽厚．中国古代思想史论［M］．北京：人民出版社，1986．

[40] 李宗桂．中国传统文化导论［M］．长沙：湖南大学出版社，2000．

[41] 李约瑟．中国科学技术史［M］．北京：科学出版社，1975．

[42] 梁国楹，王守栋．中国传统文化精要［M］．人民出版社，2011．

[43] 梁漱溟．中国文化要义［M］．上海：上海人民出版社，2005．

[44] 廖才高．汉字的过去与未来［M］．长沙：湖南大学出版社，2005．

[45] 廖育群．中国传统医药［M］．北京：五洲传播出版社，2011．

[46] 林惠祥．文化人类学［M］．北京：商务印书馆，1991．

[47] 刘海峰，李兵．中国科举史［M］．上海：东方出版中心，2004．

[48] 刘峻骧．中国武术［M］．北京：京华出版社，1994．

[49] 刘谦功．中国文化艺术［M］．北京：五洲传播出版社，2014．

[50] 刘士林．中国诗性文化［M］．南京：江苏人民出版社，1999．

[51] 刘守华．文化学通论［M］．北京：高等教育出版社，1992．

[52] 刘长林．中国系统思维［M］．北京：中国社会科学出版社，1990．

[53] 柳绪为．古代戏曲［M］．重庆：重庆出版社，2016．

[54] 楼宇烈．中国佛教与人文精神［M］．北京：宗教文化出版社，2003．

[55] 卢嘉锡，路勇祥．中国古代科学史纲［M］．石家庄：河北科学技术出版，1998．

[56] 罗国杰．中国传统道德［M］．北京：中国人民大学出版社，2012．

[57] 吕振羽．中国政治思想史［M］．北京：三联书店，2014．

[58] 马健鹰．中国饮食文化史［M］．上海：复旦大学出版社，2011．

[59] 潘斌．中国传统文化概论［M］．北京：高等教育出版社，2018．

[60] 潘显一，冉再光．宗教与文明［M］．成都：四川人民出版社，1999．

[61] 钱穆．中国历史精神［M］．北京：九州出版社，2012．

[62] 钱穆．中国文化史导论［M］．北京：九州出版社，2011．

[63] 卿希泰．中国道教（1～4卷）［M］．北京：知识出版社，1994．

[64] 瞿林东．中国史学史纲［M］．北京：北京印书馆，1999．

[65] 阙道隆．中国文化精要［M］．北京：中国青年出版社，1996．

[66] 任继愈．中国佛教史［M］．北京：中国社会科学出版社，1981．

[67] 任继愈．中国哲学史简编［M］．修订本．北京：人民出版社，1978．

[68] 阮堂明，沈华．中国文化概论［M］．暨南大学出版社，2012．

[69] 申国卿，邓方华．中国武术导论［M］．重庆：重庆大学出版社，2016．

[70] 申士尧，傅美琳．中国风俗大辞典［M］．北京：中国和平出版社，1991．
[71] ［法］斯特劳斯．结构人类学［M］．陆晓禾，译．北京：文化艺术出版社，1989．
[72] 司马云杰．文化社会学［M］．济南：山东人民出版社，1990．
[73] 苏秉琦．中国文化起源新探［M］．北京：三联书店，1999．
[74] 苏立文．中国艺术史［M］．上海：上海人民出版社，2014．
[75] 孙昌武．佛教与中国文化［M］．上海：上海人民出版社，1988．
[76] 孙培青，杜成宪．中国教育史［M］．上海：华东师范大学出版社，2009．
[77] 谭家健．中国文化史概要［M］．北京：高等教育出版社，1988．
[78] ［英］汤因比．历史的话语［M］．张文杰，译．桂林：广西师范大学出版社，2002．
[79] 唐君毅．中国文化之精神价值［M］．桂林：广西师范大学出版社，2005．
[80] ［澳］特朗普．宗教起源探索［M］．孙善玲，译．成都：四川人民出版社，1995．
[81] 田晓岫．中国民俗学概论［M］．北京：华夏出版社，2003．
[82] 童教英．中国古代绘画简史［M］．上海：复旦大学出版社，1991．
[83] 万建中．中国饮食文化［M］．北京：中央编译出版社，2011．
[84] 王鸿生．中国历史中的技术与科学［M］．北京：人民大学出版社，1997．
[85] 王琪森．中国艺术通史［M］．南京：江苏文艺出版社，1999．
[86] 王献玲．中国教育史［M］．郑州：郑州大学出版社，2011．
[87] 王震中．中国文明起源的比较研究［M］．西安：陕西人民出版社，1994．
[88] 王秀峰．传统文化与现代社会［M］．北京：当代世界出版社，2000．
[89] 韦政通．中国文化概论［M］．长沙：岳麓书社，2003．
[90] ［韩］文镛盛．中国古代社会的巫觋［M］．北京：华文出版社，1999．
[91] 谢定源．中国饮食文化［M］．杭州：浙江大学出版社，2008．
[92] 徐复观．中国艺术精神［M］．北京：九州出版社，2014．
[93] 徐清泉．中国服饰艺术论［M］．太原：山西教育出版社，2001．
[94] 徐倬云．中国古代文化的特质［M］．北京：新星出版社，2006．
[95] 徐子方．世界艺术史纲［M］．南京：东南大学出版社，2016．
[96] 徐长安．中国传统文化与现代化．北京：海潮出版社，1997．
[97] ［德］雅斯贝尔斯．历史的起源与目标［M］．魏楚雄，译．北京：华夏出版社，1989．
[98] 杨和森．图腾层次论［M］．昆明：云南人民出版社，1987．
[99] 杨学政．原始宗教论［M］．昆明：云南人民出版社，1991．
[100] 叶碧，魏俊杰，刘小成．中国传统文化概论［M］．杭州：浙江大学出版社，2017．
[101] 阴法鲁．中国古代文化史［M］．北京：北京大学出版社，2008．
[102] 尹靖．中华文化大观［M］．天津：天津社会科学出版社，1991．
[103] 余华青．中国宦官制度史［M］．上海：上海人民出版社，1993．
[104] 余耀东．二十四节气［M］．合肥：黄山书社，2012．
[105] 余英时．士与中国文化［M］．上海：上海人民出版社，1987．
[106] 袁行霈．中国文学概论［M］．北京：高等教育出版社，1990．
[107] 袁行霈．中国文学史［M］．北京：高等教育出版社，2014．

［108］袁学骏．中国民俗风情丛书·岁时节日［M］．石家庄：河北人民出版社，2009．

［109］曾宪通，林志强．汉字源流［M］．广州：中山大学出版社，2011．

［110］张岱年，方克立．中国文化概论［M］．北京：北京师范大学出版社，1994．

［111］张岱年．中国哲学大纲［M］．北京：中国社会科学出版社，2004．

［112］张国刚，吴莉苇．中西文化关系史［M］．北京：高等教育出版社，2006．

［113］张海鹏，臧宏．中国传统文化论纲［M］．合肥：安徽教育出版社，1996．

［114］张岂之．中国传统文化［M］．北京：高等教育出版社，1994．

［115］张蓉，韩鹏杰，陆卫明．中国文化的艺术精神［M］．西安：西安交通大学出版社，2001．

［116］张卫中．中国传统文化概论［M］．杭州：浙江大学出版社，2008．

［117］张应杭，蔡海榕．中国传统文化概论［M］．上海：上海人民出版社，2000．

［118］张志春．中国服饰文化［M］．3版．北京：中国纺织出版社，2017．

［119］赵洪恩，李宝席．传统文化通论［M］．北京：人民出版社，2003．

［120］赵吉惠．中国儒学史［M］．郑州：中州古籍出版社，1991．

［121］郑元者．艺术之根——艺术起源引论［M］．长沙：湖南教育出版社，1998．

［122］郑祖襄．中国古代音乐史［M］．北京：高等教育出版社，2008．

［123］中华孔子学会编辑委员会．国学通览［M］．北京：群众出版社，1996．

［124］钟明善．中国传统文化［M］．西安：西安交通大学出版社，2009．

［125］周道生．中国文化概论［M］．长沙：中南工业大学出版社，1999．

［126］周谷城．中国政治史［M］．北京：中华书局，2007．

［127］朱本源．历史学理论与方法［M］．北京：人民出版社，2007．

［128］朱存明．灵感思维与原始文化［M］．上海：学林出版社，1995．

［129］朱狄．原始文化研究［M］．北京：三联书店，1988．

［130］朱绍侯．中国古代史［M］．福州：福建人民出版社，1979．